U0647598

道可道　非恒道
名可名　亦恒名
無名天地之始
有名萬物之母
故恒無　欲以觀其妙
恒有　欲以觀其徼
此兩者同出而異名
同謂之玄
玄之又玄
衆妙之門

道非道

——《老子》研读

骆飚 ◎ 著

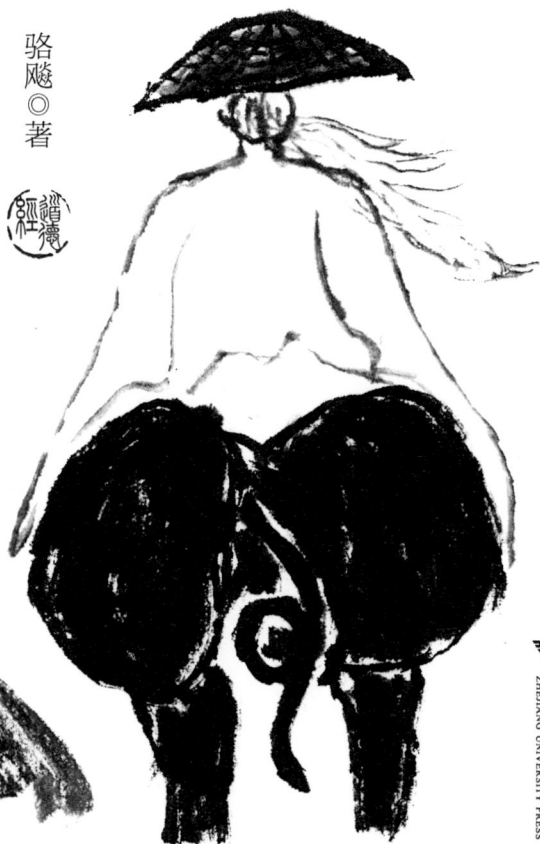

浙江大学出版社
ZHEJIANG UNIVERSITY PRESS

写作说明

《老子》为我的学生的必背书目。本书为回答学生疑问而作。

读懂《老子》的前提是诵读。台湾交通大学教授曾仕强说老子反对"圣人",理由是老子说"绝圣弃智"。但老子在第二、三、七、十二等章中都讲到圣人的处世原则。"圣人之道,为而不争"是《老子》最后一句。曾仕强如果曾读完《老子》全书,至少应记得这一句。老子所说"绝圣弃智"其实是反对伪圣人。"绝圣"的"圣"按现在的写法应带引号,但老子时代没有标点符号,曾仕强就看不懂了。老子多次提到"圣人",第二章中说"是以圣人处无为之事,行不言之教",明确提出了"圣人"的定义。"绝圣弃智"在第十九章。曾仕强读到第十九章浑然不记得第二章讲什么。没有记忆,如何讨论问题?

《老子》一书用当时的韵文写成,言简意赅,朗朗上口,是一部兼具深厚文学功底和深刻哲学思考的巨著。在背诵《老子》的过程中,学习老子的写作方式和思维方式,使背诵《老子》不仅成为一种记忆力训练行为,也成为一种智力开发行为。

关于《老子》的注释本,已有数千种,断句、断章、文字、解释各有不同,学人穷尽一生恐怕未必能尽读。我研究《老子》是从学习开始的,先把《老子》全本背下,再找一个《老子》释本,把其中的解释部分背熟,然后找别的释本读,不同之处一眼就可看出。对这些不同进行研究,得出自己的结论,就是研究型的学习方法。因此,在本书中,我对《老子》一书的一些字、词、断句、解释,以及对于老子写作此书的出发点和核心观点等,都提出了自己的看法。我教学的目的,不是为了宣传自己的观点,而是引领"研究型学习"的学风。我对《老子》的解释,学生是否赞同倒在其次,关键是要掌握我所示范的方法。

我把本书称为"研读",就是为了抛砖引玉。

史上阐释《老子》的作家,我以为庄子最为准确。因此,本书中引用了许多庄子的文章对《老子》进行阐述。因为是研读，我对老子的观点与诸子百家中的一些具有代表性的学说进行了对比分析。对于《庄子》今译，我较多地参考了马恒君的《庄子正宗》。谨致谢意。

本书的出版，旨在倡导形成一种互相讨论的学风，对于任何人的观念都可以讨论、批评，因此，作者更欢迎各位读者的批评。

写作本书时，每章先引用马恒君先生著作中所勘定的《老子》一书的文字。我有不同意见处，在"研读"部分提出讨论，然后写一段校定文字供读者参考。

本书三易其稿。第一稿从第一章写到第八十一章，第二稿从第八十一章写到第一章，第三稿又从第一章写到第八十一章。一部《老子》犹如一条深远的道路，道路上铺满了珠宝。我犹如一个寻宝者，来来回回不断寻觅，但是，唯有慧眼才能识珠，而我只有一双凡眼，不论我如何努力，有所遗漏是难免的。

因对学生的要求是对《老子》一书倒背如流，我写了《〈老子〉记忆法》一文，作为本书附录。这是我背诵《老子》一书的经验总结，也是多年来教学实践的总结。凡跟我学习的学生，在校学习成绩都有不同程度的提高，有的成了懂传统文化、会书画的新型学霸。

为便于低年级同学学习，我对《〈老子〉记忆法》标注了拼音。骆昕同学在纽约大学获品牌管理专业硕士学位，回国在青岛隔离期间，对拼音进行了校注。

2020年6月25日于三无斋

目　录

第一章

道可道，非常道；名可名，非常名。无名，天地之始；有名，万物之母。故常无，欲以观其妙；常有，欲以观其徼。此两者同出而异名，同谓之玄。玄之又玄，众妙之门。

研　读

本章是全书的总纲，论述了道的本质和作用。老子在写完全书后，没有写书名，后人有的因其为老子所著而称《老子》，有的因全书五千字而称《老子五千言》，有的因全书论述的重点是"道德"二字而称《道德经》。《道德经》分上下篇：上篇三十七章，称《道经》；下篇四十四章，称《德经》。

在本章学习中，最重要的是掌握道的五种含义。《老子》一书基本上按照这五种含义进行阐述。马恒君在《老子正宗》中关于道的解释是正确的，但是在后来的论述中，偶有偏离本章之处，如第五十二章的"用其光，复归其明"，第六十五章的"与物反矣"。

"道可道，非常道。"通行的解释是，道如果是可以用语言表达的，就不是永恒普遍的大道。这个解释未必恰当。春秋时通行"子曰诗云"，中国古代一直以曰、云代表言说。在《老子》中，"谓"也有言说之意，如第十七章"百姓皆谓我自然"。最常见的是白话小说中把"道"当"言说"解。《三国演义》《聊斋志异》类的文言文小说用"曰"表"言说"。《水浒传》《红楼梦》类的白话小说中以"道"表"言说"。"道"

当"言说"解，现在可以查到的最早的表述可能是荀子《荣辱》中的用法："故君子道其常，而小人道其怪。"荀子比老子晚出生两百多年。以两百多年后的用法解释两百多年前的词义，可能望文生义，而且，道作为全书最重要的概念如有两种不同含义，则会给读者造成解读困难。保持最重要概念的含义的唯一性才更符合写作要求。

其实，本句中的三个"道"字是同一个意思。理解这层含义，首先要理解"常"的意思。常，在马王堆出土帛书《老子》甲乙本中均作"恒"，此两个版本都早于汉文帝刘恒时期，故不避讳，现在的通行本为避汉文帝刘恒名讳而改成"常"，这是定论。老子这句话的意思应是：道如果可以称之为道，不是永恒的道。老子在第二十五章中补充论证："吾不知其名，字之曰道，强为之名曰大。"意思应是：我研究的对象，我也不知道叫什么名字，就取了字叫"道"，如果勉强取个名叫"大"也是可以的。老子认为自己研究的对象很难准确定义，就勉强定义为"名大字道"。老子为啥这么说？因为他认为"道"字不能包含他所研究的对象的全部内涵，除了"道"字又找不到更合适的字。因此，书中的"道"不是老子心中的"道"，如果认为书中的"道"就是老子心中的"道"，那并没有理解老子研究的那个永恒的"道"。

《老子》是中国历史上被后人严重误读的一部重要的中国古代文化经典，其开篇第一句就被误读。为深入探究老子原意，本书定名为《道非道》。

"名可名，非常名。"通行的解释是，名称如果可以称说，就不是永恒的名称。称说与言说意思相近。古时"名"有多种含义，如命名、概念等。墨子说"以名举实"，荀子说"制名以指实""名也者，所以期累实也"，意即对客观事物的反映，也即概念。孔子提出"正名"，实则上就是要弄清"名"与"实"的关系，为此写成代表作之一《春秋》。老子作为哲学家，先提出他所研究的客观对象是道，再讨论道的概念问题才顺理成章。因此，该句应理解为：名可以定义为名，就不是永恒的名。即概念是无法用语言准确描述的，而且，概念的内涵和外延都是变化的，如果认为已用语言准确地描述了某个概念，就不是永恒的概念。此句中的"常"应是"恒"。

"无名，天地之始；有名，万物之母。"应当断句为"无，名天地之始；有，名万物之母"。句谓：无，定义为天地开始产生的时候；有，定义为万物产生的时候。即对"有""无"两个概念进行了定义。因为"名可名，非恒名"，"有"

和"无"这两个概念并不完全准确，但为了讨论问题，只有这样定义了。"天地之始"，其实就是宇宙的产生。以此，道的第一层含义是"宇宙"。老子认为先有宇宙，后有天地。"万物之母"，就是宇宙间万物的决定力量，这是道的第二层含义。无，定义为天地的开始。那么，天地开始之前是什么？也是"无"。第四十章说："天下万物生于有，有生于无。"天地的开始是由天地开始前的"无"产生出来的，天地开始前的"无"又是更早的"无"产生出来的。一直往前推进，"无"是无穷的。

庄子在《齐物论》（本书引证已用白话文翻译，下同）中说：

宇宙应当有一个开始，开始之前也应当有一个还没有开始的阶段，还应当有一个连没开始也没有的阶段。应当有一个有了万物的阶段，有万物之前也应当有一个没有万物的阶段，在这之前还应当有一个连无也没有的阶段，再往前推，还应当有一个没有无也没有的阶段。忽然间有了无，不知道当真是"有"有了呢，还是"无"有了呢？

"无"不是什么都没有，不是零，是一种与"有"相对立的存在，即"虚空"状态。把"无"的第一层含义理解为宇宙应是比较符合老子的本意的。宇宙，不论是向前追溯还是向未来展望，都是无限的，而且空间是无限拓展的。老子时代，人类从原始社会走出来不久，怎么会有如此惊人的发现？难道老子是外星人经过了宇宙的旅行来到中国？有，定义为万物的本原。这是道的第二层含义，即道是万物的主宰，没有道就没有万物，万物是道产生出来的。有无相生。其实有与无是同时产生的，老子把无与有分开来定义，不能认为两者的产生有先后顺序。这也证明了马恒君"没有名称是天地的开始，产生了名称是万物的本源"之说是错误的。按此说，无与有的产生是有先后顺序的，与老子本意不符。而且，先有人后有"名称"，有人才有"名称"，有"名称"怎么可能是万物的本原呢？

"故常无，欲以观其妙；常有，欲以观其徼。"徼，界限。"非常道""非常名"中的"常"，是为避汉文帝刘恒的名讳由"恒"改"常"。这个理解没问题，但有一个问题被忽视了，《老子》一书中"常"字出现了二十四次，有多少"常"字是"恒"字所改？这个问题值得研究。这句话中的两个"常"字原应是"恒"字。马王堆出土的帛书《老子》甲乙本中都作"恒"。意谓：所以，恒无，就是永恒的无，恒有，就是永恒的有。道永恒，无、有也永恒。由道这个概念，派生出无、有两个概念。从本质而言，道由无、有组成。因此，道是恒道，无就是恒无，有就是恒有。本句的意思应是：所以，永恒的无，可以观测道的变化的奇妙。无中生有，不很奇妙？永恒的有，可以观测道变化的界限。"天下万物皆生于有。"其实界限是观测不到的，因为，没有界限，变化无穷。但道不论如何变化，都有其规律。这里产生了道的第三层和第四层含义。第三层含义是，道是不断地运动变化的，不是静止不变的。第四层含义是，道的运动变化是有规律的，即道就是真理。

将"道可道，非常道；名可名，非常名"恢复为"道可道，非恒道；名可名，非恒名"是非常必要的。在马王堆出土帛书《老子》甲乙本中"恒""常"并存。马王堆出土帛书《老子》甲乙本第十六章中均写作"复命，常也。知常，明也"，第五十二章中均写作"是谓袭常"。"知常""袭常"不能视同"知恒""袭恒"。在马王堆出土《老子》帛书中，"恒"与"常"的含义是不一样的。"恒"是一种状态，"常"是老子赋予特别含义的哲学概念。马王堆出土帛书《老子》甲乙本当然不是唯一的标准，但因其产生仅迟于郭店竹简本而早于现在所见的各种版本，参考价值值得珍视。

"此两者同出而异名，同谓之玄。"玄，幽深微妙。在这两组概念中相互对立而又统一的无与有、恒无与恒有，都是从道中产生出来的，只是名称不同而已。无，不是什么都没有，而是一种虚无的状态。拿房间做比喻，房内的虚无部分就是无，墙就是有。如果只有墙而没有中间的虚无部分，房间就不成其为房间，当然，只有虚无部分而无墙，房间也不存在。因此，无与有必是同时存在而且统一才成为道。当然，这种说法很玄妙。这是因为道是一个哲学概念。哲学有其独特的语言和思维体系。哲学中的语言的含义有时与人类日常生活中的含义不同，思维方式也与人类日常直接的感官体验不同。哲学的思维方式来自于人类日常直接的感官体验的积累，但又高于这种积累，仅仅依靠日常的感官体验的积累进行理性思维不能准确地理解、解释哲学思维。这就是老子称之为"玄"的原因。句谓：这两者都是从道中产生出来的，只是名称不同而已，这可以称之为"幽深微妙"。

"玄之又玄，众妙之门。"无与有的关系幽深微妙。从这种玄妙的关系着手进行研究，是通向众多奥妙的门径。道是幽深微妙的，以道为基础构建的哲学体系更是幽深微妙的，但用这种方式进行思维，是通向所有真理的大门，不论是研究自然关系还是研究社会关系。这就是道的第五层含义：获得真理的方法。句谓：这个说法确实幽深微妙，但是通向所有真理的门径。

第一章是全书的总纲。老子认为道独立于人的意识而存在，是唯物主义观点；认为无与有对立统一，是辩证法思想。

老子的道有五层含义：一是宇宙，二是万物的主宰，三是物质是运动变化的，四是规律，五是获得真理的方法。比老子大五十来岁的古希腊哲学家泰勒斯认为水是万物的本原。他依靠经验观察和理性思维思考宇宙的起源具有开拓性的意义，而老子的思维模式则已打破了人类的日常的经验观察的局限，深入到人的器官不能直接感知的"道"的层面进行思考，这种思维模式确立了中国古代哲学在世界上的先进地位。一些当代学者全盘否定中国古代哲学，是错误的。

老子的成就是惊人的。老子到底是如何进行研究的？老子的研究方法写在第四十七章中，但他对于知识的积累和传承却没有说。庄子在《大宗师》中说，他的知识来源是这样的：

古代有个叫女偊的怀道的人说："道之为物，无所不送走，无所不迎来，无所不毁，无所不成。这就叫撄宁。撄宁就是心神宁静，不为外界事物所扰。"女偊的意思，这就是怀道的境界了。南伯子葵问："先生是从哪里听说的？"女偊答道："我研读各种书籍，各种书籍的记载来自前人曾经反复诵读的名言警句，前人反复诵读的名言警句是前人对客观世界的观察的结果，这些观察结果是世代口耳相传的，这些口耳相传的东西是从前人的认知中得来的，这些认知成果以歌谣的方式传唱，歌谣产生于大自然之中，大自然的歌声来自于虚空，虚空的歌声来自道。"

～本章校定

道可道，非恒道；名可名，非恒名。无，名天地之始；有，名万物之母。故恒无，欲以观其妙；恒有，欲以观其徼。此两者同出而异名，同谓之玄。玄之又玄，众妙之门。

～本章今译

道如果可以定义为道，就不是永恒普遍的道；名如果可以定义为名，就不是永恒普遍的名。无，定义为天地开始产生的时候；有，定义为万物产生的时候。因此，恒无，借以用来观察道在虚空境地中的奥妙；恒有，借以用来观察道的变化的趋势。这两者都是从道中生出来的，只是名称不同而已，这可以称之为幽深微妙，这个说法确实幽深微妙，但是通向所有真理的门径。

第二章

天下皆知美之为美，斯恶已；皆知善之为善，斯不善已。有无相生，难易相成，长短相形，高下相倾，音声相和，前后相随。是以圣人处无为之事，行不言之教。万物作焉而不辞，生而不有，为而不恃，功成而弗居。夫惟弗居，是以不去。

研　读

本章定义了"圣人"的含义："圣人处无为之事，行不言之教，万物作焉而不辞，生而不有，为而不恃，功成而弗居。"

"天下皆知美之为美，斯恶已。"句谓：天下都认识到美的之所以为美，也就能认识丑恶了。老子讲道，为什么从美恶讲起？人类最早的精神性思维就是美，人类在劳动中创造了文字、歌舞等表现美的原始艺术。所以，从人类最早的追求开始讲，应是读者最容易理解的。但是老子告诉读者，世上万物都是对立统一的。有美必有丑，无丑就无美；有真理必有谬误，无谬误就无真理。仅有美和真理的世界是不存在的。当天下只有一种声音时，人们反而弄不清对错了。

庄子在《徐无鬼》中说：

庄子去送葬，路过惠施的坟墓，回头对跟随他的人说："郢人在鼻头上涂了一层如蝇翼一样薄的白灰，让匠石替他削下来。匠石抡起斧头像风一样快地转动。郢人任凭他砍削，结果，白灰刮下来了，鼻子一点未伤，脸不改色。宋元君听说此事，召见匠石，要求匠石表演一下。匠石回答：'以前我确实可以，但现在，搭档已死了很多年了。惠子死后，我没有搭档了，也就没有讨论问题的对手了。'"

没有对立统一，就没有世界，更谈不上社会进步。一个只有真理没有错误的社会是不存在的。

人类追求美，是因为人类见过丑恶，美与丑的分辨对人而言最容易、最重要、最直接，可以说是一种直接从形象思维发展成抽象思维的思维方式。

"皆知善之为善，斯不善已。"句谓：天下都认识到善的之所以为善，也就能认识不善了。善与不善的区别比美与不美的区别在分辨的难度上增加了，更多地依靠抽象思维了。找个对象当然是美的，但善不善还得另说。颜乌死了父亲，自己负土为父筑坟，依靠乌鸦帮忙。后来，颜乌累死了，依靠乌鸦埋葬。乌鸦是善良的。但是，颜乌的亲朋好友、左邻右舍干吗去了？就算没有亲朋好友、左邻右舍，官府呢？谁善谁不善？《二十四孝图》中有许多不善的故事被当作善的故事。郭巨家贫，养不了母亲，就挖个坑，准备活埋三岁的儿子。这称得上人道吗？好在挖到了一锅黄金，而且锅上居然刻着"天赐孝子郭巨，官不得取，民不得夺"。为了鼓吹孝道编这种反人道的故事，居心何良？

"有无相生，难易相成，长短相形，高下相倾，音声相和，前后相随。"句谓：有与无相反相生，难与易相互形成，长与短相比较而存在，高与下互相呈现，音与声彼此应和，前与后伴随出现。这六句是一个意思，即万物都对立统一，对立的双方相反相成，而且，按照这个思路，可以衍生出许多对立统一的事物，如在书画艺术中有浓淡、干湿、疏密、粗细、远近、向背等等之说。庄子在《齐物论》中说：

事物的那一面出自事物的这一面，事物的这一面也起因于事物的那一面，事物对立的"这"与"那"两个方面是并存相生的。尽管如此，事物在生的同时就存在着死，死的同时就出现生；对的同时出现错，错的同时就出现对；是依赖于非，非依赖于是。因此圣人不从正误是非中寻找真实，而是要用道来观察，也就是顺应事物发展的规律。事物的这一面也就是事物的那一面，事物的那一面也就是事物的这一面。事物的那一面同样存在是与非，事物的这一面也同样存在正与误。事物果真存在彼此两个方面吗？事物果真不存在彼此两个方面的区分吗？消除彼此对立而让它们统一，这就是大道的枢纽。抓住了大道的枢纽也就抓住了事物的要害，可以顺应事物无穷无尽的变化。"是"变化无穷，"非"也变化无穷。所以说不如用事物的发展的规律来加以观察和认识。

"此亦一是非，彼亦一是非。"有人以这句话认定庄子是相对主义者，这是不对的。庄子的意思是这里有这里的是非，那里有那里的是非，这里与那里的是非有所不同才有"此""彼"的区别，犹矛盾无处不在，但各有各的不同之意。如果认为各处的矛盾都相同，就是相对主义。

"是以圣人处无为之事，行不言之教。"无为，不是不作为，而是"尊道"而为，即按照事物的发展规律行事。不言，解释为不发号施令而实施潜移默化的引导之类是不对的。"不言"的"不"，与"无为"的"无"通假，《老子》第四十七章中的"不为而成"与"无为而成"同义。因此，按照事物的发展规律说话，就是"不言"，也即讲合乎道的话。打个比方，在南方，冬天种麦子，春天种水稻。有人这样做，就是"无为"，因为这是遵守了客观规律；但是，如果有人冬天种水稻，春天种麦子，就是"为"，因为这是违反了客观规律。如果有人说，中国南方应该冬天种麦子，春天种水稻，这就是"不言"，因为这话符合客观规律；如果有人说，中国南方应该冬天种水稻，春天种麦子，就是"言"，因为这话不符合客观规律。句谓：所以圣人依道而处理所有的事情，依道推行教化。

"道"是客观存在的物质。"无为""不言"是人的意识。老子不仅是唯物主义者，而且是一个唯物主义的反映论者，即主张人的意识是由物质决定的，必须准确反映物质，意识对物质不存在反作用。为、言是人的意识脱离了道又试图对道进行反作用。老子认为人对物质的反作用是错误的。

庄子在《养生主》中说：

老子去世，秦失去吊丧，进入灵堂哭了三声就出来了。弟子问："老聃是先生的好朋友，哭三声就算吊丧，合适吗？"秦失答："合适。刚开始我以为来吊唁的都是他的真传弟子，现在看来不是。我在灵堂看见，有的老人哭他像哭自己的儿子似的，有的年轻人哭他像哭亲娘似的。他们聚集在这里哭，肯定有用违心的话来吊唁，用假哭来哭的。这违背天生的情感，失去了天生的东西，古人把它称为遭受天然的刑罚。老子生下来，是时运；老子死去，是顺应自然。安于时运，顺应自然的变化，哀乐不往心里去，古人把死称作天帝给人解开了倒悬的绳子。"

这个故事，阐述了无为、不言。

"万物作焉而不辞，生而不有，为而不恃，功成而弗居。"作，兴起、发展；辞，不符合事物发展规律的人为干预，如拔苗助长之类；生，生养；有，占有；为，作为，按照事物发展而作为。句谓：任万物按其规律发展而不干涉，生养万物而不占有，依道而行取得成功而不自恃己能，取得成功而不自居有功。

马恒君在《庄子正宗》中讲了个故事：有一户人家挖了口井，过路人渴了要喝口水。主人和路人吵了起来。主人认为水是自家的，不许路人喝。水是自然生成的，谁能在没水的地方挖出水来？不让别人喝水，就是"为而恃"，让别人喝水就是"为而不恃"。

明白有水的地方才能挖出水的道理非常重要。一门生问我："老师，你说要激发我们的洞察力、想象力、记忆力、意志力、推理能力、自我纠错能力、审美能力等等，难道这些能力是我们自身具有的？"我答："当然。如果不信，你去牵条狗来，看老师能不能把它训练成和你一样。"培养学生，要知道学生有无限的可能，然后，"处无为之事，行不言之教"。

"夫惟弗居，是以不去。"句谓：只有不自居有功，功劳才不会被泯没。所有的成功，都不过是依照自然规律办事而已。对于成功有正确的认识，不夸大自己的功劳，就会得到人们的承认、赞扬、拥护。如果把自己夸大成超自然的神，就会受到人们的鄙弃，那点功业也就没人提起了。

"处无为之事，行不言之教"是圣人的处事标准，"万物作焉而不辞，生而不有，为而不恃，功成而弗居"是圣人的具体处事方式，"夫惟弗居，是以不去"是圣人永远成为圣人的根本。

本章校定

天下皆知美之为美，斯恶已；皆知善之为善，斯不善已。有无相生，难易相成，长短相形，高下相倾，音声相和，前后相随。是以圣人处无为之事，行不言之教，万物作焉而不辞，生而不有，为而不恃，功成而弗居。夫惟弗居，是以不去。

〜本章今译

　　天下都认识到美的之所以为美，也就能认识丑恶了；天下都认识到善的之所以为善，也就能认识不善了。有与无相反相生，难与易相互形成，长与短相比较而存在，高与下互相呈现，音与声彼此应和，前与后伴随出现。所以圣人依道而处理所有的事情，依道推行教化，任万物按其规律发展而不干涉，生养万物而不占有，依道而行取得成功而不自恃己能，取得成功而不自居有功。只有不自居有功，功劳才不会被泯没。

不尚贤，使民不争；不贵难得之货，使民不为盗；不见可欲，使心不乱。是以圣人之治，虚其心，实其腹，弱其志，强其骨。常使民无知无欲，使夫智者不敢为也。为无为，则无不为。

研　读

本章论述了圣人治理天下的方式及能够达到的理想境界。与本章对应的是第八十章。

"不尚贤，使民不争。"后世许多学者认为，老子主张愚民政策。这当然可以在书中找到许多证据。"不尚贤"是证据，第六十五章中说"古之善为道者，非以明民，将以愚之。民之难治，以其智多。故以智治国，国之贼；不以智治国，国之福"更是证据。问题是，老子如果不认为自己是贤者而是愚者，会觉得自己有写书的资格吗？如果要愚民，那更不要写书教别人"处无为之事，行不言之教"了。其实，《老子》一书中的圣、贤、智、愚等词具有正反两种含义。因当时没有标点符号，就不能明确区分两种不同的用法。如在当代，这些词有时要加引号，此处的贤字，就是一例。

贤，河上公注："谓世俗之贤，去质尚文也。"世俗之贤，不是老子眼中的贤。老子的贤的标准是"处无为之事，行不言之教"。"去质尚文"者，就是脱离本质而搞一些花里胡哨的东西，不是真贤，是假贤。在老子看来，真理具有唯一性，贤的标准也具有唯一性。

不尚，按河上公所言就是"不贵之以禄，不贵之以官"。这些"贤"人的目的无非高官厚禄。不给这些"贤"人高官厚禄，大家还有什么可争的？

句谓：不标榜贤明，老百姓就不会产生竞争心。

庄子在《庚桑楚》中说：

尧与舜两人又有什么值得称赞的？他们对于好坏的分辨，如同拆坏了好的垣墙而栽上了蓬蒿。拣择头发来梳头，数着米粒做饭，琐琐碎碎地又哪里称得上救世济民？举荐贤能的人，人们就会相互倾轧；任用有才智的人，人们就会相互欺诈。这几种品行，对人民没有好处。百姓为了利益，一定不遗余力，儿子甚至会杀掉父亲，臣子甚至会杀掉君王，大白天当强盗，太阳底下挖墙窟窿。

齐桓公饿死、汉武帝立太子后杀其母、李世民杀兄弟逼父退位，而其根源都与"贤"有关。齐桓公以为竖刁、易牙之流是贤人，予以重用；汉武帝杀太子之母，是考虑太子年幼而其母正值盛年，防政权被其母掌控，自以为自己的办法聪明；李世民杀兄弟逼父亲退位，自以为天下第一贤者，治理天下舍我其谁。齐桓公也算一世之杰，居然认为挥刀自宫的竖刁是贤人，烹调自己的儿子给领导吃的易牙是贤人。这不正是"尚贤"的危害吗？

庄子在《外物》中说：

宋国演门有个人死了父亲，因为悲伤，形销骨立毁了面容，成为善孝的榜样，被封为官师，结果，他的同乡死了亲人后因悲伤致毁容死去的就有一大半。尧要把天下让给许由，许由跑了。商汤要把天下让给务光，务光大怒。纪他听说商汤要把天下让给自己，带领弟子在窾水边隐居。三年后，隐士申徒狄为追求清高的好名声跳河死了。

因为"尚贤"，大家就会绞尽脑汁显示"贤"，以致花样百出，自虐、自残、自杀，作秀手段不断升级。不过，当时的贤人还没想到以"吃人"的方式显示自己之"贤"。

"不贵难得之货，使民不为盗。"人类有许多悖论，其中之一是对人越重要越常见的东西越不值钱，越难以见到又无多大实际用途的东西越贵。空气，人不可须臾或缺，但一文不值；其次水价；其次米价……至白璧黄金之类价高无比而成为盗贼首选。这句话的另一层意思是，治国者为大力收集白璧黄金之类价高无比的"难得之货"，不惜严酷压榨百姓，以致百姓沦为盗贼。句谓：不看重难以得到的货物，老百姓就不会当盗贼。

"不见可欲，使心不乱。"按前两句的句型，"心"前应有"民"字。查马王堆汉墓帛书《老子》甲乙本确有"民"字，但无"心"，应是漏抄"心"字。不见，不是看不见，而是视而不见。人之所欲大抵是名利，也即成为贤人或拥有难得之货。句谓：不注重名利之类的欲望，百姓的心就不会乱。

"是以圣人之治，虚其心，实其腹，弱其志，强其骨。"虚，在《老子》中是一个十分重要的概念，如第十六章"致虚极，守静笃"。把虚解释为"空虚"是错误的。虚，是一种开放而永不盈满的状态，如第四章中有"道，冲"。冲，虚空之意。弱，不能理解为虚弱，而是柔弱，当代用语"柔韧"较为贴切。第七十六章有"故坚强者死之徒，柔弱者生之徒"句。如果把虚解释为空虚，把弱解释成虚弱，百姓就成了"心里空虚，肚子饱饱，意志虚弱，筋骨强壮"的愚民，与老子本意不符。老子在第十七章中说"功成事遂。百姓皆谓我自然"，百姓是创造历史的英雄，怎么会是愚民？句谓：所以，圣人治理天下，要让百姓敞开永不盈满的心胸，肚子吃得饱饱的，永远保持柔弱向上的意志，身体十分健壮。

"常使民无知无欲，使夫智者不敢为也。"这一句也是讲圣人治理天下的目标，因此，"强其骨"后应是逗号。常，应是恒。常，经常的意思。经常不是永远、总是，有脱节之处。经常使民无知无欲，那么，脱节之时民该处于什么状态？恒，就是永远，无缝连接。查马王堆汉墓帛书《老子》甲乙本，均作"恒"。

按照现代写法，此处知、欲、智都应加引号。老子不是要百姓完全无知识、无欲望、无智慧，而是不要违背道的知识、欲望、智慧。老子如果要老百姓无知识、无欲望、无智慧，那他创立自己的学说干什么？读《老子》始终要记住，道是唯一的知识、智慧、真理，不符合道的所谓知识、智慧、真理，都是无用的。老子始终坚持真理的唯一性。

句谓：永远使百姓没有不符合道的知识和欲望，使违背道的所谓智者不敢有所作为。

这样的境界是非常高的，在许多情况下，百姓对于治国者违道而为束手无策，甚至，把治国者违道而为当作空前绝后的伟大创举。

"为无为，则无不为。"无不为，即没有办不成的事。句谓：如果时时处处都按照自然规律办事，就没有办不成的事。当然，这是人类认识了所有真理的理想状态。

通行本此句作"为无为，则无不治"，马王堆出土帛书《老子》乙本中也如此。傅奕本"治"作"为"。傅奕是唐初学者，据说在其校勘《老子》时所用版本有一种与马王堆出土帛书《老子》甲本同期，不知"为无为，则无不为"是否出自该版本，考虑到《老子》用韵文写成，此说合韵，第三十七章中说"道恒无为而无不为"，此说符合老子用语习惯，而且，从当代用语习惯看"为"优于"治"。"治"，容易被理解为治国，但老子的本意并非治国那么狭隘，而是具有无限的广泛性。

由于《老子》传本的流传系统难以厘清，要确定《老子》的原文非常困难。本书每章引用马恒君《老子正宗》的文字，在"研读"部分对一些用词提出自己的看法，但对于有些学界有争议而对理解文意影响不大的用词，不一定进行校勘。

庄子在《逍遥游》中说：

宋荣子对于天下人对自己的荣辱毁誉从不当回事，境界已到了相当的高度，但在修道方面仍有欠缺。列子能驾着风遨游半个月后回来，对于世上祈求幸福之类的行为从来不放在心上。这当然可以免去徒步的劳苦，境界又上了一个台阶，但他还是有所依赖的，算不上绝对的自由自在。至于那些顺着自然的正性，驾驭不同的六气，遨游无穷的宇宙的人，何必有什么依赖呢？这就是"无不为"的境界。

庄子善于用寓言说理，认为"寓言十九"，即有所寄寓的寓言可信性有十分之九。

逍遥游，即自由。老子认为道是世界之源。老子提出了道的概念，庄子提出了自由的概念。自由，就是依道而行，人类对道的认识越深刻，自由的空间就越大。国家存在的意义是保障人类的自由。类似观念，西方可能在文艺复兴时期才出现。老庄是古代中国最伟大的哲学家，而且是具有世界意义的哲学家，这是毫无疑问的。

～本章校定

不尚贤，使民不争；不贵难得之货，使民不为盗；不见可欲，使民心不乱。是以圣人之治，虚其心，实其腹，弱其志，强其骨，恒使民无知无欲，使夫智者不敢为也。为无为，则无不为。

～本章今译

不标榜贤明，老百姓就不会产生竞争心；不看重难以得到的货物，老百姓就不会当盗贼；不注重名利之类的欲望，老百姓的心就不会乱。所以，圣人治理天下，要让百姓敞开永不盈满的心胸，肚子吃得饱饱的，永远保持柔弱向上的意志，身体十分健壮，永远使百姓没有不符合道的知识和欲望，使违背道的所谓智者不敢有所作为。如果时时处处都按照自然规律办事，就没有办不成的事。

道冲，而用之或不盈。渊兮，似万物之宗。挫其锐，解其纷，和其光，同其尘。湛兮，似或存。吾不知谁之子，象帝之先。

研　读

本章论述道的无限性、道的作用、道无处不在。

"道冲，而用之或不盈。"断句似不妥，应为"道，冲而用之或不盈。"冲，虚空之意，也即道不是一个看得见摸得着的实体，但又是确确实实存在。如一年的四季交替就是道的表现之一，然而这种交替变化我们看不见，摸不着。我们不能说看见某朵花开了就是春天来了，也不能说听到某次风声就说春天来了，但在现实生活中，我们确能感受到春天来了。句谓：大道，虚空但用起来不会穷尽。

世上万物可分为可见、不可见两类，因绝大多数的物可见，因此，人类就会惯性地认为只有可见的才是物，才有用，不可见的就不是物，没有用。其实，空气就是不可见之物。空气的用途大于任何一种物，而且用之不竭。因此，不可见之物比可见之物用途更广，资源更丰富。当然，道不在世间的万物之列，但不能因为不可见就认为它不存在、认识不到它的作用。道虽然虚空而不可见，但是用不完。当然，要使用道，首先就要发现道。因此，道用之不尽，前提是道挖掘不尽。道是无限的，真理也是无限的。

"渊兮，似万物之宗。"渊，深不见底，意即大道的本体像深不可测的深渊；宗，本宗、宗主。道不是万物之一，它是产生万物的本原。渊的另一层含义是"深奥"，道是万物的祖宗，这个道理很深奥，不太好理解。普通人的认知是指以视觉、触觉、味觉等人的感官积累的日常经验进行理性思维，而且认为这种思维的结果经得起人类感官的检验才是真理。但是，老子认为，道为万物之源是无法用人的感官直接认知的。那么，老子的观点是否错误？未必。现代科学认为宇宙从时间上来说，没有开端，不会结束；从空间上来说，无边无际，永远处于扩张之中。这个理论能用实践检验吗？

人类如果局限于感官的直接认知，就会限制真理的发现。古希腊哲学家泰勒斯认为"水是万物之源"，其实是指只能以人的直接的感官经验积累进行理性思维，从而观察世界。老子把人类的感官不能直接认知的道作为万物的本原，显然比泰勒斯高明。而泰勒斯被认定为唯物主义哲学家，因此老子也理应被认定为唯物主义哲学家。

道与万物的关系，类似当代哲学上物质与万物的关系，但也不完全相同。物质独立于人的意识而存在，可以为意识所认识，在这点上与道有相同之处。不同之处在于世上万物都是物质的表现形式，不同的物质能在一定条件下转化，而道则是万物都是从它那里产生出来的。

"挫其锐，解其纷，和其光，同其尘。"这四句有人认为是古人抄录时从第五十六章误植于此。如果同样的句子在不同的章节中出现就认为一处系误植，那说服力不强。"生而不有，为而不恃"，在第二、第十、第五十一章中重复出现。另有其他句子也在不同章节中重复出现。也有人以句式的排列方式认定该四句系误植，如删去四句，紧接"湛兮"更具有文章的形式美。但本章既然阐述道的作用，不应只提"似万物之宗"，还应论述道的作用及存在方式。

"挫其锐"，其，大道；挫其锐，意谓万物有锋芒，而道没有锋芒，它的锋芒好像被消磨掉了一样；解其纷，万物都处在纷乱之中，但大道没有纷乱，好像它的纷乱被化解了一般；和其光，万物显露光彩，大道没有光彩，好像它的光彩被混和起来一样；同其尘，万物都在尘俗中浮游，大道不落尘俗，但它又与尘俗混同为一体，无所不在。这四句描写大道混混沌沌的性状，以及它与万物间既区别又联系的微妙关系。

庄子在《知北游》中说：

东郭子问庄子："道，在哪？"庄子答："无处不在。"东郭子说："说具体一点。"庄子说："在蚂蚁那里。"东郭子说："怎会如此渺小卑下？"庄子说："在稗子草里。"东郭子说："怎么更卑下了？"庄子说："在砖头瓦块里。"东郭子说："怎么越来越卑下了？"庄子说："在屎尿里。"东郭子不理他了。庄子说："先生问的问题，并没有触及问题的本质。官员问市场管理员如何辨别猪的肥瘦。管理员说，越往下部揣摸越能检验出猪的肥瘦来。你不能把道局限于某物上，没有东西能离开大道。至道如此，说明道的大道理也如此。比如说'周''遍''咸'三个词，名称不同，实质相同，指的都是'全部'这个意思。你试着遨游那虚无的境界吧！淡泊而安静吧！广漠而清虚吧！和谐而悠闲吧！寂寥下来停止心智活动，哪里也不要去，也不知道会到什么地方。去了，不知道要去哪里；来了，不知要止于何处。我已经往来过但又不知道什么是终点。徘徊在空虚寂寥的境地，大智慧的人来临也不知道它的尽头。主宰万物的道就体现在万物身上，与万物没有界限。万一有了界限，那就成了物与物之间的界限。与万物没有界限的那个界限，那才是道。说到盈虚衰旺：它主宰万物盈虚，自己不盈虚；它主宰万物衰旺，自己不衰旺；它主宰万物始终，自己没有始终；它主宰万物聚散，自己没有聚散。"

"湛矣，似或存。"湛，本意深，此处与渊同，皆为深不可见底之意，可引伸为幽隐。句谓：幽隐啊，似无又实存。春天来了，我们看不见春天来了，但是，我们可以感受到春天来了。辛弃疾有词云："试问春归谁得见？飞燕。来时相遇夕阳中。"道也如此，人类看不见，但可以感受到。

"吾不知谁之子，象帝之先。"意即，我不知道它是谁的儿子，好像比天帝还早出生。万物都有产生的本原，本原就是大道。道为"天地之始""万物之母"。大道的本原在哪里？找不到。它是亘古的存在。当代哲学认为宇宙就是这样。

盘古开天地之类的神话可能在老子时代就已产生。因此，老子特别强调道先于天帝产生，否认世界神造的观点。在这一点上，泰勒斯和老子是一样的。古希腊时代，神创造世界的观点盛行，泰勒斯标新立异，认为"水是万物之源"，遂成古希腊第一位唯物主义哲学家。

∿本章校定

　　道，冲而用之或不盈。渊兮，似万物之宗。挫其锐，解其纷，和其光，同其尘。湛矣，似或存。吾不知谁之子，象帝之先。

∿本章今译

　　大道，虚空但用起来不会穷尽。深不可测啊，好像万物的本宗。它消磨去锋芒，化解掉纷乱，混和了光辉，混同于尘俗。幽隐啊，似无又实存。我不知道它是谁的儿子，好像比天帝还早出生。

天地不仁，以万物为刍狗；圣人不仁，以百姓为刍狗。天地之间，其犹橐籥乎？虚而不屈，动而愈出。多言数穷，不如守中。

研　读

本章论述道的客观性。道不以万物的意志为转移，也不以人类的意志为转移，兼论治国者应当向道学习。

"天地不仁，以万物为刍狗。"不仁，不能理解为"不仁不义"。不，此处通无，即天地没有仁义的概念。刍狗，草编狗，用于祭祀。当代祭祀必用肉，当时可能少肉，就用草编狗代替。孟子说他的治国理想之一是七十岁以上的人有肉吃。孟子比老子晚生了两百多年。刍狗被当作冥器用于祭祀时要盛装打扮一番，祭祀完毕，就被人踩扁当柴烧。句谓：天地没有仁义的概念，对待万物的态度，如同人对待草编狗一样，用到它时，很神圣，用不到它时，就是废柴。如果引申出来，可以说四季变化不以万物的意志而转移，只是依据天地自身的规律而变化，更不会依照某种特定的物种的要求而变化，只有这样，万物才会自然生长，自然界才会和谐发展。如果四季依照某些物种的需求而变化，自然界就乱套了。

"圣人不仁，以百姓为刍狗。"圣人，是依道而行事的人。"人法地，地法天，天法道。"因此，圣人效法天地，也没有仁义的概念，把百姓当刍狗对待。如果圣人对待百姓如同天地对待万物一样，百姓就会幸福自由，社会就会和谐繁荣。句谓：圣人没有仁义的概念，像人类对待草编狗一样对待百姓。

在庄子看来，仁义的概念，盗贼都有，其在《胠箧》中说：

盗跖的门徒问盗跖："做强盗也有道吗？"盗跖回答："做什么没有道呢？能凭空猜测屋内有多少财物，这就是圣明；带头冲进屋内，这就是勇敢；最后一个出来，这就是义；酌情判断是否下手，这就是智慧；分赃均匀，这就是仁。这五样做不到而成为大盗，这是天下决不会有的。"

盗贼之道，是道的行为准则，这与老子之道是准则的含义有相同之处，但是，盗的行为准则是人为的，这种人为的准则以"仁"为核心。圣人的准则效法天地而产生，并不以"仁"为核心。圣人的行为准则来自于"道"。两者有本质区别。

庄子在《天道》中说：

当年舜问尧："帝王如何用心治理天下？"尧说："我不会瞧不起那些痛苦无告的人，也不抛弃那些走投无路的穷苦百姓，我悲悯那些死去的人，善待小孩，同情妇女。"舜说："这样，好是好，但不够广大。"尧说："那该怎么办？"舜说："天德不失自然就一片安宁，日月照临四季就正常运行，如同昼夜交替有常规，就会行云降雨了。"尧说："那么，我过去是有些纠缠多扰了！你说的与天道相合。我做的仅与人道相合。"天地，自古以来就被认为最伟大，黄帝、尧、舜都共同赞美。所以，古代统治天下的人，何必人为地做什么呢？顺应天地之道就可以了。

孔子希望自己的著作被周王室的图书馆收藏，苦于没门路。学生子路建议："我听说周王室负责征集文献史料的老子已退休在家，老师不妨走走他的门路。"于是，孔子就去请老子帮忙。老子不答应。孔子就开始滔滔不绝地解释自己的著作，试图说服老子。老子不耐烦，打断孔子的话："你说话不着边际，说重点。"孔子说："重点就是要讲仁义。"老子问："仁义是人的天性吗？"孔子说："当然。君子不仁就不能有成就，不义就不能立身。仁义确实是人的天性，除了仁义，人还会有什么呢？"老子说："请问，什么是仁义？"孔子说："心地公正，与人为善，兼爱无私，毫不利己，这就是仁义的定义。"老子说："噫，有点近似，但不是根本啊。兼爱，不也太绕远了吗？只要有爱就会针对具体的人和事，不可能全爱。你说的无私实际就是私啊。先生想要让天下不失去管理吗？那么，天下本来就有变化的常规，日月本来就有光明，星辰本来就有序列，禽兽本来就有自己的群类，树木本来就有适合自己生长的地方。先生只要听任各自天然的德性而行，遵循天道运行，这就够了，又何必卖力气地标榜什么仁义？就像儿子就在身边却敲锣打鼓地去找丢了的儿子。噫，先生是在扰乱天下人的天性呵。"

圣人以百姓为刍狗，不仅提出了应让百姓自由发展的观点，提出了平等的观念，即百姓如同刍狗一样无差别，更不应有阶层划分。有人认为，中国自古以来没有平等自由的思想，这是不对的。没有"平等自由"的名词，不等于没有平等自由的思想。动物世界没有"吃"这个字，难道动物就不知道什么是"吃"了？

"天地之间，其犹橐籥乎？"橐籥，风箱。古代的风箱起初像是个两头有口的皮袋子，通过张口和挤压鼓风，后来改进为用活塞推拉鼓风。这里用来说明虚空是如何产生实有的。句谓：天地之间如同是一个鼓风机吧？从虚空中产生出风来。

"虚而不屈，动而愈出。"句谓：看起来是虚空的但其实不会穷尽，就像拉风箱，拉得次数越多，拉出来的东西也越多。比喻人间的事越做越好，不做反而没啥事。补充论证圣人效法天地"无为""不言"的重要性。

"多言数穷，不如守中。""多言"与"不言"相对。"不言"是指遵道而言，圣人"行不言之教"。"多言"就是违道而言，而且，多言一定"有为"。数，马叙伦认为是"速"；穷，败亡；数穷，加速败亡。"多言数穷"这四字反证圣人效法天地的重要性。守中，保持虚空的性状。句谓：违背道而言就会加速败亡，不如坚守虚空的道的性状。

～本章校定

天地不仁，以万物为刍狗；圣人不仁，以百姓为刍狗。天地之间，其犹橐籥乎？虚而不屈，动而愈出。多言数穷，不如守中。

～本章今译

天地没有仁义的概念，像人类对待草编狗一样对待万物；圣人没有仁义的概念，像人类对待草编狗一样对待百姓。天地之间像个风箱，看似虚空但不会穷尽，越虚空，拉出来的风越多。违道而言加速败亡，不如保持虚空的大道的性状。

第
六
章

谷神不死，是谓玄牝。玄牝之门，是谓天地根。绵绵若存，用之不勤。

研　读

本章论述道是万物之母，而且，万物在不断地产生之中，不会停止。

"谷神不死，是谓玄牝。"谷，形容虚空，即大道的性状；神，形容变化莫测，即大道的功能；不死，比喻变化不会停止，也不会竭尽；玄牝，微妙的母性。牡为雄性，牝为雌性。句谓：大道虽然虚空但变化无穷无尽，这就是微妙的母性。

"玄牝之门，是谓天地根。"玄，幽深微妙；牝，雌性；玄牝，幽深微妙的产门。句谓：幽深微妙的母性的产门，是天地的根源。老子在第一章中已说，道就是"天下之母"。

当代中国哲学有唯物主义和唯心主义之分。陈鼓应认为：

老子哲学的理论基础是由"道"这个观念开展出来的，而"道"的问题，事实上只是一个虚拟的问题。"道"所具有的种种特性和作用，都是老子预设的。老子所预设的"道"，其实就是他在经验世界中所体悟的道理，而把这些所体悟的道理，统统附托给所谓的"道"，以作为它的特性和作用。当然，我们也可以视为"道"是人的内在生命的呼唤，它乃是应合人的内在生命之需求与愿望所开展出来的一种理论。

第六章

按此说，老子是唯心主义哲学家。

但是，老子并不承认"道"是一个只存在于他的意识中的观念，而认为是客观存在。谷神变化，变出了天地。霍金说，宇宙今天的样子是大爆炸的结果，其实说的也是演变的结果。只是老子没有提出"宇宙"的概念，而称之为"谷神"。老子时代，世界上只有部分人类走出原始社会，大多数地方仍处于原始社会。老子居然如此看待宇宙，令人称奇。老子是如何研究宇宙的，不得而知。

谷神产生天地，天地产生人，人产生意识，怎么能说意识又产生了"谷神"？因此，老子哲学属于唯物主义范畴。

马恒君认为：

老子的思想是，大道是意识的本源，但大道本身既不是物质，也不是意识。它既不是有，也不是无，它就是一种真实的存在。

这个说法不准确。大道"既不是有，也不是无"，但大道既是有，又是无，"有无相生"。它是一个客观的存在，这个客观的存在产生出万物。道与当代哲学中物质的概念有同有异。相同点在于道和物质都是客观存在，都遵循客观规律而发生变化；不同点是"道"是"万物之宗"，物质中不存在"万物之宗"，物质间只能互相转化。界定是否是唯物主义，不能先看人家有没有物质的概念，或者看人家的物质的概念与当代物质的概念是否完全吻合。古希腊哲学家泰勒斯认为"水生万物，万物复归于水"。泰勒斯被认为是朴素唯物主义哲学家，而且是西方历史上第一位哲学家。他的"水"的概念与老子"道"的概念有相似之处。

"绵绵若存，用之不勤"。绵绵，就是绵绵不绝；若存，似存在而不可见。用之，作用；不勤，不工作。句谓：它绵绵不绝地产出，看不见却又确实存在，发挥作用但却不需要劳动。道，无时无处不在变化之中，它的作用遍及古今万物。春天到了，种子发芽了，小草成长了，鲜花开了，都是道的作用，不是劳动的结果。道是无穷无尽的，真理也是无穷无尽的，人类只能不断发现真理，但是不能穷尽真理，不可能达到"终极真理"的状态。

庄子在《在宥》中说：

广成子头朝南躺着，黄帝从下方跪着近前，拜了两拜，叩下头去问道："我听说先生修成了至道，请问怎样修身才能长生？"广成子猛地坐起来说："这个问题问得好呵。来，我告诉你至道。至道的精华，悠悠深深；至道的极端，默默昏昏。什么都不看，什么都不听，守住心神，保持宁静，形体将会得到自然之正；必静必清，不要摇动精神，这样就可以长生。目无所见，耳无所闻，心无所知，你的精神就会守护你的形体，形体才会生长。谨慎你的内心，关闭你的外部感觉器官，多知就是功败。我帮助你修成上到大光明的境地，到达至阳的本原；我帮助你修炼到悠深的大门，到达至阴的本原。天地有了掌管，阴阳各居其所，谨慎地守护住你的身体，万物自己会壮盛。我守持至道的纯一，置身在至道的和谐里，因此，我已修身一千两百年了，我的形体没有衰老的迹象。宇宙万物没有极限，而人们以为有终极；宇宙万物是无穷的，而人们认为有极限。得到我的道的人，上可以成为三皇，下可以成为三王；失去我的道的人，上见日月之光，下就化为泥土。万物都从土里生出再返回到土中。因此，我要离开你，进入无穷之门，巡游在无极限的原野。我与日月同光，与天地永恒。面对我来，合而明；背我远去，昏然消失不留踪。人人都有死期，而我独能长存。"

庄子此处讲修道，有神秘主义倾向。但道存在的性状、发挥作用的方式应作如此理解。

庄子不是真的认为得到至道的人可以永生，而是以修道与人的生命的关系做比喻，说明得到的道越多，人类的自由就越大。人类如果获得了至道，即获得了终极真理，人类就可获得绝对自由。当然，这是不可能的。因为，道是无限的。

本章校定

谷神不死，是谓玄牝。玄牝之门，是谓天地根，绵绵若存，用之不勤。

本章今译

虚空的大道变化永不停竭，这就是幽深微妙的产门。幽深微妙的母性的产门，就是天地产生的根源。它绵绵不绝地产出，看不见却又确实存在，发挥作用却不需要劳动。

第七章

天长地久。天地所以能长且久者，以其不自生，故能长生。是以圣人后其身而身先，外其身而身存。非以其无私邪？故能成其私。

研　读

本章论述圣人的处世方式。

"天长地久。"不论汉语如何演变，这句话的意思没有变。句谓：天地永远存在。

"天地所以能长且久者，以其不自生，故能长生。"不自生，指自己不能生育出像自己一样的东西，即不会生孩子。猫生猫，狗生狗，但天不能生出另一个天，地不会生出另一个地。天地不能生育天地，但是可以养育万物。天地不生育就是没有私心，天地因为没有私心所以能够长久。句谓：天地之所以能够永远存在，是因为不会生育与自己同类的儿子，所以才能够永远存在。

"是以圣人后其身而身先，外其身而身存。"善于运用类比的方式进行说理，是老子的一大特长。此处也是运用类比的方式，即圣人就和天地一样无私。

后其身，把自己的利益放在后面；身先，处于百姓前面，引申为成为百姓的引导者；外其身，把自己的利益置于度外；身存，身体得以保全，引申为达到了自己的目的。句谓：所以圣人总是把自己的利益放在后面而成为百姓的引导者；把自己的利益置于度外，反而达到了自己的目的。

诸子百家都为治理天下而创立，因此，诸子百家的读者对象是治国者、预备治国和争取成为治国者的士。诸子百家都认识到治国者必须由"特殊材料"组成，因此，都对读者提出了明确的修身要求。

士，用后来的称呼就是儒生、读书人、知识分子之类。士是以天下兴亡为己任的知识分子，后来的儒生之类已堕落成"学成文武艺，货与帝王家"的知识商贩，抱着光宗耀祖的目的，坚持"吃得苦中苦"的人身修养，是为了成为"人上人"。以致有的人的心理就是别人混得比自己惨就自以为"人上人"。

孟子把人分为治人者和治于人者。《论语》是孔子培养治人者的谈话录，要求治人者"食无求饱，居无求安""士不可不弘毅，任重而道远"。

老子说"圣人以百姓为刍狗"，也是把人分成百姓和圣人两个等级，所有百姓都是刍狗，都是平等的。圣人与百姓不在一个等级。圣人以"后其身而身先，外其身而身存"的方式成为圣人。即圣人总是把自己的利益放在后面，把别人的事情放在前面而成为百姓的引导者；把自己的利益置于度外，反而达到了自己的目的。老子的思想中反映出平等与不平等的对立统一，以圣人与百姓的不平等保障百姓间的平等。圣人与百姓不平等，不是把圣人视为高人一等，而是要求圣人自觉地把自己置于低于百姓的位置上，即要成为圣人，首先自己的境界要比百姓高，而且，能够一以贯之地践行。

"非以其无私邪？故能成其私。"句谓：难道不正是因为无私，所以才能成就更有利于自己的私心吗？圣人学习天地的处事方式，但不可能完全与天地一样。天地是客观存在，没有意识，圣人是有意识的。要成为圣人就是要有意识地学习天地无意识、无私心的行为方式，并将其作为自己的处事方式。圣人以无私的处事方式实现了自己成为圣人的这个私心。彻底的大公无私是不存在的。有私与无私是对立的辩证统一。

《西游记》中，李世民从地狱回到人间后，释放了三千宫女，受到全国人民的交口称誉。这种行为，与圣人相去十万八千里。放出宫女三千，留在宫中多少？皇帝的住房面积多少？一年收入多少？一年开支多少？这些都是国家秘密，人家怎么知道李世民是否真的"后其身""外其身"？

李翠莲在门口拔了根金钗施舍给和尚。丈夫刘全骂她不遵妇道，擅出闺门。李氏不能忍受丈夫的辱骂，撇下一对儿女，自缢身亡。儿女年幼，日夜啼哭。刘全竟然置儿女于不顾，决定自杀。恰值李世民征招人员给阎王爷送瓜果，刘全决定应征。一根金钗使男女近距离接触中的女方死了，现在，又要搭上一条命，这是什么惨剧啊！李世民不派人给阎王送瓜果，就是没有兑现对阎王的承诺，内心不得安宁。兑现对鬼的承诺重于人命。李世民对刘全的遭遇不表示同情，对刘全的行为不加劝阻，让他头顶瓜果，服下毒药，下地狱去了。

这个故事当然是吴承恩编的。吴承恩编这个故事，让我们看到，在古代，大家对伟大皇帝的要求太低了。他到地狱一游，是因为他杀兄逼父的滔天罪行。他能够重回人间是因为地府和唐王朝一样腐败，拉关系、走后门、公开行贿索贿无处不在。他在你眼里是伟大皇帝，你在他眼里不及一句鬼话的分量。一个视人命不如一句鬼话的治国者，与圣人的距离何止十万八千里？在老子看来，只有圣人才配治国；圣人治国，百姓才会幸福；唯有圣人，才会把百姓的利益放在自己前面。

中国古代社会是一个道德规范分层级的社会。杀兄弟，如果是普通人所为，就是十恶不赦的罪人，但是李世民杀兄弟就不一样了，反被认为利国利民。在许多人看来，李世民不当皇帝，就没有"贞观之治"了，人民就不能过上幸福生活了。所以，唐朝人民应该感谢他。至于唐皇宫里有多少女人，李世民一年花多少钱都是应该的，老百姓无权过问。李世民少养几个女人，少花点钱，唐国人民就应该感激涕零，歌功颂德。仿佛世界上不论少了谁，地球照样转，但如果少了李世民，地球就不转了。其实，"贞观之治"的真相是，贞观八年（634）开始，李世民大兴土木，征发壮年劳动力，"道路相继，兄去弟还，首尾不绝，远者往来五六千里，春秋冬夏，略无休时"。这规模不与秦朝不相上下？贞观末年（649），对边疆用兵不断，征民工加税，"民至卖田宅，鬻子女不能供；谷价踊贵，剑外骚然"，四川爆发了农民起义。没亡国的皇帝就是好皇帝？施耐庵可能是一位深受老庄思想影响的作家，他认为即使是那些中国历史上公认的好皇帝，也离圣人的标准相差十万八千里。

～本章校定

天长地久。天地所以能长且久者，以其不自生，故能长生。是以圣人后其身而身先，外其身而身存。非以其无私邪？故能成其私。

〰 本章今译

天地永远存在。天地之所以能够永远存在，是因为不会生育与自己同类的儿子，所以才能够永远存在。所以圣人总是把自己的利益放在后面而成为百姓的引导者；把自己的利益置于度外，反而达到了自己的目的。难道不正是因为无私，所以才能成就更有利于自己的私心吗？

上善若水。水善利万物而不争，处众人所恶，故几于道。居善地，心善渊，与善仁，言善信，正善治，事善能，动善时。夫惟不争，故无尤。

研　读

本章以水为例，论述圣人的处世方式。

"上善若水。"河上公说："上善之人，如水之性。""上善"是上等的好人。按此，好人还应有中善、下善之别。老子只论"上善"之人，"中善""下善"读者自行体会。"上善"的人应是圣人或将成为圣人的人。句谓：上等的善人像水一样。

"水善利万物而不争。"善，最好的，也即好处。以前有学者认为，"善"是善于之意，似不妥。如此解释，原因在于断句。本句应断为"水善，利万物而不争"。利，有利于。句谓：水的好处就在于它有利于万物而不图回报。这句与"上善若水"连接，用通俗的语言来说就是，最好的人像水，水为什么好？因为有利于万物而不图回报。

"处众人所恶，故几于道。"所恶，指厌恶的地方；处众人所恶，即大家都讨厌的地方。人往高处走，水往低处流。几，接近；故几于道，意即所以接近大道。老子认为水具有两大特性，因此非常接近大道。这两大特性：一是只做有利于万物的事而不索取回报；二是谦卑向下。接近道并不是道。这与泰勒斯认为"水是万物之源"的观点完全不同。句谓：处在大家都厌恶的地方，所以与大道的特性最接近。

老子说完"上善若水"，又说水"几于道"，就是说，要成为一个"上善"之人，就应该向水学习。这是因为"道"无法通过人类的感官直接感知，而在人类可以通过感官直接感知的客观对象中，水最接近道。这样讲，读者也许还是不能理解，因此，老子在第六十七章中说："天下皆谓我道大，似不肖。"意思是：全世界的人都认为我说的道大得看不清形状，好像什么都不像。其实，老子在本章中说了道像水。

"居善地。"从此起七句，都是用"善"描写水德，更证明"水善，利万物而不争"的断句是正确的，实质上指"上善"之人"善"在何处。居，水的停居之处。这里的善应有两层含义：一是善于选择之意，即万物都争高，只有水善于选择往低处流；二是好的意思。第六十六章说："江海所以能为百谷王者，以其善下之，故能为百谷王。"低处才是好处。这与"圣人后其身而身先"一脉相承。句谓：水选择好的停居之处。

"心善渊。"心，指水心。水流入深川大谷，水的中间就形成了深渊。渊有两层含义：一是渊深，第四章中说大道"渊兮，似万物之宗"，第十五章中说"古之善为士者，微妙玄通，深不可识"，圣人、上善、上士三者略有不同但有相同处；二是沉静，第十六章说"致虚极，守静笃"，圣人、上善之人必沉静。句谓：心灵渊深而沉静。

"与善仁"。与，与外物交往；仁，仁爱。与善仁意思是与人交往真诚相爱。第五章说"圣人不仁，以百姓为刍狗"。圣人本不仁，为何此处又说"与善仁"？马王堆出土帛书《老子》甲乙本中均无此句。甲本中作"予善信"，乙本中作"予善天，言善信"。甲本的表述可能更接近老子本意。老子在第七十三章中说"天之道，不争而善胜，不言而善应，不召而自来，绰然而善谋"。上善之人不言也有信，而且，"信"在天道之中。"予善天"足矣。予善天，上善之人给予万物的与天给予万物的是一样的。

"正善治。"正，许多古本中作"政"，正、政通假。如《汉书·陆贾传》："夫秦失其正。"颜师古注："正，亦政也。"治，治理。水最公平，而且利万物，上善之人以这种精神处理公务就能良好地治理各个方面。这样的解释，似与老子本意不符。《老子》第四十五章中"静为天下正"，此两处的"正"字同义，即安定。句谓：治理天下，必使天下安定。

"事善能。"老子认为水的能力最强，第七十八章说："天下莫柔弱于水，而攻坚强者莫之能胜，以其无以易之。"大道无所不能，上善之人的办事能力与水的特性相近。句谓：处事能够贤能。

"动善时。"水顺应时序，冬凝春化，春雨秋露，从不违时。上善之人在行动适时这一点上与水相近。句谓：行动能够适时。

庄子在《山木》中说：

庄子和弟子在山间行走，见一棵大树，枝叶繁茂，伐木人却不砍伐。庄子问其原因。伐木人说："无用。"庄子说："这棵树因为没有用却可尽享天年。"晚上，庄子住在朋友家。朋友让儿子杀一只鹅招待客人。儿子请示："一只鹅会叫，一只不会叫，杀哪一只？"朋友说："杀不会叫的。"第二天，弟子问庄子："山里的树，因为无用而可尽享天年。主人家的鹅，因为无用而被杀。先生将何去何从？"庄子笑道："我身处在有无之间，有用与无用之间，似是而非，所以还是免不了受拖累。如果按道与德的规律去活动，就不这样了。没有受到赞誉也不会受到批评，龙适合的时候就变为龙，蛇适合的时候就变成蛇，随着时势而变化，不固定在一头，能上也能下，以和顺为标准，浮游在万物的源头，主宰外物而不被外物主宰，那还有什么可拖累的呢？这就是神农和黄帝的法则。如果是万物的情况，按人的道理而形成的风俗习惯就不是这样了。合了要分开，成了就要毁坏，有棱有角就要遭受挫折，尊贵了就要受到非议，有所作为就要受到损害，贤能了就会受到谋算，没出息又要受到欺负。这世界怎么会这样子呢？悲剧啊！弟子们要记住，只有置身于道与德之乡才完全合适啊！"

庄子这段话的要点是"与时俱化"，即按照客观的要求依自然规则采取行动。人不是树木，也不是鹅，动植物都是不能变化的，而人可以。当然，庄子不是要随波逐流，而是要把自己置身于"道与德之乡"，而在非道与德之乡，他是以不变应万变的。楚王请他当国相，他是不去的。

"夫惟不争，故无尤"。不争，不竞争，不是不争取的意思。第八十一章最后一句说"为而不争"，圣人总是帮助别人，给予别人，不是与别人竞争。尤，怨恨。正是因为具有不竞争的美德，所以不会招致怨恨。

本章，老子以水比喻上善之人的德性，实质上是理想的人格。现在，有的企业家大力推行"狼性文化"，难道"狼性"比"人性"更加光辉灿烂？不可思议。

三无斋打造文以老庄为核心，字以晋南北朝为核心，画以宋元为核心的教育体系，以老庄为基础，以书画为手段，努力激发门生的洞察力、想象力、记忆力、推理能力、意志力、审美能力、自我纠错能力，培养崇高的道德品质，造就社会精英。

三无斋的教学模式独一无二，与任何教育机构不存在"争"的问题。三无斋的教学目的是充分挖掘人的天性，虽然我们知道成为圣人是不可能的，但我们要尽量以圣人为榜样。

也许，我们做不成伟大的事业，但我们必须有伟大的目标。

本章校定

上善若水。水善，利万物而不争，处众人所恶，故几于道。居善地，心善渊，予善天，正善治，事善能，动善时。夫惟不争，故无尤。

本章今译

上善之人如水。水的好处，就在于它有利于万物而不图回报，处在大家都厌恶的地方，所以与大道的特性最接近。居处选择好地方，心灵渊深而沉静，上善之人给予万物的与天给予万物的是一样的，治理天下必能使天下安定，处事能够贤能，行动能够适时。正是因为具有不争的美德，所以不会招来怨恨。

第九章

持而盈之，不如其已。揣而锐之，不可长保。金玉满堂，莫之能守；富贵而骄，自遗其咎。功成身退，天之道。

研 读

本章论述圣人在成功后应当坚持的人生态度。

"持而盈之，不如其已。"此句之后应用分号。"持而盈之，不如其已"与"揣而锐之，不可长保"是并列关系，犹如后文"金玉满堂，莫之能守；富贵而骄，自遗其咎"。持，手里拿着；盈，满；其，代指，即手持满满的东西的动作；已，停止。句谓：手里端得满满的，不如放下。第二十九章说："天下神器，不可为也。为者败之，执者失之。"手上老是端着东西，不仅累，而且最终要掉下来的，不如在合适的时间、合适的地方放下。一般人面对功名利禄，没有不趋之若鹜的。老子的意思是功名利禄要顺应自然而来，也要顺应自然放下，否则，大祸临头。手里拿着天下都会失去，还有什么不会失去的？要认清时代潮流。

"揣而锐之，不可长保。"揣而锐之，各种传本中写法不同，实不可解。断定为如此的是王弼。王弼说："既揣末令尖，又锐之令利，势必摧衄，故不可长保也。"揣（音zhuī），捶击。意指把末端捶击尖锐，而且要使其锋利，因此势必用于作战，所以，不久就会折断。其实，日常生活用品就是如此，锋芒毕露，很快就会受到挫折。这是自然规律。句谓：打磨得很尖利，锐势不可能长期保持。

庄子在《徐无鬼》中说：

吴王泛舟长江，登上猕猴山。众猕猴见到后，都惊慌地跑开了，逃进树林。有一只猕猴，闪转腾挪，抓挠不止，在吴王面前显示技巧。吴王用箭射它，它敏捷地抓住了飞箭。吴王命令随从一齐乱射，猕猴就被射死了。吴王对他的朋友颜不疑说："这只猕猴，夸耀它的灵巧，倚仗自己的敏捷傲视我，以致丢了小命。要引以为戒呵！不要用你自以为了不起的态度傲视人！"颜不疑回去后就拜董梧为师，请他帮自己去掉傲气，撤去声色之娱，辞掉荣华显贵，三年后获得国人称赞。

"金玉满堂，莫之能守。"莫，没有哪一个人。句谓：金玉堆满屋子，没有哪个人能长期守住。世界上没有永久的富翁。《孟子》里说："君子之泽，五世而斩。"公侯帝王都保不住，更何况一般人。

"富贵而骄，自遗其咎。"遗，留下；咎，灾祸。句谓：以富贵骄人，自取其祸。

从老子的行文来看，这一句与前两句有因果关系。"富贵而骄，自遗其咎"，因此，"金玉满堂，莫之能守"。其实，老子时代，即使不"富贵而骄"，也是"金玉满堂，莫之能守"。这是因为老子时代的名门望族全是政治家族，所有政治家族因政治变幻而兴旺衰败。权力决定一切。权力可以使一个家族兴旺，也可以了结一个家族的生命。这种现象在中国古代社会长期存在，如朱元璋杀富可敌国的沈万山，不需要任何理由，只是觉得杀了他对自己有利而已。但人类进入商品经济社会之后，商业家族如不"富贵而骄"就有望长期兴旺。罗斯柴尔德家族兴起于十九世纪初，该家族因宋鸿兵在《货币战争》的介绍而在我国广为人知。宋鸿兵的介绍夸大其词，该家族并未拥有50万亿美元的财产，也未控制美联储，但确是一个兴旺了两百年的世界著名家族。杜邦家族创立的杜邦公司，已有约二百五十年的历史，是世界五百强中最长寿的公司。

"功成身退，天之道。"王真说："身退者，非谓必使其避位而去也，但欲其功成而不有之耳。"意即不是在成功之后要退位，而是"功成而弗居"。当然，退位也是选项之一。如春天是播种的季节，庄稼种子萌发，任务完成，就退出来，把时令让给夏天；夏天是庄稼快速生长的季节，任务完成，就退出来，把时令交给秋季；秋季是庄稼成熟的季节，任务完成，就退出来，把时令交给冬天；冬天是归藏丰收果实的季节，任务完成，就退出来，把时令交给春天。这是天的运行规律，功成身退，决不会把住不放。马王堆出土帛书《老子》甲乙本中，此句为"功遂身退，天之道也。"据改。句谓：功业完成不居功自大而能谦让，符合天的运行规律。

但是，越是成功人士越会觉得自己无所不能。秦始皇能统一中国是依赖祖、父上百年的综合国力的积累，他本人其实只有中等智商，统一中国后自以为功绩超越三皇五帝，自称"皇帝"，取消各种民间学校，学生必须以官吏为师，皇帝就是老师的老师，打击一切反对或疑似反对的声音，焚书坑儒，自以为江山可以万万代，实质上是顽固坚持战争思维，沿用战时办法治理天下，结果，二世而亡。

罗斯柴尔德家族能长期兴旺，除了身处市场经济社会，政治对其影响不大，还有一个重要的原因就是"功遂身退"。任何一个人，不论能力多大，不论功劳多大，只要不适合时代了，就主动退下来，而不是以自己以前的功业为借口，继续霸占与自己的思维观念、能力不相适应的位子。

丘吉尔领导英国人民取得第二次世界大战胜利后，参加大选，志在必得，结果以败选告终。英国人民担心，丘吉尔在战争中功勋卓越，在全国拥有崇高的威望，这种威望如果继续增强可能会形成个人崇拜以致产生独裁。英国人民不需要独裁者，害怕出现独裁者，为防止出现独裁者，英国人民抛弃了丘吉尔。英国人民认为，丘吉尔应当功成身退了。

～本章校定

持而盈之，不如其已；揣而锐之，不可长保。金玉满堂，莫之能守；富贵而骄，自遗其咎。功遂身退，天之道也。

～本章今译

手里端得满满的，不如放下；打磨得很尖利，锐势不可能长期保持。金玉满堂，没有人能守住；富贵而骄奢，自取其祸。功业完成不居功自大而能谦让，符合天的运行规律。

第十章

　　载营魄抱一，能无离乎？专气致柔，能如婴儿乎？涤除玄览，能无疵乎？爱民治国，能无知乎？天门开阖，能为雌乎？明白四达，能无为乎？生之畜之，生而不有，为而不恃，长而不宰，是谓玄德。

研　读

　　本章论述圣人应当持有的自省和自律精神。

　　"载营魄抱一，能无离乎？"载，语气助词，无义。营魄，河上公注："营魄，魂魄也。"魏源说："营，读为魂。"孔颖达说："魂魄，神灵之名，本以形气而有；形气既殊，魂魄各异，附形之灵为魄，附气之神为魂。"魂魄都是精神性。魄，依附于人体，是人体发出的力量，"附形之灵者，谓初生之时，耳目心识手足运动啼呼为声，此则魄之灵也"，相当于今人说的运动能力。魂，"附气之神者，谓精神性识渐所有知"，相当于今人说的思维能力。用现代语言来说，魄指的是人的体力，魂是智力，如果体力和智力俱失就是植物人。抱一，指抱道。第三十九章说"昔之得一者：天得一以清"。一，道。道是对立的统一，故也称"一"。句谓：精神能抱住大道，永不分离吗？这句是本章的总纲。即人只有抱住大道，以下这些事情才能做到，只是老子用了反问句，仿佛修道者自我反省。

　　"专气致柔，能如婴儿乎？"气，元气、真气；专气，河上公说"专守精气使不乱"，即专心致志地守住元气；致柔，保住人初生时的柔弱状态。老子在第七十六章中说："坚强者死之徒，柔弱者生之徒。"有学者认为这一句是指养生，即抱住大道才能有旺盛的生命力，这个说法也对。句谓：专心致志地守住元气，能保住人初生时的柔弱状态吗？

庄子在《养生主》中说：

文惠君夸庖丁宰牛的技术好。庖丁回答："我爱好的是道，道已经超过技艺了。我刚开始宰牛时，眼里是整只牛。宰了三年后，发现牛就是零件的组合。现在，我不用眼看，只须心神意会。用刀拉开大一点的缝隙，导向大一点的骨节空窍，顺着牛体的生理结构，枝枝杈杈的经脉、附在关节上的韧带脆骨都未曾碰到过，更何况是大骨头？好的厨子，一年才换一把刀，善于割；一般的厨子，一个月换一把刀，惯于砍。我这把刀已用了十九年，解剖过几千头牛了，而刀刃依旧像刚磨的。牛的关节处总有间隙，而刀刃却没有厚度，用没有厚度的刀刃划入有间隙的关节，宽宽松松游动的刀刃肯定会大有余地呀。正因为这样，使用了十九年的刀依然像刚磨出来一样锋利。虽然如此，每当遇到筋骨盘结的地方，我见它不好下手，还是得警惕起来，眼睛得盯着它，手动慢一点，用刀动作很小。等到'哗啦'一声，牛体分解，像土一样瘫在地上，我才提刀而立，环视四周，心满意足，把刀收拾好藏起。"文惠君说："说得好。我从中懂得了养生的道理。"

文惠君从杀牛中悟出养生的道理，治国者或准备治国者从养生中悟出治国的道理，顺理成章。老子在第三十六章中说："柔弱胜刚强。"这是一种客观规律，治国者就应保持"柔弱"状态，而婴儿就是人生"柔弱"之始，永远保持这种状态就能立于不败之地。

"涤除玄览，能无疵乎？"涤除，洗涤清除，老子在第四十八章中说："为道日损。"修道的人是天天清除不符合道的各种杂学。诸子百家学说众多，老子认为真理具有唯一性，就是道，除道以外的所有学问都应清除。玄，"玄之又玄，众妙之门"，玄是通向真理的大门的途径，即研究真理的方法；览，观照，玄览，用"玄"的办法观照，即用道的方法、观念、思维方式来观察万物。疵，瑕垢。句谓：排除杂学，运用道的思维方法观察万物，能没有偏差吗？这句是讲人的精神修养，即应该用道观察自然界和人类社会的一切现象，这样没有偏差。

"爱民治国，能无知乎？"知，河上公本及马王堆出土帛书《老子》乙本中作"为"，应改。句谓：爱民治国，能做到顺应自然而为吗？

"天门开阖，能为雌乎？"天门，庄子说："有乎生，有乎死；有乎出，有乎入，入出而无见其形，是谓天门。天门者，无有也，万物出乎无有。"意即，有个生的开始，有个死的终结；有个出的地方，有个入的孔窍，但是见不到出入的那个地方，那个地方就是天门。天门就是无有，万物都从无有中生出。按现在的理解，天门是宇宙，是万物的主宰。按老子第一章中说"无，名天地之始；有，名万物之母"，天门即"道"。开阖，指天地阴阳运动，即客观世界的变化和发展。雌，雌伏，原意是"不进取"，此处指"不干预"。句谓：宇宙不断变化发展，能做到顺其自然而不干预吗？

"明白四达，能无为乎？"四达，通晓一切。老子认为，道不仅是万物之源，而且是万物运行的规律，是研究万物变化发展的方法，掌握了大道就无所不知，无所不晓。"无为"是王弼本的写法，河上公及马王堆出土帛书《老子》乙本此处为"无知"。知，一般解释为智术、心机之类，并无不可，但如深入研究，知应有引号。老子认为，道以外的知识、智慧都是假的，没有意义。只有无"知"才算抱道。句谓：心里明白，通晓一切，能做到不受道以外的所谓知识、智慧干扰吗？

"生之畜之，生而不有。"之，代指万物；畜，畜养。句谓：生育万物，养育万物，但不占为己有。

"为而不恃，长而不宰。"为，做出贡献；恃，依赖；长，生长，此处应是使万物生长之意；宰，主宰。句谓：做出了贡献而不以为有功，使万物生长而不主宰。

"是谓玄德。"是，这；玄，幽深微妙；德，依道而行谓之"德"。第二十一章说："孔德之容，惟道是从。"玄德，完全符合大道的幽深微妙的德行。句谓：这就是完全符合大道的幽深微妙的德行。

第九章告诫读者做人要低调，要功成身退。第十章则告诉读者什么是功成身退，怎样才能做到功成身退。读者对照本章中的六个问题，如果都回答准确了，就能做到功成身退了；功成身退就是"生之畜之，生而不有，为而不恃，长而不宰"，就是"惟道是从"。

～本章校定

　　载营魄抱一，能无离乎？专气致柔，能如婴儿乎？涤除玄览，能无疵乎？爱民治国，能无为乎？天门开阖，能为雌乎？明白四达，能无知乎？生之畜之，生而不有，为而不恃，长而不宰，是谓玄德。

～本章今译

　　精神能抱住大道，永不分离吗？专心致志地守住元气，能保住人初生时的柔弱状态吗？排除杂学，运用道的方法观察万物，能没有偏差吗？爱民治国，能做到顺应自然而为吗？宇宙不断变化发展，能做到顺其自然而不干预吗？心里明白，通晓一切，能做到不受道以外的所谓知识、智慧干扰吗？生育万物、养育万物，不占为己有，做出贡献不自居有功，使万物生长而不成为主宰，这就是完全符合大道而幽深微妙的德行。

第十一章

三十辐共一毂，当其无，有车之用；埏埴以为器，当其无，有器之用；凿户牖以为室，当其无，有室之用。故有之以为利，无之以为用。

研　读

本章以"有"与"无"的关系为例，论证对立统一的重要性。

"三十辐共一毂，当其无，有车之用。"辐，车轮中连接轴心和轮圈的木条。古时候的车轮由三十根辐条构成，据说这是按每月有三十天确定的。毂，指车轮子中间插车轴的轴碗，样子像个圆环，环的中间插车轴，环的外边安辐条。车轴不转动，毂随车转动，所以车毂必须是空的，不能填实。辐条和辐条之间也有空隙，这样车轮子才灵活。这是因为留出了空隙，车子才能运动。如果填实了，车子就不能运动。句谓：三十根辐条汇集到一个毂当中，留出空无处，车轮才有用处。

"埏埴以为器，当其无，有器之用。"埏，意为揉黏土，引申为制陶器的模具；埴，黏土；埏埴，把陶土放入模具中制成陶器；器，陶器。制陶工人把黏土放进模具中，因为中间是空的，所以才造出有用的陶器。陶器本就是用泥巴捏的，如没有中间的空无则依旧是泥巴，有了中间的空无部分才成为有用的陶器。句谓：用模具做陶器，留出空无处，陶器才有用处。

"凿户牖以为室，当其无，有室之用。"凿，挖通；户，门；牖，窗；室，房子。老子时代，版筑打墙，先用四堵墙围住，因技术限制，不能预留门窗，只能打好墙之后再挖出门窗的空洞。有了门窗的空无，才能叫房子。句谓：在墙上挖出门窗造房子，留出空无处，房子才有用处。

"故有之以为利，无之以为用。"利，便利；用，作用。句谓：所以，"有"是为"用"提供便利，"无"是发挥作用之处。

在第一章中，老子说："无，名天地之始；有，名万物之母。"这里不论是"无"还是"有"，都是抽象的，难以理解的。老子为了帮助读者理解"无""有"的概念以及两者之间的关系，举了三个例子做出说明。人类能看见的事物并非完全都是正确的。古人一直认为太阳围绕地球转。为什么得出这个结论？因为古人常常看见太阳从东边升起至西方沉没。到了中世纪，哥白尼才发现是地球围着太阳转。当然，在农业社会，谁围着谁转都没有关系，反正农民都是"日出而作，日入而息"。但是，进入大航海时代、太空时代，就必须把"日心说"当常识，而且还要知道不仅地球围着太阳转，地球还会自转，太阳在不停地运动。这一些，人类其实是"看不见"的。

老子的观点是强调人们能够看见的事物不过是为某物发挥作用提供便利而已，真正发挥作用的则是人们不能看见的部分。例如，可以看见的泥巴做成一定形状留出"看不见的"空间就是陶器；如果没有墙就没有房子，但是如果只有墙没有门、窗，房子就没有用处。当然，任何比喻都是蹩脚的。老子举的三个例子虽然有助于读者认识"无"与"有"的关系，但很可能使读者的理解局限于可见的事物，而不能使读者理解不可见的"道"。

在客观世界中，有许多我们"视之不见"之物在发挥着作用。如手机可以通话不是因为我们拥有了手上的实在的手机，真正要使手机发挥作用，还需要利用我们看不见的通信功能。因此，一个人要会思考，当然要重视眼睛能看见的事物，更要重视眼睛看不见的事物。随着现代科学的发展，人的研究对象不再局限于人眼可见的事物，更多的转向人眼所看不见的事物。

但是，很多人的思维局限在"有"的阶段，他们不仅要看到实在的有，而且要看到眼睛可以看得见的功效。"能当饭吃吗？""能长命百岁吗？""能避灾吗？"成为判断有用无用的标准，因此，书法之类的作用不是能提供"美"，而是能不能避灾，能不能长寿。审美对于提高人的智商，陶冶人的性情的作用他们看不见，对什么道士、和尚之类的开过光的所谓书法可以辟邪、长寿却深信不疑。

庄子在《外物》中说：

惠子对庄子说："先生说的话没用。"庄子说："知道什么是无用的才能讨论什么是有用的问题。天地并非不广大，人所有用的不过是能放下脚的那么一块地方。然而，如果从黄泉开始一直到地面垫起来，就只有放得下脚的那么大的一块地方，还会有用吗？"惠子回答："没用了。"庄子说："这样看来，无用起着有用的作用是很清楚的道理。"

有用和无用是让很多人纠结的问题。有人认为只有劳动才能创造价值，因此"白加黑""五加二"是有用的，而劳动者合法的休闲时间是无用的；有人认为学生一门心思学习学校里的文化课是有用的，而体育、美术是没用的；有人认为科技对于强国是有用的，而文化、思想、艺术对于强国是无用的……

本章校定

三十辐共一毂，当其无，有车之用；埏埴以为器，当其无，有器之用；凿户牖以为室，当其无，有室之用。故有之以为利，无之以为用。

本章今译

三十根辐条汇集到一个毂当中，留出空无处，车轮才有用处；用模具做陶器，留出空无处，陶器才有用处；在墙上挖出门窗造房子，留出空无处，房子才有用处。所以，"有"是为有用提供便利，"无"是发挥作用之处。

五色令人目盲，五音令人耳聋，五味令人口爽，驰骋田猎令人心发狂，难得之货令人行妨。是以圣人为腹不为目，故去彼取此。

导　读

本章论述沉湎于物质生活对人和社会的危害。

马恒君认为本章是讲养生的，即人不可以沉湎于物质的享受，放纵欲望，只要能够满足生理需求即可。陈鼓应认为本章是批判上层社会寻求官能刺激的腐败生活。两者都有一定道理。在老子看来，道，是宇宙唯一真理，治国、养生都要遵道而行。因此，不论是教导读者养生还是抨击上层社会的腐朽生活，出发点都是道。本章所提到的各种生活方式，都是不符合道的。这些生活方式不仅有害身体，而且危害国家。

"五色令人目盲。"五色，指青、赤、黄、白、黑，为古代正色。正色，即原色。由不同的原色配制而成的颜色称间色。因用五色可配制成各种颜色，故也用五色泛指各种色彩。荀子在《劝学》中说："目好五色。"即眼睛贪看各种色彩。目盲，即眼瞎，此处的意思不是真的眼瞎，而是相当于眼瞎。即过多的色彩使人的眼睛失去分辨能力，有眼花缭乱之意。不论是作画还是布置环境，色彩的种类过多反而显得杂乱，不会产生美感。句谓：缤纷的色彩使人眼花缭乱。

"五音令人耳聋。"五音有两种含义，一是指在中国古代五声音阶中的宫、商、角、徵、羽。中国古代的音乐用五音谱写，五音的变换组合可以发出各种声音。二是指在中国传统声乐理论中，按照声母的发音部位划分的唇音、舌音、齿音、牙音、喉音五类，其也称五音，即人类唱歌无非就是五音变化。五音泛指各种声音。器乐、声乐都需要有音调的变化，但是变化太多过于频繁，就是杂音。耳聋，原指失去听觉功能，本处指听觉不灵。句谓：纷杂的音调使人的听觉不敏感。

"五味令人口爽。"五味，指甜、酸、苦、辣、咸。五色是美术的基本色彩，五音是音乐的基本音阶，五味是烹饪的基本调料。爽，错失。各种食物都由五味调制而成，调料过度使用，就会使人的味蕾错失味觉。当然，五味，也指一切味道。句谓：过多的调料使人舌不知味。

"驰骋田猎令人心发狂。"驰骋，纵马疾驰，此处引申为纵情；田猎，打猎。古代常以打猎作为军事演习，因此，官员们打猎的理由非常充分，而且积极性非常高。苏东坡是个文人，也曾组织打猎活动，而且希望通过打猎活动使朝廷看上他的军事才能，任命他去边疆建功立业，有《江城子·密州出猎》为证：

老夫聊发少年狂，左牵黄，右擎苍，锦帽貂裘，千骑卷平冈。为报倾城随太守，亲射虎，看孙郎。

酒酣胸胆尚开张，鬓微霜，又何妨？持节云中，何日遣冯唐？会挽雕弓如满月，西北望，射天狼。

人在驰逐围猎时，目之所视，手之所措，身之所感，刺激过分，就会情绪高涨。人一旦沉溺于这种活动，就会内心发狂。

"难得之货令人行妨。"难得之货，指珍宝。老子在第三章中说："不贵难得之货，使民不为盗。"珍宝很贵重，治国者就会竭尽全力收集，导致对劳动人民的残酷压榨。因此，过分追求难得之货，就会使人的行为疯狂。一方面是治国者的疯狂掠夺，另一方面是被治国者走投无路铤而走险。句谓：稀有物品使人行为不轨。

"是以圣人为腹不为目，故去彼取此。"五色、五音、五味、驰骋田猎、难得之货，包括生理和心理需求两方面。老子并不是说统治阶级不需要满足这两方面的基本需求而应像苦行僧一样生活。老子在第三章中说"是以圣人之治，虚其心，实其腹"，即人要保持虚空的心胸，但要满足基本的生活需求。统治阶级是社会的管理者，并不直接从事生产活动，是社会财富的消耗阶层。这个阶层所消耗的财富都是百姓生产的，统治阶级过于追求感官刺激，消耗的社会财富过多，就会引发极大的社会问题，即产生大量的绝对贫困人口。绝对贫困人口是社会最大的不稳定因素。贫困分为绝对贫困和相对贫困。绝对贫困就是由于收入太低难以保障衣食住行的基本生活所需，相对贫困是相对于富裕阶层而言的贫困，这种贫困是基于贫富差距的存在而产生的，实质上是具有基本生活保障的。因此，官府的责任就是消灭绝对贫困。统治阶级的糜烂生活，是建立在许多百姓的绝对贫困的基础之上的。老子在第七十五章中说："民之饥，以其上食税之多，是以饥。"因此，圣人如果治理国家就不会过度追求感官的刺激，只要维持正常的生理和心理需求，圣人就是模范人物。

老子认为，过度追求五色、五音、五味的享受，会使人失去对色彩、声音、味道的分辨能力，会造成人的智力退化；沉溺于驰骋田猎，人的内心会发狂，人会失去思考能力。老子在第十六章中说："致虚极，守静笃。"孔子说："知止而后有定，定而后能静，静而后能安，安而后能虑，虑而后能得。"静，才能思考问题，才能修道。沉迷于难得之货就会因贫富差距过大造成不同阶层的对抗。因此，要抛弃有害的欲望，圣人之治就要"虚其心，实其腹，弱其志，强其骨"。

庄子在《骈拇》中说：

视力超越常人的人就会扰乱常人的五色，过分追求文采，分辨什么青啊黄啊，搞出炫人眼目的衣饰华彩来，难道不正是这样吗？离朱就是这样的人！听力超越常人的人就会扰乱人的五音，过分地追求音律，分辨什么钟磬弦乐、管乐等等，搞出震耳欲聋的黄钟大吕来，难道师旷不就是这样的人？仁义超越常人的人就会擢乱人的道与德，堵塞正常的天性，以此收取名声，使天下人吹吹打打地张扬起来，去弥补法律管不到的不足，难道不正是这样吗？而曾参、史鳅就是这样的人。辩才超越常人的人就会搞文字游戏，玩弄语言，沉溺在"坚白同异"的争辩之中，用一些毫无用处的话去争个好名声，难道不正是这样吗？而杨朱、墨翟就是这样的人。所以说，这些都是与多余的骈肉、另外长出的六指是一样的道理，不是天下正道。

《老子》和《论语》都是写给治国者或立志治国者看的，比较而言，《论语》的要求高多了："君子食无求饱，居无求安，敏于事而慎于言，就有道而正焉，可谓好学也已。"颜回按照这个标准严格要求自己，结果比孔子早死。如果儒生都以这个标准严格要求自己，学问未成命已殁，指望谁治国？

☁本章校定

五色令人目盲，五音令人耳聋，五味令人口爽，驰骋田猎令人心发狂，难得之货令人行妨。是以圣人为腹不为目，故去彼取此。

☁本章今译

缤纷的色彩使人眼花缭乱，纷杂的音调使人听觉不敏，过多的调料使人舌不知味，纵情狩猎使人内心疯狂，稀有物品使人行为不轨。因此，圣人只求满足于基本的生理和心理需求，不会追逐声色之娱。所以，要抛弃那些有害的欲望，只满足于正常的需求。

宠辱若惊，贵大患若身。何谓宠辱若惊？宠为上，辱为下，得之若惊，失之若惊，是谓宠辱若惊。何谓贵大患若身？吾所以有大患者，为吾有身，及吾无身，吾有何患？故贵以身为天下，则可寄于天下；爱以身为天下，乃可托于天下。

研　读

本章论述治国者必须具备的最基本的素质。特别应当注意的是，老子是个和平主义者，反对利用暴力手段夺取天下的治理权，提出了"寄于天下""托于天下"的观点。这种观点是对原始社会部落首领产生方式的总结。

"宠辱若惊。"宠，得宠，荣宠，就是得到尊贵的地位；辱，受辱，就是从尊贵的地位上掉下来；惊，吃惊。句谓：遇到荣辱都大惊小怪。

"贵大患若身。"贵，表示崇尚，为动词，在此处是意动用法，即看得很珍贵；大患，大的祸患。本章在于讨论什么样的人可以治理天下，因此，大患应是失去天下治理权的意思，即通常说的失天下。当然，也可引申为功名利禄。身，指自身，即自己的身体。句谓：把失去天下看成比失去生命还重要。引申义就是，把功名利禄看得比生命更重要。

"何谓宠辱若惊？"句谓：什么是宠辱若惊？

"宠为上，辱为下。"对于本句，以前的争议比较多。《老子本义》和王弼本中作"宠为下"。释德清解释："世人皆以宠为荣，且不知宠乃是辱。"因此"宠为下"。这是圣人对荣辱的看法。普通人不这样看。普通人当然认为得宠是好的，受辱是不好的。联系上下文，这里列举的是普通人的观点。因此，陈景先、李道淳作"何为宠辱若惊？宠为上，辱为下"较为符合老子本意。句谓：把得宠看成高贵，把受辱看成低贱。

"得之若惊，失之若惊。"之，是荣辱。句谓：不论得宠还是受辱，都感到吃惊，不论是失去宠爱还是不再受辱，也感到吃惊。

"是谓宠辱若惊。"是，指示代词，这。句谓：这就叫作宠辱若惊。

"何谓贵大患若身？"句谓：什么样的表现是把大祸患看得比自己的生命还重要？

"吾所以有大患者，为吾有身，及吾无身，吾有何患？"句谓：我之所以把天下看得重要，是因为我有生命，等到连我的生命都没有了，我还会把天下看得比生命还贵重吗？意指人的生命比功名利禄重要。

庄子在《让王》中说：

中山公子牟对瞻子说："身在江湖上闲隐，心里老想着朝廷，该怎么办？"瞻子说："要看重生命。看重生命，利禄就轻了。"公子牟说："虽然大家都知道这个道理，但自己控制不住自己。"瞻子说："控制不住就只好由着它了，精神上就不要烦恼了吧。控制不住还硬要不由着它，这就是双重的损伤。双重损伤就活不久了。"魏是万乘之国，公子牟隐居在山里，比一个布衣之士难多了。虽然还不能算得道了，但可以说有点意思了。

"故贵以身为天下，则可寄于天下。""以……为"，即把什么看成什么，认为是什么的意思。"贵以"是个介宾倒置的词组，是"以贵"的意思。"贵"是认为贵重。按现代汉语表述应是"以贵身为天下"，意思是说，把自己的身体看得比天下贵重。"天下"，指取得天下的统治权，就是当天子。老子时代只有天子，没有皇帝。这句话用现在的大白话来说，就是把自己的生命看得比当皇帝老儿重要。"寄"与下句中的"托"互文，寄托的意思，现代语言是"交给"之意。"于"是介词，宾语省略。"寄于"是"寄之于"的结构省略。"则可寄于天下"，即那么，天下就可交给他去治理。句谓：把自己的生命看得比获得天下统治权重要的人，才可以把天下交给他治理。

"爱以身为天下，乃可托于天下。""爱以身为天下"与"贵以身为天下"语法结构相同，"爱"是动词，"贵"是形容词，但在此处，是形容词的动词用法。这句话的意思是，把爱护自己的生命看成比拥有天下重要。"乃可托于天下"与"则可寄于天下"语法结构相同，是"乃可托之于天下"的省略。乃，才。句谓：把爱护自己的生命看成比拥有天下重要，这样的人才可以把天下交给他治理。

庄子在《让王》中说：

真正的道用来修身，多余的部分用来治国，其余的残渣用来治理天下。帝王的功业，只是圣人有余才做的事，不是可以用来修身养性的。现在世俗的君子，多数都是危害身体、舍弃生命去追求名利，难道不可悲吗？凡是圣人，一定会看清楚用什么代价去达到什么目的。如果有一个人，用随侯之珠做弹丸，去打千仞高处的小雀，世人一定会嘲笑他。这是为什么？因为他使用的东西贵重，而要得到的东西太轻微。人的生命难道比不上随侯之珠那点分量？

《老子》是一部治国教科书，本章的核心是讲什么人可以治国的问题。马恒君先生认为，老子的本意不是个人重于天下。他强调只有懂得养生的人才能拥有天下，治理天下。

《老子》一书是治国教科书无疑，但有人认为其也是养生教科书，这个也没有什么不对。哲学是一门关于世界观和方法论的学科。《老子》可以是治国教科书，也可以是养生教科书，还可以是人生教科书、艺术教科书……，但是，本章中老子并没有论及养生，而是论证治国者如何对待生命和权力的关系。老子的观点很明确，就是人的生命重于天下统治权，明确反对为争夺权力而草菅人命，值得重视。孟子也有类似的观点："民为贵，社稷次之，君为轻。"天子是干什么的？不就是为了保卫天下人的生命吗？如果天子不能保卫天下人的生命，要天子干什么？而且，在老子看来，人不仅只是活着就可以了，要"虚其心，实其腹，弱其志，强其骨"，即人要活得像个人的样子。一个人有活得像个人的样子的追求，才会想到别人也有想活得像个人的样子的追求。一个人只有爱惜自己的生命才会爱惜别人的生命，才会爱惜全天下人的生命。一个爱惜全天下人的生命的人，才配拥有天下，治理天下。其实，从广义上而言，人在爱惜自己的健康身体的前提下去追求各种事业才有意义。没有了身体，事业有什么意义呢？

后世有"逐鹿中原"之说，认为天下是一只鹿，谁抢到就属于谁。老子显然不这样认为。他认为天下人把天下寄托给治理者，不是治理者自己抢来的。

这具有极大的进步意义。现在有一些学者全盘否认中国的传统文化，认为古代中国没有哲学、科学，古代文化毫无意义。这过于极端。

天下人如何把天下寄托给治理者？老子没有说。墨子在《尚同（中）》中认为是天子选举出来的：

> 明乎民之无正长，以一同天下之义，而天下乱也，是故选择天下贤良、圣知、辩慧之人，立为天子，是从事乎一同天下之义。

意思是：

> 天下人意识到没有最高行政长官来统一天下的义理，造成了天下的混乱，因此，就选举天下有德行才干、知识渊博、善辩智慧的人，立为天子，让他统一义理。

历史上最早的领导者是部落首领。部落首领是选举产生的。这是美国历史学家摩尔根率先考证出来、得到马克思和恩格斯认可的成果。只是后世的政权都由"中原逐鹿"而得，大家都忘记了最早的选举。

庄子在《让王》中说：

> 周王朝开始兴旺时，伯夷、叔齐听说西方有个人好像得了道，决定去看看。周武王委派周公旦会见两人，并立下盟约："伐纣成功之后，给你们加禄两级，授一等爵位。"然后，杀牲取血涂在盟约上埋起来。两人相视而笑："嘻，这不是我们所说的道。当年神农氏统治天下，按时祭祀，竭尽诚敬而不祈求福禄。对于人民，满怀忠信去治理而无所求。人们愿意让我当政就当政，乐意我来治理就治理。不以别人的失败作为自己成功的条件，不借别人的低能显示自己的高明，不因遇到机会就谋自己的私利。现在，周人见到商王朝动乱就急忙出来夺取政权，上面搞阴谋诡计，下面搞货利交易，拥兵自重，守住威势，杀牲盟誓，取信于人，显扬自己的德行来取悦百姓，攻战杀伐夺取利益。这是推翻动乱换上暴力。我听说古代的贤士，遇到太平治世不逃避责任，遇到乱世不苟且偷生。现在，天下黑暗，周王道德衰败，与其归附周王朝玷污自己，还不如躲得远点，保持自身的清洁。"

伯夷、叔齐所处的时代，不是神农氏时代，无道者不肯自觉下台，新的无道者正在筹备武力夺权。两人认为杀来杀去的都是无道者，不愿归附任何一个无道者，最后在首阳山饿死了。

～◎本章校定

宠辱若惊，贵大患若身。何谓宠辱若惊？宠为上，辱为下，得之若惊，失之若惊，是谓宠辱若惊。何谓贵大患若身？吾所以有大患者，为吾有身，及吾无身，吾有何患？故贵以身为天下，则可寄于天下；爱以身为天下，乃可托于天下。

～◎本章今译

得宠和受辱都感到惊慌失措，把大祸患看得比自己的生命还重要。什么样的表现是得宠和受辱都感到惊慌失措？认为受宠就无上尊贵，受辱就无比下贱，得到了要惊慌失措，失去了也要惊慌失措，这就叫得宠和受辱都感到惊慌失措。什么样的表现是把大祸患看得比自己的生命还重要？我所以有大患，是因为我有生命，如果我没有生命，还有什么祸患？所以，把自己的生命看得比获得天下统治权重要的人，才可以把天下交给他治理；爱惜自己的生命超过爱惜天下统治权的人，才可以把天下托付给他治理。

视之不见名曰夷；听之不闻名曰希；搏之不得名曰微。此三者不可致诘，故混而为一。一者，其上不皦，其下不昧，绳绳兮不可名，复归于无物。是谓无状之状，无物之象，是谓惚恍。迎之不见其首，随之不见其后。执古之道，以御今之有。能知古始，是谓道纪。

研　读

这一章论述道的特性、认识道的方法。道不是依靠人的视觉、听觉和触觉认知的。因此，有人认为老子是玄学。这是因为不能按照老子的论述去理解道。人如果只相信能看到、听到、触到的才是真实存在的，那就是局限。老子可能意识到自己的理论比较难以理解，专写此章，便于读者理解。

"视之不见名曰夷。"夷，原意平坦。平坦具有一致性，是难以分辨之意。当然，难以分辨还是可以分辨的，而在此处"视之不见"。视，看；之，它，即道。你看道，道是看不见的。因此，河上公说："无色曰夷。"道无色，不能依靠视觉功能感知。句谓：看它看不见，把它叫作"夷"。

"听之不闻名曰希。"希，原意稀少。稀少至极，就听不见了。河上公说："无声曰希。"道无声，人的听觉功能也不能发挥作用。句谓：听它听不到，把它叫作"希"。

"搏之不得名曰微。"搏，触摸；微，原意是细小。细小至极，就触摸不到了。河上公说："无形曰微。"道没有形状，人的触觉感受不到。句谓：摸它摸不到，把它叫作"微"。

"此三者不可致诘，故混而为一"。致诘，追究，即说清楚。用三种办法都不能说清楚道的特性。看不到、听不到、摸不到，三个特点具备，才是道。只有一个或者两个特点相符，就不是道。如空气，看不到，摸不到，但是，空气流动形成风时可以听到；声音，看不到，摸不到，但可以听到；阳光，听不到，摸不到，但可以看到。因此，这些都不是道。道具有与世上万物不同的特性。一，就是道。第二十二章中说的"是以圣人抱一为天下式"的"一"、第三十九章中说的"昔之得一者"中的"一"就是道。混而为一，浑然成为一个整体，道就是对立的统一。句谓：用三种方法都不能说清楚，浑然而成一个整体，也可称之为"对立统一"。

庄子在《天道》中说：

齐桓公在堂上读书。木匠轮扁在堂下砍凿木头做车轮。轮扁问："请问大王，书里讲些什么呢？"齐桓公说："圣人的话。"轮扁说："圣人还活着吗？"齐桓公说："已经死了。"轮扁说："这样说来，大王读的不过是糟粕。"齐桓公说："寡人读书，一个做车轮的木匠也可以妄加评论吗？如果你能说出个道理，也就罢了；说不出，就杀了你。"轮扁说："这是微臣从自己的工作经验中得出的结论。砍凿车轮，榫眼活了就活滑不牢固，榫眼紧了就艰涩安不进去。不紧不松的把握依靠手头的功夫和心中的估计。嘴里是说不出来的。我不能把其中的奥秘教给我的儿子，我的儿子也不能从我的嘴里学到，因此，我都七十多岁了还得在这里砍凿轮子。古人和他无法言传的东西一道死去了。这样看来，大王所读的不过是古人的糟粕罢了。"

道具有无法言传只能感知的特征。

"一者，其上不皦，其下不昧。"皦，明亮；昧，黑暗。这两句是互文，即一者，其上不皦昧，其下不昧皦。句谓：上面看着不明不暗，下面看着不明不暗，整个看起来都是不明不暗。道就是不明不暗的。

"绳绳兮不可名。"绳绳，名词叠成的形容词，表示连绵不绝之意。庄子说："道无终始，物有生死。"不可名，是第一章中"名可名，非恒名"的另一种说法，即道是不可命名为"道"的，命名为"道"之后就不是老子要论述的"恒道"了。句谓：连绵不绝而又不能准确命名。

"复归于无物。"复归，返回到本原。老子在第十六章中说"吾以观其复"。

句谓：回归本原就是处于虚空状态。道，不仅"不可名"，而且，从本原而言，处于一种无物的状态。当然，无不是什么都没有，不是零，而是"无，名天地之始"的意思。

"是谓无状之状，无物之象，是谓惚恍。"惚恍，隐约不清。句谓：这就是说，是没有物质形状那样的形状，没有物质形象那样的形象。也就是说，它是一个隐约不清的存在。

"迎之不见其首，随之不见其后。"迎，迎头，从前面看；"迎之不见其首"，从前面看，看不见头。随，随后，从后面看；"随之不见其后"，跟随在后面看，看不见它的尾。这句话的意思是，道是无头无尾的。句谓：从前面看，看不见它的头；从后面看，看不见它的尾。

观察道不能按照惯常观察万物的办法。道是一种与万物既有联系又有区别的客观存在。观察道的办法既同于观察万物又不同于观察万物。这种特殊性使有的学者不可解，其就认为道不是客观存在，而是老子内心的主观存在。陈鼓应在《老子今注今译》中坚持此说：

老子哲学的基础是由"道"这个观念开展出来的，而"道"的问题，事实上只是一个虚拟的问题。"道"所具有的种种特性和作用，都是老子预设的。老子所预设的"道"，其实就是他在经验世界里所体悟的道理，而把这些所体悟的道理，统统付托给所谓的"道"，以作为它的特性和作用。

老子的道的理论非常了不起。同时代的希腊哲学家泰勒斯认为"水是万物之源"，创建了古希腊最早的哲学学派。这个理论在神话盛行认为神是宇宙的创造者的古希腊时代，具有重大的进步意义。老子不仅反对神创造宇宙说，而且认为世界的本原不能通过观察世上万物的方法获得，唯有基于日常经验而又超越日常经验的观察才能得到真理。这种本领，当代还有许多人没有学会。

"执古之道，以御今之有。"执，掌握；以，用来；御，原意是驾驭；有，第一章中说"有，名万物之母"，即宇宙间的万物。句谓：掌握古已有之的大道，用来驾驭宇宙间的万物。意思是，古已有之的大道，对于宇宙间的万物都产生着规律性的作用，掌握了大道，就能发现宇宙万物的规律并为人类所用。

"能知古始，是谓道纪。"古始，宇宙的初始；道纪，道的纲纪，即道的规律。句谓：能够认识到道的初始，就是认识到了大道的规律。《老子》第一章中说："无，名天地之始；有，名万物之母。"道纪在宇宙的初始就已产生，寻找道的规律，要从宇宙的初始着手。第一章中说"故恒无，欲以观其妙；恒有，欲以观其徼"即此意。

～本章校定

> 视之不见名曰夷，听之不闻名曰希，搏之不得名曰微。此三者不可致诘，故混而为一。一者，其上不皦，其下不昧，绳绳兮不可名，复归于无物。是谓无状之状、无物之象；是谓惚恍。迎之不见其首，随之不见其后。执古之道，以御今之有。能知古始，是谓道纪。

～本章今译

看它看不见，把它叫作"夷"；听它听不到，把它叫作"希"；摸它摸不到，把它叫作"微"。用三种方法都不能说清楚，浑然而成一个整体，也可称之为"对立统一"。这个"对立统一"，上面看着不明不暗，下面看着不明不暗，整个看起来都是不明不暗；连绵不绝而又无法准确命名，回归本原就是处于虚空的状态。这就是没有物质形状的形状，没有物质形体的形象，这就是隐约不清。从前面看，看不见它的头；从后面看，看不见它的尾。掌握古已有之的大道，用来驾驭宇宙间的万物。能够认识到道的初始，就是认识到了大道的规律。

古之善为士者，微妙玄通，深不可识。夫惟不可识，故强为之容：豫兮若冬涉川，犹兮若畏四邻，俨兮其若客，涣兮若冰之将释。敦兮其若朴，旷兮其若谷，浑兮其若浊。孰能浊以止，静之徐清。孰能安以久，动之徐生。保此道者不欲盈。夫惟不盈，故能敝而不新成。

研 读

本章论述如何成为一个真正的知识分子。

"古之善为士者。"士，先秦时代的知识分子称为"士"，秦始，知识分子称"儒生"；为，动词，成为；士，宾语；为士，成为士，即成为知识分子；善为士，最有可能成为知识分子。《老子》是讲修道的，能够掌握道的人，就是最能成为知识分子的人，也就是老子笔下的真正的知识分子。真正的知识分子具有本章所总结的特征。句谓：古代真正的知识分子。

"微妙玄通，深不可识。"微妙，精微神妙；玄，第一章中说"玄之又玄，众妙之门"意为这个说法确实幽深微妙，但却是通向所有奥妙的门径；玄通，意为与大道相通。句谓：精微神妙，心神与大道相通。真正的知识分子的内心与大道相通，当然"深不可识"，也即从表面是没法认识的。

"夫惟不可识，故强为之容。"真正的知识分子是天下楷模。对于榜样，当然要描述一下，但是，真正的知识分子值得学习之处在于内心，而内心是很难描述的，只有勉强描述一下。

"豫兮若冬涉川，犹兮若畏四邻。"这两句中豫和犹互文，都是犹豫之意，即犹豫不决。冬涉川，老子时代没有桥，冬天过河就要从冰上走过去，有一定的危险性，因此，过河前大多会犹豫。犹豫的过程，就是一个对过河的风险进行评估的过程，是一种谨慎的行为。"若畏四邻"，字面上看是像害怕左邻右舍。左邻右舍有什么可怕的？人言可畏。怕的是左邻右舍的议论。因为怕议论，所以必须谨慎行事。句谓：行事像冬天过河一样小心，说话像害怕引起左邻右舍议论一样谨慎。

"俨兮其若客。"俨，庄严、端庄。句谓：端庄得像个客人。真正的知识分子在行为上严格约束自己的行为。

"涣兮若冰之将释。"此句后用句号无理。自"豫兮若冬涉川"至"混兮其若浊"都是并列关系，其间句式应用句号或分号断开。涣，春风解冻，指放松的时候；释，消释。句谓：放松像正在融化的冰雪。

道是一，即是对立的统一。这种对立统一，无处不在，在真正的知识分子的行为中也是存在的。"俨"与"涣"就是对立统一。

"敦兮其若朴。"敦，敦朴。朴，在《老子》中有两种含义：一是第二十八章中说的"朴散则为器"，即朴是一种未经加工的原材料；二是第三十七章中说的"化而欲作，吾将镇之以无名之朴"，"无名"指道，第三十二章说"道恒无名"，因此，朴也指道。句谓：品质如同未经加工的原材料，自然淳朴，没有欲望，这样也就接近道了。

"旷兮其若谷。"旷，广大；谷，山谷，虚空。句谓：心胸广大如同山谷一样虚空，也即《老子》第三章中说的"虚其心"。

"浑兮其若浊。"句谓：混混沌沌好像不清的样子。即真正的知识分子不会表现出自己很高明的样子，而是看上去与普通人没有多大的区别。《老子》第二十二章中说"不自见，故明"，第二十四章中说"自见者不明"。

老子希望通过以上七个方面的言行举止、内心世界的描述，使读者了解什么是真正的知识分子。真正的知识分子才担当得起"士"这个称号。

"孰能浊以止，静之徐清。"按照现在的写作习惯，本句后面应是问号。真正的知识分子在外表上与普通人没有多大区别。区别就在精神世界。真正的知识分子，外表是浑浊的，内心是平静的。《老子》第十六章中说"致虚极，守静笃"。孰，谁；止，静止。句谓：谁能在浑浑沌沌的外表下保持静止，然后慢慢完全沉静下来让自己得以澄清？

"孰能安以久，动之徐生。"按照现在的写作习惯，本句后面应是问号。这一句承接上句，表明沉静下来后的内心活动。句谓：谁能安静下来长久不动，但又能静中生动，慢慢产生生机？实质上应是指，真正的知识分子在长期的内心澄静的状态下思想上不断精进，也即修道的成果越来越大，对道的认识越来越深入。

孔子也有类似表述："知止而后有定，定而后能静，静而后能安，安而后能虑，虑而后能得。"

"保此道者不欲盈。"真正的知识分子是坚守大道的，因此，心不能盈满，即要"虚其心"。句谓：守持大道的知识分子永远开放不会盈满的心灵。

有一位哲学家要向禅师学禅。禅师不说话，拿起茶壶向茶杯里倒水。水溢出茶杯，流到桌面上了，禅师继续倒水。哲学家问："大师，水都满出来了，为什么继续倒？"禅师说："你的脑子里已经装满了水，还能再装水吗？"有的人的脑子是个杯子，有的人的脑子是宇宙。在老子看来，真正的知识分子的心灵要像宇宙。

"夫惟不盈，故能敝而不新成。"敝，陈旧；新成，创新；不，疑为衍文，句谓：只要保持不盈满的心灵，即使是陈旧的也能创新。老子在第二十二章中说"敝则新"。此处有"不"字，两者意思相反，故"不"字当删。其实，世界上所有的创新都是旧事物转化而来，如飞机就是汽车转化而来。这些转化的机理与道同时产生。因此，老子在第十四章中说"能知古始，是谓道纪"。

潘天寿说，书画风格，是在学习和创作的过程中自然而然形成的。夏与参先生说，如何开山立派？没有人说得清楚。就像春天到了，风一吹，雨一下，地下的种子会发芽一样。

庄子在《大宗师》中称真正的知识分子的表现是这样的：

> 古代的真人，他表现出来的样子总是对谁都适宜，但不与任何人结为朋党；好像不足但又什么都不需要；从容自得似带棱角但又不显得倔强不通情理；心胸开阔虚淡但不显得浮华不实；亲切温和好像很喜悦；好像迫不得已才会采取行动；像水积聚了很深以增进自己的气色；从容大度持守自己的道与德；宽广如同无边的世界；高大不受限制；连绵不断似乎天衣无缝；漫不经心好像要忘了说话。

本章校定

古之善为士者，微妙玄通，深不可识。夫惟不可识，故强为之容：豫兮，若冬涉川；犹兮，若畏四邻；俨兮，其若客；涣兮，若冰之将释；敦兮，其若朴；旷兮，其若谷；浑兮，其若浊。孰能浊以止，静之徐清？孰能安以久，动之徐生？保此道者不欲盈。夫惟不盈，故能敝而新成。

本章今译

古代真正的知识分子，内心与大道相通，从表面是没法认识的。正因为从表面没法认识，所以勉强形容一下：行事像冬天过河一样小心，说话像害怕引起左邻右舍议论一样谨慎，端庄得像个做客的客人，放松得像正在融化的冰雪，品质如同未经加工的原材料，心胸广大如同山谷一样虚空，浑浑沌沌好像不清的样子。谁能在浑浊的外表下保持静止，然后慢慢完全沉静下来让自己得以澄清？谁能安静下来长久不动，在长期的内心澄静的状态下思想上不断精进？持守大道的知识分子坚守大道，永远开放不会盈满的心灵。只要保持不盈满的心灵，即使是陈旧的也能创新。

致虚极，守静笃。万物并作，吾以观其复。夫物芸芸，各复归其根。归根曰静，静曰复命，复命曰常，知常曰明，不知常妄，妄作凶。知常容，容乃公，公乃王，王乃天，天乃道，道乃久，没身不殆。

研　读

老子在前一章中为真正的知识分子确立了标准。这一章讲如何成为一个真正的知识分子。

"致虚极，守静笃。"老子为了便于读者诵读，把著作写成了韵文，因此，有时词序倒装。这两句，按语法应是"致极虚，守笃静"。极与笃，都是极顶的意思。这是修道的基本办法。"致虚极"是说，一个人要修道，成为真正的知识分子，就要努力使自己达到极端虚空的境界。极虚，指心灵一尘不染，近于真空。守静笃，坚守静寂。

庄子在《大宗师》中说：

颜回说："我进步了。"孔子问："有什么进步？"颜回答："我忘掉仁义了。"孔子说："可以了，但还不到家。"过了些日子，颜回又来谒见，说："我又进步了。"孔子问："又有什么进步了？"颜回答："我忘掉礼乐了。"孔子说："可以了，但还是不到家。"过了些日子，颜回又来谒见，说："我又进步了。"孔子说："又有什么进步了？"颜回答："我能忘坐了。"孔子一惊说："什么叫忘坐？"颜回答："忘掉肢体，去掉耳聪目明，离开形体，去掉智能，融于大道，这就叫忘坐。"孔子说："融于大道就没有偏爱了，随大道而化就没有常态了。你果然是个贤者啊！我要跟随在你的后面一同进修。"

"致虚极，守静笃"就是进入"忘坐"的境界。这种境界是气功、太极训练必须进入的境界。那么，老子是不是要求大家练气功呢？不是的。老子时代估计气功、太极还没有被发明出来。也许太极、气功是依照老子学说被开发出来的。南怀瑾在《老子他说》中说，这是一种只有老子这样的绝世高手才能练的功，没有老子的水平练不了，不知有啥依据。老子的意思是，真正的知识分子在思考问题的时候，应当处于没有偏见的状态，这种状态，不以已知的思想、知识、观点、结论等为前提，如同颜回说的忘掉仁义、礼乐，也不以某种立场为前提，更不是从自身的利益出发，如颜回所说"忘掉肢体，去掉耳聪目明，离开形体，去掉智能"，而是完全从客观规律出发。庄子在《田子方》中如是描写"致虚极，守静笃"的境界：

列御寇射箭给伯昏无人看。他拉满弓，放一杯水在左肘上，把箭射出去，射出去的箭一支又一支重复落在靶心上，射出一箭，又安上一箭。这个时候简直像个木偶人似的。伯昏无人说："你这是带着心去射的箭，不是那种不带心而射的箭。不信的话，我和你登上高山，踩在危石上，下临百丈深渊，你能射吗？"于是，伯昏无人就登上高山，踩在危石上，下临百丈深渊，背对深渊向后挪动脚步，脚下有二分站在危石的外边悬空了，拱手请列御寇像他这样往前走。列御寇吓得趴在地上，汗流到了脚跟。伯昏无人说："要是至人，眼睛上可看得青天，下可潜入黄泉，纵横八方，神气也不会改变。现在你心里被眼睛看得到的那么点事就吓坏了，你还想射中目标恐怕就很难了。"

庄子在《达生》中阐述"致虚极，守静笃"与艺术创作的关系：

梓庆砍削木材做钟磬架子。架子做成后，见到的人都惊叹鬼斧神工。鲁侯见到后，问梓庆："你用什么道术做成的？"梓庆回答："我是个工匠，能有什么道术？虽然如此，我还是有一点感想。我在做架子之前，不敢损耗精气，一定要斋戒来平心静气。斋戒到第三天，不敢怀有得到庆赏爵禄的念头，斋戒到第五天，不敢有是巧是拙和受到批评表扬的念头；斋戒到第七天，就连我长的四肢形体也忘记了。在这段时间，我没有朝拜的任务，专心在技巧上。此外能烦扰心境的事情都消失了。然后进入山林，观察鸟兽的神情形态。观察成熟了，先做成乐器框架，之后再动手雕刻。如果不能进入这种状态就不动手。雕刻出的天然形态与大自然中的天然形态完全契合如一，这个钟磬架子之所以会被人们怀疑为鬼斧神工，大概就是这个原因吧。"

梓庆说的"斋戒"是"心斋"。庄子在《人世间》中说："唯道集虚，虚者，心斋也。"

"万物并作，吾以观其复。"作，生长，也即运动变化；复，循环反复。句谓：万物都是在运动发展的，我以此观察万物循环反复的规律。"我"如何"观其复"？"致虚极，守静笃"。

"夫物芸芸，各复归其根。"芸芸，众多的意思，指天下万物；复，循环反复；归，回到；根，本根。句谓：天下万物循环反复，都会各自返回本原。回到本原后，不是简单地循环，而是否定之否定。

"归根曰静。"静，是思考问题的前提。其实，人在观察客观事物时，也需要处于相对静止的状态。"根"就是处于相对静止的状态。句谓：回到"根"上来思考问题，就能处于"守静笃"的状态。

"静曰复命。"静，指的是相对静止。"根"的静止状态应是像第十五章中说的"孰能浊以止，静之徐清？孰能安以久，动之徐生？"虽然外表看起来是静止的，但内部则是在生长的。句谓：静就是重新恢复到生命状态，开始新的循环。

"复命曰常。"复，返回，即循环。万物在本质上都是循环的。常，永恒不变的规律。句谓：万物的循环发展和变化是永恒不变的规律。此处的"常"，在《老子》原作中当不是"恒"，在马王堆出土帛书《老子》甲乙本中均作"常"。"常"是老子所建立的一个重要的哲学概念，不应与"恒"混用。

"知常曰明。"句谓：认识到万物的循环发展和变化是永恒不变的规律，就是"明"。

老子主张真理的唯一性，因此，定义了圣人、道、德、常、明等几个词的含义，以别于当时流行的"圣""智""智慧""学"等词。这些词在老子眼里都是伪真理。因此，老子在第十九章中说"绝圣弃智"、第二十章中说"绝学无忧"。

"不知常妄，妄作凶。"应断句为："不知常，妄；妄作凶。"妄，就是盲动。句谓：对于万物的循环发展和变化是永恒不变的规律没有正确的认识，就会蛮干；蛮干就会招来祸殃。老子一贯主张人的认识必须是道的反映，对道没有反作用，即人类与自然相处必须符合道，人定胜天之类就是蛮干，必定招来祸殃。

"知常容。"句谓：认识到永恒不变的规律的人，就能包容一切。《老子》在第二章中说道是"有无相生，难易相成，长短相形，高下相倾，音声相和，前后相随"的对立统一体。道就是包容。

"容乃公。"公，公道。句谓：包容万物才能公道。公道，就是对万物一视同仁，即老子在第五章说的"天地不仁，以万物为刍狗；圣人不仁，以百姓为刍狗"。

"公乃王。"王，国家的治理者。《老子》一书，是写给治国者看的。句谓：包容一切，才能治国。马恒君先生认为，王，就是王道。孟子有"王道""霸道"说。"王道"是依儒学治国。这是老子明确反对的。有的学者认为本句应为"公乃全"，全是普遍。公，当然就是全，"公乃全"有同义反复之嫌。

"王乃天，天乃道。"王，"王天下"，即治理天下。治理天下必须用天道，王道就是天道，天道就是大道。老子认为，自然界的客观规律和人类的客观规律是一样的。治国者应以从自然界发现的客观规律治理国家。句谓：治国必用天道；天道，就是大道。

"道乃久，没身不殆。"句谓：大道是永恒的，修成大道，终身不会遭受挫折失败。

本章校定

致虚极，守静笃。万物并作，吾以观其复。夫物芸芸，各复归其根。归根曰静，静曰复命，复命曰常，知常曰明。不知常，妄；妄作凶。知常容，容乃公，公乃王，王乃天，天乃道，道乃久，没身不殆。

本章今译

达到极度的空虚，坚守寂静。万物都是在发展运动的，而我要通过万物的运动发展观察其本原。天下万物的本原都在"根"上。回到"根"上来思考问题，就能处于"守静笃"的状态。静就是重新回复到生命状态，开始新的循环。万物的循环发展和变化是永恒不变的规律。认识到万物的循环发展和变化是永恒不变的规律，就是"明"。对于万物的循环发展和变化是永恒不变的规律没有正确的认识，就会蛮干；蛮干就会招来祸殃。认识到永恒不变规律的人，就能包容一切；包容一切，才能公道；公道，才能治国；治国，必用天道；天道，就是大道；大道永恒，终身不会遭受挫折和失败。

太上，下知有之；其次亲之誉之，其次畏之，其次侮之。信不足有不信。犹兮其贵言，功成事遂，百姓皆谓我自然。

研　读

本章评论治理国家的各种模式，反映了老子深刻的民本思想、自下而上的民主思想。

"太上，下知有之。"太上，就是最上等，也即最好。句谓：最好的治国者，百姓只知道他存在。治国者不是教老百姓如何种地，如何经商，如何教书，如何制造……，而是保障各行各业的正常运行。各行各业都正常运行，治国者自然省事了，老百姓也就觉得有个治国者高高在上，在现实生活和工作中没有明显地感觉到他的存在。

萧何、曹曾为相，主张清静无为。吕后把持朝政后，忙于杀戮功臣、刘氏宗室，虽然上层残杀非常惨烈，但国家没有陷入内战之中，因此，当时汉王朝的发展为"文景之治"打下了基础。刘盈死后，吕后立过两个皇帝，但全国百姓只知道有个吕后主持朝廷工作，不知有皇帝。吕后滥杀无辜当然不对，但是，其不干预百姓的正常活动而使社会正常发展则是无疑的。后来，汉景帝、汉文帝坚持无为而治，就有了"文景之治"。汉武帝很有为，但到他的曾孙汉宣帝才实现"孝宣中兴"。其实就是"文景之治"的底子被"有为"的汉武帝折腾光了。

"其次，亲之誉之。"句谓：次一等的治国者，才会得到百姓的热爱和称颂。"太上"的治国者因为"无为"，老百姓只知道他存在，这让有些治国者很不放心。百姓是不是拥护自己？不拥护自己，江山就要改姓，自己的位子就要不保。因此，就要"有为"，显示自己的能耐。"有为"，就是违反客观规律而为。偶尔违反客观规律，不至于造成非常严重的后果，反而会得到一些赞誉。治国者偶然干预百姓的生活，百姓能够亲眼见到治国者，亲耳听到治国者发表重要讲话，亲自和治国者握手，深感荣幸，握手之后三天不洗手，津津乐道，终身不忘。

"其次，畏之。"句谓：再次的治国者，百姓畏惧他。这个层次的治国者，对于百姓的干预更多了，比如指导农民如何种地，指导工人如何做工，指导作家如何写作，指导医生如何看病，指导百姓如何吃饭……其是世界上所有领域的权威。治国者比农民更懂得种地？按他的指导种地不会饿肚子？太可怕了。

"其次，侮之。"句谓：更次的治国者，百姓辱骂他。这个类别的治国者不仅是世界上所有领域的权威，而且，明确规定任何人不得违反治国者的意见，违者必受到惩罚。

《战国策》中有一段《赵威后问齐使》：

> 齐国的逸隐钟离子，身体怎么样？有粮吃的人，给他吃的，没粮吃的人，也给他吃；有衣穿的人，给他衣穿，没衣穿的人，也给他衣穿。这是帮助齐王养活百姓，为什么不重用他？叶阳子身体怎么样？帮助鳏夫寡妇，资助孤儿，救济贫困户，怎么不重用？北宫的女儿身体怎么样？全身不佩戴任何装饰品，至老不嫁，奉养父母，这是以身作则行孝的全国人民的榜样，朝廷为什么不赐予封号？于陵的子仲还活着吗？这个人，既不出来做官，又不经营家产，还不结交诸侯，这是一个对国家没有用的人，还想成为全国人民的榜样，为什么不杀？

治国者将百姓的人生都规划好了，一个人过着闲云野鹤一样的生活就是死罪，老百姓不可以辱骂他？到了秦始皇时代，因人生目标不同而被判死罪的时代终于到来了。可笑的是，当代的一些学者居然认为赵威后是具有民本思想的政治家，是《战国策》中提到的最开明的女政治家。民本思想是以人为目的，不是以人为手段。赵威后无非是要百姓为官府服务，使人成为维护官府统治的本钱，是以人为本钱建设天下强国，与人本主义完全背道而驰。

"信不足，有不信。"句谓：治国者的诚信不足，人民才不相信。老子把治国者分为四类，是个大致的分类。有的治国者，老百姓嘴里很拥护，心里其实在骂他。这是因为治国者规定谁骂他谁就要被杀头。如康熙盛世，百姓表面上一片赞歌，肚子里都明白是"吃糠喝稀"。康乾时代的郑板桥，考上进士前在天下最繁华的扬州卖画教书，儿子都饿死。老子的这个分类只是为了说明"无为"的治国者和"有为"的治国者在百姓心目中的地位。越有为的治国者在百姓心目中的地位越低。但是，越有为的治国者，越要向百姓做出承诺。这种承诺就如同给百姓开空头支票。结果，空头支票兑现不了，于是，治国者又会说，以前的支票金额太小，其实也办不了什么事，我们应该有一张金额更大的支票。于是，官府的支票越开越大，老百姓越来越不信任官府。

"犹兮其贵言。"本句后应用句号。这是指治国者应当采取的态度。犹，有的本子作"悠"，意为"悠然"，似不妥。马王堆出土帛书《老子》甲乙本中均作"犹"。"犹"是一种胆小的动物。老子在第十五章中说真正的知识分子"犹兮若畏四邻"，意即"说话像害怕引起左邻右舍议论一样谨慎"，圣人治国、发号施令应当像"犹"这种胆小的动物一样谨慎而不是胆大妄为。句谓：说话处事谨慎，少发号施令为贵。最好的治国者就是推行大道。道就是客观规律。按照客观规律办事，不需要天天发号施令，更不会言出法随，朝令夕改。

"功成事遂，百姓皆谓我自然。"句谓：事情办成功了，老百姓说"这是自然而然的"。老百姓不会把自己的成功归功于治国者，也不会归功于自己，而是认为这是自然规律的作用。人不能在没有水源的地方打出水来。只有有水源才能打出水来。因此，水井里有水，并不是打井人的功劳。如果认为井里有水是官府的功劳，就更是无厘头了。这句话，深刻表现了老子的民本思想，表现了老子对人民力量的深刻认识。西方文艺复兴时期的拉斐尔在某些作品中也表现出这种思想。

依道治国，官府可干的事就很少了。这有点类似于"小政府，大社会"的观点。可惜的是，这种理论在中国只有点种子，没有发芽，更没有长成参天大树。元代作家邓牧说："古者君民间相安无事。固不得无吏，而为员不多。""后世所以害民者牧民，而惧其乱，周防不得不至，禁止不得不详，然后小大之吏布于天下，取民愈广，害民愈深，才且贤者愈不肯至，天下愈不可为矣。"大意是，古时候君主对于百姓没啥干预，因此官员也不多。到了后来，贤能之士不肯出来做官，都是一些害民的人出来治理百姓，当然害怕百姓造反，防备就越来越周密，法令就越来越详尽，官员就越来越多，向百姓征收徭役就越来越广泛，对百姓的危害就越来越深，天下就越来越没办法治理。

本章校定

太上，下知有之；其次，亲之誉之；其次，畏之；其次，侮之。信不足，有不信。犹兮其贵言。功成事遂，百姓皆谓我自然。

本章今译

最好的治国者，百姓只知道他存在；其次的治国者，百姓热爱他，称赞他；再次的治国者，百姓畏惧他；更次的治国者，百姓辱骂他。治国者的诚信不足，人民才不相信。最好的治国者说话处事谨慎，少发号施令为贵。事情办成功了，老百姓说"这是自然而然的"。

大道废，有仁义；智慧出，有大伪；六亲不和，有孝慈；国家昏乱，有忠臣。

研　读

本章分析天下治理失败的原因。逻辑关系混乱，导致国家治理失败，家庭关系混乱。一般认为，儒家鼓吹仁义，而且按照司马迁在《史记》中的说法，老子时代已经出现道家和儒家互相排斥的现象。因此，有的学者认为本章批判儒学。但是，按照孔子周游列国而没有被治国者重用的史实来看，儒家理论当时并没有成为治国指南。而且，鼓吹"仁义"治国并非只有儒家。管仲在《牧民》中说：

国有四维，一维绝则倾，二维绝则危，三维绝则覆，四维绝则灭。倾可正也，危可安也，覆可起也，灭不可复错也。何谓四维？一曰礼，二曰义，三曰廉，四曰耻。礼不逾节，义不自进，廉不蔽恶，耻不从枉。故不逾节，则上位安；不自进，则民无巧轴；不蔽恶，则行自全；不从枉，则邪事不生。

意思是：

国有四维，缺了一维，国家就倾斜；缺了两维，国家就危险；缺了三维，国家就会颠覆；缺了四维，国家就会灭亡。倾斜可以扶正，危险可以挽救，倾覆可以再起，灭亡了，那就不可收拾了。什么是四维呢？一是礼，二是义，三是廉，四是耻。有礼，人们就不会超越应守的规范；有义，就不会妄自求进；有廉，就不会掩饰过错；有耻，就不会趋从坏人。人们不越出应守的规范，为君者的地位就安定；不妄自求进，人们就不巧谋欺诈；不掩饰过错，行为就自然端正；不趋从坏人，邪乱的事情也就不会发生了。

比老子早两百年的管仲明确提出以"礼义廉耻"为治国纲领之一。按照当代学者的主流观点，《管子》是一部先秦时代的作品集，该书的编撰过程可能是一个内容不断增删修改的过程。现在已经不能准确断定哪些内容在哪个年代编入《管子》一书，但是，管仲的一些基本观点在老子时代就已流行应是事实。这是因为：一方面，《管子》一书的编撰者总得考虑书中内容的来源；另一方面，管仲作为史上最成功的治国者之一，其治国理论的影响一定是巨大的，他的观点在老子时代虽然没有形成庞大而完整的体系，但是一些观点、著作早已流传则是完全可能的。老子对于管仲的治国纲领一定是了解的。司马迁在《史记》中说：

太史公曰：吾读管氏牧民、山高、乘马、轻重、九府，及晏子春秋，详哉其言之也。既见其著书，欲观其行事，故次其传。至其书，世多有之，是以不论，论其轶事。

司马迁认定《管子》一书代表管仲的思想观点。历代学者有的把管仲列为道家，有的列为法家，这些观点都值得讨论。老子认为，管仲的治国是不成功的，而是搞乱了天下。

庄子时代，孔子创立的儒学也未成为治国理论，但影响力已非常大，因此，庄子在《天运》中直接批评孔子：

师金对颜回说："可惜啊，你的先生陷入困境了！"颜回问："为什么？"师金说："祭祀用的草编狗，在没有献祭之前，盛在筐子里，盖上绣巾，主持祭祀的尸祝斋戒沐浴之后才把它献上去。等到上供一过就要扔掉，过路的踩它的头和脊，打柴的捡回去笼火。要是再拿来盛在筐里，盖上绣巾，在它的下边来来往往，居坐寝卧，就算不做噩梦，也恐怕会屡屡梦魇。现在，你的先生也是捡回了先王已经上过供的草编狗，聚集弟子在它的下边来来往往，居坐寝卧。所以，孔子去宋国游说，在一棵大树下演讲，司马桓魋想杀他未成，就把树砍了；孔子游说卫国，卫国人讨厌他，把他的足迹全部抹去；孔子游说各国没有成效，唯有回鲁国开课授徒，这不如同做噩梦吗？在陈蔡之地受到围困，七天吃不到熟食，几乎丢了生命，这不如同是遭到梦魇吗？"

"大道废，有仁义。"废，废除；有，推行；仁义，《老子》书中仁与义是两个概念，不是后世认为的一个概念，老子在第三十八章中说"上仁为之而无以为，上义为之而有以为"。仁，指仁爱；义，指正义。老子在第五章中说"天地不仁，以万物为刍狗；圣人不仁，以百姓为刍狗"。大道中不存在仁义不仁义的问题，在大道中一切都是完美的。但是，道"看不见""听不到""摸不着"。掌握了大道的人未必有机会治国，治国者往往是不懂大道的人，只好推行仁义治国。仁与义，就是为百姓多做点好事。当然，也有治国者连举手之劳的好事都不愿办的。句谓：大道被废除了，就开始推行仁爱和正义了。

庄子在《在宥》中说：

只听说要让天下自在宽松，没听说还要治天下。治国者害怕让天下自在，改变了人的天性；让天下宽松，改变了人的天德。天下人不改变天性，不改变天德，还用治理天下吗？当年尧治理天下的时候，让天下人欢欢喜喜使本性快乐，这就是本性不恬静了；夏桀治理天下的时候，让天下人辛辛苦苦使本性痛苦，这就是本性不舒服了。不恬静，不舒服，这就不能算天德。不是天德还能保持长久，这是天下没有的事。

人大喜的时候，阳气偏盛；大怒的时候，阴气偏盛。阴气阳气都偏盛，四季就不能正常运行，形不成正常协调的寒暑，这反而要伤害人的身体吧！让人喜怒不适当，行止不正常，不能自得地思虑，不能形成完善的中正之道，于是乎，天下人才变得装模作样、狡黠伪诈、桀骜不驯，然后才出现盗跖、曾参、史鰌之类的人。所以，用尽天下所有的东西去奖赏善人也不够，用尽天下所有的办法去惩罚恶人也不足。因此，天下虽然很大，也不够拿来赏罚。夏商周三代以来，乱哄哄地都在忙着赏罚的事情，人们哪里有闲心思去安定自己性命的真情呢？

"智慧出，有大伪。"句谓：智慧出现了，就会有大的诈伪。老子坚持真理的唯一性，认为道是唯一的真理，违道而行就是谬误，而这些谬误往往以真理的面目出现而误导百姓。有的版本中删去此句，理由是将"仁义"与"大伪"并列，从而导致读者对仁义行为的否认。其实，老子的本意是只要遵行大道，仁义之类就不在话下，而推行仁义，就是否定大道，因此，推行仁义的所谓

"智慧"，就是"大伪"。

庄子在《马蹄》中说：

等到出了圣人，费劲心思推行仁爱，耗费力气推行正义，天下人就开始产生迷惑了。超情越度制定乐，不厌冷僻制定礼，于是天下就开始有了分别。所以说，纯真的朴石不受损伤，用什么造出牺樽？纯素的玉石不毁坏，用什么造出珪璋？道与德不废弃，哪里用得上仁与义？本性真情不丧失，哪里用得着礼与乐？五色不被错乱，用什么生出文采？五音不被错乱，用什么应和六律？可见，损坏朴石造出玉器是工匠的罪过，毁弃道与德造出仁与义是圣人的罪过。

马生活在陆地上，吃草饮水，高兴了就交颈相摩，生气了就背过身来相踢。马的智能到此也就行了。等到人们给它按上车衡颈轭，带上当颅辔头让它听使唤，马就懂得觑人的空子，吐出嚼子，咬断缰绳。所以说马变成盗贼一样狡诈是伯乐的罪过。赫胥氏时代，人们平常家居不知道该做些什么，想行动不知道该去哪里，嘴里含着食物嬉戏，鼓起吃饱的肚子游玩。老百姓的智能也就够了。等到出了圣人，制定出弯腰屈背的礼乐来匡正天下百姓的行为，标榜仁与义来慰藉天下百姓的心，百姓才开始仰慕智能，爱好用智，追逐私利，无法禁止，这也是圣人的罪过啊。

"六亲不和，有孝慈。"六亲，父子、兄弟、夫妇。句谓：六亲不能和睦相处了，才出现孝子慈父。

庄子在《天运》中说：

用尊敬的行为行孝易，用爱的行为行孝难；用爱的行为行孝易，用忘记双亲的行为行孝难；用忘记双亲的行为行孝易，用能使双亲忘掉我的行为行孝难；用能使双亲忘掉我的行为行孝易，用能把天下也忘掉的行为行孝难；用能把天下也忘掉的行为行孝易，用能使天下忘掉我的行为行孝难。从道与德方面来说，尧舜并不值得效法。恩泽施及万世，天下却没人知道。难道还仅仅感慨什么仁爱孝慈吗？孝悌仁义，忠信贞廉，这都是自己束缚自己牵累德性的东西，不值得称赞。所以说，最为尊贵的，就是摒弃国君的爵禄；最为富有的，就是摒弃天下的财富；最大的心愿，就是摒弃一切名誉。因此，奉行的大道才不会改变。

后来，"二十四孝故事"广为流传，就是因为家庭关系被破坏的程度一代比一代严重。一种病的危害越严重，越会引起人们的高度重视。

"国家昏乱，有忠臣。"句谓：国家混乱了，才出现忠臣义士。治国者失道，国家陷入混乱，忠臣义士就出来救国。没有商纣王的荒淫无道，就不会有忠臣比干。

本章校定

大道废，有仁义；智慧出，有大伪；六亲不和，有孝慈；国家昏乱，有忠臣。

本章今译

大道被废除了，就开始推行仁爱和正义了；智慧出现了，就会有大的诈伪；六亲不能和睦相处了，才出现孝子慈父；国家混乱了，才出现忠臣义士。

　　绝圣弃智，民利百倍；绝仁弃义，民复孝慈；绝巧弃利，盗贼无有。此三者，以为文不足，故令之有所属。见素抱朴，少私寡欲。

研　读

　　本章论述如何重建治理失败的天下。老子主张抛弃第十八章中流行的治国观点以重建失序的世界，提出的主张之一是"绝圣弃智"，因而，有的学者望文生义以为老子主张愚民政策。

　　"绝圣弃智，民利百倍。"绝、弃同义，都是抛弃、扔掉的意思。句谓：抛弃圣人，扔掉智慧，百姓就会得到百倍的利益。天下败坏的原因是"圣人""智者"太多，因为老子反对"圣人""智者"，有的论者就认为老子反对一切智慧之士，主张愚民政策。其实，老子时代没有标点符号，不能像现代人用引号表示反讽，如果当时有标点符号，这句中的"圣""智"都应用引号。庄子在《胠箧》中说的"圣人不死，大盗不止"中的圣人就是带引号的圣人。

　　庄子在《在宥》中说：

　　崔瞿问老子："不治天下，怎么能收拾人心呢？"老子说："你要小心，不要去挑逗人心，人心都是退下进上，上下杀害，看起来柔顺却能胜过刚强，有棱有刃，能刻能削，热如烈火，寒如凝冰。要快起来，俯仰之间就能在四海之外打个来回；静止的时候，渊深静谧；活动起来旋腾而上天，亢奋骄纵不可约束的，恐怕就只有人心吧！当年黄帝用仁与义去挑逗人心，尧舜忙得大腿无肉，小腿无毛，来养活天下人。五脏发愁地推行仁义，心血旺盛地制定法度，然而还是不能收拾人心。于是，尧才把谨兜流放到崇山，把三苗遣送到三峗，把共工发配到幽都，这就是不能胜任收拾天下人心的责任（因此出现了叛乱分子）。到了夏商周三代，天下人心就被惊搅得打乱了。下面有夏桀、盗跖，上面有曾参、史鳅，儒家、墨家都出来了，于是喜怒相互猜测，愚智相互欺骗，好坏相互攻击，真假相互讥诮，天下风气变得衰败了。大德不能一致，性命真情受到伤害变得散乱无收；天下喜好智巧，百姓追求私利无所不干。于是乎用斧锯来制裁，用法律来刑杀，用锤凿来判决。天下纷纷大乱，罪过就在于挑逗人心。所以，贤者隐居在大山深谷里，大国之君也在朝廷上胆战心惊。当今之世，被斩首的尸体一个压着一个，戴枷锁的人一个挨着一个，受刑而死的人满眼都是，于是，儒墨两家跳脚捋袖地争论如何使用枷锁，都以为自己的主张正确。唉，太过分了。他们竟然这样不知羞愧，太过分了！我不知道圣智不正是为枷锁装配零件吗？仁义不正是为枷锁凿榫卯吗？又怎么知道曾参、史鳅不正是为夏桀、盗跖做响箭呢？所以说，弃绝圣智，天下才能大治。"

"绝仁弃义，民复孝慈。"句谓：抛弃仁爱，扔掉正义，百姓就会恢复孝慈。"天地不仁""圣人不仁"，天地、圣人遵守的是道，一旦孤立地宣传仁义就是背弃了道，背弃了道就不可能有孝慈。庄子在《盗跖》中借盗跖之口批评孔子：

神农时代，睡觉时安安稳稳，起来时从从容容，百姓只知道自己的母亲，不知道自己的父亲，与麋鹿共处，耕而食，织而衣，没有相害之心，这是道与德最兴盛的时代。然而，黄帝不能做到至德，与蚩尤在涿鹿的田野里打仗，流血百里。尧、舜兴起之后，设立群臣百官，商汤王流放了他的君主，周武王杀了商纣王。从此以后，以强凌弱，以众欺寡。商汤、周武以来都是乱人之道、操纵天下的舆论，教导后世，大衣博带，巧言伪行，来迷惑天下的君主，想求取富贵，没有比你更大的盗贼了。天下人为什么不叫你盗丘却叫我盗跖？你用甜言蜜语说服子路追随你，让他去掉高高的帽子，解下长剑，接受你的教育。天下人都说孔丘能止暴禁非，最后的结果是子路想杀卫君没有成功，在卫国的东门外被剁成肉酱，这就是你教导的不成功之处。你自认为是个才士圣人吗？两次被赶出鲁国，在卫国蒙受削迹之辱，在齐国受困，在陈蔡被围攻。天下都不能容身了。你又教子路受到杀身之祸。你上不能保身，下不能为人，你的道还有什么可贵之处？史上所推崇的，莫过于黄帝，黄帝都不能道与德完备，尧不仁慈（杀了长子），舜不孝顺（所以才受到父母的猜忌和陷害），禹劳累干活，商汤流放国君，武王伐纣，周文王被关在羑里牢狱里。这六个人都是世人推崇的，认真说起来，他们都是被利禄迷惑了天性，硬要违背自己的性情，他们的行为是非常可耻的。史上所谓的贤士是伯夷、叔齐，两人辞让孤竹国的君位，饿死在首阳山，骨肉不得安葬；鲍焦追求高尚的行为，不满社会，抱着大树枯死；申徒狄谏君不听，抱着石头投河而死，喂了鱼鳖；介子推忠心耿耿，自己割下大腿上的肉来给晋文公吃，文公后来背弃了他，介子推一怒之下离开了文公，抱着大树被烧死了；尾生与一女子相约在桥下见面，女子没来，洪水冲来他不肯走，抱着桥柱子淹死了。这六个人，无异于祭祀用过的死狗、沉河的猪，形同持瓢要饭的乞丐。世上所谓的忠臣，莫过于比干、伍子胥。伍子胥沉尸钱塘江，王子比干被挖了心。这两个人是世人所说的忠臣，然而却成了天下的笑柄。这些人都不值得尊贵。孔丘，你来劝说我，如果讲鬼神的事，那我不知道；如果讲人事，不过如此罢了，都是我知道的。现在，我来告诉你人的性情：眼睛就是想看美色，耳朵就是想听音乐，嘴巴就是想吃美味，志气就要伸展。人活在世上，上等寿命也就一百岁，中等寿命八十岁，下等寿命六十岁，除了病困、死丧、忧患的时间，能开口而笑的，一个月里也不过四五天而已。天与地无穷无尽，人活的时间有限，把有限的生命寄托在无限的天地里，如同白驹过隙稍纵即逝。不能使心意快活，保养自己生命的人，都不算是同道的人。孔丘，你所说的，都是我扔掉的东西。赶快回去，不要再说了！你的这一套，都是疯疯癫癫瞎忙乎的巧诈虚伪之事，不是能保全真性的，还有什么值得说的！

庄子认为，神农时代是母系社会。在这个社会，不讲"仁义"，无需"孝顺"，是人类的美好时代；有了所谓仁与义的时代，就是相互杀戮的时代。

"绝巧弃利，盗贼无有。"巧，巧诈；利，名利。句谓：抛弃巧诈，扔掉名利，盗贼就消失了。盗贼就是利用巧诈的手段获取名利。庄子在《胠箧》中说：

大川干涸了，川谷就能虚空；山丘铲平了，深渊就能填满；圣人死绝了，大盗就没有了，天下就太平无事了。如果圣人不死，大盗就生生不息。虽然人们看重圣人能治理天下，但同时也非常有利于盗跖。圣人造出了斗斛做量器，大盗会连斗斛也窃走为自己所用；造出了秤和天平做衡器，大盗会连秤和天平也窃走为自己所用；造出了符印做凭信，大盗会连符印也窃走为自己所用；制定出仁与义来规范人们的行为，大盗会连仁与义也窃走为自己所用。怎么会知道这个结果呢？那些偷了带钩的小毛贼受到了惩罚，而盗窃国家的人反而成了诸侯，诸侯的门里就有仁义。

那么，这还不是窃走了仁义、圣人、智慧吗？所以想当大盗，窃取诸侯大位，盗窃仁义以及斗斛、秤和天平、符印等占大便宜的人，即使用高官厚禄做赏赐，你也休想劝止他不干，即使用杀头的极刑去威胁，你也休想能禁止得住。可见，给盗贼带来大利、让人不能禁止的做法，正是圣人的过错啊。

"此三者，以为文不足。"此句应断为：此三者以为文不足。此三者，圣智、仁义、巧利；文，法令条文；不足，不足以治理天下。句谓：用这三者作为法令条文是不能治理天下的。

"故令之有所属。"之，天下；属，归属，引申为恢复。句谓：所以要使天下恢复到某种状态。恢复到什么状态？当然是恢复到道的状态。后两句就是描写道的状态。

"见素抱朴。"见，应是"现"，表现出；素，质朴，本色的；抱，持守；朴，原始、自然、质朴的存在。句谓：显现自然，持守质朴。

"少私寡欲。"少，减少；私，私心。老子在第七章中说"非以其无私邪？故能成其私"。老子并不认为人可以做到大公无私，圣人也有私心，即使自己成为圣人的私心，这也是圣人的唯一的私心。人类应当减少私心，努力向圣人学习。寡，克制；欲，欲望。老子在第十二章中论述了欲望膨胀的危害。句谓：减少私心，克制欲望。

～●本章校定

绝圣弃智，民利百倍；绝仁弃义，民复孝慈；绝巧弃利，盗贼无有。此三者以为文不足，故令之有所属：见素抱朴，少私寡欲。

～●本章今译

抛弃圣人，扔掉智慧，百姓就会得到百倍的利益；抛弃仁爱，扔掉正义，百姓就会恢复孝慈；抛弃巧诈，扔掉名利，盗贼就消失了。用这三者作为法令条文是不能治理天下的，所以要让天下恢复到这样的状态：显现自然，持守质朴；减少私心，克制欲望。

绝学无忧。唯之与阿，相去几何？善之与恶，相去何若？人之所畏，不可不畏，荒兮其未央哉。众人熙熙，如享太牢，如登春台。我独泊兮其未兆。沌沌兮，如婴儿之未孩。傈傈兮，若无所归。众人皆有余，而我独若遗。我愚人之心也哉！俗人昭昭，我独昏昏；俗人察察，我独闷闷。忽兮其若海，飘兮其若无所止。众人皆有以，而我独顽似鄙。我独异于人，而贵食母。

研　读

本章论述"为道"的方法。老子认为，唯有推行大道，天下才能和谐。推行大道，必先"为道"。"为道"，是老子的专用术语，后人的说法是"修道"和"学道"，老子在第四十八章中说"为学日益，为道日损"。

"绝学无忧。"绝学，拒绝学问；无忧，没有忧患。老子说的不是拒绝所有的学问，是拒绝道以外的学问。在老子看来，道是唯一的真理。"为道"和"为学"有本质的区别。句谓：拒绝道以外的一切学问，人生就没有忧患了。

"唯之与阿，相去几何？"唯，顺从，引申为同意；之，它；阿，应是呵，呵斥，引申为反对；相去几何，相差多少。本句的完整写法应是："唯之与阿之，相去几何？"句谓：支持它还是反对它，差别有多大？这是从"学"的角度来讲的。背离了道，所谓的支持和反对都没有实际意义。如有人说二加二等于五，有人支持，有人反对，但认为等于三，则双方都背离道。

"善之与恶，相去何若？"有的版本本句作"美之与恶，相去若何？"言之有理。老子在第二章中说"天下皆知美之为美，斯恶矣"。《老子》的用语习惯是"美"与"恶"对举。马王堆出土帛书《老子》甲乙本中皆作"美与恶"。这句的句型与上句一样，应是"美之与恶之，相去何若？"美，赞美；恶，厌恶之意。句谓：赞美它和厌恶它，又能相差多少？

庄子在《齐物论》中说：

比如我们两人辩论，你赢了，我输了，就证明你正确吗？或者，我赢了，你输了，就证明我对了？或者有的地方我对了，有的地方你对了；或者是你全对了，我全错了。我们两个人都不可能相互了解，每个人都有局限性。那么，我们让谁来做评判呢？让观点和你相同的人来评判，他的观点已经和你相同了，怎么能做出正确的评判？让观点和我相同的人来评判，他的观点已经与你不同了，又怎么能做出正确评判呢？这样看来，我和你和第三者都不能相互了解，那还有必要让别人来评判吗？

庄子的意思很明确，道才是正确与否的标准。离开道谈论对错，没有意义。有的学者说，老子认为对与错、美与恶是相对的，恐怕没有准确理解这段话的含义。老子不是相对论者。

"人之所畏，不可不畏，荒兮其未央哉。"畏，害怕；不可，不得；荒，迷乱；未央，无穷无尽。句谓：人家害怕的，不得不害怕，就会迷乱没有穷尽。这是未能"绝学"的后果。不"绝学"就是"为学"，"绝学"才能"为道"。庄子在《天地》中论述了"为学"者和"为道"者的区别：

小子不阿谀奉承自己的双亲，忠臣不谄媚讨好自己的君主，这是做臣、做子的最好的表现。父母所说的话都说对，父母所办的事都说好，世俗称这种人是不孝子弟；君王所说的话都说对，君王所办的事都说好，世俗就把这种人叫作不肖臣。不知道这个逻辑对不对？如果这个逻辑是对的，世俗认为对的就认为对，世俗认为好的就认为好，那不就成了阿谀奉承世俗的人？这样说来，世俗比双亲、君王更有尊严吗？别人说自己是个媚俗的人，就会勃然大怒；别人说自己是个阿谀奉承的人，就会怂然作色。而实际上终身都在媚俗，终身都在讨好人，用花言巧语来哗众取宠，这是始终本末的因果逻辑脱了节。穿挂衣裳，绣上华彩，装扮表情来取媚世人，而不自认为取媚；与人类同群同类，有共同的是非，而不认为自己是众人中的一员，真是愚蠢到家了。知道自己愚蠢，还不算愚蠢；知道自己迷惑，还不算大惑。大惑的人终身也不醒悟；大愚的人终身也不明白。三个人同行，其中有一个迷惑，想到的地方还可以走到，因为迷惑的人少；如果有两个人迷惑了，那就徒劳而难达目的了，因为迷惑的人占了上风。而现在整个天下的人都处在迷惑之中，我虽然有个好的向往，但办不到啊！这不是太可悲了吗？

接着，庄子把各种"学"比作民俗小调，把"道"比作高雅音乐：

高雅的音乐听不进俗人的耳朵里，而《折柳》《黄莘》一类的民俗小调，听了却能乐哈哈。所以说，高明的言论很难被人们接受，至理名言显现不出来，那是因为庸言俗语占了上风啊！用两个瓦盆敲打出乐曲来惑乱一个黄钟的声音，就得不到该听的好音乐了。现在全天下的人都在惑乱，我虽然有个好的向往，难道能够办得到吗？知道自己办不到而硬去办，就成了进一步的迷惑了。所以，还不如放弃它而不加追究。不去追究，谁还会一同忧虑呢？长得丑陋的人，半夜生了个孩子，急急忙忙地拿过灯来看，慌慌张张地唯恐孩子长得像自己。

"众人熙熙，如享太牢，如登春台。"众人，为学者；熙熙，兴冲冲，赶热闹；太牢，盛宴，古时祭祀，牛、羊、猪三牲俱全称为"太牢"，祭祀过后的肉可以吃，称为"散福"；如登春台，马王堆出土帛书《老子》甲乙本均作"而春登台"，故改为"如春登台"为是。意为：如游春时登临台榭远眺。句谓：为学者都兴冲冲爱赶热闹，如同享受盛宴，如同游春登榭远眺。

"我独泊兮其未兆。"我，为道者；泊，淡泊，不动心；兆，征兆。句谓：我独自淡泊安静不动声色。本句后应是冒号，后面相连的两句都是说明为道者的表现。

"沌沌兮，如婴儿之未孩。"沌沌，浑浑沌沌，老子在第十五章中说"浑兮，其若浊"；孩，《释文》作"咳"，《说文》"咳，小儿笑也"；未孩，小孩子不会笑，婴儿出生时只会哭，不会笑。句谓：浑浑沌沌，如同一个还不会笑的婴儿。老子在第十章中说"专气致柔，能如婴儿乎？""为道"者就是这种状态。

"傫傫兮，若无所归。"傫傫，累累，与"累累如丧家之犬"之"累累"意同。句谓：独自徘徊如同无家可归。老子在第七十章中说"知我者希，则我者贵"。为学者众，为道者希，为道者似无归属，故如丧家之犬。

"众人皆有余，而我独若遗。"余，有余，丰富；遗，不足。句谓：为学者都觉得自己学问很丰富，只有为道者才会感到自己的不足。老子在第四十八章中说"为学日益，为道日损"。为学者认为自己的学问一天天丰富起来，以至于以为掌握了宇宙的全部真理。

"我愚人之心也哉！"愚人，相对于《老子》中的"圣智"而言。老子在第六十五章中说"古之善为道者，非以明民，将以愚之"。依道治国就是"愚民"，以其他学说治国就是"明民"。因此，与为学者比较，为道者就是"愚人"。句谓：为道者就是愚人的心思。前面几句讲为道者的外在表现，此句及以下几句讲为道者与为学者的内心世界的区别。

"俗人昭昭，我独昏昏。"俗人，为学者；昭昭，清清楚楚；昏昏，迷茫困惑。句谓：为学者自以为清清楚楚，为道者感到迷茫困惑。

"俗人察察，我独闷闷。"察察，分析明辨；闷闷，愚昧。句谓：为学者自以为能分析明辨，为道者觉得自己愚昧。

"忽兮其若海，飘兮其若无所止。"句谓：恍恍惚惚如同漂浮在大海上，飘飘荡荡如同无处可以上岸。这一句与第十六章中的"致虚极，守静笃"含义相近。

"众人皆有以，而我独顽似鄙。"以，为，行事，《国语·为政》有"视其所以"句；似，在马王堆出土帛书《老子》甲乙本中都作"以"，《诗·江南·江有汜》有"子之归，不我以"句，以，与，故"顽似鄙"不如"顽以鄙"准确。有的版本表述为"顽且鄙"，原因可能是"以"的异体字"㠯"与"且"形近误抄。"顽且鄙"既符合原意又适合当代语言习惯，当引用。顽，愚钝；鄙，笨拙。句谓：为学者都有为，为道者则愚钝而且笨拙。这句话的引申义就是：为学者都是有为的，为道者都是无为的。

"我独异于人，而贵食母。"人，众人、俗人，即为学者；贵食母，应是以食母为贵的倒装句；贵，珍视；食，吃；母，大道，老子在第一章中说"有，名万物之母"，在第二十五章中说"可以为天下母"；食母，就是从大道中吸取养分，而且，是唯一的养分来源。句谓：为道者就是与为学者不同，珍视从大道中吸收养分。

∽本章校定

绝学无忧。唯之与阿,相去几何?美之与恶,相去何若?人之所畏,不可不畏,荒兮其未央哉。众人熙熙,如享太牢,如春登台。我独泊兮其未兆:沌沌兮,如婴儿之未孩;儽儽兮,若无所归。众人皆有余,而我独若遗。我愚人之心也哉!俗人昭昭,我独昏昏;俗人察察,我独闷闷;忽兮其若海,飘兮其若无所止。众人皆有以,而我独顽且鄙。我独异于人,而贵食母。

∽本章今译

拒绝道以外的一切学问,人生就没有忧患了。支持和反对,差别有多大?赞美和厌恶,又能相差多少?为学者都兴冲冲爱赶热闹,如同享受盛宴,如同游春登台榭远眺。我独自淡泊安静不动声色,浑浑沌沌,如同一个还不会笑的婴儿;独自徘徊如同无家可归。为学者觉得自己学问很丰富,只有为道者才感到自己不足。为道者就是愚人的心思。为学者自以为清清楚楚,为道者感到迷茫困惑;为学者自以为能分析明辨,为道者觉得自己愚昧;恍恍惚惚如同漂浮在大海上,飘飘荡荡如同无处可以上岸。为学者都有为,为道者则愚钝而且笨拙。为道者就是与所有的为学者不同,珍视从大道中吸收养分。

孔德之容，惟道是从。道之为物，惟恍惟惚。惚兮恍兮，其中有象；恍兮惚兮，其中有物；窈兮冥兮，其中有精。其精甚真，其中有信。自古及今，其名不去，以阅众甫。吾何以知众甫之状哉？以此。

研 读

《老子》又称《道德经》，原因是后人认为这是一部探讨道与德的著作。老子的道德的概念与现在的道德的概念既有相同处，也有不同处。相同处是，老子说的道德和当代使用的道德都是人的行为规范。不同之处是，老子的道与德是两个既有联系又有区别的概念，而且，既阐述人与人的关系，又阐述人与客观存在的关系。而当代的道德是人与人之间的社会关系的规范。老子在本章中首次提出"德"的概念，并且论述了道与德的关系以及道在观察自然和社会中的作用。

"孔德之容，惟道是从。"汉字的含义非常丰富，有时同一个字具有相反的含义。孔，有一孔之见之说，这是形容其"小"，但孔又有"大"的含义，因此，诸葛亮字孔明的"孔"到底是"大"还是"小"，没人说得清。也许从两方面理解都对。对于诸葛亮自身而言是自谦只是"一孔之明"，而对于受众来说，则可能认为他"大有光明"。当然，我们不能用这样的方法读《老子》。《老子》一书因传抄过程中发生脱漏、误植、错别字等原因，要弄准确每个字的含义确实非常困难，但应当力求准确。本章中的孔，指大，引申为伟大；德，前人讲"德者，得也"，

"得之于道谓之德",即从道中得到的东西就是"德"。如果具体到人的行为,就是符合道的行为就是"德",否则就不是"德"。因此后一句"惟道是从"就是对德的补充说明,即"德"遵循大道。句谓:伟大的德只遵循大道。

从当代中国哲学的角度来说。道是客观存在,德就是人的客观存在的反映,即意识。老子的哲学主张是,意识是客观存在在人的大脑里的反映,人类依靠这种反映指导人类的生活才是正确的选择。意识对于客观存在没有反作用。意识在作用于客观存在时,如果取得了好的结果,则是道本身决定的,不是人的意识对客观存在反作用的结果;如果得到坏的结果,则是因为人类对于道没有正确认识。

孔子也主张人必须遵循大道:"天命之谓性,率性之谓道,修道之谓教。道也者,不可须臾离也,可离,非道也。"但是,孔子和老子的"道"是不一样的。孔子认为,人都具有天所赋予的天性,遵循天性,就是道,因此,道在人的内心。老子认为道是客观存在。从这个意义上说,按照中国当代哲学的分类,孔子是主观唯心主义者,老子是唯物主义者,但因老子反对意识对物质的反作用,其符合机械唯物主义者的定义。

"道之为物。"句谓:道如果作为一种物质来看。老子在第十四章中说"一者,其上不曒,其下不昧,绳绳兮不可名,复归于无物。是谓无状之状、无物之象;是谓惚恍",认为"道"处于"无物"状态。老子的难题在于,他要阐述一些非常抽象的问题,甚至连我们今天所说的"抽象思维"都难以思维的问题,当然让读者很难理解,但他又希望读者能够理解,就采用一些形象性的思维来说明问题。因此。老子在十四章中说"无物",在本章中则说,如果把道当作某种物质来看的话会是什么样子。

"惟恍惟惚。"恍惚,就是恍恍惚惚,似有似无,看着模模糊糊不清楚。句谓:就是个恍恍惚惚的存在。

"惚兮恍兮,其中有象。"句谓:惚惚恍恍中确实有形象存在。不能说眼睛看不见的东西就不存在。

"恍兮惚兮,其中有物。"句谓:恍恍惚惚中确实有东西存在。老子在十四章中说"视之不见名曰夷,听之不闻名曰希,搏之不得名曰微"。不能说看不见、听不到、摸不着的东西就不存在,它以自己独一无二的方式存在。

"窈兮冥兮,其中有精。"窈,幽远;冥,昏暗;精,老子在第三十二章中说"道恒无名、朴。虽小"，朴，即道，庄子在《秋水》中说"夫精，小之微也"，即微小而又微小。句谓：幽远而又昏暗，但确是有微小的存在。"窈兮冥兮"与第一章中的"玄之又玄"意思近似。为什么说"道"很小呢？可能要从道的不同的含义来理解。道的含义之一是宇宙，人人易见，这个当然很大。但是，道的含义还有规律、研究万物运行发展规律的方法等，这个就不容易看见甚至"看不见、听不到、摸不着"，当然就"小"了。

"其精甚真，其中有信。"有信，有信验。句谓：道虽然微小，但确是真实的存在，这种存在是有信验的。"信"，信验，即可以得到证实的意思。规律就是一种"信验"。春天过后是夏天，就是"信验"。但并不是所有真理都可以得到证实。例如，我们说宇宙在时间和空间上是无限的，如何用实践检验？可以用实践检验的时间是有限的，可以用实践检验的空间也是有限的。也许正是这种不可检验性反而证明了宇宙时间和空间无限性的正确性。老子的意思是，真理，只能到道之中去检验。

"自古及今，其名不去，以阅众甫。"名，定义；去，失去，损失，引申为改变；甫，开始，起初；众甫，万物起始，即"无，名天地之始；有，名万物之母"的时期。句谓：从古到今，道的定义不曾改变，用来观察万物的本始状态。如第十四章说"能知古始，是谓道纪"。

"吾何以知众甫之状哉？以此。"状，状态。句谓：我如何知道万物的本始状态呢？就是如此。这个状态不是静止的，是动态的。老子告诉读者，他就是用大道来观察自然世界和人类社会的起源、发展及变化的。老子认为，真理、规律之类是与道一起产生，不是人创造发明出来的。人的作用，不过是发现了真理而已。因此，不论社会如何发展，只要能够找到与道同时产生的规律、真理、研究方法等，人类就找到了解决问题的钥匙。

本章校定

孔德之容，惟道是从。道之为物，惟恍惟惚。惚兮恍兮，其中有象；恍兮惚兮，其中有物；窈兮冥兮，其中有精。其精甚真，其中有信。自古及今，其名不去，以阅众甫。吾何以知众甫之状哉？以此。

〜〜 **本章今译**

　　伟大的德只遵循大道。道如果作为一种物质来看，就是以恍恍惚惚的形象存在；惚惚恍恍中确实有形象存在，恍恍惚惚中确实有东西存在；幽远而又昏暗但确是有微小的存在。道虽然微小，但确是真实的存在，这种存在是有信验的。从古到今，道的定义不曾改变，用来观察万物的本始状态。我如何知道万物的本始状态呢？就是如此。

第二十二章

曲则全，枉则直，洼则盈，敝则新，少则得，多则惑。是以圣人抱一为天下式。不自见，故明；不自是，故彰；不自伐，故有功；不自矜，故长。夫惟不争，故天下莫能与之争。古之所谓曲则全者，岂虚言哉？诚全而归之。

研　读

本章论述如何以大道观察各种自然和社会现象及如何以道处世。老子主张不用人类的直观的感觉思考问题，而且认为，世上的一切都是对立存在的，不能只知其一，不知其二。

"曲则全。"曲，弯曲；全，保全，庄子《庚桑楚》中说"全汝形"，即保全你的形体。句谓：弯曲才能保全。在书法中，实质上"横不平，竖不直"，但要写出一种让受众觉得"横平竖直"的感觉。真正写成横平竖直，就是死物，不是艺术，没有生命力。馆阁体即此。

"枉则直。"枉，曲折；直，前进。句谓：曲折才能前进。世上的道路都是曲折的。现代科学证明，地球是个球体，表面弯曲。老子时代认为天方地圆，地是平的，但是，老子已经认识到道路是曲折的，平直的道路是不存在的。

"洼则盈。"洼，低洼。句谓：低洼才能盈满。有坑才能蓄水，平地和高地都不能蓄水。

"敝则新。"敝，陈旧。句谓：陈旧才能出新。所有的新事物都是从旧事物中产生出来。种子是旧事物，收获的粮食是新事物。没有种子就没有粮食。为了收获粮食，不需要去造一个新种子出来，种好旧的种子就行。现在的杂交稻种子，也是原有的种子进化的。艺术上的创新都是从传统中而来。对传统挖掘得越深刻，创新的生命力就越强大。

"少则得，多则惑。"句谓：追求少才能有所得，追求太多就会迷惑。吃饭吃得太多就会吃坏肚子，追求太多没有明确的目标，最终什么都得不到。人生可以有很多的目标，但要逐步实现，不可能同时实现很多目标。这个原理用于学习非常重要，特别是在开始学习的初期，不要贪多求全，重点在于基础训练。对于任何一个专业而言，基本功就是核心技法。三无斋开设的读、写、书、画四科，都以基本功的训练为重点。读科以背诵《老子》为重点，在背诵时进行记忆力的训练。读书最重要的是记忆，没有记忆等于没读。必须记住《老子》一书的含义、语言特色、写作特点等，才能在实际生活中灵活运用。写科建立在读科的基础上，首先要求门生能够把平时背会的诗词警句运用到作文中。任何创造都以前人的成果为前提，写作也不例外。书科，以晋南北朝书法为基础，书法的高峰在晋南北朝时期，只有掌握了魏晋南北朝的笔法，才是掌握了书法的精髓。画科以宋元画法为基础。宋元是中国画的高峰时期，只有掌握了宋元的墨法，才是掌握了墨法的精髓。只有掌握了晋南北朝的笔法和宋元的墨法，才能创作出真正的中国画。有的画家，以油画的方式构图，用毛笔蘸墨汁涂抹就以为是中西结合，实在是不知道中国传统笔墨的精华为何物。

"是以圣人抱一为天下式。"抱一，使对立的双方统一；式，法式。句谓：圣人以把对立的双方统一起来处理所有的问题作为天下人的法式。这种对立统一，不仅包括上文提到的曲与全、枉与直、洼与盈、敝与新、少与多，还包括第二章中提到的有与无、难与易、长与短、高与下、音与声、前与后及后文提到的见与明、是与彰、伐与功、矜与长。一，其实是道的另一种说法。圣人永远不会脱离开道，而且，是天下依道而行的典范。

"不自见，故明。"见，现，表现；明，显明。句谓：不自我表现，所以能显明。从这句始及以后三句，老子以对立统一的观点指导读者处世。一些读者认为儒家是讲人际关系的，道家只讲人与自然的关系。其实，道家认为，人与人的关系也是一种自然关系，即人与人的关系存在于自然之中，因此，人类的处世原则也应是道。从逻辑学的角度而言，儒家从人与人的关系出发论证建立社会关系，其实是一种循环论证。

"不自是，故彰。"是，对的，正确；彰，显扬。句谓：不自以为是，所以能显扬。

"不自伐，故有功。"伐，夸耀；功，功劳。句谓：不自我夸耀，所以能显示出自己的功劳。

"不自矜，故长。"矜，自以为贤能；长，官长，老子在第二十八章中说"朴散则为器，圣人用之则为官长"。句谓：不自以为贤能，所以能成为官长。领导未必事事都比被领导者聪明，也不是每个领域的权威。领导是用人之长的人，不是与被领导者比贤能的人。

"夫惟不争，故天下莫能与之争。"老子在第八十一章中说："圣人之道，为而不争。"这是《老子》的最后一句，也是全书的总结。圣人处理问题的方法，不是什么都不做，而是遵道而行，不与任何人或事物竞争。道具有水一样的性质，"利万物而不争"。前述"不自见，不自是，不自伐，不自矜"，都是"不争"的表现，而不争，什么都会有的。句谓：一个人只有不争，所以天下没人可以和他相争。

"古之所谓曲则全者，岂虚言哉？""曲则全"之说，比老子还古的古代就已有了。老子的学说不是凭空而来，他一方面反对前人的某些学说，另一方面继承和总结前人的成果，也是"敝则新"。句谓：古人所谓的"弯曲才能保全"难道是无用的空话？

"诚全而归之。"诚，确实；全，保全；归之，得到。句谓：确实能够得到保全。

本章校定

曲则全，枉则直，洼则盈，敝则新，少则得，多则惑，是以圣人抱一为天下式。不自见，故明；不自是，故彰；不自伐，故有功；不自矜，故长。夫惟不争，故天下莫能与之争。古之所谓"曲则全"者，岂虚言哉？诚全而归之。

～●本章今译

弯曲才能保全，曲折才能前进，低洼才能盈满，陈旧才能出新，追求少才能有所得 ，追求太多就会迷惑，所以圣人以把对立的双方统一起来处理所有的问题作为天下人的法式。不自我表现，所以能显明；不自以为是，所以能显扬；不自我夸耀，所以能显示出自己的功劳；不自以为贤能，所以能成为官长。一个人只有不争，所以天下没人可以和他相争。古人所谓的"弯曲才能保全"难道是无用的空话？确实能够得到保全。

希言自然。飘风不终朝，骤雨不终日。孰为此者？天地。天地尚不能久，而况于人乎？故从事于道者，道者同于道，德者同于德，失者同于失。同于道者，道亦乐得之；同于德者，德亦乐得之；同于失者，失亦乐得之。信不足焉，有不信焉。

研　读

老子在第十七章中对统治方式进行了等级划分，并提出了评级最高的治国者的天下治理方式。本章对这一方式进行进一步论述。

"希言自然。"希，少；希言，少言，与第十七章中"犹兮其贵言"意思相同；自然，道。老子在第二十五章中说"道法自然"。在老子的哲学世界里，"道"是最高、最大的概念。自然不可能是比道更高、更大的概念。"道法自然"就是"道法道"，即道效法自己。句谓：少说话符合道。

这句话是对"犹兮其贵言"的补充说明。作为治国者不能政令频出、朝令夕改。政令频出、朝令夕改就会导致被治者行为错乱，最终造成社会混乱。因此，老子在第五章就说"多言数穷"。

孔子也有类似的说法："天何言哉？四时行焉，百物生焉，天何言哉？"意思是，天不说话，四季照常运转，万物照样生长。社会的发展不是依靠治理者天天发表讲话，而是有其客观规律的。治理者的责任就是找到客观规律，按照客观规律的要求发表讲话。

"飘风不终朝，骤雨不终日。"飘风，暴风、季风；终，自始至终；朝，早晨。句谓：暴风刮不了一个早晨，骤雨下不了一天。暴风骤雨总是阶段性的，不可能长时间连续不绝。连续数日暴雨的说法，只是说数日内的某些时段都有暴雨，不是连续数日无休无止地下暴雨。

"孰为此者？天地。"孰，谁；为，造成；此，这种情形，指"飘风不终朝，骤雨不终日"。句谓：谁能造成这种情形？天地。

"天地尚不能久，而况于人乎？"句谓：天地做事情（狂风暴雨）都不能长久持续，更何况人呢？

"故从事于道者。"从事于道者，从事于"为道"事业的人。按照现代人的用语习惯，研习道称为"学道"或"修道"。其实，《老子》一书中的专用术语是"为道"。第四十八章中说"为学日益，为道日损"。当然，"为道"的人结局并不是完全一样的，分下面三种情况。

"道者同于道，德者同于德，失者同于失。"句谓：掌握了大道运行规律的人与大道相同，掌握了德的处世方式的人与德相同，缺失道的规律又缺失德的处世方式的人与他的缺失相同。老子的意思是，一个人为道所取得的成就，决定了这个人的人生所能达到的高度，在道中得到的收获越多，人生的高度越高。反之，如果没有收获就没有高度。对于治国者更是如此。一个"为道"毫无收获的治国者，只会搞乱天下，甚至失去天下。

"同于道者，道亦乐得之；同于德者，德亦乐得之；同于失者，失亦乐得之。"这几句各种版本说法不一。考证老子的原意，这几句应是对前三句的补充论证。马恒君先生的说法有一定道理，故从之。句谓：与大道相同的人，大道也乐于得到他；与德相同的人，德也乐于得到他；与失去道与德相同的人，道与德也乐于失去他。道是客观存在，人如果得到它，它当然会主动和人融合为一体；德是人的意识对道的反映，人如果能准确地反映道，德当然也会主动和人融合为一体；当人缺失道与德的时候，缺失的道与德就会和缺失道与德的人融合为一体。治国者只有与道、德融合为一体，才能成为第十七章中提出的"太上"级的治国者。

"信不足焉，有不信焉。"此两句在第十七章中已经出现，因此有的论者认为这是后人传抄错误所致，但是，有这两句这一章在逻辑上似乎并没有错误。第十七章中的"信不足，有不信"针对"犹兮其贵言"而言，本章针对"希言自然"重申一次也顺理成章。"信不足"的原因在于违反"自然",违反"自然"的恶果就是"有不信"。老子可能想再次重申,治国者失去百姓信任的原因在于治国者本身。句谓:治国者的诚信不足,人民才不会信任啊。

ᘒ 本章校定

　　希言自然。飘风不终朝,骤雨不终日。孰为此者?天地。天地尚不能久,而况于人乎?故从事于道者,道者同于道,德者同于德,失者同于失。同于道者,道亦乐得之;同于德者,德亦乐得之;同于失者,失亦乐得之。信不足焉,有不信焉。

ᘒ 本章今译

　　少说话符合道。暴风刮不了一个早晨,骤雨下不了一天。谁能造成这种情形?天地。天地做事情(狂风暴雨)都不能长久持续,更何况人呢?所以从事于"为道"事业的人,掌握了大道运行规律的人与大道相同,掌握了德的处世方式的人与德相同,缺失道的规律又缺失德的处世方式的人与他的缺失相同。与大道相同的人,大道也乐于得到他;与德相同的人,德也乐于得到他;与失去道与德相同的人,道与德也乐于失去他。治国者的诚信不足,人民才不会信任啊。

　　企者不立，跨者不行，自见者不明，自是者不彰，自伐者无功，自矜者不长。其在道也，曰余食赘行。物或恶之，故有道者不处。

导　读

　　本章承接第二十二章，论述违道而行不可能取得成功，并且必将被道所抛弃，唯有与道一致才能成功，进一步论述如何处世。

　　"企者不立，跨者不行。"企，河上公本作"跂"，两字同义，都指用脚尖站起；跨，跨越，即迈开大步快走。句谓：用脚尖站起是站不久的，跨大步快走是走不远的。欲速则不达，这两种方式都违反客观规律，也即违道而行。揠苗助长、"大跃进"即是类似行为。

　　"自见者不明，自是者不彰，自伐者无功，自矜者不长。"第二十二章说"不自见，故明；不自是，故彰；不自伐，故有功；不自矜，故长"。这是从正反两个方面论述遵道而行的重要性。本章从反面论述。句谓：自我表现的人，不能显明；自以为是的人，不能显扬；自我夸耀的人，不能显示出自己的功劳；自以为贤能的人，不能成为领导。

　　本章与第二十二章的重点有所不同。第二十二章论述"不争"的重要性，本章论述不可违道而行的重要性。"自见""自是""自伐""自矜"都是"企"与"跨"的行为，都不可能持续，更不可能成功。善于自我表现的人，可以吸引众人的目光于一时，但不会长久；常常自以为是的人，起初可能偶尔会有人以为他有自信，长久了就知道他是刚愎自用；惯于吹嘘自己功劳的人，开始时别人可能以为他很能干，长久了别人就会觉得他只是个牛皮大王；自以为各方面能力都超过手下人的人，起初别人可能以为他真有能力，后来就觉得他在所有领域冒充权威，不适合当领导。自以为事事比部下能干，要部下干吗？领导就是服务，领导的职责就是让被领导者各展其能。

"其在道也，曰余食赘行。"其，代词，指"自见""自是""自伐""自矜"的行为；在，对于；余食，多余的食物；赘行，多余的行为。句谓：前述的行为对于道而言，都是多余的食物、多余的行为。老子在二十三章中说"道者同于道"，有了这些多余的食物和行为就不是道者了。

"物或恶之，故有道者不处。"物，道，在第二十一章中老子说"恍兮惚兮，其中有物"，第二十五章中说"有物混成，先天地生"。先天地生的"物"即道。或，语气助词，《诗经·小雅·天保》有"如松柏之茂，无不而或承"。孔颖达注释："如松柏之叶，新故相承代，常无凋落。""或"无实际意义。不处，不会这样做。句谓：道厌恶这些行为，有道的人不会这样做。老子在第二十三章中说"同于道者，道也乐得之""同于失者，失亦乐得之"。为道者必须与道保持一致，否则就会成为"失者"。

～本章校定

企者不立，跨者不行，自见者不明，自是者不彰，自伐者无功，自矜者不长。其在道也，曰余食赘行。物或恶之，故有道者不处。

～本章今译

用脚尖站起是站不久的，跨大步快走是走不远的，自我表现的人不能显明，自以为是的人不能显扬，自我夸耀的人不能显示出自己的功劳，自以为贤能的人不能成为领导。前述行为对于道而言，都是多余的食物、多余的行为。道厌恶这些行为，有道的人不会这样做。

　　有物混成，先天地生。寂兮寥兮，独立而不改，周行而不殆，可以为天下母。吾不知其名，字之曰道，强为之名曰大。大曰逝，逝曰远，远曰反。故道大，天大，地大，王亦大。域中有四大，而王居其一焉。人法地，地法天，天法道，道法自然。

研　读

　　本章论述道的产生、名称的由来，道就是万物的决定力量、运行法则。

　　"有物混成，先天地生。"物，道；混，浑然一体。句谓：有个东西浑然天成，在天地产生之前就已经产生。老子和庄子都认为道先于天地产生。庄子在《齐物论》中说：

　　古时候的人，他们的认知有达到至高境界的。什么样的认知是至高境界呢？认为宇宙的初始没有任何具体的物质，这是最彻底的认知，认识到头了，无以复加了。次一等的认知，认为宇宙的初始就存在着物质，但这种物质是浑然一体没有分界的。再次一等的认知，认为宇宙的初始物质就有分界但不存在是非的不同。

　　老子在本章中从"次一等的认知"讲起，并不是没有"至高境界"的认知。老子在第四十章中说"天下万物生于有，有生于无"。

　　"寂兮寥兮。"河上公说："'寂'者，无声音；'寥'者，空无形。"

也即第十四章中说的"视之不见名曰希，听之不闻名曰微"。句谓：无声无形。

"独立而不改。"独，独一无二；立，存在；不改，不改变，指大道的存在和运行法则都不会改变。句谓：独一无二的存在永远不会改变。这句论述道的绝对性和永恒性。

"周行而不殆。"周，有两重含义，一是普遍，二是环绕；周行，按两种意思解释都行：普遍的运行和周而复始的循环。道的运行规则具有普遍性及周而复始的性质。"无，名天地之始；有，名万物之母。"宇宙间的万物都由道产生，而且，道是周而复始的，如白天过完是黑夜，黑夜过了又是白天。殆，衰败。句谓：普遍而循环运行不会衰败。

"可以为天下母。"句谓：可以把它当成生育万物的母体。道是万物的本原。

"吾不知其名，字之曰道。"古人的名与字既有区别，又有联系，一般地，名是出生时父母起的，字是弱冠时自己起的。名用于自称，含有自谦的意思。如孔子自称"丘"，诸葛亮自称"亮"。字用于称谓对方，有表示尊重的意思。如后人颂扬孔子"天不生仲尼，万古如长夜"；鲁肃称诸葛亮为"孔明"。句谓：我不知道它的名字，就尊称它为道。名，在哲学上就是概念。老子在第一章中说"道可道，非恒道。名可名，非恒名"。道如果可以称之为道，就不是永恒的道。定义如果可以定义，就不是永恒的定义。但是，讨论问题必须有名称和定义，所以，老子只好把它称为道。其实，道这个词在老子之前就有了。《管子》中就曾论述"有道之君"，认为"道也者，上之所以导民也"。意思是"道"是治国者用来引导人民的。老子赋予了它特殊的含义，尽管其含义不能全面、准确地包含老子所要表达的含义，但只能这样了。

"道非恒道"与"白马非马"具有相似处，但这种相似性是表面的不是本质的。按"白马非马"说，因为白马的概念和马的概念其实所指的东西不是一回事，因此，马是一个无法讨论的东西，由此得出结论，所有的问题都是无法讨论的。老子承认道的概念不是道的概念所指的东西，但是，只要用道的概念所指的东西来讨论问题，一切问题就迎刃而解。万物不可没有概念，但讨论万物不应拘泥于万物的概念，应当结合概念所指的万物。庄子在《齐物论》中说：

用概念去说明概念不是概念所指的东西，就不如用所指的实物去说明概念不是概念所指的东西。用马的概念说明马的概念不等于具体的马，就不如用具体的马来说明马的概念不等于具体的马。

"强为之名曰大。"强，勉强。句谓：勉强取个名叫"大"。老子研究的对象称为"大"也是可以的。如果说得更加贴切一点，就是老子研究的对象名"大"，字"道"。那么，为什么老子几乎只用"道"这个概念呢？因为"道"更贴切，而且，作为研究对象，老子用"字"表示尊称的是"道"。

"大曰逝，逝曰远，远曰反。"大，就是道；曰，字面意思是"说"，引申为意味着；逝，流失，即运动；远，广远；反，循环反复。句谓：大意味着运行，运行意味着广远，广远意味着循环反复。道有万物之源、其大无边、运动不息、广远无际、循环往复等特性。本句说明"大"与"道"是同一个东西。

"故道大，天大，地大，王亦大。""王亦大"，马王堆出土帛书《老子》甲乙本中就这样写，但后来有人提出应是"人亦大"。哪种表述较为准确，关键在于对"大"的理解。以往的论者都把"大"当作"大小"的"大"解，但在本章中"大"有另一含义，即"道"。因此，本句的解释可能是：所以，道有道，天有道，地有道，王也有道。老子在第七十八章中说"受国之垢，是谓社稷主；受国不祥，是谓天下王"，因此，不能把在国君位子上的治国者理所当然地认定为本章所说的"王"，只有在天下推行大道的治国者，才称得上"王"。《老子》一书为"王者"和准备成为"王者"即治国者及准备成为治国者的知识分子而作。苏格拉底和诸子百家都主张哲学家治国，老子主张"道"者治国，其实也是主张哲学家治国。只是古代中国没有"哲学家"这个称谓而已。

"域中有四大，而王居其一焉。"域，宇宙；大，仍应作"道"解。句谓：宇宙间有四种道，而王道只是居于其间的一种。

"人法地，地法天，天法道，道法自然。"法，效法；自然和道是一个东西。句谓：人效法地的运行规则才能有道，地效法天的运行规则才能有道，天效法道的运行规则才能有道，道效法自然的运行规则当然有道。人必须效法地的运行规则才能成为王者。王道由效法地道而来。人的行为具有主观性，只有人的主观性和道的客观性相吻合，才是王者，才可治国。"公乃王""人法天"才能"公"，才能成为王者。地效法天和天效法道，其实没有实际的差别，两者都是客观的，与人的行为没有关系。道就是宇宙，也就是自然，道效法自身。

庄子在《知北游》中说：

天地有巨大的美德，但并不言语；四季有明显的规律，但并不议论；万物有固有的道理，但并不说话。圣人推究天地的美德，通达万物的道理。因此，至人自然无为，大圣"不作为"，这就说的是取法天地。那些至人、圣人，神明达到极端精妙的程度，随着天地一起千变万化。万物已经生生死死、方方圆圆地处在变化之中，不知道变化的本原是什么，轻松自然地成就了万物，自古以来就是如此。六合之大，超不出它的范围；秋毫虽小，也要依赖它构成一体。所有的东西没有不随着升降的，终身都不会是一个老样子。阴阳四季运行不息，万物都有自己的序列。昏昏昧昧的，好像什么都没有而又有什么，自然而然地，看不见形象而又神得不行。万物都得到养育但又不知什么在养育。知道了这个根本，就可以观察了解天了。

"道法自然"之说，对中国艺术产生了极为深刻的影响。那么，什么是道法自然呢？庄子在《天运》中举了个例子：

北门成问黄帝："您在洞庭之野张设乐器演奏《咸池》，我初听时感到惊惧，再听时感到心意松弛，最后听了迷惑不解，空空荡荡，昏昏默默，不能自主了。"

黄帝说："你大概会这样吧。我演奏人的生活，但用自然的运行做依据，奉行礼仪，但要建立在天道运行的基础上。至高的音乐，先与人的生活相应，再与天理协调，演奏的是五德，与自然相应合，然后再调理四季，使万物达到最和谐的状态。四季交替而起，万物按时序生长；一盛一衰，文武交织；一清一浊，阴阳调和，声光流行起来。结束没有尾，开始没有头；一死一生，一倒一起；以无穷的变化为常，没有一个固定的状态可以依赖。"

"接着我又演奏阴阳调和、日月照耀的内容。乐音能短能长，能柔能刚，有变化有统一，不死守一个老调。乐音弥漫天地间，有谷的地方满谷，有坑的地方满坑；涂抹漏缝，守护精神。以物的大小为量。乐音飞扬饱满，乐名高明之章。因此，鬼神守在幽谷里，日月星辰按轨道运行。我断在有尽处，连接在无止上。我想想明白但又想不明白，望着它看不见，追着它赶不上。茫茫然站在田野空虚的道路上，靠在琴上吟诵：'眼的视觉看不到想要追逐的目标，既然赶不上，我只好作罢！'形体充实，内心空虚，只好随物婉转。你跟着随物婉转，所以就心意松弛了。"

"我又奏出紧张的旋律，用自然的韵律来协调。所以如同万物驰逐，混杂丛生，各种乐章合一，不辨行迹；高昂挥扬时不呆滞，深沉幽昏时无声息。不知在什么地方流动，又止于隐约幽冥之中。有时像死，有时像生，有时像果实，有时像花朵；散布流行，变幻送出，不死守一个曲调。世人感到疑惑，到圣人那里去验证。所谓圣，就是通达万物性情，顺应自然发展规律。天然机制不动而五官俱全，不用说话而内心释然，这就叫作天乐。所以，神农氏作颂歌说：'听而不闻其胜，视而不见其形，充满天地，包裹六合。'你想听明白而又无法琢磨，你因此感到迷惑不解。"

"音乐，从惊惧开始，惊惧所以就心神不安了。我又接之以心情松弛，心情松弛所以就懒散而退了。最后，再接之以迷惑不解，迷惑不解所以就愚钝无知了。愚钝无知所以才能融入大道，这样，大道就可以附身，与你融为一体了。"

～ 本章校定

> 有物混成，先天地生。寂兮寥兮，独立而不改，周行而不殆，可以为天下母。吾不知其名，字之曰道，强为之名曰大。大曰逝，逝曰远，远曰反。故道大，天大，地大，王亦大。域中有四大，而王居其一焉。人法地，地法天，天法道，道法自然。

～ 本章今译

有个东西浑然一体，在天地产生之前就已经产生。无声无形，独一无二的存在永远不会改变，普遍而循环运行不会衰败，可以把它当成生育万物的母体。我不知道它的名字，就尊称它为"道"，勉强取个名叫"大"。大意味着运行，运行意味着广远，广远意味着循环反复。所以，道有道，天有道，地有道，王也有道。宇宙间有四种道，而王道只是居于其间的一种。人效法地的运行规则才能有道，地效法天的运行规则才能有道，天效法道的运行规则才能有道，道效法自然的运行规则当然有道。

重为轻根，静为躁君。是以圣人终日行不离辎重。虽有荣观，燕处超然。奈何万乘之主，而以身轻天下？轻则失本，躁则失君。

研 读

本章论述以"重""静"治国的重要性。老子认为，事物都是对立统一的矛盾体，在任何矛盾体中都存在矛盾的主要方面，处理问题应当抓住矛盾的主要方面。在"重和轻""静和躁"的对立统一中，"重"和"静"是矛盾的主要方面。只有"重"和"静"才能保障国家稳定。

"重为轻根。"重，分量大，与轻相对。老子知道他的哲学思想很难让读者理解，就千方百计用形象思维解释抽象问题。治国是一个非常抽象的概念，但在老子眼里却是具象的。为了说明这个具象，他就用树作为比喻。一棵树，根是重的，枝是轻的。只有这样，才能生存，才有生命力。一个国家，也应如此。治国之"重"，"重"在何处？首先是"慎重"，治国者要慎行谨言，不可轻举妄为。句谓：重是轻的根本。

"静为躁君。"静，平静，静止；躁，急躁，不安静；君，主宰。句谓：静是动的主宰。老子多次论述"静"的重要性，如在第十六章中说"致虚极，守静笃"，在第三十七章中说"不欲以静，天下将自正"，在第四十五章中说"清静为天下正"，在第五十七章中说"我好静而民自正"。静在为道、修身、治国中具有最重要的作用。老子说的"处无为之事，行不言之教"就是"静"。"静"就是治国者不要轻举妄动，不要政令频出，不要朝令夕改。《老子》第五章中说"多言数穷，不如守中"。

"是以圣人终日行不离辎重。"此句王弼本如此，但有的学者提出"圣人"应为"君子"之误。在马王堆出土的帛书《老子》甲乙本中，均作"君子"。老子在第四十七章中说"是以圣人不行而知，不见而明，不为而成"，"圣人"不会"终日行"，因为"不出户，知天下；不窥牖，见天道。其出弥远，其知弥少"。辎重，外出时携带的包裹箱笼，也即行李。君子比圣人低一个层次。句谓：君子出门在外终日行走时，不会离开自己的行李。君子不是圣人，但是，离圣人的标准比较近了。君子的行为具有"重、静"的特征，即慎重、清静。

《庄子·天地》中讲到了圣人和君子的区别：

尧到华地去视察。华地守边疆的地方官说："嘻嘻，圣人来了。请接受我们的祝福。愿圣人长寿。"尧说："我不要。"地方官说："愿圣人富有。"尧说："我不要。"地方官说："愿圣人多生男孩。"尧说："我不要。"地方官说："长寿、富有、多生男孩，这是人们共同的愿望，您都不要。这是为什么？"

尧说："男孩多了就会多操心，富有了就会多找麻烦，长寿了就会多受困辱。这三样都不利于修养德性，所以我不要。"地方官说："开始我以为你成为圣人了，现在看来你还是个君子。天生万民，必然给他一份职事。男孩多，有各自的职事，那么还有什么心可操的呢？富有了让人们共享，这又有什么麻烦？圣人像鹌鹑似的得过且过、随遇而安，像刚出壳的小鸟一样吃饱了什么都不想。天下有道，就与万物一同昌盛；天下无道，就修德闲隐。千年之后厌弃了尘世，就离世而升仙，腾驾白云，到天帝之乡。前面说到的三种忧患都不会来，自身永无灾殃，那么又有什么困辱呢？"地方官说完就走了。尧追上去说："请继续讲下去。"地方官说："我要回去了。"

"虽有荣观，燕处超然。"荣观，宫阙；燕，通"宴"，安闲；燕处，淡然对待；超然，高举远离的样子。句谓：虽然面对宫阙，但能淡然对待，高举远离。这句是说君子对待名利的态度。君子不会被名利所诱惑以致轻举妄动，因此，前句"是以君子终日行不离辎重"后应是逗号。

"奈何万乘之主，而以身轻天下？"乘，战车数；万乘之主，拥有万辆战车的大国君主。句谓：为什么身为大国之君，却把自己的身体看得比天下轻呢？老子在第十三章中说"贵以身为天下，则可寄于天下；爱以身为天下，乃可托于天下"，主张身重于天下。老子在第十七章中对治国者进行了分类，"太上"属于圣人级的治国者，其次离圣人的标准越来越远。身轻天下的万乘之君，当然不是"圣人"，而且连"君子"的标准都达不到。一个治国者要成为"圣人"，首先应当成为"君子"。君子的标准是"终日行不离辎重，虽有荣观，燕处超然"。

"轻则失本，躁则失君。"轻，引申为轻浮；本，根本；躁，躁动；君，主宰。句谓：轻浮就会失去根本，躁动就会失去主宰。这句是对本章的总结，也是对治国方式的总结，即治国者如果轻浮、草率就会丢失治国的主宰权，国家就会失去控制，陷入混乱之中。

本章校定

重为轻根，静为躁君。是以君子终日行不离辎重，虽有荣观，燕处超然。奈何万乘之主，而以身轻天下？轻则失本，躁则失君。

本章今译

重是轻的根本，静是动的主宰。君子出门在外终日行走时，不会离开自己的行李，虽然面对宫阙，但能淡然对待，高举远离。为什么身为大国之君，却把自己的身体看得比天下轻呢？轻浮就会失去根本，躁动就会失去主宰。

善行无辙迹，善言无瑕谪，善数不用筹策，善闭无关楗而不可开，善结无绳约而不可解。是以圣人常善救人，故人无弃人；常善救物，故物无弃物。是谓袭明。故善人不善人之师，不善人善人之资。不贵其师，不爱其资，虽智大迷，是谓要妙。

研　读

老子主张无为。无为就是"孔德之容，惟道是从"。本章论述无为所能达到的境界。这种境界就是使人自由发展，"贵其师""爱其资"是万物自由发展之道。老子的这种观点，在两千多年前的哲学界，既惊世骇俗，又是空谷足音。

"善行无辙迹。"辙，车轮碾过的痕迹；迹，足踏过的痕迹。句谓：善于行走的人就没有车辙足迹。这怎么可能？只要"不行"就可能。"不行"行吗？当然行。"不行"的"不"就是"不为"的"不"。"不行"，就是按照大道那样运行。天地无时无刻不在运行，但没有痕迹，这就是最大的运行。所以，大行不行，善行不行。与大道的运行相比，车走马驰只能算小行，不是"善行"。

"善言无瑕谪。"瑕，玉上的斑点；谪，漏洞。句谓：善于说话的人没有漏洞。老子在第五十六章中说"知者不言，言者不知"，善言就是"不言"，即"行不言之教"。不言之教，就是按照大道所显露的规律说话。说话不违背大道就能做到没有漏洞。

"善数不用筹策。"数，计算；筹策，古代的计算工具。句谓：善于计算的人不用筹策。用筹策能够计算的，都是小数目，真正的大数目无法用筹策计算，这些大数目都在大道之中，也用不着计算。例如，多少阳光，多少水分，花才能开？无法计算，也不用计算。

"善闭无关楗而不可开"。关楗，门闩。句谓：善于关闭的人不用门闩却使人打不开。庄子在《大宗师》中说：

把大船藏在沟壑里，把小船藏在湖泽里，可以说藏好了，然而半夜有力气的人扛起来就偷走了，糊里糊涂的人还不知道。可见，把小东西藏在大地方是得当的，但还是会有所丢失。如果把天下藏在天下里，那就不会丢失。这就是永远不会失去物品的大道理。

"善结无绳约而不可解。"结，打结；绳约，用绳子捆扎。句谓：善于打结的人不用绳子捆扎却使人解不开。

"是以圣人常善救人，故人无弃人。"常，应是恒，马王堆出土帛书《老子》甲乙本中均作"恒"，即永远；救，原意是救助，引申义是使人各尽其能。善行、善言、善数、善闭、善结，都是圣人才能做到的事情。因此，圣人对待人时，都能使人各尽其用。句谓：因此，圣人永远使人自由发展，所以没有被遗弃的人。

"常善救物，故物无弃物。"常，也应作"恒"。这句讲圣人对待万物的态度。句谓：永远能使万物各自自由发展，所以没有被废弃的物。

"是谓袭明。"这句是对前两句的总结，因此，前句以逗号结束为宜。袭，因袭，引申为自觉符合；明，"知常曰明"，懂得万物发展的规律是"明"。句谓：这就是自觉符合事物发展的规律，称得上"明"。

"故善人不善人之师，不善人善人之资。"善人，好人；不善人，不好的人；师，师傅，学习对象；资，借鉴。句谓：好人是不好的人的学习对象，不好的人是好人的借鉴对象。这句应是讲人类如何才能更好地自由发展。善人以不善人为借鉴，不善人以善人为学习对象，就能各自更好地自由发展。

"不贵其师，不爱其资，虽智大迷，是谓要妙。"贵，尊重；爱，珍惜；智，不符合道的所谓聪明、智慧之类，老子在第十九章中说"绝圣弃智"。句谓：不尊重学习对象，不珍惜借鉴对象，虽然自以为聪明，但其实是个大迷糊，这是精要深奥的道理。

老子主张善与不善要相互包容，相互看到对方的优缺点，相互学习，相互借鉴，共同自由发展。

本章校定

善行无辙迹，善言无瑕谪，善数不用筹策，善闭无关楗而不可开，善结无绳约而不可解。是以圣人恒善救人，故人无弃人；恒善救物，故物无弃物，是谓袭明。故善人不善人之师，不善人善人之资。不贵其师，不爱其资，虽智大迷，是谓要妙。

本章今译

善于行走的人没有车辙足迹，善于说话的人没有漏洞，善于计算的人不用筹策，善于关闭的人不用门闩却使人打不开，善于打结的人不用绳子捆扎却使人解不开。圣人永远使人各自自由发展，所以没有被遗弃的人；永远使物各自自由发展，所以没有被废弃的物，这就是自觉符合事物发展的规律，称得上"明"。好人是不好的人的学习对象，不好的人是好人的借鉴对象。不尊重学习对象，不珍惜借鉴对象，虽然自以为聪明，其实是个大迷糊，这是精要深奥的道理。

知其雄，守其雌，为天下溪。为天下溪，常德不离，复归于婴儿。知其白，守其黑，为天下式。为天下式，常德不忒，复归于无极。知其荣，守其辱，为天下谷。为天下谷，复归于朴。朴散则为器。圣人用之则为官长。故大制无割。

研　读

本章论述返璞归真的重要性。老子认为道的对立双方是互相转化的，人类应当预见到转化的后果，当从柔弱转化为雄强时，就将进入衰亡阶段，因此，要主动处于"雌"的地位。

本章的内容历代争议较多，这是因为老子的著作依抄写而流传，抄写过程中难免发生错误。秦始皇"焚书坑儒"后，原先可以互相印证的同类书籍大量减少，有的甚至不复存在，仅依靠口述流传。史上最早校注《老子》的河上公，不知其真实姓名，也不知其生平，更不知他校注的《老子》一书的来源。马王堆出土帛书《老子》甲乙本及郭店《老子》竹简本虽然早于河上公校注本，但错漏较多，只能作为重要的考证依据。因此，对于《老子》一书，后人很难理清原文，有时只有结合全文内容来考虑某些语句的正误。

"知其白，守其黑，为天下式。为天下式，常德不忒，复归于无极。知其荣，守其辱，为天下谷。为天下谷，复归于朴。"后人最有争议的是这一段，认为"守其黑，为天下式。为天下式，常德不忒，复归于无极。知其荣"二十三字系后人所加。理由首先是《庄子·天下》中对《老子》的引文为"知其雄，守其雌，为天下溪。知其白，守其辱，为天下谷"，无"知其白，守其黑"的句式；其次，在《老子》中，"辱"与"宠"相对，如第十三章中的"宠辱不惊"，或者"辱"与"白"相对，如第四十一章中的"大白若辱"；再次，"溪"就是"谷"，"为天下溪"与"为天下谷"同义，但"为天下式"与以前两者不同类。这些观点皆言之有理。马王堆出土的帛书《老子》甲乙本中都有这二十三字，但无"知其荣"，而"知其白"出现两次。因此，该段如果真的是误抄，那么在汉初就已发生了。

老子在这一章中提倡返璞归真，历来并无疑义，但是，其中还有一个老子要论述从个人的返璞归真到全人类的返璞归真的问题，这个问题应是老子的题中之义。老子关注作为个体的人，也关注全人类。从老子的这个动机出发，马王堆出土帛书的写法可能更为接近老子的原意："知其雄，守其雌，为天下溪。为天下溪，恒德不离，复归于婴儿。知其白，守其辱，为天下谷。为天下谷，恒德乃足，复归于朴。知其白，守其黑，为天下式。为天下式，恒德不忒，复归于无极。""复归于婴儿""复归于朴"，指的是作为个体的返璞归真。无极，是万物初始的混沌状态，也即符合大道的状态，"复归于无极"，就是全人类的返璞归真。

"知其雄，守其雌，为天下溪。"雄，雄强；雌，雌弱；溪，溪流，皆在地势低洼处。句谓：知道事物要向雄强方面转化，但是要守住雌弱，做天下的溪流。老子在第八章中说"水善，利万物而不争，处众人之所恶，故几于道"。物极必反。当事物转化为雄强之时也是衰亡之际。老子在第三十章中说"物壮则老，是谓不道，不道早已"。"守其雌"，就是接近道了。

"为天下溪，常德不离，复归于婴儿。"常德，应作"恒德"。"孔德之容，惟道是从"，依道而行就是"德"。道是永恒的，德也是永恒的。没有可以离开道的德，离开道，德就无从谈起。因此，马恒君先生把"常德"解释为"常用的道德"是不准确的。在老子眼里，道与德始终是两个既有联系又有区别的概念，"道德"的概念是不存在的，这是后人对行为规范进行定义的概念，不可混淆。句谓：做天下的溪流，永恒的德就不会离身，回归到婴儿的天真状态。

"知其白，守其黑，为天下式。"白，纯洁；黑，乌黑，引申为被染，即老子在第七十八章中说的"受国之垢"；式，法式。句谓：知道事物要向纯洁的方面转化，但要守住被染，做天下的法式，即成为全人类的榜样。因此，这一句应与后一句交换位置。

"为天下式，常德不忒，复归于无极。"常，应是恒；忒，误差。句谓：做天下的法式，与永恒的德不会有误差，就能回归到人性的原始状态。这样也就能建成老子在第八十章中提出的和谐社会。

"知其荣，守其辱，为天下谷。"句谓：知道事物向荣耀方面转化，但守住屈辱，做天下的深谷。

"为天下谷，常德乃足，为天下朴"。朴，原意是未经加工的木材，也指各种做器具的原料。它们在没有被切割之前是质朴的，原形不变。句谓：做天下的深谷，永恒的德才会充足，就能回归到天然的质朴。

"朴散则为器。"器，器具，人类加工出来的成果。句谓：质朴的原料解剖开来就变成器具。

"圣人用之则为官长。"为官长，做官长。句谓：圣人使用它们而成为长官。老子第六十七章中说"不敢为天下先，故长"，意为圣人使用器，管理器。器都有限定的用途，官长的用处当然多于器，《论语·为政》说"君子不器"，《礼记·学记》说"大道不器"，"器"不能成官长是古代共识。因此，老子认为，人只有回归到天然的质朴状态才能成为圣人。

"故大制无割。"大制，大制作；无割，不分割。句谓：所以制造大的器具就不用分割了。天下万物都是对立的统一，不能把对立的双方割裂开来。老子的意思是，人类社会要和谐，只要顺应自然变化就可以了。人类要制造的最大的器具就是和谐社会。天下万物都是对立的统一，不能把对立的双方割裂开来。雌与雄、白与黑、荣与辱，都是对立的统一。

本章校定

知其雄，守其雌，为天下溪。为天下溪，恒德不离，复归于婴儿。知其荣，守其辱，为天下谷。为天下谷，恒德乃足，复归于朴。知其白，守其黑，为天下式。为天下式，恒德不忒，复归于无极。朴散则为器。圣人用之则为官长。故大制无割。

⌒ 本章今译

知道事物要向雄强方面转化，但要守住雌弱，做天下的溪流。做天下的溪流，永恒的德就不会离身，就会回归到婴儿的天真状态。知道事物向荣耀方面转化，但要守住屈辱，做天下的深谷。做天下的深谷，永恒的德才会充足，就能回归到天然的质朴状态。知道事物要向纯洁的方面转化，但要守住被染，做天下的法式。做天下的法式，与永恒的德不会有误差，就能回归到人性的原始状态。质朴的原料解剖开来就变成了器具。圣人使用它们而成为长官。所以制造大的器具就不用分割了。

将欲取天下而为之，吾见其不得已。天下神器，不可为也。为者败之，执者失之。故物或行或随，或呴或吹，或强或羸，或载或隳。是以圣人去甚、去奢、去泰。

研　读

老子在第二章中提出了圣人的第一条标准是"处无为之事"，治国者应向圣人学习。本章论述治国应"无为"，不能"为"。无为，就是顺应万物的自然变化而行事；为，就是违反万物的发展规律而行事。因此，以有为治国必定失败，因为万物本身是对立的统一。当然，万物在自然发展的过程中也会出现"甚、奢、泰"的问题，圣人推行大道，唯一应做的事就是"去甚、去奢、去泰"，这样就能做到"大制无割"。圣人的理念就是保障百姓的自由。这个理念在世界思想史上居于领先地位。

"将欲取天下而为之，吾见其不得已。"取，取得天下；为，违反万物自然发展的规律治理；不得已：没好结果。句谓：要取得天下的治理权却违反自然法则进行治理，我看是没好结果的。

老子在第十三章中说"贵以身为天下，则可寄于天下；爱以身为天下，乃可托于天下"。圣人与非圣人对于治理天下不同的态度首先在于如何取得治理权。圣人的治理权是受"寄托"而产生的，而非圣人的治理权是"自取"的。老子在第四十八章中说"取天下恒以无事，及其有事，不足以取天下"。圣人取得天下的治理权本是无为的。非圣人"自取"治理权就已经不是无为了。《庄子·在宥》中说："闻在宥天下，不闻治天下也。"意思是：只听说过让天下宽宽松松自由自在，没听说过要治理天下。即圣人治理天下是为了保卫天下人的自由，也即无为而治，不是有为而治。

"天下神器，不可为也。"神器，神圣的器具。句谓：天下是个神圣的器物，不可有为而治。准确地说，老庄对于天下并没有使用"治理"一词，"无为而治"不是老庄的本意，而是后世学者对老庄建设天下的理论进行总结后，"为"与"有为"相对应而提出来的。老庄未必赞同。本书有时也用"无为而治""治国""治国者"之类的说法，只是因为这提法已经约定俗成，可能有利于帮助读者理解作者要表述的内容。

"为者败之，执者失之。"为者，以有为治理天下的人；执者，把持天下的人。句谓：以有为治理天下的人必定失败，把持天下的人必定要失去。天下不是某个人的天下，是天下人的天下，怎么可以把持？

"故物或行或随。"行，走在前面；随，跟在后面。句谓：万物中有的走在前面，有的跟随在后面。这句应是讲物与物之间的主从关系，如动物与寄生虫。

"或呴或吹。"呴，原意是口吐出气，吐出的是热气，引申为热之意；吹，吹冷风，引申为冷之意。句谓：有的喜欢热，有的喜欢冷。这句应是讲万物的生长有节气、地域的差别，如有的生长在春天，有的生长在冬天，有的生长在寒带，有的生长在温带。当然，老子时代应该没有气候类型的划分，但是不同地区气温差别导致植物、动物生长的差别应当已经知道了。

"或强或羸。"强，强壮；羸，瘦弱，引申为柔弱之意。句谓：有的强壮，有的柔弱。这可指不同物种之间的比较差别，如树木强壮，草柔弱；也可指某种物种在不同生长期的比较差别，如合抱之木强壮而生于毫末柔弱。

"或载或隳。"载，充满，引申为生长之意；隳，毁坏，引申为消亡之意。句谓：有的生长，有的消亡。

以上四句是说万物禀性不一，但都是符合自然的，而且只有这样才能和谐，没必要强求。人类社会也是如此。无为而治，只要顺应自然即可。

"是以圣人去甚、去奢、去泰。"甚，极端；奢，过大；泰，过分。句谓：所以圣人治理国家就是防止极端，阻止过大，消除过分。

从本质而言，圣人与天下的关系不是治理与被治理的关系。圣人在处理与天下的关系时，采取的措施是"去甚、去奢、去泰"。"甚""奢""泰"是危害万物自由发展的行为。

万物在自然变化的过程中会出现极端的、过大的、过分的现象，如降水是自然现象，但是过多就是水灾，圣人当然不可能使天减少降水，但是可以设法防止或减少水灾带来的灾害。又如蝗虫生长于自然界中，蝗虫过多就会成灾，圣人当然不能彻底消灭蝗虫，但可以设法减少蝗虫的数量以消除灾害。对于治理天下而言，也会出现各种危害，而圣人治国就是消除这些危害。

庄子在《徐无鬼》中说：

黄帝等七位圣人在襄城的郊野迷了路，一时找不到能问路的人。这时，一个牧马的童子路过，黄帝就问："你知道去具茨山的路吗？"童子回答："知道。"又问："你知道大隗住在什么地方吗？"童子又回答："知道。"黄帝说："不简单呵，小童。不仅知道具茨山，还知道大隗住哪里。请问你知道如何治理天下吗？"童子回答："治理天下，也就像这样子吧，又何必去做什么呢？我小的时候遨游在天地四方，当时我有眼花的毛病，有一个老年人教导我说：'你乘上太阳的车子遨游在襄城的原野。'现在我的病稍好些了，又要到天地四方去遨游了。治理天下也像这样就行了，又有什么好做的？"

"乘上太阳的车子遨游在襄城的原野"就是"日出而作，日落而息"，即人体生物钟和自然保持一致能够治理疾病，但黄帝不懂其中的含义，就说："治理天下确实不是你的事。虽然如此，还是请你说说如何治理天下。"童子推辞不答。黄帝又问。童子说："治理天下，与牧马又有什么两样呢？也不过是去掉害马的东西罢了。"黄帝叩头拜谢，称童子为天师，然后告退。

"去掉害马的东西"就是"去甚、去奢、去泰"。所以，一个国家如果官员队伍腐败，就要消除危害官员的因素；如果教师腐败，就要消除危害教师的因素；如果医生腐败，就要消除危害医生的因素……而不是全民批官员，批教师，批医生。马都喜欢自由宽松，自由发展，官员、教师、医生会不喜欢自由发展？

～本章校定

将欲取天下而为之，吾见其不得已。天下神器，不可为也。为者败之，执者失之。故物或行或随，或呴或吹，或强或羸，或载或隳。是以圣人去甚，去奢，去泰。

⌒☽本章今译

　　要取得天下的治理权却违反自然法则进行治理，我看是没好结果的。天下是个神圣的器物，不可有为而治。以有为治理天下的人必定失败，把持天下的人必定要失去。所以万物中有的走在前面，有的跟随在后面；有的喜欢热，有的喜欢冷；有的强壮，有的柔弱；有的生长，有的消亡。所以圣人治理国家就是防止极端，阻止过大，消除过分。

第
三
十
章

　　以道佐人主者，不以兵强天下，其事好还。师之所处，荆棘生焉；
大军过后，必有凶年。善有果而已，不敢以取强。果而勿矜，果而勿
伐，果而勿骄，果而不得已，果而勿强。物壮则老，是谓不道，不道
早已。

研　读

　　孙子是中国最早的军事理论家，著有《孙子兵法》。老子是中国最
早提出军事思想的哲学家。因老子早生孙子几十年，一般认为孙子的军
事思想受老子影响，但影响有多大，有哪些方面的影响，研究者们见仁
见智。本章中，老子论述了国家建设和军队建设的关系，国家建设和军
队建设都必须符合大道，反映了老子反对战争、永不以武力称霸的思想。

　　"以道佐人主者，不以兵强天下。"佐，辅佐；人主，君主；兵，军
事力量；强，称霸。句谓：以大道辅佐君王治理国家的人，不以武力称
霸天下。老子的意思当然不是放弃武力，而是认为道是首要的，以道辅
佐国君，武力是次要的，而且，军事建设必须符合大道，军事建设的目
的不是以武力称霸天下。

　　老子没有把治国者局限于国君，"人主"是国君，"佐人主者"是协
助国君治国的人。治理国家不是一个人，而是一个集团。

　　"其事好还。"好，容易；还，还报。句谓：以武力称霸天下的事情
很容易就会有还报的。在老子之前，齐桓公、晋文公等曾以武力称霸天

下。所谓霸权，无非轮流坐庄。本句可以看作老子对前人的霸业进行研究后做出的哲学上的论断，任何君主依靠武力称霸天下，最终都将失去霸权。"为者败之，执者失之"，没有君主可以永远把持天下。不可一世的齐桓公病重期间，儿子们为争夺继承权大打出手，置他于不管不顾，等到他死后六十七天才被发现。

"师之所处，荆棘生焉。"师，军队；所处，所到之处。句谓：军队所到之处，就会长满荆棘。战争使大量农田撂荒，导致灾荒。这句补充说明"其事好还"一句，更是说明"以道佐人主"的重要性。本句反映了老子的反战思想。

"大军过后，必有凶年。"劳健说："《汉书·严助传》淮南王安上书云：'臣闻军旅之后，必有凶年。'"又云："此《老子》所谓师之所处，荆棘生之者也。"按其词义，军旅、凶年当别属古语，非同出《老子》。又王弼注云："贼害人民，残荒田亩，故曰荆棘生焉。"亦似本无其语。马王堆出土帛书《老子》甲乙本中也无此句。据此当删。

"善有果而已。"善，最好；果，效果，意指"佐人主"的效果。句谓：辅佐国君治国最好的人，能够取得应有的效果就可以了。

"不敢以取强。"俞越认为"敢"字是衍文。马王堆出土帛书《老子》甲乙本中为"毋以取强焉"。因此，本句应为"不以取强"。强，强大。句谓：不以军事实力强大为目标。老子的理想始终是人民自由幸福，不是国家军事实力过于强大。

"果而勿矜。"矜，自以为贤能，《尚书·大禹谟》："汝惟不矜，天下莫与汝争能。"句谓：治国有成效不自以为贤能。人民幸福，国家繁荣，不是哪一个治国者的功劳，"功成事遂，百姓皆谓我自然"。

"果而勿伐。"伐，夸耀。句谓：治国有成效不要夸耀。

"果而勿骄。"骄，骄傲。句谓：治国有成效不要骄傲。

"果而不得已，果而勿强。"不得已，不是出于本意，意指超出了能够控制的范围；强，逞强。句谓：治国的效果超出了预期，建成了强大的国家，但是不能逞强。本句反映了不称霸的思想。依道治国，虽然不以建设军事实力过于强大的国家为目标，但是，会自然而然成为一个强大的国家，即实现人民幸福自由与国家强大相统一。一个人民幸福自由的强大国家，也不要称霸天下。老子的最高行为准则是"为而不争"。

"物壮则老。"壮，强壮。句谓：万物处于强壮之时就是趋向衰老之始。一个国家自恃强大而称霸天下，最终必定走向衰落。

"是谓不道，不道早已。"已，停止，即死。句谓：这叫不合大道，不合大道，就会早早死亡。称霸天下不符合大道，必然灭亡。

～ 本章校定

以道佐人主者，不以兵强天下。其事好还。师之所处，荆棘生焉。善有果而已，不以取强。果而勿矜，果而勿伐，果而勿骄，果而不得已，果而勿强。物壮则老，是谓不道，不道早已。

～ 本章今译

以大道辅佐君王治理国家的人，不以武力称霸天下。以武力称霸天下的事情很容易就会有还报的。军队所到之处就会长满荆棘。辅佐国君治国最好的人，能够取得应有的效果就可以了，不以军事实力强大为目标。治国有成效不自以为贤能，治国有成效不要夸耀，治国有成效不要骄傲，治国的效果超出了预期，建成了强大的国家，但是不能逞强。万物处于强壮之时就是趋向衰老之始。这叫不合大道，不合大道，就会早早死亡。

夫佳兵者，不祥之器。物或恶之，故有道者不处。君子居则贵左，用兵则贵右。兵者不祥之器，非君子之器，不得已而用之，恬淡为上。胜而不美，而美之者是乐杀人。夫乐杀人者，则不可以得志于天下矣。吉事尚左，凶事尚右。偏将军居左，上将军居右，言以丧礼处之。杀人之众，以哀悲莅之，战胜以丧礼处之。

研 读

老子在上一章中论述了国家建设和军队建设的关系，虽然老子主张依道治国，反对战争，反对以武力称霸天下，但是并不主张放弃武力，而是反对主动挑起战争，主张积极防御。

"夫佳兵者，不祥之器。"佳，本意是好，引申为强大。老子在上章说"以道佐人主者，不以兵强天下"，称霸天下当然依靠强大的武力。但是老子反对战争，不主张建设强大的军队。句谓：强大的武力是不祥的东西。

"物或恶之，故有道者不处。"物，万物；或，无实际意义；恶，厌恶；不处，不立足于此。句谓：万物都厌恶它，所以，依道治国的人不会以此作为立国之本。

"君子居则贵左，用兵则贵右。"《老子》第十五章有"善为士者"、第六十五章有"善为道者"、第二十六章和本章有"君子"之说，对于这样的分类，老子并没有明确的定义，只能从第六十五章的内容看出，

"善为道者"是依道治国者，由此推论，"善为士者"应是认真研究道的人，如第四十一章所称的"上士"。君子，应是介于"善为士者"和"善为道者"之间的人，即对于道有一定的研究掌握而且积极争取依道治国但没有完全掌握道的治国者。居，居住在家，引申为和平时期之意；用兵，调动兵力，引申为战时。句谓：君子在和平时期以左边为尊贵，战时以右边为尊贵。这是当时的礼仪习惯。

"兵者不祥之器，非君子之器。"句谓：武力是不祥的东西，不是君子要用的东西。这句是对上句提到的礼仪习惯的解释，也说明君子是具有反战思想的人。

"不得已而用之，恬淡为上。"恬淡，清静而不想有作为；为上，为最高境界。句谓：只有在不得已的情况下才会使用武力，以清静而不想以武力建功立业为最高境界。在老子看来，君子只应参与被动的战争，也即军事力量只用于防御外敌入侵，不能用于主动发起侵略战争。这句话反映了老子发展军事力量是为了防御外敌入侵的思想。在第六十九章，老子进一步论述："用兵有言：'吾不敢为主而为客，不敢进寸而退尺。'"

"胜而不美，而美之者是乐杀人。"句谓：胜利了也不要得意扬扬，如果得意扬扬就是喜欢杀人。"春秋无义战。"发动战争的是统治阶级，死亡的士兵来自平民家庭。双方士兵无冤无仇，被迫卷入战争。胜利的标准是杀死对方士兵多的一方获胜，因此，双方都想方设法要己方的士兵多杀人。

"夫乐杀人者，则不可以得志于天下矣。"得志，得到成功，引申为得到天下或者取得天下的治理权。句谓：喜欢杀人的人，就不可让他成为治国者。在战争中死亡的有大量的己方将士和对方将士。对于双方死亡的将士没有悲悯之心的，对于本国百姓也不会有悲悯之心。这种人生性残忍，让他们治国就会草菅人命。汉武帝以彻底消灭匈奴为目标，对外战争长达四十四年，伤亡无数，对内也是草菅人命。他怀疑太子据造反，双方激战数日，死亡数万。刘据战败逃亡，抓回，被杀。几年后，汉武帝感到刘据一案是个冤案，就把参与镇压刘据的官兵全杀了，又死了数万。汉武帝后期，农民战争爆发，朝廷规定：对于发现农民暴动不报告的官员，杀头；报告了但不能剿灭农民军的官员，杀头；对于接待路过的农民军的百姓，杀头。汉武帝立刘弗陵为太子后，想到自己年事已高而刘弗陵生母钩弋夫人年轻，担心自己死后钩弋夫人干政，就把她杀了。

在汉武帝的统治下，百姓如蝼蚁，官员如蝼蚁，现任皇帝的老婆、将来皇帝的老娘也如蝼蚁。

"吉事尚左，凶事尚右。"吉，吉庆；凶，凶丧；尚，推崇。句谓：吉庆的事以左方为尊贵，凶丧的事以右方为尊贵。该句是对"君子居则贵左，用兵则贵右"这一礼仪习惯的解释。人面南而立时，左东右西，太阳从东方升起，左方为阳，阳代表主动、刚健、生发；太阳从西方下山，右方为阴，阴代表被动、衰弱、死亡。

"偏将军居左，上将军居右，言以丧礼处之。"偏将军，副将；上将军，主将；处之，办理事情。句谓：副将居于左边，主将居于右边，说明军队里以凶丧的礼仪办理事情。老子以当时的礼仪证明"佳兵者，不祥之器"。

"杀人之众，以哀悲莅之，战胜以丧礼处之。"莅，莅临，到战场观看战果，引申为看待处理；哀悲，王弼今本如此，但《道藏》王弼本作"悲哀"，河上公及众多古本作"悲哀"，且"悲哀"适合现代语言习惯，当改。句谓：杀了很多人，要用哀伤的心情去看待；打了胜仗，要用凶丧的礼仪去处理。在冷兵器时代，杀人一万，自伤三千。"杀人之众"包括胜败双方的死亡人数，因此，战胜也不是值得庆祝的事，反映了老子对于战争的极度厌恶。

战争是残酷的。孙子说：

> 凡兴师十万，出征千里，百姓之费，公家之奉，日费千金，内外骚动，怠于道路，不得操事者，七十万家。

战争尚未开打，国内就已乱成这样，有什么理由喜欢战争？而且，有的胜利，胜方死的人数是对方的几倍，损失也是对方的几倍。

本章校定

> 夫佳兵者，不祥之器。物或恶之，故有道者不处。君子居则贵左，用兵则贵右。兵者不祥之器，非君子之器，不得已而用之，恬淡为上。胜而不美，而美之者是乐杀人。夫乐杀人者，则不可以得志于天下矣。吉事尚左，凶事尚右。偏将军居左，上将军居右，言以丧礼处之。杀人之众，以悲哀莅之，战胜以丧礼处之。

～本章今译

　　强大的武力是不祥的。万物都厌恶它，所以，依道治国的人不会以此作为立国之本。君子在和平时期以左边为尊贵，战时以右边为尊贵。武力是不祥的东西，不是君子要用的东西，只有在不得已的情况下才会使用武力，以清静而不想以武力建功立业为最高境界。胜利了也不要得意扬扬，如果得意扬扬就是喜欢杀人。喜欢杀人的人，就不可让他成为治国者。吉庆的事以左方为尊贵，凶丧的事以右方为尊贵。副将居于左边，主将居于右边，说明军队里以凶丧的礼仪办理事情。杀了很多人，要用哀伤的心情去看待；打了胜仗，要用凶丧的礼仪去处理。

第
三
十
二
章

　　道常无名，朴虽小，天下没能臣，侯王若能守之，万物将自宾。
天地相合，以降甘露，人莫之令而自均。始制有名，名亦既有，夫亦
将知止。知止可以不殆。譬道之在天下，犹川谷之与江海。

研　读

　　老子在第三十章中有"以道佐人主者"之说，因此，《老子》一书
有为"佐人主者"而写的，也有为"人主"而写的。本章及以后几章为
"人主"而写。本章论述国君应当如何依道治国。道是自然的存在，自
然发挥作用。治国应当向道学习。

　　"道常无名，朴虽小。"常，马王堆出土帛书《老子》甲乙本中均作
"恒"，当是，永远之意；名，名称；无名，没有准确的名称，也即不能
准确命名之意；朴，混沌的原始状态；虽小，虽然小。本句断句有误。
本句中，道与朴应相关联，朴表示道的状态，如老子在第二十八章中说
"复归于朴"。不能说只有朴小，道就不小了，道与朴都小。因此，本句
应是"道恒无名。朴，虽小"。句谓：道永远没有准确的名称。道处于
混沌的原始状态，虽然小。

　　在《老子》一书中，"朴"的本意是原材料，引申为质朴的状态，
把道比作"朴"，马恒君认为就很小，似不妥。万物中是有小的原材料，
如用一根木头做成桌子，木头再大，也不过是个小东西，但万物中也有
可以制造万物的原材料，这个原材料就是道。道不仅制造了道本身，也

制造了万物。道本身就是"大"与"小"的对立统一，既可分割，又不可分割。被分割出的部分就是万物，但道并不因为分割万物而变小。道处于质朴的混沌状态，很大，但老子此处却说"小"，是把"道"的概念和表现形式区分开来讲的。如各种规律就是"道"的表现形式之一，而规律又不可见，因此说"小"。"道"以"小"的形式被人类所感知，当然，也可能被人类所忽略。从不同的角度而言，道可大可小，老子在第三十四章中说"衣养万物而不为主。恒无欲，可名于小；万物归焉而不为主，可名为大"。

"天下没能臣。"没，通行本为"莫"；臣，与君相对应的官员，受君支配。句谓：天下没有人能够支配它。道是万物之源，是客观规律，当然没有人可以支配它。连接前面"虽小"，完整地说，道虽然小，但天下没有人能够支配它。

"侯王若能守之，万物将自宾。"守，遵守，奉行；之，道；宾，归附。句谓：侯王如果能够遵道而行，万物都会主动归附。

"天地相合，以降甘露，人莫之令而自均。"人：马王堆出土帛书《老子》甲本为"民"，当改。句谓：天地互相配合，降下甘露，没有人指使它而能自然均匀。意指道自然发挥作用。

"始制有名。"始，开始，即万物开始；制，原意是制作，引申为产生。句谓：万物开始产生才有了准确的名称。"道可道，非恒道；名可名，非恒名"，宇宙之间只有道是无法准确定义的，道所生的万物都是可以而且必须有精确的定义，否则，人类无法讨论任何问题。因此，天地虽大，但都有各自准确的定义。万物的产生、变化是一种自然现象，如同天降甘露。君王治理国家，各种制度要顺应自然。

"名亦既有，夫亦将知止。"知止，知道行事的限度。句谓：名称确定之后，就能知道行事的限度了。万物中，只有道的功能是无限的，而且是其他所有的物的功能的来源，除了道以外的物的功能都是有限的，如天不具有地的功能，地不具有天的功能。君王不具有无限的功能，君王的功能来自道。君王应当知道自己行事的限度，也应当明确下属行事的限度。君王不是万能的，君王领导下的官员更不是万能的。君王不必万能，官员也不必万能，"功成事遂，百姓皆谓我自然"。

"知止可以不殆。"殆，危险。句谓：知道行事的限度就能避免危险。老子反对万能官府，主张建设有限官府。历史上各朝代末期的一个显著特征就是官员队伍膨胀。原因是国君建立的原本就是一个包办一切社会事务的官府，但是，官府不仅不能解决社会矛盾，反而使矛盾越来越多，君王的想法不是放手让百姓自行解决问题，而是认为只有增加官员人数才能解决问题。官员不是生产者，是消耗者，依靠百姓供养，官员越多，百姓的负担越重，社会矛盾越多。

庄子在《天道》中说：

以此，古代懂得大道的人，先要懂得自然，然后懂得道与德；道与德搞清楚了，然后搞清楚仁与义；仁与义搞明白了，然后分清职分；职分明确了，然后明确责任要求；责任要求明确了，然后按照责任要求任命人事；任命人事完毕了，然后进行考核；考核有结果了，然后分清是非；是非搞清楚了，然后执行赏罚；赏罚结束了，然后按照愚贤、贵贱、仁义贤能与不成才将人安排到合情合理的位子上。这样人们一定会按名分各尽其能，知道自己该干什么。要用这个顺序侍奉主上，也要用这个顺序畜养臣下。要用这个顺序去治理天下，也要用这个顺序去修身。不用智谋，一定要归于自然。这就叫天下太平，治理的最高境界。

所以，古书中说："要按名分责任抓出实绩。"按名分责任抓出实绩，古已有之，但这不是第一位的。古代讲大道的人，要按照上文所列的顺序到第五层次才提出按名分责任要求抓出实绩，到第九层次才会提出赏罚措施。骤然就提出按名分责任要求抓出实绩，这是不知根本；骤然说要采取赏罚措施，这是不知本始。颠倒道的顺序、逆着道的顺序讲治理国家，这是人要治的对象，怎么能治人？骤然就提按名分责任要求抓出实绩或采取赏罚措施，这是知道治理国家的办法，不是懂得治理国家的大道。办法可以被天下采用，不能用来治理天下。支持这种主张的人有一定的办事能力，但仅偏于某些方面而已。至于说礼制法度、循名责实、考核检察，古已有之。但这是臣下侍奉君上的法术，不是君上用来畜养臣下的大道。

"譬道之在天下，犹川谷之与江海。"譬，比喻，比方。句谓：打个比方，道行天下，就会像川谷之水流向江海一样。即君王如果能够依道而行，百姓就会如川谷之水流向江海一样，天下归心。

⌇本章校定

道恒无名。朴，虽小，天下莫能臣。侯王若能守之，万物将自宾。天地相合，以降甘露，民莫之令而自均。始制有名，名亦既有，夫亦将知止。知止可以不殆。譬道之在天下，犹川谷之与江海。

⌇本章今译

道永远没有准确的名称。道处于混沌的原始状态，虽然小，天下没有人能够支配它。侯王如果能够遵道而行，万物都会主动归附。天地互相配合，降下甘露，没有人指使它而能自然均匀。万物开始产生才有了准确的名称。名称确定之后，就能知道行事的限度了。知道行事的限度就能避免危险。打个比方，道行天下，就会像川谷之水流向江海一样。

知人者智，自知者明。胜人者有力，自胜者强。知足者富，强行者有志，不失其所者久，死而不亡者寿。

研　读

本章论述治国者应当加强自我修养，建立正确的价值观。

"知人者智。"知人，了解别人；智，智慧。句谓：了解别人的人是有智慧的。智慧，不在道的范畴。如《老子》第十八章说"智慧出，有大伪"、第十九章说"绝圣弃智"、第六十五章说"以智治国，国之贼"。

"自知者明。"自知，了解；明，《老子》一书中特有的概念，第十六章说"知常曰明。不知常，妄；妄作凶"，"明"，认识到万物的循环发展和变化是永恒不变的规律。句谓：了解自己的人才能认识到万物的循环发展和变化是永恒不变的规律，才能称为"明"。

老子认为，认识世界，先要认识自己。认识自己困难，因此，认识世界也是困难的。比老子迟出生一百年的古希腊哲学家苏格拉底以"认识你自己"为座右铭，似更为人所知。中西方哲学家在同时代提出同样的哲学命题，值得深思。当然，两者的异同更值得探究。

"胜人者有力，自胜者强。"胜人者，战胜别人的人；自胜者，战胜自己的人，引申为超越自己的人。句谓：战胜别人证明有力量，超越自己才是真正的强者。老子时代，战争频发。战争的发动者无非是为了夺取利益。战胜了，说明国君强有力，但是，如果国君把这些力量用于本国建设，使本国不断实行超越，不是更有意义？要实现国家的不断超越，前提是治国者应当能够不断实现自我超越，这就意味着治国者要战胜自己的欲望和私念，加强自身修养。因此，老子在第三章中就提出"是以圣人之治，虚其心，实其腹，弱其志，强其骨"。

书法家林散之曾说，写字，不要和同时代的人比，要和古人比。因为与同时代的人相比，也许已经是"胜人者"了，但和古人比就不一样了。古人的标杆立在那儿，天天与他们比，就能天天找出自己的缺点，就能天天改进，就能不断超越自己，成为"自胜者"。

"知足者富。"句谓：知道满足的人富有。老子在第四十六章中说"罪莫大于可欲，咎莫大于欲得，祸莫大于不知足"，战争的原因在于治国者"不知足"，不断搜刮百姓。

"强行者有志。"强，勉力，《老子》第四十一章说"上士闻道，勤而行之"，严灵峰等学者提出"强"可能是"勤"之误，也可能"强"与"勤"古字相通。故"强"在此处应是勤勉之意。行，推行大道。句谓：勤勉推行大道的人有志向。

"不失其所者久。"所，住所，引申为根基。句谓：不失去根基的人永久。根基，就是道，即人不离开大道才能长久，才能成功。马恒君认为"所"是"自己身上的一切"，似不妥，道才是万物的本源。

"死而不亡者寿。"亡，消亡；不亡，不消亡，意指不朽；寿，长寿。句谓：身死而不朽者称为长寿。勤勉推行大道的，一定能够身死而精神不朽。君王都希望自己能够永垂不朽，但老子认为，依靠战争使自己流芳百世不可能，也没有意义，唯有推行大道者，才是真正意义上的"死而不亡者"，劝告君王要建立正确的价值观。

老子确立的价值观并没有被世人所接受。世人坚持认为勇于杀伐的才是英雄，才能流芳百世。商鞅先以帝王之道游说秦孝公。秦孝公毫无兴趣，听睡着了。等到商鞅讲霸道，秦孝公才来了兴趣。原因很简单。按帝王之道建设国家，秦孝公可能生前看不到秦国称霸天下之日，只有按照霸道，秦国才可以迅速成为天下强国。这是秦孝公感兴趣的，也是后人津津乐道的。至于霸道治理下的秦国百姓的苦难生活，没有人关心。这是老子与世人的根本区别。老子始终把百姓的幸福自由放在首位，而世人却把称霸天下放在首位。只要能称霸天下，就不择手段，不顾百姓死活。因此，司马迁评价商鞅：

> 商君，其天资刻薄人。迹其欲干孝公以帝王术，挟持浮说，非其质矣。且所因由嬖臣，及得用，刑公子虔，欺魏将印，不师赵良之言，亦足发明商君之少恩矣。余尝读商君《开塞》《耕战》书，与其人行事相类。卒受恶名于秦，有以也夫！

意思是：

> 商君，是个天性刻薄的人。考查他起初用帝王之术来求取秦孝公的信任，只不过是一时操持浮夸语言的忽悠之说，并非他的本性。况且通过宠臣走门路，到了取得任用时，施刑宗室公子虔，欺诈魏将公子印，不听从赵良的话，也都足以说明商君的寡恩了。我曾经读过商君《开塞》《耕战》等作品，同他本人的行为处事相类似。他最终在秦国蒙受恶名，是有其缘由的啊！

司马迁对商鞅著作的评论非常准确。《商君书》就是以"弱民""贫民""辱民"之法，使秦国迅速强大。不过，依照商鞅理论建立起来的强大的秦国不久就灰飞烟灭了。

〜本章校定

> 知人者智，自知者明。胜人者有力，自胜者强。知足者富。强行者有志。不失其所者久。死而不亡者寿。

〜本章今译

了解别人的人是有智慧的，了解自己的人才能认识到万物的循环发展和变化是永恒不变的规律，才能称为"明"。战胜别人证明有力量，超越自己才是真正的强者。知道满足的人富有。勤勉推行大道的人有志向。不失去根基的人永久。身死而不朽者称为长寿。

大道泛兮，其可左右。万物恃之以生而不辞，功成而不名有，衣养万物而不为主。常无欲，可名于小；万物归焉而不为主，可名为大。以其终不自为大，故能成其大。

研 读

本章论述治国者的修养。道无所不在。治国者应当像道一样谦和，不居功，不占有，不自以为是万物的主宰。

"大道泛兮，其可左右。"泛，广大普遍；可左右，原意是可左可右没有定向，引申为无处不在。句谓：大道广大普遍，无所不在。老子在第一章中提出道具有五个方面的含义：（一）宇宙；（二）万物的决定力量；（三）万物都是运动变化的；（四）万物的运动变化都是有规律的；（五）研究宇宙真理的门径。道的普遍性，是由道的特性所决定的。

"万物恃之以生而不辞。"辞，历来有两种解释：（一）推辞；（二）言辞，称说。本句中应作"言辞"解，引申为干预，与第二章"万物作焉而不辞"的"辞"同义。句谓：万物依赖它生长，但它从来不干预。道法自然。道发挥作用本身就是一种自然行为，道生发万物也是一种自然行为。老子在第二章中说"是以圣人处无为之事，行不言之教，万物作焉而不辞"，圣人顺应自然，是向道学习的典范。治国者也应向道学习，顺应自然。老子在第六十四章中说"以辅万物之自然，而不敢为"，也即此意。

"功成而不名有。"名，在《老子》一书中为"定义""概念"之意，此处"名"字应是衍文。这句与《老子》第二章"生而不有，为而不恃，功成而弗居"同义，也可看成该句的缩写。句谓：大道养育万物但不自以为有功。人民幸福自由，治国者不应该认为是自己的功劳。

"衣养万物而不为主。"衣，名词的动词用法，相当于遮蔽、保护；衣养，意为养育；为主，作为主人，引申为占有。句谓：养育万物而不自以为主人。治国者治国有功，但不能认为自己就是国家的主人。

庄子在《应帝王》中说：

阳子居拜见老聃，说："倘若现在有这样一个人，他办事迅疾敏捷、强干果决，对待事物洞察准确、了解透彻，学'道'专心勤奋从不厌怠。像这样的人，可以跟圣哲之王相比而并列吗？"老聃说："这样的人在圣人看来，只不过就像聪明的小吏供职办事时为技能所拘系、劳苦身躯担惊受怕的样子。况且虎豹因为毛色美丽而招来众多猎人的围捕，猕猴因为跳跃敏捷、狗因为捕物迅猛而招致绳索的拘缚。像这样的动物，也可以拿来跟圣哲之王相比而并列吗？"阳子居听了这番话脸色顿改，不安地说："冒昧地请教圣哲之王怎么治理天下。"老聃说："圣哲之王治理天下，功绩普盖天下却又像什么也不曾出自自己的努力，教化施及万物而百姓却不觉得有所依赖；功德无量没有什么办法称述赞美，使万事万物各居其所而欣然自得；立足于高深莫测的神妙之境，而生活在什么也不存在的世界里。"

"常无欲，可名于小。"常，马王堆出土帛书《老子》甲乙本皆作"恒"，当是。句谓：永远没有欲望，可以定义为"小"。一切的成功都来自道，但道从不自以为有功，从不到处宣传自己有什么惊天动地的功业，更不把养育出来的万物作为自己的私有财产，因此，道的作用几乎很少被人提及，也就显得"小"了。老子在第十七章中说"太上，下知有之"，像道一样的治国者就应如此。

管子在《君臣上》中的观点与此完全相反：

夫为人君者，荫德于人者也；为人臣者，仰生于上者也。为人上者，量功而食之以足；为人臣者，受任而处之以教。布政有均，民足于产，则国家丰矣。以劳受禄，则民不幸生；刑罚不颇，则下无怨心；名正分明，则民不惑于道。道也者，上之所以导民也。是故道德出于君，制令传于相，事业程于官，百姓之力也，胥令而动者也。是故君人也者，无贵如其言；人臣也者，无爱如其力。言下力上，而臣主之道毕矣。是故主画之，相守之；相画之，官守之；官画之，民役之；则又有符节、印玺、典法、策籍以相揆也。此明公道而灭奸伪之术也。

意思是：

做人君的，就是要用德来庇护人民的；做人臣的，就是要依赖君主生活的。做人君的，要考核功绩而发放足够的俸禄；做人臣的，要接受任务而严肃认真地执行。行政注意均平，人民的产业能够自足，国家也就富裕了。按劳绩授予俸禄，人民就不会侥幸偷生；刑罚不出偏差，下面就不会抱怨。名义正，职分明，人民对于治国之道就不会有疑惑了。所谓"道"，就是君主用来引导人民的。所以，道与德出自君主；法制和命令由辅相传布；各种事业由官吏裁定；百姓的力量，是等待命令而行动的。所以，做人君的，再没有比言语更贵重的了；做人臣的，再没有比才力更令人珍爱的了。君主的言语下通于臣，人臣的才力上达于君，君臣之道就算完备了。所以，君主出谋划策，宰相遵守执行；宰相出谋划策，官吏遵守执行；官吏出谋划策，人民就要去出力服役。然后又有符节、印玺、典章、法律、文书和册籍，加以考验管理，这都是用来辨明公道和消除奸伪的办法。

"万物归焉而不为主，可名为大。"归，归附。句谓：万物归附而不以主人自居，可以定义为"大"。如果一个治国者受到万民爱戴依然不自以为是他们的主人，能不伟大吗？可惜的是，老子的理论没有发展出"公仆"之说，古代中国反而盛行"父母官"之说。"父母官"之说源自《管子》：

故予之在君，夺之在君，贫之在君，富之在君。故民之戴上如日月，亲君若父母。

意思是：

给予权在于国君，夺取权在于国君，使你受穷的是国君，使你致富的是国君，因此，百姓感恩戴德，视国君如日月，对国君亲如父母。

可见法家思想对古代中国影响之大。

"以其终不自为大，故能成其大。"句谓：因为它始终不自以为伟大，所以才能成就它的伟大。道大公无私，始终以养育万物为己任，这正是值得治国者学习之处，特别是值得梦想成为伟大的治国者的学习之处。

本章校定

大道泛兮，其可左右。万物恃之以生而不辞，功成而不有，衣养万物而不为主。恒无欲，可名于小；万物归焉而不为主，可名为大。以其终不自为大，故能成其大。

本章今译

大道广大普遍，无所不在。万物依赖它生长，但它从来不干预。大道养育万物但不自以为有功，养育万物而不自以为是主人。永远没有欲望，可以定义为"小"；万物归附而不以主人自居，可以定义为"大"。因为它始终不自以为伟大，所以才能成就它的伟大。

第三十五章

执大象，天下往。往而不害，安平泰。乐与饵，过客止。道之出口，淡乎其无味。视之不足见，听之不足闻，用之不足既。

研　读

本章论述推行大道，天下才能归附；但天下归附不是为了争霸天下，国家间应和平竞争。

"执大象，天下往。"执，掌握，执行，推行；大象，大道，老子在第四十一章中说"大象无形"，在第十四章中说"道"是"无状之状、无物之象；是谓惚恍"，此处用大象而不用大道，是为"象"和"往"叶韵；往，来归附。句谓：推行大道，天下人都会来归附。天下人归附的样子，孟子对齐宣王是这么形容的："使天下想当官的都来齐国当官，想种地的都来齐国种地，想经商的都来齐国经商，想旅游的都来齐国旅游，有冤的都向齐王申诉。"当然，孟子是推销他的"仁政"。

"往而不害，安平泰。"泰，今做太；安平泰，吕惠卿说"平者安之至，泰者平之至"，意思是，安定到极点就平了，平到极点就泰了；不害，不互相伤害。句谓：天下人都来归附，又不互相伤害，就国泰民安，天下太平了。孟子以争取天下归附作为争霸天下的手段，自称"王道"。老子虽然处于诸侯争霸时期，但主张"果而不得已，果而勿强"，即使天下归附也不争霸天下，各国都只争取天下归附而不争霸天下，天下就会太平。老子具有国家间应当和平竞争、共创繁荣的思想。

"乐与饵，过客止。"乐，音乐；饵，美食，意指美食如同诱饵；止，停止。句谓：张设音乐，摆好美食，过路人就会被吸引过来，止足不前了。老子主张依道治国，但现实是没有一个治国者依道治国，但"乐"与"饵"对治国者却很有吸引力。老子主张"不尚贤""不贵难得之货""大道废，有仁义；智慧出，有大伪；六亲不和，有孝慈；国家昏乱，有忠臣"。贤者、仁义、智慧、孝慈、忠臣之类的出现，都是人类迷失了大道的结果。如果推行大道，哪有这么复杂？但是，大道看不见、听不到、摸不着，治国者哪有时间和能力研究道？反而觉得道太复杂，难以理解，贤者、仁义、智慧、孝慈、忠臣之类直观易解，具有极强的吸引力，因此，被广为采用。当时的治国理论中，管仲的理论应很有影响。管仲在《权修》中说：

凡牧民者，使士无邪行，女无淫事。士无邪行，教也。女无淫事，训也。教训成俗，而刑罚省，数也。凡牧民者，欲民之正也；欲民之正，则微邪不可不禁也；微邪者，大邪之所生也；微邪不禁，而求大邪之无伤国，不可得也。

凡牧民者，欲民之有礼也；欲民之有礼，则小礼不可不谨也；小礼不谨于国，而求百姓之行大礼，不可得也。凡牧民者，欲民之有义也；欲民之有义，则小义不可不行；小义不行于国，而求百姓之行大义，不可得也。

凡牧民者，欲民之有廉也；欲民之有廉，则小廉不可不修也；小廉不修于国，而求百姓之行大廉，不可得也。凡牧民者，欲民之有耻也；欲民之有耻，则小耻不可不饰也；小耻不饰于国，而求百姓之行大耻，不可得也。凡牧民者，欲民之修小礼、行小义、饰小廉、谨小耻、禁微邪，此厉民之道也。民之修小礼、行小义、饰小廉、谨小耻、禁微邪，治之本也。

凡牧民者，欲民之可御也；欲民之可御，则法不可不审。法者，将立朝廷者也；将立朝廷者，则爵服不可不贵也；爵服加于不义，则民贱其爵服；民贱其爵服，则人主不尊；人主不尊，则令不行矣。法者，将用民力者也；将用民力者，则禄赏不可不重也；禄赏加于无功，则民轻其禄赏；民轻其禄赏，则上无以劝民；上无以劝民，则令不行矣。法者，将用民能者也；将用民能者，则授官不可不审也；授官不审，则民闲其治；民闲其治，则理不上通；理不上通，则下怨其上；下怨其上，则令不行矣。法者，将用民之死命者也；用民之死命者，则刑罚不可不审；刑罚不审，则有辟就；有辟就，则杀不辜而赦有罪；杀不辜而赦有罪，则国不免于贼臣矣。故夫爵服贱、禄赏轻、民闲其治、贼臣首难，此谓败国之教也。

意思是：

凡是治理人民的，应该使男人没有邪僻行为，女人没有淫乱的事情。使男人不行邪僻，要靠教育；使女人没有淫乱，要靠训诲。教训形成风气，刑罚就会减少，这是自然的道理。凡是治理人民的，都要求人民走正道。要求人民走正道，就不能不禁止小的邪恶。因为小的邪恶是大的邪恶产生的根源。不禁止小的邪恶而想要大邪恶不危害国家，是办不到的。

凡是治理人民的，都要求人民有"礼"。要求人民有礼，就不可不重视小礼。因为，社会上不重视小礼，而要求百姓能行大礼，是办不到的。凡是治理人民的，都要求人民有"义"。要求有义，就不可不实行小义。因为，社会上不行小义，而要求百姓能行大义，是办不到的。

凡是治理人民的，都要求人民有"廉"。要求人民有廉，就不可不重视小廉。因为社会上不重视小廉，而要求百姓能行大廉，是办不到的。凡是治理人民的，都要求人民有耻。要求人民有耻，就不可不整顿小耻。因为社会上不整顿小耻，而要求百姓能行大耻，是办不到的。凡治理人民，要求人民恭行小礼、践行小义、奉行小廉、杜绝小耻、禁止小的坏事，这都是训练人民的办法。而人民能够做到恭行小礼、践行小义、奉行小廉、杜绝小耻并禁止小的坏事，才是治国的根本。

凡是治理人民的，都要求人民服从驱使。要人民服从驱使，就不可不重视法的作用。法，是用来建立朝廷权威的。要建立朝廷权威，就不可不重视爵位。如果把爵位授给不义的人，人民就轻视爵位；人民轻视爵位，君主就没有威信；君主没有威信，命令就不能推行了。法，是用来驱使人民出力的。驱使人民出力，就不可不重视禄赏。如果把禄赏授给无功的人，人民就轻视禄赏；人民轻视禄赏，君主就无法劝勉人民；君主无法劝勉人民，命令也就无法推行了。法，是用来发挥人民才能的。发挥人民才能，就不可不慎重地委派官职。如果委派官职不慎重，人民就背离其治理；人民背离治理，则下情不能上达；下情不能上达，人民就怨恨君主；人民怨恨君主，命令也就无法推行了。法，是用来决定人民生死的。决定人民生死；就不可不审慎地使用刑罚；如果刑罚不审慎，就会使坏人逃罪而好人蒙冤；坏人逃罪而好人蒙冤，就会出现杀无辜而赦有罪的事情；杀无辜而赦有罪，国家就难免被贼臣篡夺了。所以，爵位被鄙视，禄赏被轻视，人民反抗统治，贼臣发动叛乱，这些都是败国之道。

"道之出口，淡乎其无味。"句谓：大道从口中说出来，平淡无味。依道治国，"绝圣弃智""绝仁弃义""绝巧弃利"，国家没有贤者、仁义、智慧、孝慈、忠臣这些貌似光辉灿烂的高能词语，也根本就不需要这些词语，因此，就平淡无奇，也无味。

"视之不足见，听之不足闻，用之不足既。"句谓：看它的形体，看不见；听它的声音，听不见；用它的资源，用不完。这三句与老子在第十四章中说的"视之不见名曰夷，听之不闻名曰希"和第六章中说的"绵绵若存，用之不勤"，意思相同。

本章校定

执大象，天下往。往而不害，安平泰。乐与饵，过客止。道之出口，淡乎其无味。视之不足见，听之不足闻，用之不足既。

本章今译

推行大道，天下人都会来归附。天下人都来归附，又不互相伤害，就国泰民安，天下太平了。张设音乐，摆好美食，过路人就会被吸引过来，止足不前了。大道从口中说出来，平淡无味。看它的形体，看不见；听它的声音，听不见；用它的资源，用不完。

将欲歙之，必固张之；将欲弱之，必固强之；将欲废之，必固兴之；将欲夺之，必固与之。是谓微明。柔弱胜刚强。鱼不可脱于渊，国之利器不可以示人。

研 读

本章论述事物发展的规律。治国者应当遵守客观规律。

"将欲歙之，必固张之。"欲，将要；歙，收缩；固，姑且，即暂且；张，展开。句谓：将要收缩的，必定是暂且张开的。张开是暂时的，收缩是必然的。这是任何事物发展的规律。同样，后面几句也讲事物发展的规律。

"将欲弱之，必固强之。"弱，衰弱；强，强大。句谓：将要衰弱的，必定是暂且强大的。

"将欲废之，必固兴之。"废，衰败；兴，兴旺。句谓：将要衰败的，必定是暂且兴旺的。

"将欲夺之，必固与之。"夺，通行本均用此字，唯《韩非·喻老篇》引作"取"，蒋锡昌认为："《史记·管晏列传》云'故曰知与之为取，政之宝也。'《索隐》：'老子曰，将欲取之，必固与之。'看《史记》用'故曰'云云，疑'与之为取'即本之《老子》'将欲取之，必固与之'而来。是《史记》和《索隐》并作'取'也。检义，亦以作'取'为是。当据《韩非》改正。"句谓：将要取得的，必将暂且给予。

前三句讲的是事物发展的规律，第四句是从事物发展的规律中总结出来的治理国家的规律。治国者不能一味向百姓索取。治国者需要百姓供养，国家需要百姓保护，这是治国者的"取"，但治国者要"取"，首先是百姓可有所供，这就需要治国者先"与"，即治国者必须为百姓提供发展的条件，所以，《史记·管晏列传》中说，知道"与"和"取"的关系是治国理政的宝贵经验。道看不见，听不到，摸不着，在实践中的可操作性确实比较差，老子其实也明白这个问题，就千方百计用各种形象做比喻。这个比喻已经很明白了，但后人还是看不懂，老子地下有知，也只能徒唤奈何了。

马恒君把这四句解释为：

想要让它变小，变得收缩点，一定要懂得先去扩张它；想要削弱它，一定要懂得先去强壮它；想要让它衰败灭亡，一定要懂得先去振兴它；想要夺取它，一定要懂得先给予它。

老子的核心思想是"无为"，按照这个解释就是"为"，与老子本意不符。马恒君指出，有论者认为老子主张以阴谋治国，这是不对的。《后汉书》卷四十五在"陈平多阴谋，而知其后必废"一句下，李贤注："丞相陈平，为高祖谋臣，出六奇，叹曰：'我多阴谋，道家之所忌，吾师即废，以吾多阴谋祸也。'"因此，马恒君认为老子能够正确处理敌我矛盾和人民内部矛盾的关系。这一章论述处理敌我矛盾，是克敌制胜的谋略，不适用于处理人民内部矛盾。

马恒君的观点可能来自卢育三。

卢育三说：

这段话表明老子看到了翕张、弱强、废举、夺与之间的对立转化，但在对待转化的态度上却因人因事而异。对待自己，则防止发展到极端向对立方向转化，守虚、守弱、守辱、守雌等则是防止事物向对立面转化的办法；对待敌人，则促使事物发展到极端向对立面转化。这里讲的则是促使事物发展到极端向对立方面转化的事例。

陈平的"六奇"都是用于对付敌人的，为道家所忌，怎么还有人主张这是用于对付自己呢？老子虽然主张"以奇用兵"，但又主张"不敢为主而为客，不敢进寸以退迟"，更不主张主动挑起战争，其实是主张等待敌人自动向对立面转化，"将欲弱之，必因强之"。敌人的强大是暂时的，走向衰弱则是必然的，寻找战机，化被动为主动以求胜利，才符合老子的军事思想。马恒君、卢育三只知其一，不知其二。道家反对以阴谋治国，也反对以阴谋对敌。同时，认为老子能够正确区分人民内部矛盾和敌我矛盾，是不是太"现代"了？

"是谓微明。"微，幽微；明，《老子》第十六章说"知常曰明"，知道永恒的规律就是"明"。句谓：这就是懂得幽微而永恒的规律。老子把这几句话提高到"微明"的高度，是强调"将欲取之，必固与之"的重要性。"将欲取之，必固与之"是四句话中的核心。

韩非在《喻老》中说：

越王来到吴国从事贱役，却示意吴王北上伐齐以便削弱吴国。吴军在艾陵战胜了齐军，势力扩张到长江、济水流域，又在黄池盟会上逞强。由于出兵在外，久战力衰，才会在太湖地区被越国制服。这就是老子说的"将欲歙之，必固张之；将欲弱之，必固强之"。晋献公想要偷袭虞国，就把宝玉良马送给虞君；智伯想要袭击仇由，就把载着大钟的广车送给他们。这就是老子说的"将欲取之，必固与之"。先麻痹敌人，然后出其不意击败敌人，不露形迹地完成事业求得大功于天下，"是谓微明"。处弱小地位而能注重自行谦卑克制，说的是"弱能胜强"的道理。

司马迁认为，韩非"喜刑名法术之学，而其归本于黄老"。老子反对战争，更反对主动挑起战争。老子"以辅万物之自然，而不敢为"，韩非以主动挑起战争的事例阐释老子的思想，以自然中发现的规律转化为"敢为"的精神来处理社会关系，实质是以曲解老子理论作为自己的理论基础。

韩非承认老子提出的关于事物都是向反面转化的规律是正确的。但是，老子主张守持柔弱的一方，尽量不使自己向对立的一方转化；对待敌人，也不是故意引导敌人向反面转化，引导敌人向反面转化是故意挑起事端。

"柔弱胜刚强。"句谓：柔弱胜过刚强。事物发展的规律是向对立面转化，因此，刚强就会走向衰弱，而柔弱就会向刚强转化，只有守住柔弱，才能立于不败之地。韩非说，处于弱小地位而能注重自行谦卑克制，说的是"弱能胜强"的道理，完全是曲解老子的思想。

"鱼不可脱于渊。"句谓：鱼不可离开水。守住柔弱，就如同鱼应当处于水中一样。

"国之利器不可以示人。"利器，各家说法不一，如河上公认为是"权道"，韩非说是赏罚，陈鼓应说是权柄军力，似皆不妥。庄子在《胠箧》中说：

故曰："鱼不可脱于渊，国之利器不可以示人。彼圣人者，天下之利器也，非所以明天下也。"

意思是说：

所以说："鱼不可离开深渊，治国的利器不能给人看，圣人就是天下的利器，不是可以使天下人都明白（什么是天性）。"

为什么这么说？庄子在《马蹄》中说：

及至圣人，屈折礼乐以匡天下之形，县跂仁义以慰天下之心，而民乃始踶跂好知，争归于利，不可止也，此亦圣人之过也。

意思是：

等到出了圣人，制定出弯腰屈背的礼乐匡正天下百姓的形象，标榜仁义来慰藉天下百姓的心，百姓才开始仰慕智能，爱好用智，都去追求、争夺私利，禁止不住，这也是圣人的罪过啊。

庄子认为，所谓"圣人"都是违道而行的，"圣人"的出现，使百姓迷失天性，这是对百姓最大的危害，因此称为"国之利器"。句谓：圣人是国家的利器，不可以出现在百姓面前。

～◎ 本章校定

　　将欲歙之，必固张之；将欲弱之，必固强之；将欲废之，必固兴之；将欲取之，必固与之。是谓微明。柔弱胜刚强。鱼不可脱于渊。国之利器不可以示人。

～◎ 本章今译

　　将要收缩的，必定是暂且张开的；将要衰弱的，必定是暂且强大的；将要衰败的，必定是暂且兴旺的；将要取得的，必将是暂且给予的。这就是懂得幽微而永恒的规律。柔弱胜过刚强。鱼不可离开水。圣人是国家的利器，不可以出现在百姓面前。

　　道常无为而无不为。侯王若能守之，万物将自化。化而欲作，吾
将镇之以无名之朴。无名之朴，亦将无欲。不欲以静，天下将自正。

研　读

　　本章是《老子》上篇的总结，论述推行大道的理想模式就是让百姓
自由发展。

　　"道常无为而无不为。"常，马王堆出土帛书《老子》甲乙本中均作
"恒"，当是。句谓：道永远是顺应自然而发挥作用，然而没有一件事不
是它所为。

　　无为，就是顺应自然发展的规律而为，不要违反自然发展规律而
为。在老子的哲学范畴中，违反自然规律而为，就是"为"。因此，在
第二十九章中说"为者败之"。胡适说："'道常无为而无不为'，这是
自然主义与宇宙观的中心观念。这个观念又是无为放任的政治哲学的基
础。"胡适对老子思想的理解似不妥。老子主张"无为"，但不主张"放
任"，其在第二十九章中说："是以圣人去甚，去奢，去泰。"

　　"侯王若能守之，万物将自化。"侯王，治国者；守，持守；之，指
道。句谓：治国者如能持守大道，万物就会自生自长。万物从道生出，
但道生出万物不是有意识、有目的的作为，是无意识、无目的的、自然
而然的生发过程。恰恰是这个过程，创造了一个和谐的自然生态。百姓
会像自然界一样自生自长，创造和谐社会。治国者要像道让万物自由生

长一样，让百姓自由发展。

"化而欲作，吾将镇之以无名之朴。"欲，欲望，贪欲；作，兴起，产生；吾，治国者，理解为老子本人也无不可，即老子说"我开了个方子"；镇，安定；无名，道，道不可名故无名；朴，质朴的状态。句谓：如果自由发展产生了欲望，我就用道的质朴状态来安定它。

道看不到、听不见、摸不着，如何用"道的质朴状态"安定贪欲？老子的意思是治国者要始终处于"道的质朴状态"。百姓产生贪欲，首先是治国者有贪欲。治国者把国家的财政收入当作自家小金库任意挥霍，却要求百姓艰苦朴素，勤俭持家，怎么可能？因此，百姓出现了贪欲，治国者就要自省，就要首先消除自己的贪欲，回到"道的质朴状态"。

"无名之朴，亦将无欲。"亦，《老子》竹简本中作"夫亦"。亦似无理，疑为衍文。马王堆出土的帛书《老子》甲乙本中均作"夫将"，当是。无欲，下句为"不欲以静"，故应为"不欲"。不，无通用。句谓：回到道的质朴状态就会变得没有贪欲。老子在第二十八章中说"复归于朴"，治国者和百姓都回到质朴的道的状态，天下就没有贪欲了。

"不欲以静，天下将自正。"句谓：没有贪欲就会趋于清静，天下便会自然安定。老子在第四十五章中说"清静为天下正"。天下的罪、祸、咎莫不起于贪欲。老子在四十六章中感叹"罪莫大于可欲，咎莫大于欲得，祸莫大于不知足"。治国者没有贪欲，就会清静，就不会折腾。

依道治国是最理想的治国模式。治国中出现了问题，不是因为实行了依道治国，恰恰是违背了道，只要回归道，天下自然安定和谐。

本章校定

道恒无为而无不为。侯王若能守之，万物将自化。化而欲作，吾将镇之以无名之朴。无名之朴，夫将不欲。不欲以静，天下将自正。

～◎本章今译

　　道永远是顺应自然而发挥作用，然而没有一件事不是它所为。治国者如能持守大道，万物就会自生自长。如果自由发展产生了欲望，我就用道的质朴状态来安定它。回到道的质朴状态就会变得没有贪欲。没有贪欲就会趋于清静，天下便会自然安定。

第
三
十
八
章

上德不德，是以有德。下德不失德，是以无德。上德无为而无以
为，下德为之而有以为。上仁为之而无以为，上义为之而有以为。上
礼为之而莫之应，则攘臂而扔之。故失道而后德，失德而后仁，失仁
而后义，失义而后礼。夫礼者，忠信之薄，而乱之首也。前识者，道
之华，而愚之始也。是以大丈夫处其厚不居其薄，处其实不居其华。
故去彼取此。

研　读

后人将《道德经》分为《道经》和《德经》。本章为《德经》首章。
《道经》首章对道的含义进行了定义，但本章并没有对德进行定义。其
实，德的定义在第二十一章："孔德之容，惟道是从。"因此，遵道而行
就是德。道是客观的，德是主观而符合客观的行为。本章论述德在国家
治理中的重要性。推行大道的方式是以上德治国。本章中说："夫礼者，
忠信之薄，而乱之首也"，"前识者，道之华，而愚之始也"。"礼"是周
公旦制定的治国纲领，奠定了周朝八百年的政治基础——到老子时代已
有三百多年的历史。老子对周公旦秉持批判态度，表现出了史无前例的
批判精神。

庄子在《天地》中论述了道与德的关系：

先生说："道，覆盖和托载万物，多么广阔而盛大啊！君子不可以不敞
开心胸排除一切有为的杂念。"用无为的态度去做就叫天道，用无为的态度

去说就叫天德，给人以爱或给物以利就叫作仁爱，让各不相同的事物回归同一的本性就叫作伟大，行为不与众不同就叫作宽容，心里包容着万种差异就叫作富有。因此持守天德就叫纲纪，德行形成就叫建树，遵循于道就叫完备，不因外物扰乱心志就叫完美无缺。君子明白了这十个方面，就是心性修养广大了，而且像滔滔的流水奔向一处似的成为万物交汇处。

"上德不德，是以有德。"上德，上等的德，也即第二十一章所说的"孔德"；不德，不显示出德。道的作用是自然产生的，从来不会自我表现。上等的德，完全符合大道，也不会自我表现。句谓：上等的德不显示出自己有德，所以才是真正有德。

"下德不失德，是以无德。"下德，下等的德；不失德，不失去德，意指显示出"德"，"道隐无名"，"道隐"，"德"也即"隐"；无德，没有德，意指没有达到真正的德的标准，就相当于没有德。句谓：下等的德显示出了德，所以不是真正的德。德是一种自然而然的行为，不是用来表演的。用来显示自己的"德"，就是表演出来的德，不是德，是"无德"。

"上德无为而无以为。"无为，自然而为；无以为，不是为了某种目的。句谓：上等的德是自然而为，是无意而为。道的作用都是在无意中发生的，并没有目的，如道不是出于什么目的而使地球上有了森林，德"惟道是从"，因此，真正的德的表现方式与道一样。

"下德为之而有以为。"为之，不是自然而为，是有意为之；有以为，有目的的作为。句谓：下等的德不是自然而为，是有意为之。

"上仁为之而无以为。"句谓：上等的仁是自然而为，是无意为之。"天地不仁，以万物为刍狗"，因此，以无意为之的态度推行仁，才能达到上等的仁的高度。庄子在《徐无鬼》中说：

徐无鬼再去见魏武侯。魏武侯说："先生住在山林里很久了，食野果，吃野菜，摈弃寡人很久了。现在你是老了呢，还是想尝尝酒肉的味道呢，还是寡人的江山社稷有了福分了呢？"徐无鬼说："我出生在贫贱的家庭里，从来也没有想过要尝尝大王的酒肉，我是来慰劳大王的。"武侯问："为什么？我有什么可慰劳的？"徐无鬼说："我是来慰劳大王的心神和身体的。"武侯说："你是指什么？"徐无鬼说："天地对万物的养育是一视同仁的，登在高处不能算是长，处在低处不能算是短。大王你自己做了大国的君王，剥削全国的老百姓来满足你耳目鼻口的欲望，你的心神是不会满意的。心神喜欢平和，厌恶相互矛盾。相互矛盾导致生病，所以我来慰劳大王。大王，你的心病到底是什么呢？"武侯说："我早就想见先生了。我想爱惜自己的百姓，为正义而休兵罢战，先生认为可以吗？"徐无鬼说："不可。爱民实际是害民的开始。为正义而休兵罢战实际是制造战争的根源。大王从这里入手恐怕不会成功。凡是要形成一种美事，那多是凶恶之器。大王虽然要实行仁义，但实行起来就近乎虚伪。有了一种形势必然会有另外一种形势，两种形势形成，必然会各自夸耀，各自夸耀进一步发展，必然会形成外现的战争。大王要休兵罢战，绝不要在城楼之下摆上大的阵仗，撤去宫殿前的步兵、骑兵，不要在心里藏有贪得的欲念，不要用智巧去胜人，不要用谋略去胜人，不要用战争去胜人。屠杀别国的人民，兼并别人的土地，用来奉养自己的私欲和心神，这种战争有什么好处？胜利在什么地方？大王一定要做些什么的话，那就修养自己内心的真诚，顺应天地而不要去触犯它。百姓免去了死亡的灾患，大王哪里还用得着罢兵休战！"

"上义为之而有以为。"义，正义。古代有时仁义同用，但老子将仁、义分而用之，老子说"上仁"就应有"下仁"，但老子又不论及"下仁"，可能认为"下仁"与"上义"同类。句谓：上等的义不是自然而为，是有意为之。正义，是需要人主持的，主持正义的行为必然不是自然而然的行为。

"上礼为之而莫之应，则攘臂而扔之。"礼，贵族等级制下的社会规范和道德规范；莫之应，没有回应；攘臂，捋袖伸臂，振奋或发怒的样子；扔，拉。句谓：上等的礼不是自然而为，没有人响应，就捋袖伸臂拉人强制执行。礼，完全是人为制定出来的，不是无为的结果，实质上并没有人喜欢，只能强制实施。

"故失道而后德，失德而后仁，失仁而后义，失义而后礼。"句谓：所以，不能以道治国才搞以德治国，不能以德治国才搞以仁治国，不能以仁治国才搞以义治国，不能以义治国才搞以礼治国。当时盛行以礼治国，这是治国的末等之策。

周公旦推行以礼治国，深受孔子膜拜，其曾感叹："甚矣吾衰矣！久矣吾不复梦见周公！"老子彻底否定周公旦的治国理论。两相比较，孔子与老子的差距不可以道理计。

"夫礼者，忠信之薄，而乱之首也。"薄，不足，缺失。句谓：制定礼，是因为忠信缺失，其实也是祸乱的开始。礼是在道、德、仁、义全部缺失的情况下被制定出来的，制定礼的行为本身就不是自然而然的行为，因此，不仅不能救国，更是加剧混乱的开始。老子时代，天下大乱。老子认为天下大乱的根源是以礼治国。孔子时代，天下更乱。孔子认为天下更乱的原因是没有真正落实以礼治国的伟大理论。这是老子理论和孔子理论的根本区别。

"前识者，道之华，而愚之始也。"识，认识；前识，对前面所述的礼的认识；华，花。句谓：对前之所述的礼有认识的人，不过只是看见了道的花，其实是愚昧的开始。热衷于以礼治国的治国者，不仅自己开始愚昧了，而且，也开始推行愚民政策了。推行大道，不是完全不要"礼"。"礼"应当自然而然产生，不是自然而然产生的礼只是道的花，不是道的果实。道的果实是德。庄子在《庚桑楚》中说：

> 踩了外人的脚，要向人家赔礼道歉；踩了兄弟的脚，给他吹吹摸摸；踩了父亲的脚，就什么表示也不用了。

"是以大丈夫处其厚不居其薄，处其实不居其华。"大丈夫，立志成为社会精英的知识分子；处、居，立身、立足之意；实，果实，引申为实质。句谓：所以立志成为社会精英的知识分子要立身于敦厚，不要立足于浅薄；要立身于实质，不要立足于虚华。

"故去彼取此。"彼，指薄、华；去，抛弃；此，指厚、实；取，采用。句谓：所以要抛弃浅薄和虚华，采用敦厚与朴实。就是要抛弃表面现象，采用实质，即推行大道。

本章校定

> 上德不德，是以有德；下德不失德，是以无德。上德无为而无以为，下德为之而有以为。上仁为之而无以为。上义为之而有以为。上礼为之而莫之应，则攘臂而扔之。故失道而后德，失德而后仁，失仁而后义，失义而后礼。夫礼者，忠信之薄，而乱之首也。前识者，道之华，而愚之始也。是以大丈夫处其厚不居其薄，处其实不居其华。故去彼取此。

本章今译

　　上等的德不显示出自己有德，所以才是真正有德；下等的德显示出了德，所以不是真正的德。上等的德是自然而为，是无意而为；下等的德不是自然而为，是有意为之。上等的仁不是自然而为，却是无意为之。上等的义不是自然而为，是有意为之。上等的礼不是自然而为，没有人响应，就将袖伸臂拉人强制执行。所以，不能以道治国才搞以德治国，不能以德治国才搞以仁治国，不能以仁治国才搞以义治国，不能以义治国才搞以礼治国。制定礼，是因为忠信缺失，其实也是祸乱的开始。对前面所述的礼有认识的人，不过只是看见了道的花，其实是愚昧的开始。所以立志成为社会精英的知识分子要立身于敦厚，不要立足于浅薄；要立身于实质，不要立足于虚华。所以要抛弃浅薄和虚华，采用敦厚与朴实。

　　昔之得一者，天得一以清，地得一以宁，神得一以灵，谷得一以盈，万物得一以生，侯王得一为天下贞。其致之，一也。天无以清将恐裂，地无以宁将恐发，神无以灵将恐歇，谷无以盈将恐竭，万物无以生将恐灭，侯王无以贞而贵高将恐蹶。故贵以贱为本，高以下为基。是以侯王自谓孤、寡、不谷。此非贵以贱为本邪？非乎？故致数舆无舆。不欲碌碌如玉，珞珞如石。

研　读

　　本章论述事物对立统一的重要性。对立统一是一切事物存在与发展的基础。天下万物都是向对立面转化的。治国者处下、居后、谦卑，才能防止向对立面转化。老子说万物都会向对立面转化，但并不是说人在这种转化面前是无能为力的，而是说人要有主观能动性，在遵道而行的基础上，主动地站在卑、下的一面，防止向对立面转化。这就是"上德"。

　　"昔之得一者。"昔，过去，引申为自古以来；一，对立的统一。老子在第十章中所说"载营魄抱一，能无离乎"。句谓：自古以来能够保持对立统一的事物。

　　"天得一以清，地得一以宁，神得一以灵，谷得一以盈，万物得一以生，侯王得一为天下贞。"得，保持；以，因此；清，清明；宁，宁静；灵，灵验；盈，充盈；生，生长；贞，安定，河上公及马王堆出土帛书《老子》各本均为"正"，作"正"应更符合老子用语习惯，如第三十七章说"天下将自正"，第四十五章说"清静为天下正"。句谓：天因保持对立统一才能清明，地因保持对立统一才能宁静，神因保持对立统一才能灵验，川谷因保持对立统一才能充盈，万物因保持对立统一才能生长，治国者因保持对立统一才能使天下安定。对立统一在自然世界客观存在，在人类社会生活中也非常重要。只有保持对立统一，天下才能安定，治国者的位子才坐得稳。

一般认为，《易经》是中国哲学之源，道家和儒家都源自《易经》，但两家在国家治理方面的理论基础大相径庭。老子认为，自然关系是社会关系的基础，国家的治理要在自然关系中寻找规律；孔子认为治国首先要讲"君君臣臣，父父子子"，即纯粹从社会关系中寻找国家治理理论，颇似骑驴找驴。

"其致之，一也。"此句在马王堆出土帛书《老子》甲乙本中为"其致之也"，无"一"，应从改。其，回指上文所指的各种事例；致，推极，如"致知在格物"，朱熹注，"致，推极也"，推极，推求穷究。句谓：由上文提到的事例推导出。后面几句讲不能保持对立统一即不"得一"的后果，因此，此处如有"一"则讲不通。

"天无以清将恐裂，地无以宁将恐发。"发，刘师培说："'发'读为'废'。……'恐发'者，犹言将崩圮也，即地倾之义。'发'为'废'字之省形。"句谓：天不能保持清明恐怕将会分裂，地不能保持宁静恐怕要崩溃。天地如果不能保持对立统一，就会天崩地裂。老子说天裂，可能是当时的习惯用语，也可能考虑与下文的歇、竭等叶韵。

"神无以灵将恐歇。"歇，消歇。句谓：神不能保持灵验恐怕就要消歇。老子并不否认神的存在，只是认为神不是造物主，其在第四章中说，道是"象帝之先"，神只是道所产生的万物之一。

"谷无以盈将恐竭。"竭，枯竭。句谓：川谷不能保持充盈恐怕就要枯竭。

"万物无以生将恐灭。"句谓：万物不能保持生长恐怕就要灭绝。

"侯王无以贞而贵高将恐蹶。"贞，应是正；贵，尊贵；高，处于高位；贵高，以处于高位自觉尊贵；蹶，垮台。句谓：治国者不能保持国家安定而自以为地位尊贵就会垮台。

"故贵以贱为本，高以下为基。"句谓：所以说，尊贵以卑贱为根本，高上以低下为基础。这是常识。老子强调两者是对立而又统一的双方，不可或缺，而且，卑贱、低下在双方的关系中更重要。

"是以侯王自谓孤、寡、不谷。"谷，繁体字是"穀"，推行简体字后写成"谷"，因此，《老子》中的"谷"有"谷"与"穀"两种意思，前者指川谷，后者原与稻谷的"谷"是同一字。不谷，不是善类。句谓：所以侯王自称为孤、寡、不谷。意指侯王不敢自以为尊贵。老子以生活中的实例来说贱与下的重要性。

"此非贵以贱为本邪？非乎？"句谓：这不是尊贵以低贱为根本吗？不是吗？

"故致数舆无舆。"致，尽、极，意指十分精准；数，计数；舆，车。句谓：所以十分精准地去数车上的零件，就没有车了。车是一个整体，不能按照车上的零件计量。打个比方，这些零件就是万物对立统一中的各个方面，少了哪一个都不行。庄子在《则阳》中说：

现在指点马身上的各个部位都不是马。一匹马牵到跟前，各个部位合成一个整体才叫作马。所以说，山石从低处累积起来才成为高，长江、黄河是合并了众多支流才成为大。

"不欲碌碌如玉，珞珞如石。"碌碌，也作琭琭，李贤说，"玉貌琭琭，为人所贵"，意指尊贵；珞珞，石坚貌，意指卑贱。句谓：不要像玉那样尊贵，而要像石头一样卑贱。尊贵与卑贱是对立的统一，但任何事物都会向其对立面转化，因此，老子主张"知其雄，守其雌"，在尊贵与低贱的对立统一中，要守持在低贱的一方。

本章校定

昔之得一者：天得一以清，地得一以宁，神得一以灵，谷得一以盈，万物得一以生，侯王得一为天下正。其致之也：天无以清将恐裂，地无以宁将恐发，神无以灵将恐歇，谷无以盈将恐竭，万物无以生将恐灭，侯王无以正而贵高将恐蹶。故贵以贱为本，高以下为基。是以侯王自谓孤、寡、不谷。此非贵以贱为本邪？非乎？故致数舆无舆。不欲碌碌如玉，珞珞如石。

〜◦本章今译

自古以来能够保持对立统一的事物：天因保持对立统一才能清明，地因保持对立统一才能宁静，神因保持对立统一才能灵验，川谷因保持对立统一才能充盈，万物因保持对立统一才能生长，治国者因保持对立统一才能使天下安定。由此可知：天不能保持清明恐怕将会分裂，地不能保持宁静恐怕要崩溃，神不能保持灵验恐怕就要消歇，川谷不能保持充盈恐怕就要枯竭，万物不能保持生长恐怕就要灭绝，治国者不能保持国家安定而自以为地位尊贵就会垮台。所以说，尊贵以卑贱为根本，高上以低下为基础。所以侯王自称为孤、寡、不谷。这不是尊贵以卑贱为根本吗？不是吗？所以十分精准地去数车上的零件，就没有车了。不要像玉那样尊贵，而要像石头一样卑贱。

反者道之动，弱者道之用。天下万物生于有，有生于无。

研　读

本章论述道的运行规律。把《老子》分为《道经》和《德经》，是因为上篇主要论道，下篇主要论德。老子在下篇中插入一章论道，旨在告诫读者，"孔德之容，惟道是从"，对于道的运行规律的把握非常重要，道是德的核心。

"反者道之动。"反，有两层意思，一是相反，二是返回，即循环。老子的原意，应是包含两种意思。句谓：道的运动发展规律是向自己相反的方向转化，而且，这种转化是循环反复的。一颗种子会萌芽，生长，开花，结果，死亡，这是不可避免的。这就是事物向自己的反面转化。但是，结出的果子又会重新发芽生长，这就是循环。这种循环在现代哲学中被称为"否定之否定"。

"弱者道之用。"弱，柔弱，处于嫩小的状态，不是衰弱。句谓：道依靠保持柔弱的状态发挥作用。老子在第三章中说"虚其心，实其腹，弱其志，强其骨"，在第三十章中说"物壮则老，是谓不道，不道早已"，在第七十八章中说"柔之胜刚，弱之胜强"。嫩小才有生长空间，当然，嫩小和壮老是相对而言的。因为事物向对立方发展是不以人的主观意志为转移的自然规律，人类应当顺应规律，掌握规律。事物在转化的过程中处于的柔弱状态就是生长的状态，因此，人类在处理各种关系时，要使自己处于柔弱的状态，而不是处于壮老的状态。

《老子》一书以"道""德"为核心概念，"弱""柔"是关键性的概念。万物都是从柔弱转向强壮，强壮之后就是死亡，因此，老子一再告诫读者要守住"柔""弱"。

"天下万物生于有。"句谓：天下万物都是从有中产生出来的。要有果子，必先有种子，或者有赖以进化的前因。庄子在《至乐》中说：

物种中有一种叫"几"的微生物，得到水的滋养就会生出絮状的水绵，生在水土之间就会变成水藻，生在山包上就成为陵舄。陵舄压在土里养着就变成乌足。乌足的根变成蛴螬，乌足的叶子变成飞蛾。飞蛾不久变成虫子。虫子生在灶边，形状像脱了壳的名叫鸲掇。鸲掇一千天后变成鸟，名叫干余骨。干余骨的唾沫变成斯弥，斯弥变成食醯。颐辂从食醯中变出，黄軦从九猷中变出，瞀芮从腐蠸中变出，羊奚和不笋配对。老年竹子变出青宁，青宁变出豹子，豹子变出马，马变出人，人又复归于物种进化链的机制里。万物都从这个机制里生出，又都回到这个机制里。

这个进化的进程，当然是不科学的。今人也无法考证出庄子是以什么方式研究出这种进程的，当然，也没有必要。但庄子提出的进化过程令人惊叹。他认为水中产生了生物，生物逐步演变出植物和动物。动物演变出人。这个进程与今人对地球之初的状况的研究成果没有很大区别。庄子凭什么那么有智慧？

"有生于无。"无，在老子的哲学概念中，不是绝对没有，而是一种状态，第一章中说"无，名天地之始"，将"无"定义为天地开始时的虚空状态。第十一章说"有之以为利，无之以为用"，只有"无"，"有"的部分才能发挥作用，因此，"有无相生"，没有"无"就无所谓"有"。老子认为，无与有是相互转化的，而且是先由"无"向"有"转化，因此说，"有"是从"无"中产生出来的。老子这样说，可能只是想讲清楚从虚空转向实有的变换模式而已。

本章校定

反者道之动，弱者道之用。天下万物生于有，有生于无。

本章今译

　　道的运动发展规律是向自己相反的方向转化，而且，这种转化是循环反复的。道依靠保持柔弱的状态发挥作用。天下万物都是从有中产生出来的，有是从无中产生出来的。

第四十一章

上士闻道，勤而行之；中士闻道，若存若亡；下士闻道，大笑之，不笑不足以为道。故建言有之，明道若昧，进道若退，夷道若纇，上德若谷，大白若辱，广德若不足，建德若偷，质真若渝，大方无隅，大器晚成，大音希声，大象无形，道隐无名。夫惟道，善贷且成。

研　读

本章论述道的特性。"道隐无名"，因此，只有杰出的知识分子才能够发现道。掌握认识道的方法，才能使自己成为杰出的知识分子。庄子在《秋水》中说：

井蛙不可以语于海者，拘于虚也；夏虫不可以语于冰者，笃于时也；曲士不可以语于道者，束于教也。

意思是：

不能和井底之蛙谈论海，是因为它始终局限在狭小的空间里；不能和春生秋死的昆虫谈论冰雪，是因为它受制于生存的时间；不能和知识有限的学者谈论道，是因为他被所受的教育束缚。

庄子说的"曲士"就是本章中的中士和下士。

"上士闻道，勤而行之。"士，知识分子。老子在第十五章中有"古之善为士者"之说，在此章中，老子又将士分为上、中、下三等。句谓：上等的知识分子听见道，勤奋地去践行。

"中士闻道，若存若亡。"若，或；存，有；亡，无。若存若亡，或有或无，意指表示怀疑。句谓：中等的知识分子听见道，表示怀疑。

"下士闻道，大笑之，不笑不足以为道。"大笑，哈哈大笑，嘲笑之意。句谓：下等的知识分子听到道，哈哈大笑；如果不被嘲笑，就不能称之为道了。下等的知识分子不具备认识道的能力。

"故建言有之。"建言，古时候创建的名言，也就是"古人云"。老子说以下十二句是古代流传下来的名言。是不是老子伪托古人已无可考。句谓：古人云。

"明道若昧。"明，光明；昧，昏暗。句谓：光明的大道好像是昏暗的。为什么光明？因为大道是确实存在的，但这是对于上等的知识分子而言。为什么昏暗？因为大道听不到、看不见、摸不着，不容易被发现。这是对中等和下等知识分子而言。

"进道若退。"进，进步；退，退步。句谓：进修大道好像是在退步。老子在第四十八章中说"为学日益，为道日损"。中下等的知识分子是"为学"者，"知识"一天天多起来，看起来是进步。上等的知识分子是"为道"者，不断去伪存真，看起来像退步。

"夷道若纇。"夷，平；纇，《说文》说是丝结，引申为崎岖。句谓：平坦的大道好像是崎岖的。《老子》第六十五章说"玄德深矣，远矣，与物反矣，然后乃至大顺"。在下等和中等知识分子看来，道的运行变化非常深远且循环反复，与他们固有的观念相反。

"上德若谷。"谷，川谷。句谓：上等的德如同川谷。老子在第二十八章中说"知其荣，守其辱，为天下谷"，此处的"谷"，就是"天下谷"，"谷"处于低处，如同水"居众人之所恶，故几于道"。老子在第三十八章中说"上德不德，是以有德"，"上德"不显示出有德，就要处于低位，川谷就是处于低位，才能无所不容。

"大白若辱。"辱，污浊。句谓：最洁白看起来像是污浊的。老子在第七十八章中说"受国之垢，是谓社稷主；受国不祥，是谓天下王"。惟圣人才能"大白"，但圣人又要承担天下所有的责任，因此"若辱"。

"广德若不足。"不足，缺失。句谓：广大的德好像有缺失。老子在第五章中说"天地不仁，以万物为刍狗；圣人不仁，以百姓为刍狗"。广德具有普适性，没有什么事物会受到特殊的对待，不能满足下等和中等知识分子对道的要求。中等和下等知识分子无非是要施行仁政之类，而施行仁政，就会有重点照顾到的地方，也会有照顾不到的地方。他们会沾沾自喜于重点照顾到的地方，以此作为典范到处吹嘘。而"广德"则是万物一样，找不出可以吹嘘的典范，让中等和下等知识分子很失望。

"建德若偷。"建，俞樾说："'建'当读'健'。《释名·释言语》曰：'健，建也。能有所建为也。'是'建''健'音同而义同也得通。'健德若偷'，言刚健之德，反若偷惰也。"偷，偷减，此处应是被动用法，即被偷减，被偷减就是减弱。高亨说："'建德若偷'，犹言强德若弱耳。"老子在第四十章中说："弱者道之用。"道以保持柔弱的状态发挥作用。句谓：刚健的德好像是柔弱的。德的作用是强大的，但在发挥作用的过程中显示出来的是柔弱。

"质真若渝。"质真，应是质真之德的省略语；渝，变化。句谓：质性纯真的德好像是变化的。"孔德之容，惟道是从"，道自然变化，德也随之变化。

"大方无隅。"方，方正；隅，棱角。句谓：大的方正没有棱角。在大的方正中即使一个点也非常巨大，更看不到棱角。打个比方，地球是个球形体，但这个球形体实在太大了，在我们的视野中全是平的。

"大器晚成。"句谓：大的器物制作周期长。本章论述道的特性，此句与道并无关联。但郭店《老子》简本及马王堆出土帛书《老子》甲乙本中均有此句，如系误抄，那是很早以前的事了。"大器晚成"未必能经受住实物的论证。"地球"对于地球上的万物而言，是个最大的"器"，它的制作周期有多长？当代科学考证认为，煤炭是万亿年前的植物形成的。地球的形成是不是需要万亿年的时间？无法考证。而且，煤炭及所有万物都比地球晚成。因此，此句应当删去。

"大音希声。"句谓：大的声音听起来像没有声音。

"大象无形。"句谓：大的形象看起来像没有形象。

"道隐无名。"隐，隐藏。句谓：道隐藏而且不能准确命名。道的声音听不见，道的形象也看不见，如第十四章说"视之不见名曰夷，听之不闻名曰希，搏之不得名曰微"。老子在第一章中就说"名可名，非恒名"。道是不能准确命名的。

"夫惟道，善贷且成。"贷，借出，意指付出、帮助。句谓：只有道，善于辅助万物，使它成就。

～◎本章校定

上士闻道，勤而行之；中士闻道，若存若亡；下士闻道，大笑之，不笑不足以为道。故建言有之：明道若昧，进道若退，夷道若颣，上德若谷，大白若辱，广德若不足，建德若偷，质真若渝，大方无隅，大音希声，大象无形，道隐无名。夫惟道，善贷且成。

～◎本章今译

上等的知识分子听见道，勤奋地去践行。中等的知识分子听见道，表示怀疑。下等的知识分子听见道，哈哈大笑；如果不被嘲笑，就不能称之为道了。所以，古人云：光明的大道好像是昏暗的，进修大道好像是在退步，平坦的大道好像是崎岖的，上等的德如同川谷，洁白得看起来像污浊，广大得好像有缺失，刚健得好像是柔弱的，质性纯真的德好像是变化的，大的方正没有棱角，大的声音听起来像没有声音，大的形象看起来像没有形象，道隐藏而且不能准确命名。只有道，善于辅助万物，使它成就。

道生一，一生二，二生三，三生万物。万物负阴而抱阳，冲气以为和。人之所恶，惟孤、寡、不谷，而王公以为称。故物或损之而益，或益之而损。人之所教，我亦教之。"强梁者不得其死"，吾将以为教父。

研　读

本章论述道产生万物的活动过程，以此告诫读者要"守弱"。本章首次出现"阴阳"的概念，其实，"阴阳"和"有无""难易"等概念是一样的含义，无非用于表示对立的双方而已，犹如现代用语"矛盾"。

"道生一。"生，并非只有产生的意思，应当是含有本身具备的意思。老子在第十四章中说"此三者不可致诘，故混而为一"，"一"指的就是"道"，因此，把一说成是道产生出来的未必妥当，应当说，道自身就是一个阴阳对立统一的混合体。"天下万物生于有，有生于无。"道最原始的状态是虚空，即没有我们的肉眼可以看见的物质，但是这个虚空也是阴阳对立统一的。句谓：道是阴阳互相对立又互相转化的统一体。

庄子在《天地》中说：

宇宙最初的时候，只有虚无，没有"有"，也没有"名"。当"一"生出来时，那也只是浑然一体而没有人眼可以辨识的物象。人眼可以辨识的物象产生出来，就叫作"德"。没有形成人眼可以辨识的形状，只有阴阳的区别，叫作"命"；道的运动有所滞留生成了物，物形成了自己的生理结构就叫作"形"；形体保有自己的灵性，各自有了自己的外观形式和机制，就叫作"性"。性经过修养返归于德，德与大道在初始混同，混同就虚无了，虚无就是无所不包的大了。

"一生二。"把这句理解成道生出了"二,"也未必妥当。应该说，道本身就包含阴阳两个方面。句谓：道包含阴阳的对立统一。

"二生三。"不能把这句简单地理解为"二"产生出"三"，应该是指由于阴阳的对立统一才产生出第三者。万物都是道产生的，道之所以能够产生万物，是因为它自身是阴阳对立统一的。句谓：道的阴阳对立，生化出第三者。

"三生万物。"道自身的阴阳对立，不是只产生出一个第三者，而是生化出无数个第三者。当然，第三者也是对立统一的，又会产生出新的物，以至无穷。就如同人类，不是道先生出第一个人，然后这个人生出第二个人，第二个人生出第三个人，然后由第三个人生出无数人，而是男女的对立统一，才促使人类繁衍。因此，三是二所生，更是一所生。老子在第五十一章中说："道生之，德畜之。"天下万物，都是道生出来的。句谓：道产生万物。

"万物负阴而抱阳。"负，背负；抱，怀抱。句谓：万物都是背负阴，怀抱阳。以人体而言，人的正面为阳，背面为阴。

"冲气以为和。"马恒君将"冲"解释为"虚"，持这种观点的学者不少，但蒋锡昌认为："第四章'而用之或不盈'之'冲'当作'盅'，此'冲'当作本字。《说文》'盅，器虚也'；'冲，涌摇也'。二谊不同。道之虚盈，譬之以器，故用'盅'；阴阳精气，涌摇为和，故用'冲'；此其别也。"庄子认为"冲"应是"交通"之意，在《田子方》中说："至阴肃肃，至阳赫赫，肃肃出乎天，赫赫出乎地，两者交通成和而物生焉。"交通，原意是彼此相通，此处应作融合解。句谓：阴阳融合而成和谐。

"人之所恶，惟孤、寡、不谷，而王公以为称。"恶，厌恶。句谓：人所厌恶的只有孤独、无助、不善，可是王公却用来称呼自己。这几句曾在第三十九章出现，有些学者认为这几句及以下几句是从第三十九章误移至此。其实，以下几句在此章未必不当。老子由宇宙的阴阳对立统一进而讲到人类社会也应保持阴阳对立统一，这样才能和谐。高贵的王公以低贱的称呼自称，证明保持阴阳对立统一的重要性早就已经为人类社会所认识，并非老子标新立异。

"故物或损之而益，或益之而损。"或，或者；损，减损；益，增益。句谓：所以，物或者看起来像减损的，实则是增益的；或者看起来像增益的，实质是减损的。事物本身包含着增益和减损的对立统一，减损会转化成增益，增益会转化成减损。

"人之所教，我亦教之"。人，前人；教，教导。句谓：前人这样教导我，我也这样教导今人。老子的意思是，后面这句"强梁者不得其死"是古代经典格言，不是自己编的。

"强梁者不得其死。"强梁，强横。焦竑说："木绝水曰梁，负栋曰梁，皆取其强有力。金人铭曰'强梁者不得其死'，盖古有此语，而老子取之，故曰我亦教之。"句谓：强横的人不得好死。

"吾将以为教父。"父，河上公注："始也。"教父，犹言教戒的开始。句谓：我将以这句格言作为教戒的开始。老子主张"守弱"，一以贯之，因此，反对强横等于是他的理论的起点。

本章校定

道生一，一生二，二生三，三生万物。万物负阴而抱阳，冲气以为和。人之所恶，惟孤、寡、不谷，而王公以为称。故物或损之而益，或益之而损。人之所教，我亦教之："强梁者不得其死。"吾将以为教父。

本章今译

道自身就是一个阴阳对立统一的混合体，道本身就包含阴阳两个方面，由于阴阳的对立统一，生化出第三者，而且能够生化出无数个第三者。万物都是背负阴，怀抱阳，阴阳融合而成和谐。人所厌恶的只有孤独、无助、不善，可是王公却用来称呼自己。物或者看起来像减损的，实则是增益的；或者看起来像增益的，实质是减损的。前人这样教导我，我也这样教导今人："强横的人不得好死。"我将以这句格言作为教戒的开始。

天下之至柔，驰骋天下之至坚。无有入于无间。吾是以知无为之有益。不言之教，无为之益，天下希及之。

研　读

本章论述思想的力量。思想自由就是自然无为，表达了老子对自己的思想的信念。

"天下之至柔，驰骋天下之至坚。"至，最；驰骋，奔驰，也可以当穿梭讲。句谓：天下最为柔软的东西，能在最为坚硬的东西里穿梭，畅通无阻。这个"至柔"是什么东西？前人举了水、空气等。马恒君说是"人的思想活动、精神活动"。

马恒君引用庄子在《在宥》中的说法：

老聃曰，女慎，无撄人心。人心排下而进上，上下囚杀，淖约柔乎刚强，廉刿雕琢，其热焦火，其寒凝冰。其疾俯仰之间而再抚四海之外。其居也，渊而静；其动也，县而天。偾骄而不可系者，其惟人心乎！

意思是说：

老子讲过，你可要小心，不要去挑逗人心。人心都是排下进上，上下杀害。看着柔顺却能胜过刚强，有棱有刃，能刻能削，热如烈火，寒如凝冰。要快起来，俯仰之间就能在四海之外打个来回，静止的时候渊深静谧，活动起来悬腾上天。亢奋骄纵不可约束的，恐怕只有人心吧。

"无有入于无间。"无有，无与有，无与有可以是有物质形态的，也可以是没有物质形态的。无间，没有间隙。能进入没有间隙的东西唯有人的思想。人的思想也是"无"与"有"的矛盾的对立。老子认为思想具有比物质更大的力量，为他提炼句名言"思想就是力量"应当不为过。只不过老子把思想称为"民心"。句谓："无"与"有"可以进入没有间隙之处。也就是说，只有思想这种非物质的、无形的东西可以自由进入任何地方。

"吾是以知无为之有益。"句谓：我因此知道了顺应自然而为的好处。思想可以自由穿梭是一种自然现象，这种现象不以人的意志为转移。任何人都无法阻止思想的传播。后人为了阻止思想的传播，搞什么"焚书坑儒""文字狱""统一思想"，那都是徒劳的，只是使思想传播速度减慢，社会也放慢进步的速度而已。

"不言之教，无为之益，天下希及之。"不言之教，顺应自然的教化；无为之益，顺应自然而为的益处；希，少有。句谓：顺应自然的教化，顺应自然而为的益处，世上的东西少有能比得上的。

老子在第二章中说"是以圣人处无为之事，行不言之教"，能够达到这两者的就是圣人，因此，在社会上流传的各种思想中，没有比这两者更好的了。因为，这两者本身就符合思想自由的规律。这也反映了老子认为在思想自由的竞争中自己的思想一定能够胜出的信心。可惜，后来的社会不是让思想自由竞争，而是由官方利用精神和物质奖励甚至杀戮进行主导，汉武帝推行以经过董仲舒改造的儒学为核心的"举孝廉"的干部选用制度，规定学习儒学以外的知识分子一律不得当官。从隋朝发端的以官方解读的儒学理论为指导的科举制度、对孝子节妇的精神奖励制度和"文字狱"等，使老子学说在古代中国社会逐步边缘化。由此形成的后果：一是许多知识分子认为儒学才是中国古代最先进的文化，是最适合古代中国的文化。他们全然不知道，儒学文化是经过不断改造而成为越来越适合封建专制制度的，孔子的儒学和汉武帝认定的儒学已经不完全是一回事。二是《老子》的阐释者发生了变化。秦始皇"焚书坑儒"是个分水岭。汉以前阐发《老子》最著名的是庄子和韩非。庄子继承和发展了老子的思想，韩非歪曲老子的思想而自成法家体系。汉武帝禁止学习儒学以外的知识分子当官后，虽然河上公和王弼对《老子》的研究卓有成就，但《老子》阐释者大体为释道儒三家。道家为了求生存而借道家名义发展成为重生、贵生，以成仙得道为最终目的的道教之后，才在释道儒三家中占得一席之地。

后世对于《老子》的阐释大多带有阐释者原来的思想烙印，难以完全正确地理解老子的思想体系。他们大多认为，老子的思想是消极的、退让的，对于七十章以后批判暴政、建设和谐社会的思想视而不见。他们不能理解《老子》一书是为批评当时流行的治国理论而作，而且，既不能认识到老子时代流行的治国理论的错误，又不深入研究当时天下大乱的原因。更为重要的是，老子认为真理是无限的，社会会不断进步发展，而他们认为真理已经穷尽，人类已经建立了最完美的社会制度。他们只会认为，凡是历史上的选择都是正确的，历代治国者选择儒学作为治国理论天然正确。他们不会认识到治国者选择儒学，不是"无为"的结果，而是"为"的结果。由于长期接受专制文化教育，他们无法理解老子提出的幸福自由的和谐社会是怎么回事，更不能理解《老子》是一部以"尊道贵德，反对暴政，建设和谐社会"的巨著，甚至把老子所反对的，当作老子所支持的。

王安石在点评《老子》第十一章的"有"与"无"的关系时说：

"无"之所以为天下用者，以有礼、乐、刑、政也。如其废毂辐与车，废礼、乐、刑、政于天下，而坐求其"无"之为用也，则亦近于愚矣。

意思是：

老子说的"无"之所以被天下人认为有用，是因为有礼、乐、刑、政这些玩意。如果车子没有毂辐，就等于天下没有了礼、乐、刑、政，却要说"无"是有用的，这就愚蠢了。

老子在第三十八章中说："夫礼者，忠信之薄，而乱之首也。"王安石却鼓吹："没有毂辐，哪有什么车子？没有礼、乐、刑、政，哪有什么天下？"是故意曲解《老子》还是根本没有读懂《老子》？

老子相信"思想的力量"，但是思想在专制权力面前有多少力量呢？

〰️ **本章校定**

天下之至柔，驰骋天下之至坚。无有入于无间。吾是以知无为之有益。不言之教，无为之益，天下希及之。

～♨本章今译

　　天下最为柔软的东西，能在最为坚硬的东西里穿梭，畅通无阻。"无"与"有"可以进入没有间隙之处。我因此知道了顺应自然而为的好处。顺应自然的教化，顺应自然而为的益处，世上的东西少有能比得上的。

名与身孰亲？身与货孰多？得与亡孰病？是故甚爱必大费，多藏必厚亡。知足不辱，知止不殆，可以长久。

研　读

老子在第十三章中提出正确处理生命和天下的关系问题，"贵以身为天下，则可寄于天下；爱以身为天下，乃可托于天下"。本章承接第十三章论述生命和名利的关系。

"名与身孰亲？"名，名利；身，生命；孰，表选择的疑问代词，在列举的几种情况中挑选出一种。句谓：名利和生命哪一个更为珍贵？

"身与货孰多？"货，财富；多，贵重。句谓：身体和财富哪一个贵重？在古代中国就业门路单一，要出名，就去治国或者替治国者打工，成为治国者或替治国者打工就会有名利，有名利就会有财富，所谓"升官就能发财"是也。但是，升官的过程就是一个明争暗斗甚至付出生命代价的过程，到底应该如何取舍？大多数人在书面上答题时是清醒的，但在生活中却迷糊了。

"得与亡孰病？"得，获得；失，失去；病，有害。句谓：得与失哪一样更有害？如果完整地表述，这一句应该是：得到名利财富与失去生命哪一个更有害？

"是故甚爱必大费。"是故，马王堆出土帛书《老子》甲乙本中无此两字，而下文"知足不辱"句首有"故"似更符合语法，删去此两字似较妥；甚，过分；爱，爱惜；费，耗费，引申为代价。句谓：过分爱惜名利财富就会付出很大的代价。

"多藏必厚亡。"藏，收聚敛藏；厚，多的意思；亡，损失。句谓：收藏越多，损失就会越大。河上公说："生多藏于府库，死多藏于丘墓；生有攻劫之忧，死有掘冢探柩之患。"意思是说，活着的时候很多财富藏在库房里，死了后，很多财富藏在陵墓里；活着担心盗贼抢劫，死了忧虑有人盗墓。

"知足不辱，知止不殆，可以长久。"据马王堆出土的帛书，句首有"故"字，似更符合语法。故，所以。此三句为全章总结。辱，受辱；殆，危险。句谓：所以，知道满足就不会受辱，知道适可而止就不会有危险。这样才可以保持长久。

按老子原意，并不是完全不要名利财富，而是都要自然而为，在不危害生命的前提下，追求名利财富也无不妥，因此，老子不是鼓吹安贫乐道，无所作为之类。

在对待财富的问题上，孔子和老子的态度倒是一致的。《论语·学而》中记载，子贡曰："贫而无谄，富而无骄，何如？"子曰："可也。未若贫而乐，富而好礼者也。"孔子从不反对百姓致富，而是认为贫富差距是客观存在，只要富者"好礼"，贫者就能"乐"，社会就会和谐，而使富者"好礼"的办法，就是让富者接受教育。"好礼"，按照现代人的追求，可以解读为"追求真理"。世界上许多追求真理的著作出自富人之手。法国启蒙思想泰斗伏尔泰可在当时法国财富榜上排名前二十，被誉为"高贵的商人"。紧跟孔子探索真理的子贡是当时的天下首富，被后世尊为"财神"。现代人一提到老子、孔子，就是一副"安贫乐道"的形象，与老子、孔子的财富理念不符，而且，与他们的生活状况也不符。老子长期担任周王室的图书管理员，中产或准中产的生活水平应是有的。孔子的贫困发生在周游列国的途中，那只是暂时的困难，不是家中贫穷。

老子和孔子的财富观是有区别的。老子主张尊道而致富，孔子主张致富而后"好礼"。显然，老子的要求更高。老子认为，在追求财富的过程中要遵道而行，不符合道的财富就不要贪心了。孔子认为，人在追求财富的过程中可能会做一些错事，但是，富了之后，就不要再犯错误了。能够达到老子的标准最好，如果不行，如能像孔子说的那样，也不错。

本章校定

　　名与身孰亲？身与货孰多？得与亡孰病？甚爱必大费，多藏必厚亡。故知足不辱，知止不殆，可以长久。

本章今译

　　名利和生命哪一个更为珍贵？身体和财富哪一个更贵重？得到名利财富与失去生命哪一个更有害？过分爱惜名利财富就会付出很大的代价；收藏越多，损失就会越大。所以，知道满足就不会受辱，知道适可而止就不会有危险。这样才可以保持长久。

大成若缺，其用不敝；大盈若冲，其用不穷；大直若屈；大巧若拙；大辩若讷。躁胜寒，静胜热，清静为天下正。

研　读

这一章看似易懂，其实费解。大，就是大小的大吗？也对，也不对。大小当然有别。但是什么最大？而且，老子在第二十五章中说，道也可"强为之名曰大"。因此，本章中的"大"应是道。老子在第六十七章中说"世人皆谓我道大，似不肖"。只有像"道"那么大，才什么都不像了，才是真正的"大"。

"大成若缺，其用不敝。"成，具备，《诗·齐风·猗嗟》中说"仪既成兮"；敝，陈旧；不敝，不陈旧，不陈旧就能不断出新，老子在第十五章中说"夫惟不盈，故能敝而不新成"。句谓：真正完满的东西好像有缺失，但是，用起来能够不断出新。这样的"大成"只有道才能具备，因此，应当"人法地，地法天，天法道，道法自然"。道看不见，但是，道的功能是无限的。从老子哲学的角度而言，所有的科学发现都来自于对道的认识的不断深化。由于道是无限的，人类的科学发现也必定是无限的。当然，这一原理对于人类社会也是适用的。

"大盈若冲，其用不穷。"盈，充满；冲，虚；穷，尽。句谓：大的充盈好像虚空不足，但是，用起来不会穷尽。道，是宇宙，宇宙充盈但看起来虚空不足，而资源是不可穷尽的。当然，"资源"不限于人类可见的物质，更重要的是各种规律、方法等。

"大直若屈。"直，不弯曲，公正，正派；屈，弯曲。老子认为正直并不是无所顾忌，强调凡事适可而止，其在第五十八章中说"直而不肆，光而不耀"。句谓：最正直的东西好像是弯曲的。老子在第二十二章中说"曲则全，枉则直"，正直而不弯曲的东西是不存在的。

"大巧若拙。"拙，笨拙。句谓：最灵巧的东西好像是笨拙的。道产生出万物，是最灵巧的，但道我们看不见、听不到、摸不着，无法觉察到它"拙"。以太阳为例，可以看到这个特点。太阳对于地球而言，并不转动，是地球围绕太阳公转和自转，我们每天看到的太阳似乎并没有什么大的变化，相比较而言，太阳是"拙"的，又是"灵巧"的，但它的表现方式"若拙"。如果没有太阳，地球就是荒凉之地，不会有生命。

"大巧若拙"这句话对中国的文学艺术产生了极大的影响。傅山提出了"宁拙毋巧、宁丑毋媚、宁支离毋轻滑、宁真率毋安排"的书法美学观，其中的"宁拙毋巧"应按照"大巧若拙"的哲学原理去理解。正是由于"拙"，才会变化无穷，才能叫"大巧若拙"。如果写得像馆阁体一样，千篇一律，毫无变化，就是真正的"拙"，不是"若拙"；要像魏碑那样，看似不规范，显得有些"笨拙"，但是，千变万化，才可以称得上真正的"若拙"。不能分辨真拙与若拙，不能分辨真丑与若丑，就会拙，就会丑。

"大辩若讷。"讷，出言迟钝。句谓：最善于辩论的人好像出言迟钝。辩论的时候，要点就是那么一些，用不着反反复复申辩，也不在于先说还是后说，只要抓住要点，在适当的时机讲清自己的观点就可以了。从道的角度来说，道从来不发言。当然，人从来不发言肯定做不到，但要向道学习，尽量少发言，每次发言抓住要点。

"躁胜寒，静胜热，清静为天下正。"躁，运动；清静（《史记·老子韩非子列传第三》："李耳无为自化，清静自正。"），意为"不烦扰"，就是"不折腾"；正，安定。句谓：运动可以战胜寒冷，安静可以耐热，不折腾就可以使天下安定。老子的意思是，事物对立，双方都有其各自的作用，不能不看具体情况认为动一定比静好，也不能认为静一定比动好，因此，对于客观存在的对立的双方不应该进行人为的干预，圣人只要顺应自然的变化即可。当然，治理天下就是以静为好，不要折腾。

圣人能够顺应自然变化的前提是，圣人具有道一样的"大成""大盈""大巧""大直""大辩"。圣人只要能够做到像"道"一样，就能"清静"，天下就能一切正常。因为，道从来不忙忙碌碌，不天天折腾，而万物自由自在地成长。

〜本章校定

　　大成若缺，其用不敝；大盈若冲，其用不穷；大直若屈；大巧若拙；大辩若讷。躁胜寒，静胜热。清静为天下正。

〜本章今译

　　真正大的具备好像有缺失，但是，用起来能够不断出新；大的充盈好像虚空不足，但是，用起来不会穷尽；最正直的东西好像是弯曲的；最灵巧的东西好像是笨拙的；最善于辩论的人好像出言迟钝。运动可以战胜寒冷，安静可以耐热，不烦扰就可以使天下安定。

天下有道，却走马以粪；天下无道，戎马生于郊。罪莫大于可欲，祸莫大于不知足，咎莫大于欲得。故知足之足，常足矣。

研　读

老子从来不主张治理国家，"无为而治"是后人总结的术语，并没有得到老子的许可。用"建设"代替"治理"可能更符合老子原意。老子建设天下的核心理念是"天下有道"。战争的起源在于治国者的贪欲。治国者产生贪欲的根源在于"天下无道"。

"天下有道。"这句话后来成为常用的口头语，但是，后人的意思与老子的意思并不相同，后人只是借用老子的用语而已。道字自古以来就有不同的含义，《管子》中讲"道"，《孙子兵法》中讲"道"，孔子也讲"道"，他们的"道"与老子的"道"不是同一个"道"。后人的意思是天下治理得好就是"天下有道"，而老子的本意是依道治理天下，而且只有依道治理天下才能治好。不依道治理天下，所谓的"天下有道"只是相对的，如后世认为的"贞观之治"之类被认作"天下有道"，只是这个时代比许多时代治理得好，比这个时代治理得差的，就被认为"天下无道"，这与老子说的"天下有道"风马牛不相及。有道，可以理解为依道运行。句谓：如果天下依道运行。

"却走马以粪。"却，退，退还的意思；走，跑；走马，指快马，犹骏马；粪，耕种用的肥料。句谓：把骏马还给农民拉肥料。如果天下依道运行就没有战争，骏马的用武之地在农村。

"天下无道，戎马生于郊。"戎马，战马；郊，两国相交的边境称"郊"，也指战场；生于郊，按字面理解，就是母马在战场上生产。实际指战争发生后，所有的马匹全部上前线，没有马匹服务于农业生产，经济严重受损。句谓：如果天下不依道运行，母马就会在战场上生产。

按照老子的说法，天下依道运行了，天下无战事；发生战事，就是天下没有依道运行。所谓的"贞观之治"时代，四川一带爆发农民战争，李世民对高句丽的战争持续了二十多年。这个时代虽然符合后人"天下有道"的标准，但与老子的"天下有道"不相关，反而属于老子说的"天下无道"时代。

"罪莫大于可欲，祸莫大于不知足，咎莫大于欲得。"这三句各种版本的排序不太一样，在郭店竹简本中为"罪莫大于可欲，咎莫大于欲得，祸莫大于不知足"，"不知足"与下文"故知足之足"相连，似更符合老子的语言习惯和逻辑关系。故次序调整为"罪莫大于可欲，咎莫大于欲得，祸莫大于不知足"。罪，罪恶；可欲，欲望；咎，灾害；欲得，贪心；祸，祸害。句谓：最大的罪恶就是纵欲，最大的灾害就是贪心，最大的祸害就是不知足。这三句概括了当时人类社会一切灾难的根源。当时人类的灾难都由治国者的贪欲而起。战争的发生，更是源于治国者的贪婪。人祸的危害远远大于天灾。

"故知足之足，常足矣。"常，马王堆出土帛书《老子》甲乙本中均作"恒"，当是，永远。句谓：所以，懂得满足的这种满足，是永远的满足。

胡寄窗在《中国经济思想史》中说：

寡欲的具体表现是知足。老子学派把知足看得十分重要，以为知足可以决定人们的荣辱、生存、祸福……不仅此也，他们并将知足作为从主观上分辨贫富的标准。如知足，则虽客观财富不多而主观上亦可自认为富有，"知足者富""富莫大于知足"。因此知"足"之所以为足，则常足矣，常足当然可以看作富裕。反之，客观财富虽多，由于主观的不知足，贪得无厌，能酿成极大的祸害。从这里可以看出，老子的财富观取决于主观的知足与不知足，也即取决于"欲不欲"，所以带有唯心主义色彩。但他们很重视客观刺激对产生欲望之作用。如他们说"乐与饵，过客止"。寡欲和知足是不可分割的，未有能寡欲而不知足者，亦未有不寡欲而能知足者。老子提出寡欲、知足，对当时当权贵族的无厌欲求是一个强烈的抗议。

对老子的言论寻章摘句进行评论，是一个常见的现象。这种现象的出现，原因非常复杂，有自身的学术背景的原因，也有对老子写作背景如何理解的原因，还有对老子的理论的核心观点如何理解的原因。胡寄窗以老子本章言论得出老子对于贫富的看法及认定老子具有唯心主义色彩，与他的学识、所处时代的主流研究方法密切相关。老子所处的社会贫富差距很大，战争频仍，这是无疑的，但是，把形成这种局面的根源只是归于治国者的贪欲，恐怕是未看到老子思想的本质。什么是寡欲？没有确切的标准。有的治国者有一百个欲望，有的治国者只有五十个欲望，后者是不是就"寡欲"了？

老子的思想的核心是"道""德"两字。《老子》下篇论"德"，老子把贪欲作为一个问题在下篇中提出来，是认为贪欲无"德"，无"德"的根本是没有"惟道是从"。如果把"知足"只看作对占有财富的欲望的克制并不准确，"知足"是指人的欲望要符合"道"，老子在第十二章中说"五色令人目盲，五音令人耳聋，五味令人口爽，驰骋田猎令人心发狂，难得之货令人行妨"，治国者的欲望背离了"道"，就是贪欲，是人类灾难的根源。因此，治国者要懂得满足，什么叫懂得满足？就是这种满足是符合道的规定的，这才是永远的满足。

本章校定

> 天下有道，却走马以粪；天下无道，戎马生于郊。罪莫大于可欲，咎莫大于欲得，祸莫大于不知足。故知足之足，恒足矣。

本章今译

如果天下依道运行，就会把骏马还给农民拉肥料；如果天下不依道运行，母马就会在战场上生产。最大的罪恶就是纵欲，最大的灾害就是贪心，最大的祸害就是不知足。所以，懂得满足的这种满足，是永远的满足。

第四十七章

不出户，知天下；不窥牖，见天道。其出弥远，其知弥少。是以圣人不行而知，不见而名，不为而成。

研　读

老子认为，道的含义之一是规律。本章论述如何发现规律，其实也是论述一种研究哲学的方法。

"不出户，知天下。"户，门。句谓：不出门，就知道天下大势。有人以此认为老子的认识论是先验论，这未必正确。一个人读万卷书，可能看见的就是眼前的那几句；一个人行万里路，可能看见的就是头上的那一片，未必能认识天下大势。当然。老子说"不出户"并非真的不出门，而是说，不需要到处视察、考察、调研。视察看到的情况，往往是只有视察者假装相信是真的而已。庄子在《则阳》中说：

柏矩向老子学道，一天向老子请求："我想到天下去游历游历。"老子说："算了吧，天下和这里是一样的。"柏矩又来请求。老子说："你要从哪里开始？"柏矩说："从齐国开始。"到了齐国，见到一个暴尸街头的囚徒，他把僵尸推倒放平，脱下自己的朝服盖在尸体上，呼天号地地哭："你呀，你呀，天下有大灾，偏偏让你先赶上了。人们说不要做强盗，不要杀人，这都是因为树立了荣辱观，然后才分出怎么做是不好的，怎么做是好的；财富敛聚在少数人手里，然后才发生争抢。现在的社会，树立了不好的观念，敛聚了争抢到手的财富，把人搞得穷困潦倒，使人们没有个缓解的时候。要想人们不抢不杀可能吗？古代的治国者，把功劳都算在百姓头上，把失误都算在自己头上；把正确都算在百姓身上，把过错都算在自己身上。所以，有一个人死了，就回去自责。现在却不是这样。掩盖事实的真相却指责愚民无知，制造困难而归罪于人民不敢做，加重任务而处罚那些力不胜任的人，延长路程而诛杀那些走不到的人。百姓智慧力量用尽了，就只好弄虚作假。天天生活在虚假里，百姓怎么会不作伪？力量不足就会作伪，智慧不足就会欺诈，财物不足就会偷盗。盗窃成风，该责备谁呢？"

老子为啥不支持柏矩到各国游历？因为老子认为，不依道治国的结果都是一样的，由此产生的问题具有普遍性，不需要到处考察就能得出结论。

"不窥牖，见天道。"牖，窗；天道，就是天的运行规律。句谓：不看窗外，就能了解天的运行规律。天的运行规律不是看窗外就能发现的。一个人天天盯着窗外看一辈子，未必能发现地球围绕太阳公转的规律。老子在第十四章中说"执古之道，以御今之有"，就是说大道自古以来就存在，只要掌握了大道就能指导现在的实践。

"其出弥远，其知弥少。"弥，越，更加。句谓：一个人出门越远，知道的越少。这里的"知道"，是知"天下大势"和"天的运行规律"。老子不是说不出门，而是不要天天在外面跑。一个人马不停蹄地跑一辈子，未必能发现地球是圆的。有的人跑到欧美看了一圈，认为欧美就是大农村，远不如我国现代化程度高。老子的意思是要学会思考，要能够针对眼前的事物进行思考，如同庄子在《则阳》中借老子的口说"天下犹是矣"，告诉读者不论跑到哪里看到的都是一样的。为什么这样说？哲学研究的就是普遍性，只有全天下看到的都是一样的才具有普遍性。在他国被认为是真理的，在这国也应是真理。真理不会因为国别不同而有所不同。如果真理因国别而异，就不是真理。伟大的哲学家康德一辈子没有离开过葛底斯堡，提出了"星云假说"，写了几大部哲学著作，这是不是为老子的这两句话做出了最好的注解？其实，老子除了晚年出关，也没有周游列国。周游列国是有钱又有闲的人才能干的事。他一生担任图书管理员，可能有点钱，但肯定没有闲。庄子一辈子在漆园当管工，经常缺钱，曾有向人借钱而不得的记录，可能会在农闲季节，偶尔出去会会朋友。孔子钱不多，有闲，周游列国，不是为了发现真理，是为了找一份能赚钱的工作，在工作中推行自己发现的真理，使自己不闲着。

"是以圣人不行而知，不见而名，不为而成。"不，通"无"，如"不为"，应是"无为"，不能把"不为"理解为"不作为"，同理，不能把"不行"看作"不行动"，把"不见"看作"不看见"。不为，是顺应自然而为，同理，不行，是顺应自然而行；不见，是顺应自然而查看。老子在第一章中说"玄之又玄，众妙之门"，即道是研究真理的方法，因此，圣人以道的方法研究世界，在行为上是依道而行动，在观察上是依道而观察，唯有依道才能成功。名，在《韩非子·喻老篇》作"明"，应是。老子在第十六章中说"知常曰明"，认识到万物的循环发展和变化是永恒不变的规律，才能称为"明"。这三句的意思是：所以，圣人依道而行动就能感知天下大势，依道而观察就能掌握规律，依道而为就能取得成功。

老子本章提出的是研究哲学的方法，未必适用于其他学科，但对其他学科有一定的指导意义。比如，毕达哥拉斯最早提出了"地球是圆的"的理论，毕达哥拉斯并没有跑遍全球才提出这个问题，类似于老子说的"不出户"。后来，麦哲伦航海证明这一理论的正确性，如果像老子说的"不出户"，当然没法证明地球是圆的，但麦哲伦解决的是地理问题，不是哲学问题。

本章校定

不出户，知天下；不窥牖，见天道。其出弥远，其知弥少。是以圣人不行而知，不见而明，不为而成。

本章今译

不出门，就知道天下大势。不看窗外，就能了解天的运行规律。一个人出门越远，知道的越少。所以，圣人依道而行动就能感知天下大势，依道而观察就能掌握规律，依道而为就能取得成功。

为学日益，为道日损。损之又损，以至于无为。无为而无不为。取天下常以无事，及其有事，不足以取天下。

研　读

本章论述天下如何从由"为学"者治理转变为由"为道"者治理。"道""学"不两立，"为学"者乱天下，"为道"者正天下。

"为学日益，为道日损。"关于"为学"。历来注解很多，如冯友兰在《中国哲学史简编》中说：

> "为学"就是求对于外物的知识。知识要积累，越多越好，所以要"日益"。"为道"就是对道的体会。道是不可说，不可名的，所以对道的体会是要减少知识，"见素抱朴，少私寡欲"，所以要"日损"……。
>
> 《老子》并不完全不要知识，所以他要用观的方法去求对外界的知识。他认为，为道要日损，为学要日益，但是所损所益并不是一个方面的事。日损，指的是欲望、感情之类；日益，指的是积累知识的问题。这两者并不矛盾，用我的话说，为道所得的是一种精神境界，为学所得的是知识的积累，这是两回事。一个很有学问的人，他的精神境界可能还是像小孩子一样天真烂漫，用《老子》表达的方式，一个人也应该知其意，守其损。

冯友兰关于"为学"和"为道"的解释未必准确。其实，这个问题，我们现在已知的第一个注解《老子》的河上公就讲清楚了："'学'

为政教、礼乐之学；'日益'者，情欲文饰，日以益多。"学，就是除了道之外的学问，这些学问，使政教、礼乐之类越来越复杂，导致人的欲望越来越多，繁文缛节越来越多，因此，老子在第二十章中提出"绝学无忧"，抛弃这些学问，人类才可没有忧患。这些学问产生的原因，老子在第十八章中说"大道废，有仁义；智慧出，有大伪；六亲不和，有孝慈；国家昏乱，有忠臣"；在第三十八章中说"失道而后德，失德而后仁，失仁而后义，失义而后礼。夫礼者，忠信之薄，而乱之首也。前识者，道之华，而愚之始也"。"为学日益"就是违道的结果。"为道"，就是要"日损"，即消除政教、礼乐之类，恢复到人的质朴状态。因此，如果为学，政教、礼乐就会日益繁多；如果为道，政教、礼乐就会逐渐消除。

司马迁在《史记·老子韩非列传》中说：

世之学老子者则绌儒学，儒学亦绌老子。"道不同不相为谋"，岂谓是邪？李耳无为自化，清静自正。

绌，通"黜"，排斥；李耳，老子姓李，名耳，字聃。句子意思是：

社会上的知识分子学习老子的学问的，就排斥儒学；学习儒学的就排斥老子的学问。"道不同不相为谋"，难道说的就是这个意思？老子的学问的核心就是八个字"无为自化，清静自正"。

道儒互相排斥的风气不知是什么时候形成的。把道家的理论体系与别家的理论体系进行严格区分，是老子首先提出来的。被老子列为"为学"的并非只是儒家，"为学"的是除了道家以外的各家。因为老子坚持真理的唯一性，在"为学"和"为道"的区别上不会含糊。史上最成功的治国者周公旦、管仲都不入他的法眼。

句谓：为学者治国，政教、礼乐之类一天天复杂；为道者治国，政教、礼乐之类一天天删繁就简。

"损之又损，以至于无为。"句谓：政教、礼乐不断减少，逐步达到顺自然而为的境界。当时，全是"为学"者治理天下，这是老子画出的从由"为学"者治理天下转变为由"为道"者建设天下的路线图。

"无为而无不为。"句谓：只要达到顺应自然而为的境界，就没有什么事情做不成了。这句是重申"为道"者治国的好处。

"取天下常以无事。"取，取得或者治理，既然取得天下就要治理天下；常，马王堆出土帛书《老子》甲乙本均作"恒"，当是，永远；无事，如同无为，顺应自然而为是"无为"，符合自然而发生的事就是"无事"。句谓：不论是取得天下的治理权还是治理天下，永远要顺应自然。老子反对以暴力和阴谋取得天下及天下的治理权，在第十三章中说"贵以身为天下，则可寄于天下；爱以身为天下，乃可托于天下"。而且，老子认为，从本质而言，任何人都只有天下的治理权而没有所有权，因此在第二十九章中说"天下神器，不可为也，为者败之，执者失之"。

"及其有事，不足以取天下。"及，至，等到；有事，如同"为"，违道而行称"为"，故违道行事称"有事"；不足以，不配。句谓：等到违道行事，就不配取得天下的治理权。

～ 本章校定

为学日益，为道日损。损之又损，以至于无为。无为而无不为。取天下恒以无事，及其有事，不足以取天下。

～ 本章今译

为学者治国，政教、礼乐之类一天天复杂；为道者治国，政教、礼乐之类一天天删繁就简。政教、礼乐不断减少，逐步达到顺应自然而为的境界。只要达到顺应自然而为的境界，就没有什么事情做不成了。不论是取得天下的治理权还是治理天下，永远要顺应自然。等到违道行事，就不配取得天下的治理权。

　　圣人无常心，以百姓心为心。善者吾善之，不善者吾亦善之，德善。信者吾信之，不信者吾亦信之，德信。圣人在天下，歙歙为天下浑其心，百姓皆注其耳目，圣人皆孩之。

研　读

　　本章承接第四十六章，论述圣人如何在天下推行大道，反映了老子自下而上的民主思想和治国者应当主动接受百姓监督的思想。

　　"圣人无常心。"马王堆出土帛书《老子》乙本中此句为"圣人恒无心"，应是。句谓：圣人永远没有自己的主观成见。

　　"以百姓心为心。"句谓：把老百姓的意见当作自己的意见。老子在第十七章中说"功成事遂，百姓皆谓我自然"，认为百姓最有真正的智慧。因此，圣人治理天下，不是做老百姓的导师，而是善于以百姓为师。圣人要顺自然而为，最能发现自然规律的是百姓，这就与儒家有明显的区别。孔子主张"道之以政，齐之以刑，民免而无耻。道之以德，齐之以礼，有耻且格"，到了张载更发展出"为天地立心，为生民立命，为往圣继绝学，为万世开太平"的救世主式的横渠四句。

　　"以百姓心为心"的前提是开放言路。如果"国人莫敢言，道路以目"，治国者还自以为自己是百姓意见的代言人，即与老子的思想背道而驰。

圣人"以百姓心为心",反之,能"以百姓心为心"的就是圣人。圣人不会从天而降,也许人类可以"创造"圣人。"创造"圣人的办法就是建立一种迫使治国者必须"以百姓心为心"的制度,反之就要承担后果。同时,要创立一种机制,在每个百姓之"心"能够真正自由表达的基础上形成共识,圣人以这种共识为"心"。老子没有意识到这个问题的重要性。他认为,治国者只要认真"为道",就能成为圣人,不需要制度设计。

"善者吾善之,不善者吾亦善之。"老子在第二十七章和第六十二章中都有"善人""不善人"之分,本章中的"善者"和"不善者"应与前两者相同。句谓:好人,我善待他;不好的人,我也善待他。

"德善。"德,通"得",有的版本就作"得善"。句谓:形成一种人人向善的社会风气。

"信者吾信之。"信者,相信道的人,老子在第二十一章中说:"其精甚真,其中有信",道是可以信验的;后一个信,信任。句谓:相信道的人我信任他。

"不信者吾亦信之。"不信者,不相信道的人。句谓:不信道的人我也信任他。

"德信。"德,通"得",有的版本作"得"。句谓:形成人人相信道的社会风气。

"善者吾善之,不善者吾亦善之,德善。信者吾信之,不信者吾亦信之,德信。"这两句犹如《圣经》中的"爱你的敌人",因此,各民族的文化精神有相同处,但又有不同处。《圣经》将一切归功于上帝,老子从来不归功于圣人,反而认为"功成事遂,百姓皆谓我自然",在两千多年前就认识到人民群众的伟大力量。

"圣人在天下。"这句的意思是圣人治理天下。当然这是现代的用语。老子主张无为,更不会主张"治理天下"。庄子在《在宥》中说:"闻在宥天下,不闻治天下。"意思是,只听说要让天下自在宽松,没听说过还要治理天下。但在当代汉语语系中,如不把"在"翻译成"治理",似乎找不到对应的词语。陈鼓应将此句译为"圣人在位"。"在位"使人联想到皇帝的统治。马恒君干脆不翻译,直接引用。如果结合第四十六章中说的"天下有道"来理解,这一句可以解释为:圣人在天下推行大道。

"歙歙为天下浑其心。"歙，收敛，马王堆出土帛书《老子》甲乙本中为"歙歙焉"；为天下，为天下百姓；浑，混同。此句历来说法较多，"歙歙"两字有多种异文，王弼本先作"歙歙"，后来学者大多采用。从语法而言，这句可能是倒装句，即"为天下歙歙焉浑其心"。句谓：为了天下百姓，收敛自己的主观意见，使自己的意见与天下百姓的意见混同一致。老子在第十七章中说"功成事遂，百姓皆谓我自然"，建设和谐自由的天下，圣人顺应自然而为，尊重百姓的意见最重要。

"百姓皆注其耳目。"释德清说："百姓皆注其耳目者，谓注目而视，倾耳而听，司其是非而昭昭。"句谓：百姓的眼睛盯着圣人的行动，耳朵在倾听圣人的讲话。圣人的一言一行都在百姓的视线之内、听力之内，不要把百姓当作愚民，他们有明辨是非的能力。因此，圣人的言行应当如第十五章中所说的"豫兮，若冬涉川；犹兮，若畏四邻"，圣人要谨言慎行，要自觉接受百姓的监督。有的学者认为老子鼓吹愚民政策，恰恰相反，老子认为百姓比圣人更有真知灼见，反复告诫治国者，不要把百姓当傻子，别以为百姓嘴里赞扬治国者的话就是真心话。

"圣人皆孩之。"句谓：圣人对待百姓如同对待孩子。圣人和孩子计较什么呢？孩子有什么要求，尽管说。圣人不要求百姓把自己当作父母官。把治国者当父母，这是儒法两家合谋的结果。

老子对于建设美好社会的设想，是寄托在自觉修身的圣人身上的，这与儒家并无不同。把希望寄托在圣人身上，希望最后都会落空。经过董仲舒阉割和篡改的儒学成为治国理论之后，道家理论被边缘化，于是逐渐演变出两大流派，一派是五斗米教、太平道之类的武装割据理论和造反理论，另一派是炼丹求长生不老、驱鬼求平安的道教理论。

〰️ 本章校定

圣人恒无心，以百姓心为心。善者吾善之，不善者吾亦善之，德善；信者吾信之，不信者吾亦信之，德信。圣人在天下，歙歙焉，为天下浑其心，百姓皆注其耳目，圣人皆孩之。

〜 本章今译

　　圣人永远没有自己的主观成见，把老百姓的意见当作自己的意见。好人，我善待他，不好的人，我也善待他，形成一种人人向善的社会风气。相信道的人，我信任他，不相信道的人，我也信任他，形成一种人人相信道的社会风气。圣人在天下推行大道，为了天下百姓，收敛自己的主观意见，使自己的意见与天下百姓的意见混同一致。百姓的眼睛盯着圣人的行动，耳朵在倾听圣人的讲话，圣人对待百姓如同对待孩子。

第五十章

出生入死。生之徒十有三，死之徒十有三，人之生，动之死地亦十有三。夫何故？以其生生之厚。盖闻善摄生者，陆行不遇兕虎，入军不被甲兵，兕无所投其角，虎无所措其爪，兵无所容其刃。夫何故？以其无死地。

研 读

本章论述过度养生的危害。道是规律，治国有规律，养生也有规律，但是，过度养生不仅危害生命，而且危害国家。老子说的过度养生，都发生在治国者身上，养生的来源都是民脂民膏，过度养生是加剧社会矛盾的原因之一。养生最好的办法是生态和谐和社会和谐。老子为什么要论述养生？庄子在《让王》中说：

道之真以治身，其绪余以为国家，其土苴以治天下。

意思是：

真正的道用来修身，多余的部分用来治国，残渣用来治理天下。

"出生入死。"《韩非子·解老》："人始于生而卒于死，始之谓出，卒之谓入，故曰出生入死。"句谓：人从出生到死亡。

"生之徒十有三。"生，王弼说"取其生道，全生之极"，即人的自然生命周期；徒，人；生之徒，按照人的自然生命周期存活的人；十有三：大约十分之三。句谓：按照人的自然生命周期存活的人约占十分之三。

"死之徒十有三。"吴澄说："凡不以忧思嗜欲损寿，不以风寒暑湿致疾，能远刑诛兵争压溺之祸者，生之徒也。"反之，凡是因各种疾病、意外、灾害、战争、刑罚而短命的，称之为"死之徒"。句谓：因各种原因而非正常死亡的，约占十分之三。

"人之生。"马王堆出土帛书《老子》甲乙本为"人之生生"，按下文"以其生生之厚"，此处也应是"人之生生"。生生，养生。句谓：有人养生。

"动之死地亦十有三。"动，行动，这里指过分养生。老子在第四十七章中说"是以圣人不行而知，不见而明，不为而成"。"不行"才是遵道而行；动，就是违道而行。句谓：因过分养生而短寿的，约占十分之三。

"夫何故？"句谓：什么原因？

"以其生生之厚。"厚，多。句谓：因为养生过度。老子在第十二章中说"五色令人目盲，五音令人耳聋，五味令人口爽"，主张凡事不可过度。

"盖闻善摄生者。"盖，语气助词；摄生，养生。句谓：听说善于养生的人。

"陆行不遇兕虎。"兕，古代犀牛一类的兽名，《山海经》："兕在舜葬东，湘水南。其状如牛，苍黑，一角。"句谓：在陆地上行走不会遇到犀牛和老虎。

"入军不被甲兵。"入军，参军；被甲兵，受到兵器的伤害。句谓：参军不会受到兵器的伤害。

"兕无所投其角，虎无所措其爪，兵无所容其刃。"投，顶撞；措，加于，指抓人；容，接纳；兵无所容其刃，兵器没有接纳刀刃，指兵器不锋利，不能伤害人。句谓：犀牛无法用角顶撞，虎无法用爪抓人，兵器没有刀刃失去作用。

"夫何故？以其无死地。"句谓：为什么呢？因为他没有进入死亡的范围。

本章中自"盖闻善摄生者"至全文结束，不太好解释。为什么善于养生的人就不会进入死亡的范围呢？庄子在《达生》中说：

> 列子问关尹子："听说圣人潜入水里行走不会窒息，踩在火上而不热，行到万物的高端而不恐惧，请问为什么能达到这样的境界？"关尹子回答："这是保持住了天地纯真之气，不是什么智慧、技巧、勇敢之类的缘故。凡是具有容貌、形象、声音、颜色的都属于物。物与物之间怎么会差得太远？凭什么有的物能超过其他物？这不过是个表面现象罢了。物都是从无形中生出来的，然后停留在无所变化里。怎么会停留在作为物的这个过程里？他会处在恰如其分的分寸上，置身于无穷这个程序中，遨游在万物循环的机制里，使心性纯一，涵养正气，德性与天地相

合，自身与造化万物的自然相通。像这样的人，天性守得完全，精神没有漏缝，外物怎么会侵入呢？喝醉酒的人从车上掉下来，虽然也会受点伤，但不会死，骨节与正常人相同而受到的伤害不同，就是因为他精神完足。在车里他不知道，掉下车也不知道，死生惊惧都不存在心上，因此碰在东西上也不知道害怕。他因醉酒获得了精神的完全还能如此，更何况是天道本身的精神完足呢？圣人就是藏在天道里，所以没有什么东西能伤害他。报仇的人，不会去折断伤害过自己的宝剑。即使是爱记仇的人，也不会去怨恨被风吹下来碰上自己的瓦片。天下公平均等，没有攻战之乱，没有杀戮的刑罚，正是这种无心无为的道形成的。所以，不要开发立足于人自身的天性，而要开发立足于天道的天性。开发立足于天道的天性，就会养成有德之人，开发立足于人的天性，就会成为害人的贼。不满足于天道的修养，不厌恶天道，不忽视自我修养，百姓就差不多都能按真性办事了。"

关尹子是老子的朋友，也有人说是老子的弟子。老子应他的要求写成《老子》一书。庄子借关尹子的口说，养身不能违背道，只要人人具有符合天道的天性，生态就会和谐，人类社会就会和谐，就不会有相互伤害，既没有人与野兽之间的相互伤害，也没有人与人之间的相互伤害。西湖边的小鸟和松鼠不害怕游客，知道游客没有害它们之心。"陆行不遇兕虎"，是兕虎知道人类没有害它们之心，它们也就没有害行人之心。生态和谐和人类社会的和谐是最高的养生境界。用当代语言来说就是建设生态文明，科学养生。

本章校定

出生入死，生之徒十有三，死之徒十有三，人之生生，动之死地亦十有三。夫何故？以其生生之厚。盖闻善摄生者，陆行不遇兕虎，入军不被甲兵；兕无所投其角，虎无所措其爪，兵无所容其刃。夫何故？以其无死地。

～本章今译

　　人从出生到死亡，按照人的自然生命周期存活的人约占十分之三；因各种原因而非正常死亡的，约占十分之三；有人养生，因过分养生而短寿的，约占十分之三。什么原因？因为养生过度。听说善于养生的人，在陆地上行走不会遇到犀牛和老虎，参军不会受到兵器的伤害；犀牛无法用角顶撞，虎无法用爪抓人，兵器没有刀刃失去作用。为什么呢？因为他没有进入死亡的范围。

道生之，德畜之。物形之，势成之。是以万物莫不尊道而贵德。道之尊，德之贵，夫莫之命而常自然。故道生之，德畜之，长之育之，亭之毒之，养之覆之。生而不有，为而不恃，长而不宰，是谓玄德。

研　读

本章从论述道与德的关系出发，论及道与德在万物中的至尊至贵的地位。在老子的哲学语系里，道德不是一个词，而是两个既有联系又有区别的词。道是客观存在，德是符合客观的人的主观意识和行为。"尊道贵德"是《老子》一书的核心思想。老子主张在一切领域"为而不争"，不论修身、养生、治国、外交及军争。"为而不争"必以"尊道贵德"为前提。

"道生之。"道是万物的决定力量，万物由道而生化。一块地适合种什么作物、什么时节播种，都是由道决定的。我国江南地区，冬天播种麦子，春天播种水稻才会丰收，反其道而行之就会颗粒无收。老子在第四十二章中说"道生一，一生二，二生三，三生万物"，就是这个意思。句谓：道产生出万物。

"德畜之。"德，符合客观的人的主观意识和行为；畜，养育。老子在第二十一章中说"孔德之容，惟道是从"。我国江南地区，冬天播种麦子，春天播种水稻才能丰收，农民必须按照这个规律播种，这就是"德"。从广义上来说，具有"德"的并不局限于人类，应当是万物皆备。道的含义之一是规律，万物只有遵守规律才能生存发展。万物遵守规律就是"德"，"德"才能养育万物，如鱼生活在水里，鸟要生活在树上。鱼不能生活在树上，鸟不能生活在水里。庄子在《天地》中说："物得以生谓之德。"句谓：德养育万物。

道与德的关系，与物质和意识的关系相近似。道是客观存在，是第一性的；德是人的意识，是主观的，是第二性的。意识来自于物质，是由物质决定的。德来自于道，是由道决定的。不同的是，老子不承认德对道的反作用。人改变自然世界的情况有两种：一种是符合自然规律；一种是不符合自然规律。符合自然规律的行为不是德对道的反作用，而是依道而行；不符合自然规律的就是"为"，与德无关。

庄子在《天地》中说：

先生说："道，它居处沉寂犹如幽深宁寂的深海，犹如明澈清澄的清流。金石制成钟、磬这样的器物，得不到大道就不会鸣响，所以钟、磬之类的器物即使存在鸣响的本能，却也不敲不响。万物这种有感才能有应的情况是谁决定的？当然是大道！居于德的最高境界的人，是持守素朴的真情行事而以通晓琐细事务为羞耻，立足于大道的本质而智慧与神明相通。因此他的德行广大而又无所不包，他的心一旦运动起来，万物就会获得对自己有用的东西并产生反应。所以说，形体如不凭借道就不能产生，但形体如果没有德就不会有灵性。保全形体维系生命，建树盛德彰明大道，这岂不是居于德的最高境界的人吗？不正是广阔浩大啊！忽然生出，忽然而动，万物随之变化！这就是居于德的最高境界的人！幽暗深渺之中却能见到破晓时的光明，寂然无声之中却能听到万窍唱和的共鸣之音。幽深而又幽深能够从中产生万物，玄妙而又玄妙能够从中产生精妙。所以道与万物相接，虚空却能满足万物的需求，时时驰骋却又能制约万物的归宿。道的变化无处不在，无论大小、长短、远近。"

"物形之。"物，万物；形，形成。句谓：万物形成。

"势成之。"马王堆出土帛书《老子》甲乙本中均作"器成之"，当是。老子在第二十八章中说"朴散则为器"。器，具有具体用途的工具。势，形势。此句似与老子本意不符。句谓：有某种具体用途的工具就产生了。

"是以万物莫不尊道而贵德。"句谓：所以，万物没有不尊崇道而贵重德的。万物都依靠道与德而生长。

"道之尊，德之贵，夫莫之命而常自然。"常，在马王堆出土帛书《老子》

甲乙本中均作"恒"，当是。"自然"应当是"永恒"的，不会是"经常"的。句谓：道被尊崇，德被贵重，正是因为没有人命令它们行事而永远自然而然地运行。

"故道生之，德畜之。"句谓：所以道产生出万物，德养育万物。

"长之育之，亭之毒之，养之覆之。"长，生长；育，发育；亭之毒之，河上公本及多种古本作"成之熟之"，高亨说，"'亭'当读为'成'，'毒'当读为'熟'"，该句谓成熟之意；养，调养；覆，遮盖，此处指庇护。句谓：使万物生长发育，使万物成熟，使万物得到调养和庇护。

"生而不有，为而不恃，长而不宰，是谓玄德。""生而不有，为而不恃"，见第二章；"长而不宰"，见第十章。句谓：产生万物而不占有，使万物生长发育而不自恃有功，成就了万物而不为主宰，这是完全符合大道而幽深微妙的德行。

"生而不有，为而不恃"出现在第二章，该章讲道的特征。"长而不宰"在第十章和本章中出现，而且和"生而不有，为而不恃"连用，是强调人要学习道的品质，要善于克制成为"主宰"的欲望。道是客观的存在，没有能动性，不会产生欲望。"德"是人的行为，是意识，意识是主观的，具有能动性，治国者不要试图成为百姓的主宰，而是要充分保护百姓的天性，尊重百姓的自由权。

在老子看来，道、德是一体的。没有道，就没有德。道通过德得以显示出作用。如果没有德，道就不能显示自己的存在。但是，在道与德的关系的实际判断中可能会出现不同意见，即人的某种行为是否符合道的要求而可以称为德，由谁做出判断？老子在第四十九章中提到"圣人恒无心，以百姓心为心"，主张百姓说了算，但是百姓如何表达自己的意见？百姓怎样表达意见是有效的？治国者以代表百姓的意见自居，百姓又会怎样？老子没有说。也许，这已不属老子研究的范围了。

本章校定

道生之，德畜之，物形之，器成之。是以万物莫不尊道而贵德。道之尊，德之贵，夫莫之命而恒自然。故道生之，德畜之，长之育之，亭之毒之，养之覆之。生而不有，为而不恃，长而不宰，是谓玄德。

本章今译

道产生万物，德养育万物。万物形成，有某种具体用途的工具就产生了。所以，万物没有不尊崇道而贵重德的。道被尊崇，德被贵重，正是因为没有人命令它们行事而永远自然而然地运行。所以道产生出万物，德养育万物，使万物生长发育，使万物成熟，使万物得到调养和庇护。产生出万物而不占有，使万物生长发育而不自恃有功，成就了万物而不为主宰，这是幽深微妙之德。

天下有始，以为天下母。既得其母，以知其子。既知其子，复守其母，没身不殆。塞其兑，闭其门，终身不勤。开其兑，济其事，终身不救。见小曰明，守弱曰强。用其光，复归其明，无遗身殃，是谓袭常。

研 读

老子在第十四章中说："执古之道，以御今之有。能知古始，是谓道纪。"本章承接第十四章论述"古始"的重要性。道是在"古始"时代产生的，因此，人类认识道，就要回到"古始"时代。

"天下有始，以为天下母。"天下，天下万物；始，老子在第一章中说"无，名天地之始"，天下自此始，天下"无"时，道已有；母，根源，老子在第一章中说"有，名万物之母"，即万物由道产生出来；在第四十章中又说"天下万物生于有，有生于无"。句谓：天下万物都有本始，作为天下万物的母体。这个母体就是道。张岱年说：

在老子以前，似乎没有人注意到宇宙始终问题；到老子乃认为宇宙有始，是一切之所本。

可以说，老子首次提出了世界哲学史上的一个大问题。

庄子在《齐物论中》说：

什么样的认知是至高境界呢？认为宇宙的初始没有任何具体的物质，

这就是最彻底的认知，认识是到头了，无以复加了。

"既得其母，以知其子。"子，万物；知，认识。句谓：既然知道了万物的根源，就能认识万物。老子在第一章中说"故恒无，欲以观其妙；恒有，欲以观其徼。此两者同出而异名，同谓之玄。玄之又玄，众妙之门"，道不仅是万物之根源，是万物运动发展的规律，也是研究万物运动发展规律的方法。

"既知其子，复守其母。"守，保持，持守。句谓：既然认识了万物，如果重新回到道这个本原上来。认识万物的方法和认识道的方法是一样的，而且，认识万物的方法来自于道，因此，只要坚守认识道的方法，或者持守大道，就能认识一切事物。道是一切问题的起点，也是一切问题的答案。

"没身不殆。"没身，终身；殆，衰败。句谓：终身不会衰败。持守大道就能立于不败之地。

"塞其兑，闭其门。"塞，堵住；兑，口，奚侗说："《易·说卦》：'兑为口。'以身为凡有孔窍者可云'兑'。……塞兑，闭门，使民无知无欲。"闭，关上；门，门户。句谓：堵住出口，关闭门户。老子主张道是唯一的真理，人的思想要全力守护道，以道治国，以道指引人生，以道养身，以道进行国防建设，以道发展外交关系……在任何领域，任何时刻都不要偏离道。现在，有人把《老子》当作人生宝典、经营管理宝典、交友宝典，这都没错，只是怎么理解的问题。有人在企业管理中既讲《老子》又讲"狼性"就不可思议了。《老子》是一部充满人性光辉的巨著，人性永远高于所有的兽性。人既然从兽中分离而来，就要不断洗刷原有的兽性，而不是学习兽性。学习兽性，就会增强兽性，以至于最后回到野兽时代。

"终身不勤。"勤，辛劳。句谓：不需要终身辛劳。持守道就能顺应自然而为，不需要整日操劳，不需要废寝忘食，不需要夜以继日，不需要日理万机……

"开其兑，济其事，终身不救。"开，打开；济其事，犹言"济事"，即成事；救，救治。句谓：打开口子，自以为成事，那就终身不可救药了。老子在第四十八章中说"取天下恒以无事，及其有事，不足以取天下"，成事，不是现代人理解的事业成功，而应如奚侗所说："'开其兑'，则民多智慧；益其事，则法令滋彰，天下因以燔乱。"当然，这是对于治国而言，其实，凡事都一样。打开口子，就是人的思维偏离了道。人的思维偏离道之后，就会生出无穷无尽的事来，而对付这些事情所取得的结果，又被认为成就巨大。等于一个人自己砸了一口锅，费劲心思补好，忘了自己就是那个砸锅的，更忘了原来的新锅比现在的破锅不知好多少倍，反认为破锅更适合全家，自己是最伟大的补锅匠。

"见小曰明。"句谓：见，察见；小，细微，指细微的事物中含有的规律。句谓：能够在细微的事物中察见规律，就称得上"明"。老子在第十六章中说"知常曰明"，在第三十四章中说"大道泛兮"。大道无所不在，在细微的事物中也存在，要善于在细微的事物中发现大道，也就是要善于在自己眼前的事物中发现规律。

"守弱曰强。"强，《老子》中的强有两种含义：一种是生命力旺盛，如"自胜者强"；另一种是处于顶峰，如"柔之胜刚，弱之胜强"。此处是前者。句谓：守住柔弱才能称得上有强大的生命力。老子在第七十六章中说"坚强者死之徒，柔弱者生之徒"，柔弱处于生长期。马恒君认为老子讲"守弱"只是为了养生，恐不全面，如老子在第七十六章中说"兵强则灭"，在第七十八章中说"柔之胜刚，弱之胜强"。

"用其光。"光，光照，以前大多学者这样解释，当是。问题是用谁的光来"光照"？"光照"什么？这个说法不一，马恒君认为"运用精神清明的光照"，"精神清明"从何而来？老子一再主张真理是客观存在，就是道，离开道能产生"精神清明"？而且，这样解释的另一个问题是"其"作何解？陈鼓应说"用智慧的光"，把"其"解释为"智慧"，也不对，老子分明说"智慧出，有大伪"，因此，其，应是"道"。句谓：用道来光照一切事物。

"复归其明。"明，以前学者都解释为"人的本体"或"内在的明"之类。老子认为真理是客观存在，人的本体有真理吗？人的本体的真理必须来自于客观的道，因此，人对世界的认知不是回复到人的自身，也不是人的主观世界，而是道。老子在第十六章中说"知常曰明"，人要"复归"的是这个"明"。句谓：回复到能够认识万物运动发展的规律的"明"。

"无遗身殃。"遗，留下；殃，灾殃。句谓：不会给自己招来灾殃。

"是谓袭常。"袭，符合；常，"复命曰常"，即万物生长发展的规律。句谓：这就是符合万物生长发展的规律。

∿ 本章校定

天下有始，以为天下母。既得其母，以知其子。既知其子，复守其母，没身不殆。塞其兑，闭其门，终身不勤；开其兑，济其事，终身不救。见小曰明，守弱曰强。用其光，复归其明，无遗身殃，是谓袭常。

∿ 本章今译

天下万物都有本始，作为天下万物的根源。既然知道了万物的根源，就能认识万物。既然认识了万物，如果重新回到道这个本源上来，就终身不会衰败。堵住出口，关闭门户，不需要终身辛劳。打开口子，自以为成事，那就终身不可救药了。能够在细微的事物中察见规律就称得上"明"，守住柔弱才能称得上有强大的生命力。用道光照一切事物，回复到能够认识万物运动发展的规律的"明"，不会给自己招来灾殃，这就是符合万物生长发展的规律。

使我介然有知，行于大道，惟施是畏。大道甚夷，而民好径。朝甚除，田甚芜，仓甚虚，服文采，带利剑，厌饮食，财货有余，是谓盗夸。非道也哉！

研　读

本章揭露当时治国者的真面目。治国者不仅极度腐败，而且带坏了社会风气。全民道德滑坡的根源在于治国者的腐败。在这样的社会环境下，即使让圣人来治理国家，也不得不担忧自己会把国家带上邪路。圣人也担心自己已经没有拨乱反正的能力了。

"使我介然有知。"使，即使；我，作者自称，也可以说是圣人；介然，《荀子·修身》中"善在身，介然必以自好也"，即坚定不移之意；有知，对道的认知。句谓：即使我对道有坚定不移的认知。

"行于大道，惟施是畏。"施，通"迤"，邪行，即下文"好径"。句谓：推行大道，邪路使我感到害怕。老子时代，推行大道已经十分困难，到了庄子时代，推行大道已经没有可能了。庄子在《秋水》中说：

惠施任魏相，庄子去看他。有人对惠施说："庄子来，是想取代你吧？"于是，惠施很担心，下令在国内搜查了三天三夜。庄子见到惠施，说："南方有一种鸟叫凤凰，从南海飞到北海，一路上不是梧桐树不落，不是竹米不吃，不是甘泉不饮。这时候，一只猫头鹰逮到一只臭老鼠，看见凤凰从上空飞过，仰起头对着凤凰恐吓地叫：'吓！'现在，你是想用魏国的相位来吓唬我吗？"

在庄子看来，惠施是猫头鹰，魏相的位子是"臭老鼠"。

"大道甚夷，而民好径。"句谓：大道虽然平坦，但是百姓喜欢走捷径。这一句说明害怕迷入邪路的原因。百姓喜欢走捷径的原因是治国者喜欢走捷径。老子在第五十七章中说"我无为而民自化，我好静而民自正"，治国者就是百姓的榜样。由于治国者"好径"，百姓也"好径"，在这样的社会风气下，推行大道非常困难。老子在第七十章中说"吾言甚易知，甚易行。天下莫能知，莫能行"，就是这个意思。

"朝甚除。"朝，朝堂；除，修理，河上公注："高台榭，宫室修。"句谓：朝堂修整得很漂亮。

"田甚芜。"甚，很多；芜，荒芜。句谓：很多田地荒芜。这一句与前一句有因果关系。很多田地荒芜的原因是大量的劳力被官府征调去修建宫殿等各类形象工程。这种现象在中国古代非常普遍。被吹捧为"贞观之治"的时代，照样路上都是来来往往的行人，兄去弟还，为皇家修建各种工程。

"仓甚虚。"仓，粮仓；甚，十分；虚，空虚。句谓：粮仓十分空虚。这句与上一句也有因果关系。大家都为官府义务劳动去了，没人种地，仓库当然空虚。

"服文采。"服，衣服；文采，漂亮。句谓：衣服非常漂亮。这句及以下几句都是治国者的生活和行为方式。

"带利剑。"句谓：佩带锋利的宝剑。治国者给人一种威仪感，也指治国者依靠暴力恐吓和镇压维护国家稳定。

"厌饮食。"厌，饱食；饮，喝的；食，吃的。句谓：喝得足足的，吃得饱饱的。

"财货有余。"句谓：囤积了大量的财富。

"是谓盗夸。"盗夸，河上公注："百姓不足而君有余者，是由劫盗以为服饰，持行夸人，不知身死家破、亲戚并随也。"句谓：依靠强盗一样的行为使自己富足，却夸耀自己如何治国有方。简直是不知死活。

"非道也哉"。句谓：不符合大道啊。老子曰"不道早已"，与河上公说的"不知身死家破、亲戚并随也"是一个意思。

～本章校定

　　使我介然有知，行于大道，惟施是畏。大道甚夷，而民好径。朝甚除，田
甚芜，仓甚虚，服文采，带利剑，厌饮食，财货有余，是谓盗夸。非道也哉！

～本章今译

　　即使我对道有坚定不移的认知，推行大道，邪路使我感到害怕。大道虽然平
坦，但是百姓喜欢走捷径。朝堂修整得很漂亮，很多田地荒芜，粮仓十分空虚，衣
服非常漂亮，佩带锋利的宝剑，喝得足足的，吃得饱饱的，囤积了大量的财富，依
靠强盗一样的行为使自己富足，却夸耀自己如何治国有方。不符合大道啊！

善建者不拔，善抱者不脱，子孙以祭祀不辍。修之于身，其德乃
真；修之于家，其德乃余；修之于乡，其德乃长；修之于国，其德乃
丰；修之于天下，其德乃普。故以身观身，以家观家，以乡观乡，以
国观国，以天下观天下。吾何以知天下然哉？以此。

研　读

老子认为治理天下应当从加强自身修养做起。孔子也主张"修身齐
家治国平天下"，这种主张应是来自于老子。但是，老子与孔子有两点不
同。一是修身的标准不同，老子修身以"道"为标准，孔子修身的标准
是"物格"。"物格"就是把万物研究明白，但是，孔子没有像老子一样
明确提出"道"这样的具有总结性、规律性、客观性的清晰的概念。孔
子认为"物格而后知至，知至而后意诚，意诚而后心正，心正而后身修，
身修而后家齐，家齐而后国治，国治而后天下平"；孟子认为"人之所不
学而能者，是谓良能；所不虑而知者，是谓良知"。因此，儒家修身的参
照物往往被认为存在于内心。这种解释又导致有的学者认为老子修身的
标准也与儒家一样存在于内心。如马恒君在解释"用其光，复归其明，
无遗身殃"时说："使用精神清明的光照，还要回复到精深清明的本体，
加以持守，不要给自身留下灾殃。"二是侧重点不同，老子主张修身由个
人修身带动家庭修身，由家庭修身带动乡村修身，由乡村修身带动国家
修身，由国家修身带动天下修身，在各个层级建立修身的标准。孔子则

认为"齐家"就可"治国平天下"，强调修身是成为优秀治国者的手段。

"善建者不拔。"前人把"善建者"当成一个词，解释成"善于建立的人不会被拔除"，似不妥。什么是"善于建立"？标准是什么？任何一个开国者都宣称自己"善于建立"，国家就千秋万代不被拔除了？按照老子的意思，应是只有建立起善的国家才能千秋万代不被拔除。因此，本句可能是倒装句，应为"建善者不拔"。善，美好。老子在第八章中说"上善若水……故几于道"，因此，本章中的"善"应是"道"。拔，废除。句谓：建立起善的就不会被废除。联系下文修身之说，意为修身应建立在道的基础上。

"善抱者不脱。"把"善抱者"解释为"善于抱持"也未必妥当。老子在第二十九章中说"天下神器，不可为也。为者败之，执者失之"，无论如何保持，都是要失去的。同理，本句应是"抱善者不脱"的倒装句。脱，脱落。句谓：抱持住善的就不会脱落。

"子孙以祭祀不辍。"以，因此；辍，停止。句谓：子子孙孙因此祭祀不断。这话其实是对国君说的，只有建立起善的，抱持善的，江山才能千秋万代不改姓，因此，治国者死后，子子孙孙的祭祀才不会断绝。

"修之于身，其德乃真。"句谓：个人用善修身，德就会纯真。老子在第二十一章中说"孔德之容，惟道是从"，只有以道修身，才能得到纯真的德。

"修之于家，其德乃余。"句谓：全家用善修身，全家的德就会有余。

"修之于乡，其德乃长。"句谓：全乡用善修身，全乡的德就会生长发育。

"修之于国，其德乃丰。"句谓：全国用善修身，全国的德就会丰盈。

"修之于天下，其德乃普"。句谓：全天下用善修身，天下的德就会普及。

"故以身观身，以家观家，以乡观乡，以国观国，以天下观天下。"林希逸注："即吾之一身而可以观他人之身，即吾之一家而可以观他人之家，即吾之一乡而可以观他人之乡。"后人多从此说。但此说无法解释"以天下观天下"一句。在古人的视野中，天下只有一个，不可能"即以吾之一天下而观他人之天下"，马恒君认为应解作"以今日的天下观察将来的天下"，此也未必妥当。前面四句都是观察当前的情况，最后一句怎么会是观察未来呢？

其实，这几句是老子确立的修身的标准，即个人、家庭、乡村、国家、天下只有依道修身才能有"德"，否则就没有"德"。如何判别个人、家庭、乡村、国家、天下是否有"德"，应当以老子确定的标准来判断，即以是否依道、是否善为标准。句谓：所以，以个人修身的标准判断一个人是否有"德"，以家庭修身的标准判断一个家庭是否有"德"，以乡村修身的标准判断一个乡村是否有"德"，以国家修身的标准判断一个国家是否有"德"，以天下修身的标准判断天下是否有"德"。

"吾何以知天下然哉？以此。"句谓：我怎么知道天下的情况呢？就是用这种办法。老子判断天下是否有"德"的办法，就是通过观察天下人是否依道修身。

本章校定

善建者不拔，善抱者不脱，子孙以祭祀不辍。修之于身，其德乃真；修之于家，其德乃余；修之于乡，其德乃长；修之于国，其德乃丰；修之于天下，其德乃普。故以身观身，以家观家，以乡观乡，以国观国，以天下观天下。吾何以知天下然哉？以此。

本章今译

建立起善的就不会被废除，抱持住善的就不会脱落，子子孙孙因此祭祀不断。个人用善修身，德就会纯真；全家用善修身，全家的德就会有余；全乡用善修身，全乡的德就会生长发育；全国用善修身，全国的德就会丰盈；全天下用善修身，全天下的德就会普及。所以，以个人修身的标准判断一个人是否有"德"，以家庭修身的标准判断一个家庭是否有"德"，以乡村修身的标准判断一个乡村是否有"德"，以国家修身的标准判断一个国家是否有"德"，以天下修身的标准判断天下是否有"德"。我怎么知道天下的情况呢？就是用这种办法。

第五十五章

含德之厚，比于赤子，蜂虿虺蛇不螫，猛兽不据，攫鸟不搏。骨弱筋柔而握固，未知牝牡之合而朘作，精之至也。终日号而不嗄，和之至也。知和曰常，知常曰明。益生曰祥，心使气曰强。物壮则老，谓之不道，不道早已。

研　读

本章承接上一章，论述修道者所能达到的境界，兼论修道与养生的关系。老子运用人的生理变化的规律进行论证，说明老子的知识来源于生活的各个方面。他是一个非常善于学习、善于观察的人。

"含德之厚，比于赤子。"含，怀有；厚，深厚；赤子，婴儿。句谓：怀有深厚的德的人，就像婴儿。这里指的是怀有上德之人。

"蜂虿虺蛇不螫。"蜂虿，有毒刺的螫虫；虺蛇，古书中的毒蛇。句谓：有毒刺的螫虫不会螫他，毒蛇不会咬他。

"猛兽不据，攫鸟不搏。"王弼本作此。马王堆出土帛书《老子》甲乙本中为"攫鸟猛兽不搏"。从写作方式而言，帛书的写法与前句"蜂虿虺蛇不螫"对应，而且"不据"令人费解，故应改。攫鸟，鸷鸟，凶狠的鸟；搏，对打，格斗。句谓：鸷鸟、猛兽不会和他格斗。

动物对人攻击是一种自我保护的本能，婴儿对动物不构成威胁，动物也就不会伤害婴儿，这和老子在第五十章中说"陆行不遇兕虎……虎无所措其爪"是同样的意思。

"骨弱筋柔而握固。"握，握拳；固，牢固。句谓：婴儿骨弱筋柔，拳头却握得很牢固。

"未知牝牡之合而峻作，精之至也。"牝牡之合，男女性事；峻，男孩生殖器；作，举起；精，精气；之至，完足。句谓：不懂得男女性事但小生殖器高举，精气完足。

"终日号而不嘎，和之至也。"终日，整日；号，哭；嘎，沙哑；和，老子在第四十二章中说"冲气以为和"，即阴阳融合而成和谐。句谓：整日哭嚎声音不会沙哑，这是和谐的最高状态。

"知和曰常。"常，事物运动发展的规律。句谓：懂得了和谐，就是懂得了事物运动发展的规律。老子在第十六章中说"复命曰常"。"常"有多种表现形式，这是万物中有多种客观规律所决定的。

"知常曰明。"同样的句子曾在《老子》第十六章中出现。句谓：懂得了事物运动发展的规律，就称得上"明"。

"益生曰祥。"益，增益；祥，凶。王弼说："生不可益，益之则夭也。"句谓：人为地补益生命叫作灾殃。老子说"为无为，则无不为"，养生也应"无为"，"益生"不是"无为"，而是过分养生。

"心使气曰强。"使，指使；强，逞强。句谓：用心神指使气就是逞强。老子在第四十二章中说"冲气以为和"，阴阳之气的和谐出于自然，用心神指使就是破坏和谐。

"物壮则老，谓之不道，不道早已。"类似句子在第三十章中出现过。句谓：万物处于强壮之时就是趋向衰老之始，这叫不合大道，不合大道，就会早早死亡。

修道和养生一样，要向婴儿学习，始终处于柔弱的状态，不要追求强壮。婴儿长大的过程就是一个从柔弱到强壮到死亡的过程。这是不以人的主观意志为转移的客观规律，即使老子像有人说的那样活了两百多岁，终究也避免不了一死。但是，主动使自己保持柔弱状态，可以活得更久则是一定的，因此，修身也应使自己始终处于柔弱状态，这样才能达到更高的境界。当修身达到最高境界时，人与自然就会和谐相处。这就是庄子说的"天人合一"。

本章校定

含德之厚，比于赤子，蜂虿虺蛇不螫，攫鸟猛兽不搏。骨弱筋柔而握固，未知牝牡之合而朘作，精之至也；终日号而不嗄，和之至也。知和曰常。知常曰明。益生曰祥。心使气曰强。物壮则老，谓之不道，不道早已。

本章今译

怀有深厚的德的人，就像婴儿。有毒刺的螫虫不会螫他，毒蛇不会咬他，鸷鸟、猛兽不会和他格斗。婴儿骨弱筋柔，拳头却握得很牢固；不懂得男女性事但小生殖器高举，精气完足；整日哭嚎声音不会沙哑，这是和谐的最高状态。懂得了和谐，就是懂得了事物运动发展的规律。懂得了事物运动发展的规律，就称得上"明"。人为地补益生命叫作灾殃。用心神指使气就是逞强。万物处于强壮之时就是趋向衰老之始，这叫不合大道，不合大道，就会早早死亡。

知者不言，言者不知。塞其兑，闭其门，挫其锐，解其纷，和其光，同其尘，是谓玄同。故不可得而亲，不可得而疏；不可得而利，不可得而害；不可得而贵，不可得而贱。故为天下贵。

研　读

老子在上一章中提出了"精之至"和"和之至"，这是修身能够达到的最高的境界。本章论述如何达到这种境界。

"知者不言，言者不知。"知者，掌握了道的人；不言，按照大道所显示的客观规律而言，老子在第二章中说"是以圣人处无为之事，行不言之教"，"不言"和"不为"相对应，"言"和"为"相对应，因此，"不言"的"知者"其实就是圣人；言，违反道的规律性自说自话。句谓：掌握了道的都是按照大道显示的客观规律而言，不按照大道显示的客观规律而自说自话的都是没有掌握大道的。庄子在《天道》中对"知者不言，言者不知"的解释被后世翻译成"真知道的就不说，说的就不是真知道"。马恒君《庄子正宗》如此翻译：

世上的人看重道，实际上是书上写的道。书里写的不过是语言，语言有它可贵的地方。语言可贵的地方是它表达的意义。意义又是随从理性而来的，意义所随从的理性是不能用语言表达的，而世人却因为看重语言而传授书本。世人虽看重它，我还是认为它不值得珍贵，因为珍贵的并不是该珍贵的东西。所以说，眼睛能看见的是外形和颜色，耳朵能听到的是名称和声音。可悲啊！世人认为凭外形、颜色、名称、声音就可以得到它的真实。而外形、颜色、名称、声音不能得到它的真实，那么真知道的就不说，说的就不是真知道，世人又哪里懂得这一点呢？

老子一开口就说"道可道，非恒道"，在第二十五章补充说明"吾不知其名，字之曰道"，表明道是无法准确言说的。马恒君在此处把"知者不言，言者不知"解释为"真知道的就不说，说的就不是真知道"似不妥。庄子的原意应是："知道的人知道自己不能准确言说，自以为能准确言说的人不知道。""圣人处无为之事，行不言之教"，如何"行""不能言说"的教化？老子的意思是道虽然说不清，但还是要说的，如果坚持不说，写一部《五千言》干什么？必须说，又说不大清楚，怎么办？老子就提出"言""不言"之"言"才符合道的教化。

"塞其兑，闭其门。"这两句曾出现在第五十二章。两章中的意思是一样的：堵住出口，关闭门户。即思考问题，探求真理，不要偏离大道。

"挫其锐，解其纷，和其光，同其尘。"这四句曾出现在第四章：消磨去锋芒，化解掉纷乱，混和了光辉，混同于尘俗。这是指大道的特性。在本章中，指人通过"为道"能够达到的境界，"为道"的方法就是"塞其兑，闭其门"。

"是谓玄同。"老子在第一章中说"玄之又玄，众妙之门"，"玄"是通向大道的门户。玄同，就是与通向大道的大路相同了。句谓：这就是通向大道的大路。

"故不可得而亲，不可得而疏；不可得而利，不可得而害；不可得而贵，不可得而贱。"得，应与前文的"玄同"相关，即找到了通向道的门路，也即得到道。老子在第五章中说"天地不仁，以万物为刍狗；圣人不仁，以百姓为刍狗"，圣人与道一致，走上"玄同"，就是圣人不分亲疏，不计利害，不看贵贱。句谓：所以，不能与道一致了还有亲近的，不可与道一致了还有疏远的；不可与道一致了还计较利益，不可与道一致了还计较害处；不可与道一致了还有所珍贵，不可与道一致了还有所轻视。

"故为天下贵。"句谓：所以值得为天下所尊贵。大道是全天下最值得尊贵的，一个人与大道保持一致，也就是天下最值得尊贵的人。

本章校定

知者不言，言者不知。塞其兑，闭其门，挫其锐，解其纷，和其光，同其尘，是谓玄同。故不可得而亲，不可得而疏；不可得而利，不可得而害；不可得而贵，不可得而贱。故为天下贵。

本章今译

掌握了道的人都是按照大道显示的客观规律而言，不按照大道显示的客观规律而自说自话的人都是没有掌握大道的。堵住出口，关闭门户，消磨去锋芒，化解掉纷乱，混和了光辉，混同于尘俗，这就是通向大道的大路。所以，不能与道一致了还有亲近的，不可与道一致了还有疏远的；不可与道一致了还计较利益，不可与道一致了还计较害处；不可与道一致了还有所珍贵，不可与道一致了还有所轻视。所以值得为天下所尊贵。

　　以正治国，以奇用兵，以无事取天下。吾何以知其然哉？以此：天下多忌讳而民弥贫；民多利器，国家滋昏；人多伎巧，奇物滋起；法令滋彰，盗贼多有。故圣人云，我无为而民自化，我好静而民自正，我无事而民自富，我无欲而民自朴。

研　读

　　本章论述理想的治理天下的方式。

　　"以正治国。"老子在第四十五章中说"清静为天下正"。正，就是清静，就是道。句谓：以道治国。

　　"以奇用兵。"奇，奇谋。句谓：以奇谋指挥战争。孙子说"兵者，诡道也"，当是受老子影响。

　　"以无事取天下。"老子在第四十八章中说"取天下恒以无事"。取，有取得天下的所有权和治理权两种含义。当然，老子说"天下神器，不可为也。为者败之，执者失之"，认为某家某姓不应该具有天下的所有权。本章中的"取"是针对"治理"而言。句谓：以自然无为治理天下。老子时代，所谓的国其实是周天子分封的诸侯国。天下，是周天子统一领导的周朝，国与天下是不同的概念。秦始皇统一中国，废除分封制，国与天下的概念合一。老子时代，国与天下有别，但是治理原则是一样的。

"吾何以知其然哉？以此。"句谓：我怎么知道这个道理呢？根据以下分析。

"天下多忌讳而民弥贫。"忌讳，禁止百姓言行自由的条条框框。句谓：天下禁止百姓言行自由的条条框框越多，百姓就越贫困。小岗村的农民率先搞包产到户，就是打破当时限制农民种地的各种条条框框，从而使人民能够填饱肚子。

"民多利器，国家滋昏。"民，应是民间；利器，按庄子说指"圣人"；滋，滋生。句谓：民间的"圣人"越多，国家就会滋生昏乱。本句与前句有因果关系，"天下多忌讳"的原因在于"民多利器"，庄子在《马蹄》中说：

及至圣人，屈折礼乐以匡天下之形，县跂仁义以慰天下之心，而民乃始踶跂好知，争归于利，不可止也，此亦圣人之过也。

各种"忌讳"都是"圣人"搞出来的，"圣人"越多，"忌讳"就越多，"而民弥贫"。

"人多伎巧，奇物滋起。"伎巧，智巧，犹言"智慧"；奇，奇特；物，事物，即事与物。这里说的"奇物"，不是发明创造之类，而是百姓应付官府的对策之类。句谓：人民多智慧，奇特的事与物就会滋生。老子在第六十五章中说"古之善为道者，非以明民，将以愚之。民之难治，以其智多"，在第十八章中说"智慧出，有大伪"。这一句描述的现象又以前两句为前提，即三句是一步步递进的关系，庄子在《则阳》中说清楚了因果关系：

（官府）掩盖事实的真相却指责愚民无知，制造困难而归罪于人民不敢做，加重任务而处罚那些力不胜任的人，延长路程而诛杀那些走不到的人。百姓智慧力量用尽了，就只好弄虚作假。天天生活在虚假里，百姓怎么会不作伪？力量不足就会作伪，智慧不足就会欺诈，财物不足就会偷盗。盗窃成风，该责备谁呢？

社会乱象多了，自然进入到下一句所说的局面。

"法令滋彰，盗贼多有。"滋，更加；彰，显露，引申为森严。句谓：法令越加森严，盗贼就越多。法不禁止不为罪，法律禁止的越多，罪犯就越多。国家越来越混乱，法律就越多。法律越多，犯罪分子就越多。因为老子时代的法律几乎都是针对老百姓的，没有针对治国者的。治国者制定的法律，无非是为了便于治国者识别犯罪分子，便于巩固政权。治国者则不受法律约束，为所欲为。

"故圣人云。"句谓：所以圣人说。此处的圣人其实是指老子自己。后面几句是老子开出的治理天下的药方。

"我无为而民自化。"句谓：我推行大道，百姓就会自我教化。

"我好静而民自正。"静，清静，指不横加干涉。老子在第四十五章中说"清静为天下正"。句谓：我喜好不横加干涉，百姓就自然安定幸福。

"我无事而民自富。"句谓：我顺应自然而为，百姓就会富足。老子的富民观，反映了百姓富裕是天经地义的观点，而且，百姓具有天然的致富能力，治国者的责任就是保障百姓致富。这与管仲把财富作为控制百姓的手段的做法完全不同。

管仲在《国蓄》中说：

国有十年之蓄，而民不足于食，皆以其技能望君之禄也；君有山海之金，而民不足于用，是皆以其事业交接于君上也。故人君挟其食，守其用，据有余而制不足，故民无不累于上也。五谷食米，民之司命也；黄金刀币，民之通施也。故善者执其通施以御其司命，故民力可得而尽也。

意思是：

国家有十年的粮食储备，而人民的粮食还不够吃，人民就想用自己的技能求取君主的俸禄；国君有经营山海（盐铁）的大量收入，而人民的用度还不充足，人民就想用自己的事业换取君主的金钱。所以，国君能控制粮食，掌握货币，依靠国家的有余控制民间的不足，人民就没有不依附君主的了。粮食，是人民生命的主宰；货币，是人民交易的手段。所以，善于治国的君主，掌握他们的流通手段来控制主宰他们生命的粮食，就可以最大限度地使用民力了。

把老子的观点与管仲的观点进行比较，非常重要。管仲比老子早生百余年，作为辅佐齐桓公成就了"一匡天下，九合诸侯"大业的流传百世的成功人士，是许多渴望成功的人心中的偶像。老子却创立了一种与此完全相反的理论，在当时是惊世骇俗的。因此，出现老子在第七十章中感叹的"吾言甚易知，甚易行。天下莫能知，莫能行"的现象是正常的。因为大家都认为管仲的理论是经过实践证明确能取得成功的理论，而老子的理论，从来没有实践过，老子本人都没有得到实践的机会。也正因为如此，管仲的理论在古代中国产生了极大的影响。以国家控制财富的方式调动百姓从事于官府倡导的事业的积极性的做法，在后世越来越普遍，越来越细致而深入。商鞅变法如此，"盐铁专卖"如此，王莽新政如此，王安石新政如此……

老子理论的伟大，首先在于他超越了同时代和比他所处时代早的所有理论，如果不能实现这种超越，他的思想就不可能流传至今，只是与他同时代或早于他的时代的许多理论淹没在历史的长河中，使我们无法进行全面的比较。打个比方，老子是那个时代的巨人，但是，他同时代的矮子，我们很少看见，因此，我们难以直观判断他超越了多少矮子，与那个时代的所有矮子到底有多大差距。

即使可以算作老子的学生的孔子，在致富观念上也不能"青出于蓝而胜于蓝"。《论语·为政》中记载：

子适卫，冉有仆。子曰："庶矣哉！"冉有曰："既庶矣，又何加焉？"曰："富之。"曰："既富矣，又何加焉？"曰："教之。"

意思是：

孔子去卫国，冉有驾车。孔子感叹："卫国人口真多啊。"冉有问："人多之后，干什么呢？"孔子认为人多是好事，就说："让他们富起来。"冉有又问："富起来之后呢？"孔子答："让他们接受教育。"

孔子没有意识到百姓能天然致富，而且，要对百姓实施"教化"。有的学者认为管仲是法家的开山鼻祖，也有学者认为管仲属于道家。孔子是儒家的开山鼻祖则是无疑的，但是，孔子的某些思想与管仲接近，如管仲提出的"四维"学说就是"礼义廉耻"，与儒家的观点并无不同，而孔子理论与老子理论几乎找不到相近之处，管仲的理论和老子的理论也没有相同点。

"我无欲而民自朴。"欲，欲念。句谓：我没有欲念，百姓就自然浑朴。

本章校定

以正治国，以奇用兵，以无事取天下。吾何以知其然哉？以此：天下多忌讳而民弥贫；民多利器，国家滋昏；人多伎巧，奇物滋起；法令滋彰，盗贼多有。故圣人云，我无为而民自化，我好静而民自正，我无事而民自富，我无欲而民自朴。

〜本章今译

以道治国，以奇谋指挥战争，以自然无为治理天下。我怎么知道这个道理呢？根据以下分析：天下的禁忌越多，百姓就越贫困；民间的"圣人"越多，国家就会滋生昏乱；人们的技巧越多，奇特的事与物就会滋生；法令越加森严，盗贼就越多。所以圣人说，我用自然无为的大道治理国家，百姓就会自我教化；我喜好不横加干涉，百姓就自然安定幸福；我顺应自然而为，百姓就会富足；我没有欲念，百姓就自然浑朴。

其政闷闷，其民淳淳；其政察察，其民缺缺。祸兮，福之所倚；福兮，祸之所伏。孰知其极？其无正邪？正复为奇，善复为妖。人之迷，其日固久。是以圣人方而不割，廉而不刿，直而不肆，光而不耀。

研　读

本章论述不同的政治对国民性格形成的影响。"天下有道"的好处就是能够形成全民良好的性格。政治对于百姓心理的影响，作家多有论述。老子的研究是非常超前的。鲁迅说：

约翰弥耳说：专制使人们变成冷嘲。我们却天下太平，连冷嘲也没有。我想：暴君的专制使人们变成冷嘲，愚民的专制使人们变成死相。大家渐渐死下去，而自己反以为卫道有效，这才渐近于正经的活人。

此道出了政治对于百姓心理的影响，而百姓的心理又形成了独有的社会现象。

"其政闷闷，其民淳淳。"其政，一国的政治；闷闷，浑噩貌，意指政治宽厚；其民，一国的人民；淳淳，淳朴。句谓：一国政治宽厚，一国的老百姓就淳朴。这种政治状态，有利于人性的健康发展。这就是"天下有道"。

"其政察察，其民缺缺。"察察，严苛；缺缺，诈伪。句谓：一国的政治严苛，一国的百姓就诈伪。这种政治状态扭曲、摧残人性。这就是"天下无道"。

老子这两句论述了政治与国民性格形成的关系。这种研究是有开创性意义的。庄子在《则阳》中说清楚了因果关系：

（官府）掩盖事实的真相却指责愚民无知，制造困难而归罪于人民不敢做，加重任务而处罚那些力不胜任的人，延长路程而诛杀那些走不到的人。百姓智慧力量用尽了，就只好弄虚作假。天天生活在虚假里，百姓怎么会不作伪？力量不足就会作伪，智慧不足就会欺诈，财物不足就会偷盗。盗窃成风，该责备谁呢？

百姓怎么搞出了那么多对策？因为治国者的政策根本无法实施。人性就是这样被扭曲到精神分裂的程度。

"祸兮，福之所倚；福兮，祸之所伏。"倚，倚傍；伏，潜伏。句谓：灾祸啊，幸福就倚傍着它；幸福啊，灾祸就潜伏在它里面。

治国者总是喜欢"其政察察"，对付百姓的法律条文越清晰、越严酷越好，这不仅方便执行，而且使百姓不敢乱说乱动，易于管理。但是，老子认为，祸福是会互相转化的，治国者自以为好的办法，转到反面去了，就会祸害自己。

"孰知其极？"孰，谁；极，终点。句谓：谁知道终点呢？祸福是不断互相转化没有终点的。不仅祸福如此，万物中的对立双方的互相转化也是如此。

"其无正邪？"正，定准。句谓：对立双方的转化没有定准吗？

"正复为奇，善复为妖。"正，正当；复，往复，引申为不断互相转化；奇，怪异；妖，恶。句谓：正当与怪异不断互相转化，善与恶不断互相转化。

孙子说：

三军之众，可使必受敌而无败者，奇正是也……凡战者，以正合，以奇胜……战势不过奇正，奇正之变，不可胜穷也。奇正相生，如循环之无端，孰能穷之哉！

当是受老子启发。

"人之迷，其日固久。"句谓：人类的迷惑，由来已久。这句说人类对事物不断互相转化的迷惑，一直没有找到答案。

"是以圣人方而不割，廉而不刿，直而不肆，光而不耀。"方，方正；割，切割，引申为孤傲；廉，堂屋的侧边，引申为棱角；刿，割伤；直，正直；肆，放肆；光，光亮；耀，刺眼。句谓：所以圣人方正而不孤傲，有棱角而不伤人，正直而不放肆，光亮而不刺眼。

这四句讲的是圣人的修炼。老子认为，能够修炼到这个境界的就是圣人。圣人才能在事物的对立转化中把握好节奏。圣人具有良好的品格。圣人在天下推行大道，可以培育百姓良好的素质。百姓的道德滑坡，根本原因在于"天下无道"。

陈鼓应在《老子今注今译》中说：

老子所期望的是人民能享受幸福宁静的生活，能过上安然自在的日子。如此看来，老子的政治理想却有积极拯救世乱的一面，仅是实行的方法和态度上与各家不同而已。由他所构画的理想人格形态也可以看出，他说："圣人方而不割，廉而不刿，直而不肆，光而不耀。""方""廉""直""光"正是积极性的人格心态的描述，"不割""不刿""不肆""不耀"乃是无逼迫感的形容。这是说有道的人为政，有积极的理想，而其作为对人民并不构成逼迫感。

所言甚是。但老子在本章中还有另外一层意思，他的理想不仅是要人民过上幸福安宁的生活，还要使人民形成良好的性格，人民的精神能够健康发展。一国的政治，并非是为了治国者便于管理，更重要的是，百姓的人性能够健康发展。这样的政治，在老子死后两千多年才有人想到吧。

在古代中国，虽然有人认识到百姓人格健康发展的重要性，但是，除了老庄，几乎无人认识到百姓人格和政治的关系。他们认为，百姓人格的健康发展依靠教化和自我修养。孔子说：

道之以政，齐之以刑，民免而无耻。道之以德，齐之以礼，有耻且格。

意思是：

运用政令进行规范，采用刑律进行惩戒，百姓不敢犯罪而无羞耻之心；用道德进行规范，以礼制进行教化，百姓就会有羞耻之心和人格的观念。

孟子说："吾养吾浩然之气。"至圣、亚圣的认识水平也就到此为止，可见老子之伟大。

本章校定

其政闷闷，其民淳淳；其政察察，其民缺缺。祸兮，福之所倚；福兮，祸之所伏。孰知其极？其无正邪？正复为奇，善复为妖。人之迷，其日固久。是以圣人方而不割，廉而不刿，直而不肆，光而不耀。

～本章今译

一国的政治宽厚，一国的老百姓就淳朴；一国的政治严苛，一国的老百姓就诈伪。灾祸啊，幸福就倚傍着它；幸福啊，灾祸就潜伏在它里面。谁知道终点呢？对立双方的转化没有定准吗？正当与怪异不断互相转化，善与恶不断互相转化。人类的迷惑，由来已久。所以圣人方正而不孤傲，有棱角而不伤人，正直而不放肆，光亮而不刺眼。

第五十九章

治人事天莫若啬。夫唯啬，是谓早服。早服谓之重积德；重积德则无不克；无不克则莫知其极；莫知其极，可以有国；有国之母，可以长久。是谓深根固柢、长生久视之道。

研 读

老子在第四十五章中提出"清静为天下正"，本章提出"啬"。"啬"，才能清静。本章中，老子论述了治国、养生的一致性。

"治人事天莫若啬。"治人，治理国家；事天，养护身心。天，严灵峰说："'天'，犹身性；以全其天。'事天'，犹治身也。"《孟子·尽心上》说："存其心，养其性，所以事天也。"道、儒两家观点各有不同，主张养生则无不同。啬，爱惜。句谓：治理国家，养护身心，唯一的好办法就是爱惜精力。为什么爱惜精力这么重要？治国者的许多折腾其实是因为精力过剩而不知道如何控制。汉武帝刘彻十九岁上台，忙于修建各种形象工程，忙于请各路著名"科学家"研制长生不老药，不到两年，就把祖、父留下的家当折腾光了。第三年，平原水灾，出现人吃人现象，朝廷彻底丧失了救灾能力。治国者只有控制住旺盛的精力才能不折腾，不折腾就是"清静"。"清静"，天下就能富裕、安定、和谐。

"夫唯啬，是谓早服。"早，赶在时间前面；服，承认，服从，即承认道的作用。并不是所有的人都承认道的作用。老子在第四十一章中说"上士闻道，勤而行之"，只有知识分子中的精英才会认识道，承认道的作用，在实践中勤勉地推行道。句谓：只有爱惜精力，才能称得上及早依道行事。爱惜精力，就是不要瞎折腾，对于自己的身体不要瞎折腾，折腾自己的身体，自己遭殃；对于百姓也不要瞎折腾，折腾百姓，百姓遭殃，最终自己遭殃。每个朝代灭亡，就是治国者先折腾百姓，最终把自己折腾完了。

"早服谓之重积德。"重，重复，引申为不断；积，积累；德，依道而行谓之"德"。句谓：及早依道行事就是不断积累"德"。需要依道而行的不是一两件事，而是一辈子的事，一两件事做对了并不难，难的是一辈子做对事。因此，不断依道而行是一种人生的积累，用当代的话来说就是修炼，不断修炼才能不断提高。

"重积德则无不克；无不克则莫知其极。"克，胜；极，极限。句谓：不断积累"德"就能无往而不胜，无往而不胜就不能预知极限了。极限，指生命力，也指治国能力。

"莫知其极，可以有国。"有国，治国，保卫国家。把国家治理好了，才是最好的保卫国家的办法。句谓：不能预知极限，就能治理好国家了。

"有国之母，可以长久。"母，根源，根本之道。句谓：有了治理国家的根本之道，国运就可以长久。治国的根本之道就是"德"。

"是谓深根固柢、长生久视之道。"柢，根。句谓：这就是根不仅扎得很深而且非常结实的长久生存之道。

老子认为只有"重积德"，国家才能长久存在，这是他对历史的总结。历史上的霸主，"其兴也勃焉，其亡也忽焉"，原因在于他们为了称霸，推行"礼乐"、施行"仁政"之类，只是搞些收买人心的勾当，从不"积德"，更非在天下推行大道。

❧本章校定

治人事天莫若啬。夫惟啬，是谓早服：早服谓之重积德；重积德则无不克；无不克则莫知其极；莫知其极，可以有国；有国之母，可以长久。是谓深根固柢、长生久视之道。

〜本章今译

治理国家，养护身心，唯一的好办法就是爱惜精力。只有爱惜精力，才能称得上及早依道行事；及早依道行事就是不断积累"德"；不断积累"德"就能无往而不胜；无往而不胜就不能预知极限了；不能预知极限，就能治理好国家了；有了治理国家的根本之道，国运就可以长久。这就是根不仅扎得很深而且非常结实的长久生存之道。

治大国若烹小鲜。以道莅天下，其鬼不神；非其鬼不神，其神不伤人；非其神不伤人，圣人亦不伤人。夫两不相伤，故德交归焉。

研　读

本章借用"烹小鲜"这一常见的行为形象说明什么是"无为"。作为一部哲学著作，讨论的是抽象的问题。如何让读者易于理解这些抽象的问题，是哲学家面临的难题。老子深知这个难题，而且使出浑身招数破解这个难题，办法就是尽可能把抽象的问题形象化。尽管老子如此努力，但是，《老子》依旧是被误解最大的中国古典文化名著。无为，被许多后世学者误解为消极的行为，以至于认为老子主张消极的人生态度。老子的很多比喻来自于生活，如果读者不了解老子说的生活是怎么回事，也就不能理解《老子》的含义。老子为什么能写出一部热情歌颂百姓的伟大著作？是因为他一生都把自己当作普通百姓中的一员，时时处处与百姓一样生活和思考，对于普通百姓的日常生活十分熟悉，因此，对于生活中的事例可以信手拈来写入他的著作。

"治大国若烹小鲜。"小鲜，小鱼。《说文》："鲜，鱼也。"河上公说："烹小鱼，不去肠，不去鳞，不敢挠，恐其糜也。治国烦则下乱，治身烦则精散。"意思是：煎小鱼，不剖肚挖肠，不敢老是翻身，怕碎了。治国政策太多，下面就乱套了；保养身体的办法太多，精力就耗散了。陈寿在《三国志·卷四十五》中说："姜维粗有文武，志立功名，而玩众黩旅，明断不周，终致陨毙。《老子》有云'治大国者犹烹小鲜'。况于区区蕞尔，而可屡扰乎哉？"扰，折腾。陈寿的意思是，蜀国因姜维反复折腾而亡国。治国不能瞎折腾，瞎折腾必定亡国。河上公说"不敢挠"，是指不要经常搅动，不是不要搅动，因此老子说的"烹小鲜"应是煎小鱼，而不是煮小鱼，而且是一种很小的鱼，不用挖去肠子也可食用。煎小鱼时，如不搅动就会焦，如反复搅动就会碎，应当顺势搅动。用这个道理治国，就是治国者不要言出法随，朝令夕改，政出多门，反复无常。"其政闷闷"，才是清静无为。句谓：治理天下的原理和煎小鱼是一样的。

"治大国若烹小鲜"似乎是古代中国人人皆知的为政之要，但是，到底有几个治国者做到了，这是值得研究的。对于许多治国者而言，不瞎折腾就憋得慌，而且，后世反而往往认为会折腾才伟大。汉武帝把祖、父数十年的积累折腾光了，上台三年，中原大水，出现人吃人现象，执政后期农民暴动如同秦末，"文景之治"之后一直到汉武帝的玄孙才有"孝宣中兴"的局面，后世反而认为汉武帝比汉文帝、汉景帝更加伟大。

"以道莅天下，其鬼不神。"莅，降临；以道莅天下，在天下推行大道；神，灵验。句谓：让道降临天下运行，鬼就不灵验了。

对于鬼神的作用，在老子时代没有统一的看法。管仲因是史上成功的治国者，而且离老子时代比较近，他的鬼神理论可能处于主流地位。管仲认为"不明鬼神，则陋民不悟"，即不敬鬼神，百姓就会浑浑噩噩麻木不仁。其实是利用鬼神进行愚民。老子与管仲相反，他始终认为百姓是天然的真理的发现者，不需要什么人来充当教师爷，"圣人恒无心，以百姓心为心"，圣人的真理来自于百姓的发现，因此，"天下有道"，鬼神对于人类而言，就不会产生危害。

"非其鬼不神，其神不伤人。"句谓：不是鬼不灵验了，而是虽然灵验，但是不会伤害人了。

"非其神不伤人，圣人亦不伤人。"非，高亨认为是"不唯"的合音。句谓：不只是因为鬼灵验了不会伤害人，根本原因在于圣人不会伤害人。圣人清静无为，不仅不伤害人，也不会伤害鬼。鬼不会受到人的伤害就不会伤害人。类似于老子在第五十章中说的"陆行不遇兕虎……，虎无所措其爪"，大家和谐相处。

"夫两不相伤，故德交归焉。"相，一起；相伤，一起伤害；交，一起；德，恩德，用现代语说就是幸福；归，归属。句谓：鬼和圣人都不伤害人，幸福就会归属于全天下人民。

圣人在天下推行大道时不扰民，如老子在第十七章中所说"太上，下知有之"，百姓只是知道上面有个领导者存在。这个领导者对百姓的日常生活几乎没什么影响，如此而已。鬼与圣人一样不干扰人间的生活。天下人民自由自在，幸福和谐。

对于鬼神的态度，老子与孔子不同，老子认为鬼神存在，如在第四章中说"吾不知谁之子，象帝之先。"认为上帝存在，但道先于上帝存在，上帝也是道产生出来的。老子在第四十二章中又说"万物负阴而抱阳"，有阴必有阳，因此，有人类社会存在就会有鬼神世界的存在。孔子对于神则抱不知的态度，主张"祭神，如神在"，神有没有？不知道，但是，既然要搞祭神的仪式，就当作神存在一样恭恭敬敬行礼如仪。"子不语怪力乱神"，"怪力乱神"之类的事就不要讨论了。

对于鬼神的态度，老子当然有局限性。老子时代人类从原始社会走出来不久，原始社会的思维方式与现代人还是有差别的。老子在中国古代神学上的贡献之一是否定神创世界，认为鬼神都是道的产物，而且认为，只要坚持推行大道，即使鬼神存在，人类也可以创造幸福生活。因此，从另一个角度来说，可以看作老子对于道的至高无上的地位的确认。

～ 本章校定

治大国若烹小鲜。以道莅天下，其鬼不神；非其鬼不神，其神不伤人；非其神不伤人，圣人亦不伤人。夫两不相伤，故德交归焉。

～ 本章今译

治理天下的原理和煎小鱼是一样的。让道降临天下运行，鬼就不灵验了。不是鬼不灵验了，而是虽然灵验，但是不会伤害人了。不只是因为鬼灵验了不会伤害人，根本原因在于圣人不会伤害人。鬼和圣人都不伤害人，幸福就会归属于全天下人民。

第六十一章

　　大国者下流，天下之交。天下之牝，牝常以静胜牡。以静为下。故大国以下小国，则取小国；小国以下大国，则取大国。故或下以取，或下而取。大国不过欲兼畜人，小国不过欲入事人。夫两者各得其所欲，大者宜为下。

研　读

　　本章论述外交关系。老子提出以清静之道作为发展外交关系的基本原则。《老子》作为一部探讨自然和人类社会的普遍规律的哲学著作，涉及政治、经济、外交、国防、内政、生态、养生等多个方面，内容十分丰富。老子时代，所谓天下就是周王室领导下的那块地皮，所谓外交关系其实是周王室领导下的各诸侯国之间的关系，与今日天下的概念完全不同。但是，老子提出的外交原则对于当代国际关系有什么借鉴意义，仍然值得探讨。

　　"大国者下流。"国，在马王堆出土帛书《老子》甲本中为"邦"，因此，有学者认为甲本抄写时代早于刘邦登基，不避刘邦名讳。邦，周天子时代分封的诸侯国。现代"邦""国"通用，但读者应当了解当代之"国"与老子时代之"国"有别。下流，下游，海洋是百川江河的最下游。句谓：大的诸侯国要像居于川谷江河最下游的江海。

　　"天下之交。"交，交汇之处。句谓：成为天下的交汇之处。老子时代，周王室对于天下已经失去控制力，各诸侯国各自为政，互相竞争、兼并。老子认为，国际关系是由大国主导的，因此，大国要甘于居下。

"天下之牝，牝常以静胜牡。"牝，雌性动物；牡，雄性动物；常，应作恒，马王堆出土帛书《老子》甲乙本均作此。句谓：天下的雌性，永远以清静胜过雄性。这是老子以自然界的两性关系比喻国与国之间的关系。在自然界，总是好动的雄性动物主动寻找安静的雌性动物，而处理两性关系的主动权却掌握在雌性一方。

"以静为下。"静，清静；下，下游。句谓：清静就能处于下游。国与国的上下游关系不是像川谷江河与海洋的关系那样由天然的地理位置决定，而是由治国者处理外交关系的原则所决定，因此，当治国者以清静无为作为指导外交关系的原则时，就等于国家处于下游的地位了。

"故大国以下小国，则取小国。"下，态度谦下；取，取得信任。句谓：大国以谦下的态度对待小国，就会取得小国的信任。大国取得小国的信任，小国就会来归附，就会成为大国的盟国。

"小国以下大国，则取大国。"句谓：小国以谦下的态度对待大国，就会取得大国的信任。小国取得大国的信任，就会得到大国的庇护，成为大国的盟国。

"故或下以取，或下而取。"句谓：所以，或者大国以谦下的态度取得小国的信任，或者小国以谦下的态度而得到大国的信任。老子认为，在大国与小国的关系中，大国应处于主动地位，因此，大国取得小国的信任是主动状态，小国取得大国的信任是被动状态，因此用"而取"。

"大国不过欲兼畜人，小国不过欲入事人。"兼畜，容纳、结盟之意；入事，归附、伺奉，加入联盟之意。句谓：大国的外交目标不过是要拉一帮盟国，小国的外交目标不过是要加入联盟。

老子时代，战争不断，有兼并国土的战争，也有因利益纠纷而起的战争。虽然周天子对天下已经失去控制，但治国者要兼并天下取周天子而代之的想法尚未形成，倒是一个个霸主轮流上场。齐桓公虽然吞并了几个国家，但还是号召天下各国向周天子纳贡。老子提出建立新的国际秩序的设想在当时已不完全现实。面对大国兼并小国的强烈欲望，小国即使谦下也有被兼并的可能。老子的外交思想是建立在第八十章提出的社会模式的基础之上的，即反对战争，反对兼并，希望把各自的"小国"建设成和谐社会。因此，老子的外交思想对处理当代国际关系颇有借鉴意义。如何挖掘老子的外交思想的现代意义，不断扩大中国在世界上的影响力，值得深入研究。

"夫两者各得其所欲，大者宜为下。"得，得到，实现；所欲，希望实现的理想。句谓：所以，大国和小国要各自实现理想，大国尤其应该谦下。因为在大国与小国的关系中，大国居于主导地位。

谦下，是一种非常重要的态度，就是过头的话不说，过头的事不做，始终保持谦逊的翩翩君子风度。

本章校定

大国者下流，天下之交。天下之牝，牝恒以静胜牡。以静为下。故大国以下小国，则取小国；小国以下大国，则取大国。故或下以取，或下而取。大国不过欲兼畜人，小国不过欲入事人。夫两者各得其所欲，大者宜为下。

本章今译

大的诸侯国要像居于川谷江河最下游的江海，成为天下的交汇之处。天下的雌性，永远以清静胜过雄性。清静就能处于下游。大国以谦下的态度对待小国，就会取得小国的信任；小国以谦下的态度对待大国，就会取得大国的信任。所以，大国以谦下的态度取得小国的信任，小国以谦下的态度而得到大国的信任。大国的外交目标不过是要拉一帮盟国，小国的外交目标不过是要加入联盟。所以，大国和小国要各自实现理想，大国尤其应该谦下。

第六十二章

道者，万物之奥。善人之宝，不善人之所保。美言可以市尊，美行可以加人。人之不善，何弃之有？故立天子，置三公，虽有拱璧，以先驷马，不如坐进此道。古之所以贵此道者何？不曰以求得，有罪以免邪！故为天下贵。

研 读

本章论述道对天下百姓一视同仁。正因为这样，才值得天下人珍贵。

"道者，万物之奥。"奥，古时房屋的西南角，祭祀时设神主或尊者居坐此处，含有庇荫的意思。句谓：大道这个东西，是万物的保护伞。

"善人之宝，不善人之所保。"所保，河上公注："'道'者，不善人之保依也，逢患逢急，犹自知悔卑下。"意指依靠保护。句谓：善人的宝物，不善人依赖它提供保护。老子在第五章中说"天地不仁，以万物为刍狗；圣人不仁，以百姓为刍狗"，在第二十七章中说"是以圣人恒善救人，故人无弃人"，道和圣人对天下万物一视同仁，并不区分善人和不善人，一律提供保护。

"美言可以市尊，美行可以加人。"这两句最早见于《淮南子》，但在马王堆出土帛书《老子》甲乙本中都作"美言可以市尊行可以加人"且王弼本及其他古本皆如此，应断句为"美言可以市，尊行可以加人"。美言，不符合大道的语言，符合大道的语言称为"不言"，因此，老子在第八十一章中说"信言不美，美言不信"。市，出售，即交换，引申为交流；尊行，当是遵道而行之意，老子在第五十一章中说"是以万物莫不尊道而贵德。道之尊，德之贵，夫莫之命而恒自然"。加，益；加人，有益于人。句谓：违道的美言仅供没有实质意义的交流用，遵道而行才是真正有益于人生。

"人之不善，何弃之有？"句谓：人中的不善者，怎么能抛弃他呢？抛弃道的人不善，但道不会抛弃不善人。

"故立天子，置三公。"天子，天下最高领导人；三公，太师、太傅、太保，中国古代地位最尊贵的官员。句谓：所以，登基成为天子或被委任为三公。

"虽有拱璧，以先驷马。"拱璧，两手合抱的大块璧玉，比喻非常珍贵的宝物；驷马，驾四匹马的高车。蒋锡昌说："古之献物，轻物在先，重物在后。"句谓：即使进献拱璧在先，驷马载重礼在后去隆重祝贺。

"不如坐进此道。"坐进，坐着进言。句谓：不如坐着进言大道。

老子的意思是，就算我有能力把你立为天子，封你为三公，把拱璧送给你，再用大马车拉着重礼去祝贺，也不如告诉你道是怎么回事。

"古之所以贵此道者何？"句谓：古代之所以重视大道的原因是什么呢？比老子还古的古人一定重视大道吗？这个恐怕没人说得清了。老子利用没人说得清的事情来论证自己的观点，这在论证的方法上是个缺点，说明逻辑有不严谨之处，而且，即使古已有之的东西，也未必就是正确的。比老子古的古人管仲就提出"不明鬼神，则陋民不悟"。百姓尊鬼神，思想才会有觉悟。老子虽然承认鬼神的存在，但鬼神也得服从道。这是他和古人不一样之处。老子这样说，是为了壮大自己的声势，让读者觉得古人与他的观点是一致的，因此，当时的读者就应该和他保持一致。其实，古代是一个笼统的概念，比老子时代古的都是古代。老子说的古代到底是哪个古代？估计他自己也说不清。拿古人来吓唬人是不对的。我们学习《老子》，既要挖掘出它的积极意义，也要看到它的不足之处。毕竟在他那个时代，逻辑学之类尚未建立。

"不曰以求得，有罪以免邪！"不曰，不就是说；以求得，马王堆出土帛书《老子》甲乙本均作"求以得"，与后句"有罪以免"句型相同，当改。句谓：不就是说所求的都可以得到，有罪就可以免除吗？

所求的可以得到容易理解，老子在第五十一章中就讲了"道生之，德畜之，物形之，器成之"。有罪可以免除如何理解？应该说是可以避免犯错误的意思。这句应当是针对不善的人说的，不善的人学了道之后，就可以避免犯罪了。

"故为天下贵。"句谓：所以值得天下人珍贵。老子在第五十六章中也有此句。老子在第七十章中说"吾言甚易知，甚易行。天下莫能知，莫能行"。以前学者把"故为天下贵"翻译为"所以为天下尊贵"，与老子之说法矛盾。老子说"故为天下贵"不过是强调道的价值而已。老子的原意应是"所以值得天下人珍贵"。

本章校定

道者，万物之奥。善人之宝，不善人之所保。美言可以市，尊行可以加人。人之不善，何弃之有？故立天子，置三公，虽有拱璧，以先驷马，不如坐进此道。古之所以贵此道者何？不曰：求以得，有罪以免邪！故为天下贵。

本章今译

大道这个东西，是万物的保护伞。善人的宝物，不善人依赖它提供保护。违道的美言仅供没有实质意义的交流用，遵道而行才是真正有益于人生。人中的不善者，怎么能抛弃他呢？所以，登基成为天子，或被委任为三公，即使进献拱璧在先，驷马载重礼在后去隆重祝贺，不如坐着进言大道。古代重视大道的原因是什么呢？不就是说所求的都可以得到，有罪就可以免除吗？所以值得天下人珍贵。

为无为，事无事，味无味。大小多少，报怨以德。图难于其易，为大于其细。天下难事必作于易，天下大事必作于细。是以圣人终不为大，故能成其大。夫轻诺必寡信，多易必多难。是以圣人犹难之，故终无难矣。

研 读

本章论述如何践行道。践行道，就是要从细事、易事做起。当然要用"为无为，事无事，味无味"的方式从细事、易事做起。

"为无为。"第一个"为"，是做某事的意思。句谓：以自然无为的态度作为。老子反对"为"，如在第二十九章中说"天下神器，不可为也。为者败之，执者失之"。但这并不等于主张"不作为"，而是主张"无为"。老子在第二章中说"是以圣人处无为之事"，"为无为"就是"处无为之事"，也即顺应自然而为。

"事无事。"第一个"事"，是从事某事、处理某事的意思。老子在第四十八章中说"取天下恒以无事"。无事，符合自然而发生的事。句谓：以自然无事的态度处理事务。

"味无味。"第一个"味"，是品味；无味，自然之味。老子在第十二章中说"五味令人口爽"，"无味"与"五味"对应。为道者不应贪"五味"而应品"无味"。句谓：以品赏自然之味的味觉品赏味道。

"大小多少。"句谓：大与小、多与少是互相转化的。

　　"报怨以德"。马叙伦、严灵峰认为这句应在第七十九章，前人误抄于此。当是。这句与前句不仅没有关联，而且与老子的思想不符。老子在第五章中说"天地不仁，以万物为刍狗；圣人不仁，以百姓为刍狗"，不会主张"以德报怨"。"以德报怨"思想落后于孔子的"以直报怨"。子曰："何以报德？以直报怨，以德报德。"即，以公正无私回报恶行，以善行回报善行。当代中国人以为"以德报怨"是中国传统文化。当然，不同时期的文化沉淀都可能成为传统文化，但今人至少应当知道"以德报怨"既不是来自道家，也不是来自儒家，可能来自对道家的曲解。而对道家的曲解，可能来自于这句误抄。

　　"图难于其易，为大于其细。"图，谋划解决；易，容易处；为，做；细，小事。句谓：图谋解决难事从容易处入手，干成大事业要从小事做起。删去"报怨以德"，直接连接"大小多少"，意思就连贯了。大与小、多与少互相转化，难与易、大与细也是互相转化的，因此，做事要从容易处、小事着手，促成转化。

　　"天下难事必作于易，天下大事必作于细。"作，发生，生长之意，如老子在第二章中说"万物作焉而不辞"。句谓：天下的难事必定从易事发展而来，天下的大事必定从小事发展而来。这句是对前一句要从易事、小事做起的补充说明。扑灭火苗是小事、易事，但火苗蔓延成大火，救火就成为大事、难事。

　　"是以圣人终不为大，故能成其大。"句谓：所以，圣人始终不是做大事的，因此能成就大事。圣人不是等到事情闹大了才集中力量办大事，而是把事情消灭在萌芽状态。

　　"夫轻诺必寡信，多易必多难。"诺，许诺；寡，少；信，兑现。句谓：轻易许诺必然很少会兑现，把事情看得太容易必然遇到很多困难。

　　"是以圣人犹难之，故终无难矣。"句谓：所以圣人尤其把易事当作难事，因此，始终不会有难事。

　　火苗会酿成火灾。圣人不仅要扑灭火苗，更重要的是要防止火苗产生。这看似容易，其实是很难的，但圣人把防止火苗产生当作救火一样的难事去办，最终就不会产生救火这种难事。

本章校定

　　为无为，事无事，味无味。大小多少。图难于其易，为大于其细。天下难事必作于易，天下大事必作于细。是以圣人终不为大，故能成其大。夫轻诺必寡信，多易必多难。是以圣人犹难之，故终无难矣。

本章今译

　　以自然无为的态度作为，以自然无事的方式处理事务，以品赏自然之味的味觉品赏味道。大与小、多与少是互相转化的。图谋解决难事从容易处入手，干成大事业要从小事做起。天下的难事必定从易事发展而来，天下的大事必定从小事发展而来。所以，圣人始终不是做大事的，因此能成就大事。轻易许诺必然很少会兑现，把事情看得太容易必然遇到很多的困难。所以圣人尤其把易事当作难事，因此，始终不会有难事。

其安易持，其未兆易谋，其脆易泮，其微易散。为之于未有，治之于未乱。合抱之木，生于毫末；九层之台，起于累土；千里之行，始于足下。为者败之，执者失之。是以圣人无为，故无败；无执，故无失。民之从事，常于几成而败之。慎终如始，则无败事。是以圣人欲不欲，不贵难得之货；学不学，复众人之所过。以辅万物之自然，而不敢为。

研　读

本章承接上章继续论述从小事、易事做起的重要性。圣人从小事、易事做起，顺应事物的自然发展。

"其安易持。"安，安定；持，把持，控制。句谓：局面安定的时候容易控制。天下大乱，局面就难以控制。以先让天下大乱再达到天下大治的目的，一是代价太大，二是是否真能大治值得怀疑。

"其未兆易谋。"兆，苗头，迹象；谋，谋划解决。句谓：事物还没出现迹象的时候容易谋划解决。

"其脆易泮。"脆，脆弱；泮，消解。句谓：事物脆弱的时候容易消解。

"其微易散。"微，微小；散，消散。句谓：事物微小的时候容易消散。

"为之于未有，治之于未乱。"为，采取行动；治，治理。句谓：采取行动要在事情未发生之际；治理要在国家未产生动乱之时。事物是要相互转化的，"无"会转化为"有"，没有问题，会产生问题，在问题尚未产生之前予以解决就不会产生问题，等到产生了问题再来解决，问题就难办了。但是，一般人认为只有解决了大问题的人才是能人，在问题尚未产生前解决问题的人，就如孙子所说"无智名，无勇功"，因此，有才能的人为了显示自己的才能，喜欢解决大问题，前提就是等着出现大问题。这种人，其实就是一只乌鸦，但被自己、被别人当作了罕见的黑天鹅。

老子这两句讲如何把握主导权。现代有些人认为，把握主导权就是自己说了算，别人说什么都不算。这不是以事物发展的规律行事，更不是掌握了主导权，只是抓住决策权不肯放手。有的决策者认为，事情闹得越大，越是自己说了算，越觉得自己牢牢把握了主导权，以致把事物推到了对面，依然为自己牢牢掌握了"主导权"而洋洋得意，自以为收放自如。

"治"会转化为"乱"，因此，治乱就要从未乱开始。乱是各种矛盾冲突加剧的产物。矛盾冲突加剧，是在未乱时不能正确把握矛盾运动的规律造成的。人类不能消灭矛盾。庄子说"此亦一是非，彼亦一是非"，就是说这个地方有这个地方的矛盾，那个地方有那个地方的矛盾，矛盾无处不在，只要双方保持对立统一就不会乱。矛盾的对立统一被破坏，就"乱"了。要使矛盾的对立统一不被破坏，就要如老子在第二章中说的"处无为之事，行不言之教"。

"合抱之木，生于毫末。"合抱，两臂合围；毫末，细小的萌芽。句谓：合抱的参天大树从细小的萌芽成长而成。

"九层之台，起于累土。"累土，把土堆积起来。句谓：九层高的大楼从一筐筐地堆积泥土开始。

"千里之行，始于足下。"句谓：千里远行，从抬脚举步开始。

"为者败之，执者失之。"为，违道行事，也即人为干预；执，把持，占有。句谓：违道而行的人必定失败，占有的人必定失去。前三句都是说明矛盾双方的转化是不以人的意志为转移的，因此，不要人为干预，也不要强硬地把持某一方面。因此，老子在第二十九章中说"天下神器，不可为也。为者败之，执者失之"。天下神器与万物是一个道理。

"是以圣人无为，故无败；无执，故无失。"句谓：所以，圣人依道行事，就不会失败；不占有，就不会失去。

老子在第八章中说"处众人之所恶"，本章又讲"无执"，是不是自相矛盾？老子的本意，应是自己主动保持柔弱，不能称为"执"，占有强势的一面紧紧抓住某物才称为"执"。处于柔弱的一面不具有强力，居于强势的一面才能使用强力。如"圣人恒无心，以百姓心为心"就是治国者处于柔弱地位。如果治国者以为国家就是自己的，一切应该由自己说了算，保住国家的所有权就必须使用强力，用强力才能"执"住。这样操作，迟早是要失败的。

"民之从事，常于几成而败之。"民，常人；从事，干事；常，马王堆出土帛书《老子》甲乙本均作"恒"，当是；几成，接近成功。句谓：常人干事，总是在接近成功的时候失败。

"慎终如始，则无败事。"慎，谨慎小心；终，结束。句谓：自始至终都很谨慎小心，就不会失败。

"是以圣人欲不欲，不贵难得之货。"欲，爱好。句谓：所以圣人的爱好与常人的爱好不一样，不认为难得的货物贵重。老子在第十二章中说"难得之货令人行妨"。圣人的爱好就是"道"："善人之宝，不善人之所保。"

"学不学，复众人之所过。"学，学习；学不学，学别人所不学之意。老子在第四十八章中把当时的知识分子分为"为学"和"为道"两类，圣人是"为道"者，老子在第二十章中说"绝学无忧"，其所学当然与"为学"不同，也是"为学"者所不学。复，修复；过，过失。句谓：学习众人不学习的学问，修复众人的过失。只有"为道"，才能修复众人的过失。

"以辅万物之自然，而不敢为。"为，人为干涉。句谓：以辅助万物的自然发展而不人为干涉。

本章校定

其安易持，其未兆易谋，其脆易泮，其微易散。为之于未有，治之于未乱。合抱之木，生于毫末；九层之台，起于累土；千里之行，始于足下。为者败之，执者失之。是以圣人无为，故无败；无执，故无失。民之从事，恒于几成而败之。慎终如始，则无败事。是以圣人欲不欲，不贵难得之货；学不学，复众人之所过，以辅万物之自然，而不敢为。

～❀本章今译

　　局面安定的时候容易控制，事物还没出现迹象的时候容易谋划解决，事物脆弱的时候容易消解，事物微小的时候容易消散。采取行动要在事情未发生之际；治理国家要在未动乱之时。合抱的参天大树从细小的萌芽成长而成；九层高的大楼从一筐筐地堆积泥土开始；千里远行，从抬脚举步开始。违道而行的人必定失败，占有的人必定失去。所以，圣人依道行事，就不会失败；不占有，就不会失去。常人干事，总是在接近成功的时候失败。自始至终都很谨慎小心，就不会失败。所以圣人的爱好与常人的爱好不一样，不认为难得的货物贵重。学习众人不学习的学问，修复众人的过失。以辅助万物的自然发展而不人为干涉。

古之善为道者，非以明民，将以愚之。民之难治，以其智多。故
以智治国，国之贼；不以智治国，国之福。知此两者亦稽式。常知稽
式，是谓玄德。玄德深矣，远矣，与物反矣，然后乃至大顺。

研　读

本章论述依道治国和依智治国的根本性差别。告诫读者这种差别的
重要性。

"古之善为道者。"《老子》第十五章的首句是"古之善为士者"，由
此可知"善为士"与"善为道"有别。老子在第四十八章中说"为道日
损"。善为士，最好的知识分子，知识分子中的典范；善为道者，研修
大道的典范。句谓：古代研修大道的典范。

"非以明民，将以愚之。"河上公注："明，知巧诈也。"王弼补充
说："'明'谓多见巧诈，蔽其朴也。"老子在第二十八章中说"复归于
朴"，"朴"就是道的状态之一，"愚之"才能恢复到"朴"的状态，因
此，"明之"就是引导百姓离开大道。老子在第十七章中说"功成事遂，
百姓皆谓我自然"，在第四十九章中说"圣人恒无心，以百姓心为心"，
百姓天然地贴近道。句谓：不是诱导百姓离开大道让他们自以为聪明，
而是要百姓保持质朴的"愚"的状态。

管仲是"以智治国"的代表性人物。管仲在《牧民》中说：

故省刑之要，在禁文巧；守国之度，在饰四维；顺民之经，在明鬼神、

祗山川、敬宗庙、恭祖旧。不务天时，则财不生；不务地利，则仓廪不盈。野芜旷，则民乃菅；上无量，则民乃妄。文巧不禁，则民乃淫；不璋两原，则刑乃繁。不明鬼神，则陋民不悟；不祗山川，则威令不闻；不敬宗庙，则民乃上校；不恭祖旧，则孝悌不备。四维不张，国乃灭亡。

意思是：

因此，减少刑罚的关键，在于禁止奢侈；巩固国家的准则，在于整饰四维；教训人民的根本办法，则在于尊敬鬼神、祭祀山川、敬重祖宗和宗亲故旧。不注意天时，财富就不能增长；不注意地利，粮食就不会充足。田野荒芜废弃，人民也将成为茅草；君主挥霍无度，则人民胡作妄为；不注意禁止浮华，则人民放纵无度；不堵塞这两个根源，犯罪者就会大量增多。不尊鬼神，小民就不能感悟；不祭山川，威令就不能远播；不敬祖宗，老百姓就会犯上；不尊重宗亲故旧，孝悌就不完备。四维不发扬，国家就会灭亡。

在管仲看来，百姓是需要统治阶级教化的，不教化，恶果无穷。他说的为政要顺应民心之类，看起来非常正确，但是，他说的顺应民心，不是老子说的"圣人恒无心"，而是治国者无所不能，人民的幸福生活是治国者创造的：

政之所兴，在顺民心；政之所废，在逆民心。民恶忧劳，我佚乐之；民恶贫贱，我富贵之；民恶危坠，我存安之；民恶灭绝，我生育之。能佚乐之，则民为之忧劳；能富贵之，则民为之贫贱；能存安之，则民为之危坠；能生育之，则民为之灭绝。故刑罚不足以畏其意，杀戮不足以服其心。故刑罚繁而意不恐，则令不行矣；杀戮众而心不服，则上位危矣。故从其四欲，则远者自亲；行其四恶，则近者叛之。故知予之为取者，政之宝也。

意思就是：

政令所以能推行，在于顺应民心；政令所以会废弛，在于违背民心。人民怕忧劳，我便使他安乐；人民怕贫贱，我便使他富贵；人民怕危难，我便使他安定；人民怕灭绝，我便使他生育繁衍。因为我能使人民安乐，他们就可以为我承受忧劳；我能使人民富贵，他们就可以为我忍受贫贱；我能使人民安定，他们就可以为我承担危难；我能使人民生育繁衍，他们也就不惜为我而牺牲了。单靠刑罚不足以使人民真正害怕，仅凭杀戮不足以使人民心悦诚服。刑罚繁重而人心不惧，法令就无法推行了；杀戮众多而人心不服，为君者的地位就危险了。因此，满足上述四种人民的愿望，疏远的自会亲近；强行上述四种人民厌恶的事情，亲近的也会叛离。由此可知，"予之于民就是为了取之于民"这个原则，是治国的法宝。

管仲在《国蓄》中提出了通过控制经济命脉来控制百姓的思想和行为的办法：

> 利出于一孔者，其国无敌；出二孔者，其兵不诎；出三孔者，不可以举兵；出四孔者，其国必亡。先王知其然，故塞民之养，隘其利途。故予之在君，夺之在君，贫之在君，富之在君。故民之戴上如日月，亲君若父母。

意思是：

> 经济权益由国家统一掌握，这样的国家强大无敌；分两家掌握，军事力量将削弱一半；分三家掌握，就无力出兵作战；分四家掌握，其国家一定灭亡。先王明白这个道理，所以杜绝民间谋取高利，限制他们获利的途径。因此，予之、夺之的决定权在于国君，贫之、富之也取决于国君。这样，人民就拥戴国君有如日月，亲近国君有如父母了。

使人民深切地感受到贫富是由治国者决定的，人民就会以治国者的思想为自己的思想，以治国者的追求为自己的追求，以治国者的行为规范为自己的行为规范。

"民之难治，以其智多。"老子在第十八章中说"大道废，有仁义；智慧出，有大伪"，所谓的"智慧"都是背离大道的结果。百姓一旦背离大道，就难以治理了。句谓：百姓难以管理，就是因为太有所谓的智慧了。

老百姓太有智慧的原因之一是，治国者推行的思想和行为规范，治国者往往自己做不到。管仲声称要"禁文巧"，即禁止浮华，推行礼义，但是，他本人奢侈无度，不知"礼"为何物。《论语》记载：

> 子曰："管仲之器小哉！"或曰："管仲俭乎？"曰："管氏有三归，官事不摄，焉得俭？""然则管仲知礼乎？"曰："邦君树塞门，管氏亦树塞门；邦君为两君之好有反坫，管氏亦有反坫。管氏而知礼，孰不知礼？"

意思是：

> 孔子说："管仲的器量小啊！"有人就问："管仲节俭吗？"孔子说："管仲有

三处府第，工作人员都不兼职，怎么称得上节俭呢？""那么管仲很知礼吧？"孔子说："国君用屏风挡在门外，管仲也用屏风挡在门外；国君宴饮来访之国君，堂上有安放酒杯的土台，管仲宴饮也有那样的土台。管仲如果算知礼的话，谁不知礼呢？"

即，管仲把自己置于与国君相同的地位。

治国者说一套做一套，百姓马上学会说一套做一套。不能说百姓不对，治国者本来就希望以自己的行为规范成为百姓的行为规范。治国者说一套做一套，百姓也说一套做一套，百姓和治国者一样聪明，甚至比治国者更聪明，国如何治？神仙也没有办法。

"故以智治国，国之贼。"贼，灾害。句谓：所以依靠所谓的智慧治国，就是国家的灾害。

管仲推行的治国办法，就是让百姓处于贫困而不敢乱说乱动的状态。要致富，按照治国者的规定做事，按治国者的规定说话，按治国者的规定写文章，按治国者的规定思考问题。最终，危害百姓的思维能力。百姓的所谓思维活动，就是时时处处琢磨官府的意图。

"不以智治国，国之福。"句谓：不用所谓的智慧治国，就是国家的幸福。老子坚持真理的唯一性，道以外的所有理论都属于所谓智慧一类。老子坚持真理在自然中，百姓最善于发现真理，只要让百姓自由发展，就能建设和谐社会。老子在第四十九章中说"圣人在天下"，就是"圣人在天下推行大道"的意思。老子反对"治国"，也反对"智慧"。"善为道者"这一角色相当于治国者，但他的理论体系中的这一角色与其他理论体系中的这一角色在与人民的关系上是截然不同的。在老子的理论体系中，圣人的智慧来自于百姓，圣人与百姓平等。在其他理论体系中，治国者高高在上，他们创造真理，向百姓灌输真理，如同医生按照自己的诊断给病人开药方，他们确实是治理。"善为道者"通过推行大道的方式，使人民幸福自由，其不是治国者，称之为"建设天下者"，可能符合老子本意。

"知此两者亦稽式。"两者，指"以智治国"和"不以智治国"；稽式，法则。句谓：知道两种治国模式的差别，也就知道了天下依道运行的法则。

"常知稽式，是谓玄德。"常，马王堆出土帛书《老子》甲乙本均作"恒"，当是；知，掌握。句谓：永远掌握这个法则，就是完全符合大道的幽深微妙的德行。

"玄德深矣，远矣。"句谓：完全符合大道的幽深微妙的德行，那就远了，深了。

"与物反矣，然后乃至大顺。"反，通"返"；与物返，与万物一起返归自然。句谓：与万物一起返归自然了，然后就能顺应大道。圣人推行大道，有"玄德"的治国者，就是顺应自然。

本章校定

古之善为道者，非以明民，将以愚之。民之难治，以其智多。故以智治国，国之贼；不以智治国，国之福。知此两者亦稽式。恒知稽式，是谓玄德。玄德深矣，远矣，与物反矣，然后乃至大顺。

本章今译

古代推行依道治国的典范，不是诱导百姓离开大道而自以为聪明，而是要百姓保持质朴的状态。百姓难以管理，就是因为太有所谓的智慧了。所以依靠所谓的智慧治国，就是国家的灾害；不用所谓的智慧治国，就是国家的幸福。知道两种治国模式的差别，也就知道了天下依道而行的法则。永远掌握这个法则，就是完全符合大道的幽深微妙的德行。完全符合大道的幽深微妙的德行，那就远了，深了，与万物一起返归自然了，然后就能顺应大道。

第六十六章

江海所以能为百谷王者，以其善下之，故能为百谷王。是以欲上民，必以言下之；欲先民，必以身后之。是以圣人处上而民不重，处前而民不害。是以天下乐推而不厌。以其不争，故天下莫能与之争。

研　读

本章论述如何成为王者。能使天下自然归附的才是真正的王者，也即圣人。

"江海所以能为百谷王者，以其善下之，故能为百谷王。"谷，川谷；百谷王，千百条川谷的汇聚之处。天下归附才是王者，而且，这种归附行为完全是自愿的，不是强迫的。善：以前学者大多解释为"善于"，似不妥。水没有主观意识，处于下游不是有意识的选择，而是天然的。因此"善"应解释为"好处"。句谓：江海所以能够成为千百条川谷的汇聚之处，是因为它们的好处就是处在水流的下游。越是处于水流的下游，汇聚的水越多。因此，治国者要想取得更大的成就，就要向江海学习。向江学习就会成为江，向海学习就会成为海。

"是以欲上民，必以言下之。"上民，处于百姓的上面，即统治百姓；言，说话。句谓：所以，要统治百姓，必须言辞谦下。当然，言辞谦下不是耍嘴皮、假客套，内心以全能神自居，自以为事事比百姓高明，没有了自己，百姓就万古生活在长夜之中，而是要联系第十七章"太上，下知有之……功成事遂，百姓皆谓我自然"，第四十九章"圣人恒无心，以百姓心为心"来理解。

"欲先民，必以身后之。"老子在第七章中说"是以圣人后其身而身先"，与此同义。先，在前面，引申为引导。句谓：想要引导百姓，必定把自己的利益放在百姓的后面。治国者面临的最大的问题就是利益分配问题。治国者如果先给自己留好利益，再对百姓进行分配，一定会侵吞百姓的利益，破坏国家的稳定。官民之间的矛盾，大多因利益分配而起。老子在第七十五章中说"民之饥，以其上食税之多，是以饥"。因此，要成为一个好的治国者，首先要分配好百姓的利益，剩下的才是自己的，这样，国家才能和谐。

"是以圣人处上而民不重，处前而民不害。"句谓：所以，圣人成为治国者，百姓不会觉得有重负；成为引导者，百姓不觉得有害处。因为老子在第七章中说"是以圣人后其身而身先，外其身而身存"，这样的圣人是合格的治国者。

"是以天下乐推而不厌。"推，推崇；厌，厌恶，相当于老子在第十七章中说的"其次，畏之；其次，侮之"。句谓：所以百姓乐于推崇而不厌恶。

"以其不争，故天下莫能与之争。"句谓：因为他不与百姓争名争利，所以天下没人能与他竞争。圣人因为时时处处、一言一行都谦下，不与百姓争利，所以能像百谷王一样成为天下的王者。

～本章校定

江海所以能为百谷王者，以其善下之，故能为百谷王。是以欲上民，必以言下之；欲先民，必以身后之。是以圣人处上而民不重，处前而民不害。是以天下乐推而不厌。以其不争，故天下莫能与之争。

～本章今译

江海所以能够成为千百条川谷的汇聚之处，是因为它们的好处就在于处在水流的下游。所以，想要统治百姓，必须言辞谦下；想要引导百姓，必定把自己的利益放在百姓的后面。圣人成为治国者，百姓不觉得有重负；成为引导者，百姓不觉得有害处。所以，百姓乐于推崇而不厌恶。因为他不与百姓争名争利，所以天下没人能与他竞争。

天下皆谓我道大，似不肖。夫惟大，故似不肖。若肖，久矣其细也夫！我有三宝，持而保之：一曰慈，二曰俭，三曰不敢为天下先。慈，故能勇；俭，故能广；不敢为天下先，故长。今舍慈且勇，舍俭且广，舍后且先，死矣。夫慈，以战则胜，以守则固。天将救之，以慈卫之。

研 读

老子在第六十三章中论述成就伟业要从细事、易事做起，在第六十四章中论述从细事、易事做起的必然性，本章论述如何在天下推行大道。推行大道是难事，如何从细事、易事做起？"一曰慈，二曰俭，三曰不敢为天下先"，就从这三件细事、易事做起。这三者，老子称为"三宝"。

"天下皆谓我道大，似不肖。"肖，像。句谓：全天下人都认为我说的道是个大东西，大到好像什么都不像的程度。

"夫惟大，故似不肖。"句谓：就因为大，所以什么都不像。

"若肖，久矣其细也夫！"久，早已；细，小。句谓：如果像个什么东西，它早就被天下人当作小东西了。如果一个东西能够像另外一个东西，那一定是个小东西，只有不像另外东西的东西才是大东西。太阳很大吗？像个圆球，因此，还是个小东西。只有宇宙，什么都不像，才是大东西。道的含义之一就是：道名"大"。因此，它不像任何东西，只像它自己。道那么大，如何运用？老子在第六十三章中说"图难于其易，为大于其细"，因此，后文就讲要从"三宝"做起。

"我有三宝，持而保之。"句谓：我有三件宝贝，持守而保全它。天下人认为道太大，要推行道，无处着手。老子主张"图难于其易，为大于其细"，提出从践行"三宝"做起。"三宝"就是"易"与"细"。

"一曰慈。"慈，本指父母的爱，引申为怜爱之情。孔颖达疏："慈者，爱出于心，恩被于物也。"句谓：一是拥有天然的怜爱之心。这种天然的怜爱之心，与所谓的"仁义"是不同的。"仁义"不是出于天然，是为了实现自己的目的而进行的有意识地做好事的行为，慈，则是完全无意识的行为。施行"仁义"往往是有选择性的，"慈"则是没有选择性的。"天地不仁，以万物为刍狗；圣人不仁，以百姓为刍狗。"这种"不仁"才是"慈"。

"二曰俭。"俭，俭是个多义词，一说节俭，即"啬"，如在第五十九章中说"治人事天莫若啬"，古今学者多持此说。俭的另一含义是谦卑貌，《荀子·非十二子》说"俭然侈然"。这一含义也通，如老子在第六十六章中说"是以欲上民，必以言下之"，就是说为人要谦卑，句谓：二是要谦卑。

"三曰不敢为天下先。"句谓：不敢把自己的利益凌驾于天下人的利益之前。老子在第七章中说"是以圣人后其身而身先"，在第六十六章中说"欲先民，必以身后之"，就是这个意思。

"慈，故能勇。"勇，勇敢。句谓：拥有天然的怜爱之心，才能求得勇敢。

智瑶联合魏、韩两家进攻赵襄子。赵襄子没有撤退到城墙最坚固的长子城，也没有撤退到粮食储备最丰足的邯郸，而是撤退到城墙不是最坚固、粮食储备不是最丰足的晋阳，最终依靠晋阳军民的顽强坚守迎来转机而战胜智瑶。因为，丰足的粮食依靠盘剥百姓而得，坚固的城墙依靠压榨百姓而成。面对强敌，这两城的百姓未必会与赵襄子同心同德，反而是城墙不坚固、粮食储备不丰足的百姓，过惯了较为宽松的生活，害怕失去现有的生活而愿意与赵襄子共同抗战。晋阳军民的勇敢，不是赵襄子"慈"的结果，而是守卫晋阳的长官对晋阳百姓施行"仁义"的结果。"仁义"可以使百姓勇敢，"慈"能使百姓更加勇敢。

"俭，故能广。"广，远大，《左传·僖公二十三年》："晋公子广而俭，文而有礼。"句谓：谦卑才能求得远大。

"不敢为天下先，故长。"句谓：不敢把自己的利益置于天下人的利益之前，才能求得引导地位。即要退让，不要争先。

"今舍慈且勇，舍俭且广，舍后且先，死矣。"舍，舍弃；且，将要，引申为求取。句谓：现在，舍弃天然的怜爱之心却求取勇敢，舍弃谦卑却求取远大，舍弃退让却求取争先，这是死路！

"夫慈，以战则胜，以守则固。"以战，用于进攻；以守，用于守卫。句谓：拥有天然的怜爱之心，用于进攻则攻无不克，用于守卫则固若金汤。

"天将救之，以慈卫之。"句谓：天若要救助一个人，必定以真正发自天然的怜爱之心卫护他。老子的意思是在"三宝"中，"慈"是最重要的，是决定性的。因此，"三宝"不是简单的次序排列关系，而是递进的因果关系。有了"慈"，才能"俭"，才能"不敢为天下先"。因此，推行大道，从践行"三宝"做起；践行"三宝"，要从践行"慈"做起。

本章校定

> 天下皆谓我道大，似不肖。夫惟大，故似不肖。若肖，久矣其细也夫！我有三宝，持而保之：一曰慈，二曰俭，三曰不敢为天下先。慈，故能勇；俭，故能广；不敢为天下先，故长。今舍慈且勇，舍俭且广，舍后且先，死矣。夫慈，以战则胜，以守则固。天将救之，以慈卫之。

本章今译

全天下人都认为我说的道是个大东西，大到好像什么都不像的程度。就因为大，所以什么都不像。如果像个什么东西，它早就被天下人当作小东西了。我有三件宝贝，持守而保全它：一是拥有天然的怜爱之心，二是要谦卑，三是不敢把自己的利益凌驾于天下人的利益之前。拥有天然的怜爱之心，才能求得勇敢；谦卑才能求得远大；不敢把自己的利益凌驾于天下人的利益之前，才能求得引导地位。现在，舍弃天然的怜爱之心却求取勇敢，舍弃谦卑却求取远大，舍弃退让却求取争先，这是死路！拥有天然的怜爱之心，用于进攻则攻无不克，用于守卫则固若金汤。天若要救助一个人，必定以真正发自内心的天然的怜爱之心卫护他。

第六十八章

善为士者不武，善战者不怒，善胜敌者不与，善用人者为之下。
是谓不争之德，是谓用人之力，是谓配天、古之极。

研　读

本章论述"三宝"是军事将领必须具备的基本素质。

"善为士者不武。"善为士者，优秀的知识分子。老子在第十五章中有"古之善为士者"之说。优秀的知识分子都是勤勉推行大道的，故老子在第四十一章中说"上士闻道，勤而行之"。优秀的知识分子持守"慈"，不会主动挑起战争，不会尚武。句谓：优秀的知识分子不会尚武。在许多读者的观念中，统帅军队的都是武夫，其实，最优秀的军事统帅都是能文能武的知识分子，如孙武、孙膑。孙武的军事思想明显受到老子的影响。

"善战者不怒。"善战者，善于用兵的人；不怒，不发怒，即不会被激怒。句谓：善于用兵的，不会被激怒。作为军队统帅，保持克制非常重要。战争爆发，一定是由一方挑起事端。这些事端，起初可能就是一些小事，因此，作为统帅，要会克制，不要带情绪进行决策。"不敢为天下先"，就是不开第一枪。人在暴怒的状态，智商等于零。《孙子兵法》说："将者，智、信、仁、勇、严也。"智是智慧，更是理智。理智才有智慧。

"善胜敌者不与。"与，王弼注："不与争也。"句谓：善于战胜敌人的，不与敌人纠缠。就是说，在战争开始前就要把自己置于绝对优势的地位。

孙子提出的"善战者"的最高标准是"不战而屈人之兵"。如果迫不得已，战争爆发，《孙子兵法》中说：

故善战者，立于不败之地，而不失敌之败也。是故胜兵先胜而后求战，败兵先战而后求胜。善用兵者，修道而保法，故能为胜败之政。

意思是：

善于作战的人，总是使自己立于不败之地，而不放过进攻敌人的机会。因此，胜利之师是先具备必胜的条件然后再交战，失败之军总是先同敌人交战，然后期求从苦战中侥幸取胜。善于用兵的人，必须修明政治，确保法制，这样就能够制定主宰战争胜负的策略。

"善用人者为之下。"句谓：善于用人的，对人谦卑。谦卑就是"俭"。

"是谓不争之德。"句谓：这就是不竞争的德性。老子反对战争，但并不主张放弃武力。老子多次论述战争的基本原则，这是他的哲学思想在军事领域的运用，也是论述以武力保卫自己利益的必要性，因此，老子的军事理论都是防御性的，而且主张以"不争"而取得胜利。以"不争"取胜的前提是推行大道。孙子的说法是"修道而保法"。只是孙子的"道"与老子的"道"含义不同而已。道，才是无往而不胜的力量。

"是谓用人之力。"句谓：这就是善于运用人的力量。马王堆出土帛书《老子》甲乙本中均无"之力"二字，有学者疑此二字系后人所添。但无此二字，此句与另两句句型不相称，帛书是否漏抄二字？

"是谓配天、古之极。"天，天道；古，自古以来，老子在第十四章中说"能知古始，是谓道纪"；极，最高。句谓：这就是符合天道，符合自古以来的最高准则。

～本章校定

善为士者，不武；善战者，不怒；善胜敌者，不与；善用人者，为之下。是谓不争之德，是谓用人之力，是谓配天、古之极。

～◎本章今译

优秀的知识分子不会尚武；善于用兵的，不会被激怒；善于战胜敌人的，不与敌人对打；善于用人的，对人谦卑。这就是不竞争的德性，这就是善于运用人的力量，这就是符合天道、符合自古以来的最高准则。

第六十九章

用兵有言："吾不敢为主而为客，不敢进寸而退尺。"是谓行无行，攘无臂，扔无敌，执无兵。祸莫大于轻敌，轻敌几丧吾宝。故抗兵相加，哀者胜矣。

研　读

本章论述"三宝"在积极防御的军事行动中的决定性作用。

"用兵有言。"用兵，即用兵者、军事家；有言，有这样的格言。句谓：军事家有这样的格言。老子的理论不是无本之木，无源之水，而是继承和发展了前人的成果。

"吾不敢为主而为客，不敢进寸而退尺。"主，主动挑起战争；客，守势；进，进攻；退，退却。句谓：我绝不主动挑起战争，但我积极防御；我绝不主动进攻一寸，宁可退后一尺。

"是谓行无行。"行，阵势；无，似无。句谓：这就是摆出了阵势，却好像没有阵势。

"攘无臂。"攘臂，撸起袖子，举起拳头。句谓：举起了拳头，却好像没有拳头。

"扔无敌。"扔，《说文》："扔，因也。"因，就，扔敌，就着敌人，即面对敌人。句谓：面对着敌人，却好像没有敌人。

"执无兵。"执兵，拿起武器。句谓：拿起了武器，却好像没有武器。

"行无行，攘无臂，扔无敌，执无兵"，这几句不太好理解，参考金庸小说中说的"手中无剑，心中有剑"，可能可以帮助理解。这是老子从哲学角度提出的最高的用兵境界。吴起说："在德不在险。"治国者施行"德政"比任何战略位置、战术手段都重要，这与老子的意思相近。老子认为，道比任何战略地位、战略手段都重要。这也可以看出老子对吴起军事思想的影响。

"祸莫大于轻敌，轻敌几丧吾宝。"轻敌，轻易挑起战争；宝，法宝，也即老子在第六十七章中说的"三宝"。句谓：灾祸最大莫过于轻易挑起战争，轻易挑起战争，几乎等于把我的"三宝"丧失殆尽。挑起战争的治国者"舍慈""舍俭""舍后"。

"故抗兵相加，哀者胜矣。"抗，抗衡；抗兵，实力相当的军队；相加，对阵；哀，《说文》指出"哀，闵也"，即怜悯、同情之意，也即"慈"，天然的怜爱之心。句谓：所以，实力相当的军队对阵，拥有天然怜爱之心的一方就会获胜。老子在第六十七章中说"夫慈，以战则胜，以守则固。天将救之，以慈卫之"。

老子预先判断战争胜负的理论，对孙子具有极大影响。《孙子兵法》说：

道者，令民与上同意也，故可以与之死，可以与之生，而不畏危也；天者，阴阳、寒暑、时制也；地者，远近、险易、广狭、死生也；将者，智、信、仁、勇、严也；法者，曲制、官道、主用也。凡此五者，将莫不闻，知之者胜，不知之者不胜。故校之以计而索其情曰：主孰有道？将孰有能？天地孰得？法令孰行？兵众孰强？士卒孰练？赏罚孰明？吾以此知胜负矣。

孙子判断战争胜负的因素，首先是看哪一方的治国者有"道"。孙子的"道"和老子的"道"不是一回事，孙子的"道"无非就是政治清明，但两者在考虑问题的出发点上有一致性。老子认为，治国者首先要"慈"；孙子认为，治国者首要的是"道"，有道可以上下同心。

吴起有爱兵如子的美誉。吴起治理军队十分严明，而且处处以身作则。他和普通士兵吃相同的饭菜，穿一样的衣服，睡觉铺盖士兵的被褥，行军也不骑马、不乘车，坚持与士兵一起步行，看见士兵背的粮食行李多了，他就抢来自己扛着。

有一次，吴起统率魏国军队攻打中山国，有一个士兵身上长了毒疮，躺在床上痛苦地呻吟。吴起巡查时发现了，就毫不犹豫地跪下身子，把士兵毒疮中的脓血一口一口地吮吸出来。这个场面令士兵们十分感动，他们个个摩拳擦掌，拼死要为国家效力。

吴起的这些行为可以称为"慈"，但他的"慈"仅限于士兵。早年他在家乡卫国被人诽谤，愤而杀三十多人出逃；供职鲁国时，齐鲁开战，为取得鲁国君信任，杀齐国妻子。吴起明白"慈"在战争中的作用，作为一种收买人心的手段进行表演，他的"慈"不是发自内心的怜爱之心。可以说，老子的军事思想对吴起有影响，但吴起是一个赤裸裸的实用主义者，与老子天然的悲天悯人的伟大情怀不可同日而语。

本章校定

用兵有言："吾不敢为主而为客，不敢进寸而退尺。"是谓行无行，攘无臂，扔无敌，执无兵。祸莫大于轻敌，轻敌几丧吾宝。故抗兵相加，哀者胜矣。

本章今译

军事家有这样的格言："我绝不主动挑起战争，但我积极防御；我绝不主动进攻一寸，宁可退后一尺。"这就是摆出了阵势，却好像没有阵势；举起了拳头，却好像没有拳头；面对着敌人，却好像没有敌人；拿起了武器，却好像没有武器。灾祸最大莫过于轻易挑起战争，轻易挑起战争，几乎等于把我的"三宝"丧失殆尽。所以，实力相当的军队对阵，拥有天然怜爱之心的一方就会获胜。

吾言甚易知，甚易行。天下莫能知，莫能行。言有宗，事有君。
夫惟无知，是以不我知。知我者希，则我者贵，是以圣人被褐怀玉。

研 读

本章是老子对于大道不能推行的感叹。老子苦口婆心劝告治国者推
行大道，但是，治国者并不理会。老子对于其中的原因很不解。从根本
而言，也许是治国者和老子所认为的人性是不一样的。老子认为，人性
是天然向善的，没有人希望国家动乱，因此，要充分尊重人民的愿望，
"以百姓心为心"，而治国者则认为必须推行仁爱、礼仪之类。庄子在
《马蹄》中说：

马长了蹄可以践踏霜雪，长了毛可以抵御风寒，吃草饮水，在陆地上
奔跑，这是马的真实天性。即使有高台大殿，对马也没用。等到伯乐出现
后，说："我擅长调理马。"于是用烧红的烙铁打印记，用剪刀剔除杂毛，
用铲刀削刻马掌，给马戴上笼头，用嚼子、缰绳把马栓起来，关到固定的
马棚马槽上，于是，马就死掉了十分之二三了。接着又逼它饿着、渴着、
驰逐、奔跑，训练它听从调度、步伐整齐，前有桩子、辔头的束缚，后有
鞭子的驱赶，于是马死掉一半多了。制陶器的工匠说："我擅长治理泥巴，
做出圆的陶器合圆规，方的陶器合矩尺。"木匠说："我擅长治理木材，做
出的家具，弯的合乎曲尺，直的合乎墨线。"要说泥巴、木材的真性，难道
是愿意合乎圆规、矩尺、曲尺、墨线的吗？然而人们世世代代还是称道说：

"伯乐擅长调理马，陶工、木匠擅长治理泥巴、木材。"其实，这也是治理天下的人同样容易犯的错误。

由此想来，我认为善于治理天下的人不会这样。百姓有他正常的生活，织出布来穿衣，种出粮食来吃饭，这是共同的德行。人们对待所有的事物都是一样的，没有什么偏心，这就叫作自然放任。所以在人的天性保存得最好的时代，人的行为满足无欲，看人看物率真坦率。那个时候，山上没有路径隧道，水里没有舟船桥梁，万物一起生存，住家相连不分彼此，禽兽成群，草木成长。因此禽兽可以牵系着玩，鸟雀的巢窠可以攀登到树上去看。在人类的天性保存得最好的年代，人与禽兽混杂在一起居住，与万物混同不分种类，哪里知道什么君子、小人的区别？人人都不用智谋心机，德行就不会丢失。大家都无私欲，这就叫作纯朴。纯朴就能保持天性。等到出了圣人，劳费心思推行仁爱，耗费力气推行大义，天下人就开始产生了迷惑。超情越度制定乐，不厌冷僻制定礼，于是天下就开始有了分别。所以说，纯真的朴石不受损伤，用什么造出牺尊？纯素的玉石不毁坏用什么造出珪璋？道与德不废弃，哪里会用仁与义？本性真情不失去，哪里用得着礼乐？五色不被错乱，用什么生出文采？五音不被错乱，用什么去应和六律？可见，损坏朴石造出玉器是工匠的罪过，毁弃道与德造出仁与义是圣人的罪过。

……等出了圣人，制定出弯腰屈背的礼乐来匡正天下百姓的形象，标榜仁义来慰藉天下百姓的心，百姓才开始仰慕智能，爱好用智，都去追求、争夺私利，这也是圣人的罪过啊。

长此以往，结局就会像《庚桑楚》中说的那样：

……尧与舜两人又有什么值得称赞呢？他们对于好坏的分辨，如同是拆坏了垣墙而栽上了蓬蒿，拣择头发来梳头，数着米粒做饭，琐琐碎碎地又哪里配得上救世济民呢？举荐贤能的人，人们就会相互倾轧；任用才智的人，人们就会互相欺诈。这几种品性，对人民没有益处。百姓为了获取利益，那是不遗余力的，儿子甚至会杀掉父亲，臣子甚至会杀掉君王，大白天当强盗，太阳底下挖墙窟窿。我告诉你们，大乱的根本原因就产生在尧舜时期，这种危害性流传到千代以后。千代以后一定会出现人吃人的现象。

庄子时代，没有人吃人的现象，老子时代更没有。老庄的使命就是预见到这种时代将要到来而要阻止人吃人现象的出现。但是，老庄都无法阻止人类进入这种时代。老庄死后，人类的相互残杀更加凶狠。汉武帝刘彻怀疑太子据谋反，双方大战数日，死了几万人，太子据被诛杀。后来，刘彻认为这是冤案，把参与平定太子据"谋反"的官员将士杀了，又死了数万。再后来，刘彻考虑自己死后太子年幼，担心太子之母干政，把太子之母杀了。这种残忍，在老庄时代是没有的，也是没人能够想象的，但老庄准确地预见到了。老子在第六十五章中就提出："古之善为道者，非以明民，将以愚之。民之难治，以其智多。故以智治国，国之贼；不以智治国，国之福。"奈何，治国者非要成为"国之贼"！

"吾言甚易知，甚易行。"句谓：我说的话很容易理解，也很容易推行。老子讲的无非就是常识。老子认为，道是客观存在的，是可以认识的，无非就是一些常识，比如，冬天过后就是春天，不是人人都知道的吗？老子要治国者如何推行大道？从恢复人性做起。老子的"三宝"之首就是"慈"。"慈"，就是天然的怜爱之心，是人性。

"天下莫能知，莫能行。"句谓：天下人却都不能理解，都不能践行。老子的理论，天下人不是不能理解，不能践行，而是不愿理解，理解了也不愿践行。按照老子的理论，治国是一件如同煎小鱼一样容易的事情。如此没有挑战性的工作谁愿意干？就算把国家治理得很好，无非就是煎小鱼的水平。不能显示治国的高超水平，如何显示治国者英明伟大？如何流芳百世？因此，治国，就要使劲折腾，折腾别人所不能折腾的，这样就能名垂史册。

"言有宗，事有君。"宗，主旨；君，主宰。句谓：言论有主旨，行事有主宰。老子言论的主旨就是"道"。"孔德之容，惟道是从"，行事的主宰是"德"。"道"和"德"都过于抽象，读者不易理解，也不易践行，于是，老子在第六十七章中提出从"慈、俭、不敢为天下先"做起，尤其要从"慈"做起。由"慈"而"俭"而"不敢为天下先"，而后能"德"，最终能"道"。如此，大道不就可以在天下推行了？

"夫惟无知，是以不我知。"无知，不理解；不我知，不理解我。句谓：因为不理解这个道理，也就不能理解我。天下人都弄不清老子讲的"道""德""三宝"是什么，因此，也就不能理解老子所建立的思想体系。因为对老子的思想体系不能全面准确地把握，也就不能推行大道。孟子曰："挟泰山以超北海，语人曰：'我不能。'是诚不能也。为长者折枝，语人曰：'我不能。'是不为也，非不能也。"其实，天下人是"不为"不是"不能"。在这一点上，孟子比老子看得透。老子是个天真的老头子，以为天下人"不能"理解他的学说，其实，不是"不能"而是"不为"。

"知我者希，则我者贵。"希，稀少；则，原意是榜样，引申为取法。句谓：理解我的人很少，取法我的人尊贵。老子理论的核心是依道而行，反对暴政，建设和谐社会。这样的理论穿越时空，代代尊贵。

"是以圣人被褐怀玉。"被，披；褐，粗布衣。句谓：所以，圣人外面穿的是粗布衣，怀里揣的是宝玉。《老子》一书是用当时的通俗语言写成的，语言平实，道理也很朴实。现代人阅读有难度，原因可能有以下几方面：一是语言习惯的改变，有的当时的常用语现在不用了；二是当时的语言读音与现代不一样，而且当时推行"普通话"的力度不如今日，不排除有的字是用老子的家乡土音写成的可能；三是传抄过程中发生错误；四是"焚书坑儒"等各种禁书行为使历史上的一些注释《老子》的书籍灭失，而且《老子》本身就是"劫后余生"，今人见到的文字，不排除古代文人口口相传而成的可能；五是历代学者少有能真正读懂《老子》者，道士、儒生、和尚按自己所需注释《老子》，以致有的学者的注释前后矛盾，有的学者把老子所批判的当作老子所赞许的，有的学者望文生义，看到"无为"就说老子主张不作为，看见"绝圣弃智"就认为老子主张愚民政策，看见"小国寡民"就认为老子反对统一，有的读者对这些注释有先入之见，因此，越读《老子》越糊涂。《老子》一书与当时其他作品相比，语言过于平实，道理过于朴实，如同一个人穿了粗布衣比不上穿华丽衣服的光鲜。其实，真理就在平实的语言之中，在朴实的道理之中。

本章校定

　　吾言甚易知，甚易行。天下莫能知，莫能行。言有宗，事有君。夫惟无知，是以不我知。知我者希，则我者贵，是以圣人被褐怀玉。

◇**本章今译**

我说的话很容易理解，也很容易推行。天下人却都不能理解，都不能践行。言论有主旨，行事有主宰。因为不理解这个道理，也就不能理解我。理解我的人很少，取法我的人尊贵。所以，圣人外面穿的是粗布衣，怀里揣的是宝玉。

知不知，上；不知知，病。夫惟病病，是以不病。圣人不病，以
其病病，是以不病。

研　读

本章论述大道不能推行的原因在于治国者自以为知道如何治国，其
实根本就不知道，更重要的是，治国者不知道自己无知。从本章到第
八十章都是老子对治国者依道治国的建议，可以说苦口婆心，反复从正
反两个方面进行论证。

"知不知，上。"句谓：知道什么是自己不知道的，最好。庄子在
《养生主》中说："吾生也有涯，而知也无涯。"人不可能全知全能，总
有局限。苏格拉底说："我只知道我一无所知。"作为治国者，要知道什
么是自己不知道的。

"不知知，病。"不知，不知道；知，自以为知道。句谓：不知道
自己的局限却以为自己什么都知道，是缺点。治国者认为不会有自己
未知的领域，总是自以为全知全能，是各个领域的权威，是所有真理
的发明者和裁判，是有史以来治国的典范。其实，他们连基本的治国
原理都不懂，不知道"道"是什么，这就是毛病啊。一个治国者，多
看看本国的问题，多研究外国的优点并为己所用，不是更好？当然，
研究别国的缺点也没什么不好。老子在第二十七章中说"善人不善人
之师，不善人善人之资"。研究别国的缺点要作为自己的借鉴，而不是

为了显示自己的优点。

"夫惟病病，是以不病。"句谓：只有把缺点当作缺点，从而才没有缺点。治国者首先要承认自己的局限，才能不产生弊病。但是，治国者并不能真正认识到治国的弊病。庄子在《在宥》中说：

世俗的人都喜欢别人同意自己的看法，而讨厌别人不同意自己的看法。希望与自己的意见相同，不希望与自己的意见不相同，其实都是出于想超出众人的一种心理。抱着超出众人的心理，又何尝能超出众人呢？你自己看法的对错还要靠众人来认同，可见你比不上众人的技艺太多了。想给别人治理好国家的人，把夏、商、周三王的统治办法拿过来，这只是看到了有利的一面，看不到它造成祸害的一面。这是用人家的国家去撞大运，有几个靠撞大运而不丧亡的国家呢？其中能够保住国家不亡的几率，不到万分之一，而丧亡国家的几率，可以说只有一分侥幸而万分有余。可悲啊！拥有国土的君王们不懂得这个道理。

"圣人不病，以其病病，是以不病。"不病，没有缺点；病病，把缺点当作缺点。句谓：圣人没有缺点，是因为把缺点当作缺点，所以没有缺点。治国者只要勇于面对自己的缺点，改正缺点，就能成为圣人。可是，治国者认为，即使圣人也应当向自己学习。秦始皇规定"以吏为师"，皇帝就是最大的"吏"，就是最权威的"师"。一个人的理想如果是成为圣人，就应当拜秦始皇为师。

圣人不仅能够清醒地认识到自己的缺点，也能认识到史上治国者的缺点。老子之前，已经产生过许多具有深远历史影响的治国者，如孔子最崇拜的治国者周公，对后世影响极大的管仲。后世称管仲为"圣人之师"。管仲在《牧民》中说：

国有四维，一维绝则倾，二维绝则危，三维绝则覆，四维绝则灭。倾可正也，危可安也，覆可起也，灭不可复错也。何谓四维？一曰礼，二曰义，三曰廉，四曰耻。礼不逾节，义不自进，廉不蔽恶，耻不从枉。故不逾节，则上位安；不自进，则民无巧诈；不蔽恶，则行自全；不从枉，则邪事不生。

意思是：

国有四维。缺了一维，国家就倾斜；缺了两维，国家就危险；缺了三维，国家就颠覆；缺了四维，国家就会灭亡。倾斜可以扶正，危险可以挽救，倾覆可以再起，只有灭亡了，那就不可收拾了。什么是四维呢？一是礼，二是义，三是廉，四是耻。有礼，人们就不会超越应守的规范；有义，就不会妄自求进；有廉，就不会掩饰过错；有耻，就不会趋从坏人。因此，人们不越出应守的规范，为君者的地位就安定；不妄自求进，人们就不巧谋欺诈；不掩饰过错，行为就自然端正；不趋从坏人，邪乱的事情也就不会发生了。

老子明确反对这种治国方式，其在第十八章中说"大道废，有仁义"，在第三十八章中说"夫礼者，忠信之薄，而乱之首也"。老子对周公旦和管仲都进行了毫不留情的批判，公然宣称，只有在天下推行大道，才能建设百姓幸福自由的和谐社会。

◇ 本章校定

> 知不知，上；不知知，病。夫惟病病，是以不病。圣人不病，以其病病，是以不病。

◇ 本章今译

知道什么是自己不知道的，最好；不知道自己的局限却以为自己什么都知道，是缺点。只有把缺点当作缺点，所以才没有缺点。圣人没有缺点，是因为把缺点当作缺点，所以没有缺点。

民不畏威，则大威至。无狭其所居，无厌其所生。夫惟不厌，是以不厌。是以圣人自知不自见，自爱不自贵。故去彼取此。

研　读

本章中，老子提出暴政是治国者的末日。暴政产生的原因是治国者不能践行"三宝"，"狭其所居""厌其所生"，百姓不能安居乐业。这两种暴政的形式容易被人们忽视。因为，人们提到暴政，往往想到的是杀人、徇私枉法之类的形式。

"民不畏威，则大威至。"畏，畏惧；威，前一个"威"指威压、暴政，后一个"威"指威胁、祸乱；至，发生、降临。句谓：百姓不畏惧暴政之时，就是治国者的祸乱降临之际。治国者不知"慈"为何物，以高压手段治国，必然引起百姓的反抗。

"无狭其所居，无厌其所生。"无，不要；狭，狭小，这里是使其狭小的意思；居，居所、住宅；厌，压榨；生，生活。句谓：不要迫使百姓住房狭小，不要压榨百姓的生活。老子在第八十章中说"安其居，乐其俗"。安居才能乐业，社会才能和谐。治国者缺失"慈"，百姓居住条件恶劣，生活中处处被压榨，就会"民不畏威，则大威至"。

"夫惟不厌，是以不厌"。后一个"厌"是厌恶之意。句谓：只有不压榨百姓，百姓才不会厌恶治国者。百姓厌恶治国者，矛盾开始产生。矛盾不断激化，治国者对付百姓的手段就会增加，如采用毒打、关押、杀头等手段，而百姓的对抗形式也会增加，最终发展到老子在第七十四章中说的"民不畏死"的状态。

"是以圣人自知不自见。"自知，自知之明，老子在第七十一章中说"知不知，上"，圣人"知不知"；自见，自我表现、炫耀。句谓：所以圣人有自知之明而不炫耀。炫耀，就是"争先"，与老子所说"不敢为天下先"反其道而行。

"自爱不自贵。"自爱，爱惜自己；自贵，自显高贵。句谓：爱惜自己不自显高贵。老子"三宝"："慈""俭""不敢为天下先"。"俭"就是谦卑，就是不自显高贵。诸葛亮在《诫子书》中说"静以修身，俭以养德"，后人把"俭"当作"俭朴"解似不妥。"俭"应当作"谦卑"解。"静"指内心，"俭"指外在的言行。谦卑是高贵的"德"。

老子反对暴政，不是建议建立一套新的制度，而是建议治国者修身，在原有的制度上，用圣人加强自身修养、推行大道的办法防止暴政。在这一点上与儒家并无不同。

"故去彼取此。"去，抛弃；彼，后者；取，采取；此，前者。句谓：所以，抛弃后者而采用前者。前者符合老子"三宝"的要求。采取前者，就是从践行"三宝"做起。

本章校定

> 民不畏威，则大威至。无狭其所居，无厌其所生。夫惟不厌，是以不厌。是以圣人自知不自见，自爱不自贵。故去彼取此。

本章今译

百姓不畏惧暴政之时，就是治国者的祸乱降临之际。不要迫使百姓住房狭小，不要压榨百姓的生活。只有不压榨百姓，百姓才不会厌恶治国者。所以圣人有自知之明而不炫耀，爱惜自己而不自显高贵。所以，抛弃后者而采用前者。

第七十三章

勇于敢则杀，勇于不敢则活。此两者或利或害。天之所恶，孰知其故？是以圣人犹难之。天之道，不争而善胜，不言而善应，不召而自来，繟然而善谋。天网恢恢，疏而不失。

研　读

老子在前一章中明确反对暴政，而且指出了暴政的主要表现形式。在本章中，老子指出，只有在天下推行大道才能消除暴政。

"勇于敢则杀，勇于不敢则活。"勇，勇敢、敢于，引申为主动；勇于，主动处于；敢，强硬；杀，死路；不敢，柔弱；活，生路。句谓：主动处于强硬地位的就是走上了死路，主动处于柔弱地位的才有生路。这是针对前一章的暴政说的。老子在第七十六章中说"坚强者死之徒，柔弱者生之徒"。推行暴政的治国者就是"坚强者"，就是走在死路上了。推行大道不会产生暴政，就是"柔弱"，就是生路。

"此两者，或利或害。"或，有的，《诗·小雅·北山》："或燕燕居息，或尽瘁事国，或息偃在床，或不已于行。"句谓：这两者，有的获利，有的遭害。不言而喻，推行暴政是要遭害的，推行大道才会获利。

"天之所恶，孰知其故？"句谓：天所厌恶的，谁知道缘故？

"是以圣人犹难之。"有前人认为这句是第六十三章的文字，在此重出，验之马王堆出土帛书《老子》甲乙本，当删。马恒君把这句解释为"因此圣人也会搞到用法治国难以把握，更何况一般的人"，似不妥。圣人主张推行大道，反对以法治国，而且，"圣人处无为之事，行不言之教"，不会有难以把握之事。老子时代的依法治国与现代的依法治国概念是不同的，两者不可混淆。

"天之道。"天，自然，老子在第二十五章中说"人法地，地法天，天法道，道法自然"。道，规律。句谓：天的规律。

"不争而善胜。"句谓：不需要竞争而善于取得胜利。天生万物，都不是在与它物的竞争中生长、发育、结果的。一棵枣树，不是与另一棵枣树竞争而长得更高、更有收成，只是因为占有更合适的地理位置，更合适的肥料，更合适的种植时期等有利因素。

"不言而善应。"应，应验。句谓：不会言语但会应验。自然是有规律的。比如种庄稼，如果认认真真，在合适的季节播种，在合适的时间除草施肥，就会获得丰收。反之，不看季节胡乱播种，该除草时不除草，该施肥时不施肥，一定歉收。大自然不会用语言告诉庄稼人结果，而是用结果来应验庄稼人的行为。老子在第二十一章说"其精甚真，其中有信"，即此谓也。

"不召而自来。"句谓：不需召唤会自动到来。规律是不以人的意志为转移的，更不是依靠人的力量推动的。冬天过后是春天，春天过后是夏天，不需要人操心，自然发生变化。

"繟然而善谋。"繟然，坦然，无思无虑；善谋，善于谋划，引申为万事俱备。句谓：无思无虑而万事俱备。大自然的生态平衡不是人类谋划出来的，而是按照客观规律发展出来的。人类的谋划，反而会破坏自然界的平衡，生态灾难就是人类活动的结果。

"天网恢恢，疏而不失。"天网，大自然像一张网；恢恢，广大、无边无际；疏，稀疏；失，漏失。句谓：大自然像一张无边无际的网，看起来网眼稀疏，但是什么都不会漏失。所有万物都不能摆脱客观规律的控制。

本章校定

　　勇于敢则杀，勇于不敢则活。此两者，或利或害。天之所恶，孰知其故？天之道，不争而善胜，不言而善应，不召而自来，繟然而善谋。天网恢恢，疏而不失。

∕◟本章今译

　　主动处于强硬地位的就是走上了死路，主动处于柔弱地位的才有生路。这两者有的获利，有的遭害。天所厌恶的，谁知道缘故？自然的规律，不需要竞争而善于取得胜利，不会言语但会应验，不需召唤会自动到来，无思无虑而万事俱备。大自然像一张无边无际的网，看起来网眼稀疏，但是什么都不会漏失。

民不畏死，奈何以死惧之？若使民常畏死，而为奇者，吾得执而杀之，孰敢？常有司杀者杀，夫代司杀者杀，是代大匠斲。夫代大匠斲者，希有不伤其手矣。

研　读

本章论述暴政对于治国者的危害。一些学者认为，老子的思想具有消极成分，理由是老子不主张反抗。这种观点既不符合老子的本意，也脱离当时的实际情况。像老子那样猛烈批判暴政，在老子同时代的思想家中没有第二人。老子不仅批判暴政，而且苦口婆心劝告治国者不要实行暴政。本章就是对治国者的劝告。老子为什么不主张反抗？从本质而言，老子理论是一种建设理论。反抗暴政是百姓的事。老子时代，百姓大多是文盲。老子如果鼓动反抗，书写给谁看？其实，后来张角把老子理论改造成了他的造反理论的一部分，根本原因在于《老子》一书具有强烈的批判性。

"民不畏死，奈何以死惧之？"奈何，怎么；惧，恐吓。句谓：百姓不怕死亡了，怎么用死亡来恐吓他们？治国者为巩固政权采用暴政的显著特点就是用随意杀人的办法震慑百姓，来求得社会稳定。这是利用人怕死乐生的特点，实质上是实行恐怖政策。百姓不是因为死过一次才怕死，而是看见别人死才怕死；不是因为自己吃过苦头才怕吃苦头，而是看见别人吃了苦头才怕吃苦头。因此，恐怖政策会有作用，但是，恶果也会马上显现出来。一旦百姓不怕死了，杀人还有什么用呢？百姓为什么不怕死？老子在第七十二章中说"无狭其所居，无厌其所生"，百姓住房拥挤，生活中时时处处受压榨，了无生意，就会不怕死。暴政使百姓不想活，治国者却想靠杀人保住权力，怎么可能？

"常有司杀者杀。"常，校之马王堆出土帛书《老子》甲乙本均作"恒"，当改；司，掌管；司杀者，掌管杀人的人。庄子在《养生主》中说：

适来，夫子时也；适去，夫子顺也。

意思是：

他生下来，是老子的时运；他死去了，是老子顺应自然。

人的生死应符合天道，因此，掌管人的生死的是天道。句谓：永远由掌管杀人的人负责杀人。

"若使民常畏死，而为奇者，吾得执而杀之，孰敢？"常，马王堆出土帛书《老子》甲乙本均作"恒"，当是；奇，王弼说："诡异乱群谓之'奇'也。"指邪恶；为奇者：干邪恶的事的人。句谓：如果使人民永远处于怕死的状态，对做出这种恶行的人，我把他抓起来杀掉，还有谁再敢这么干？

"夫代司杀者杀，是代大匠斫。"大匠，木匠；斫，砍木头。句谓：代替掌管杀人的人去杀人，如同代替木匠砍木头。人的生死由天道决定，但是，治国者自以为对百姓拥有生杀大权，这是代替天道决定人的命运。

"夫代大匠斫者，希有不伤其手矣。"希有，少有；伤，砍伤。句谓：代替木匠砍木头的人，少有不砍伤自己的手的。木匠砍木头，一手扶木头，一手持斧往下砍，没有经过专业训练，很容易砍伤扶木头的那只手。老子借用砍木头的动作，劝告治国者不要滥杀。依靠滥杀推行暴政，对治国者危害严重。老子时代不可能产生现代法治思想，只有劝告治国者成为圣人以求得社会和谐，因此，老子总是不失时机地苦口婆心劝告治国者。

本章校定

民不畏死，奈何以死惧之？若使民恒畏死，而为奇者，吾得执而杀之，孰敢？恒有司杀者杀。夫代司杀者杀，是代大匠斲。夫代大匠斲者，希有不伤其手矣。

本章今译

百姓不怕死亡了，怎么用死亡来恐吓他们？如果使百姓永远处于怕死的状态，对做出这种恶行的人，我把他抓起来杀掉，还有谁再敢这么干？永远由掌管杀人的人负责杀人。代替掌管杀人的人去杀人，如同代替木匠砍木头。代替木匠砍木头的人，少有不砍伤自己的手的。

民之饥，以其上食税之多，是以饥；民之难治，以其上之有为，是以难治；民之轻死，以其求生之厚，是以轻死。夫惟无以生为者，是贤于贵生。

研　读

本章揭示了百姓的苦难是治国者的贪得无厌造成的。治国者与民争利是社会矛盾冲突的根本原因。解决问题的办法是治国者克制欲望，只有依道养生者，才能推行大道。

"民之饥，以其上食税之多，是以饥。"饥，饥荒；其上，治国者；食税，征税。句谓：百姓闹饥荒，是因为治国者征收的税太多，所以闹饥荒。老子认为，百姓和治国者的主要矛盾的表面现象是经济利益的冲突，造成矛盾的主要方面在于治国者。

老子说的"食税之多"，是讲治国者与民争利的现象太严重，并非专指"征税"。治国者与民争利的现象可以发生在多个方面。如管仲提出"利出一孔者，其国无敌；出二孔者，其兵不诎；出三孔者，不可以举兵；出四孔者，其国必亡"，也就是集中全国的财富统一由官府分配。这就如同分蛋糕，官府控制了分蛋糕的权力，先切下一块大的留给自己，而且想切多大就切多大。后来，汉武帝搞"盐铁专卖"之类，就是垄断百姓的生产和生活必需品，收取暴利，百姓苦不堪言，农民战争爆发，形势如同秦末。王莽主政时提出的各项措施都是与民争利，最终导致西汉灭亡。中国历史上农民战争频发，原因就在于官府与民争利而不可调和。

"民之难治，以其上之有为，是以难治。"难治，难以管理；有为，与"无为"相对，"无为"是顺应自然而为，"有为"就是违反自然而为。句谓：百姓难以管理，是因为治国者宁要违反自然而为的原则行事，所以百姓难以管理。

庄子在《则阳》中说：

（治国者）掩盖事实的真相却指责愚民无知，制造困难而归罪于人民不敢做，加重任务而处罚那些力不胜任的人，延长路程而诛杀那些走不到的人。百姓智慧力量用尽了，就只好弄虚作假。天天生活在虚假里，百姓怎么会不作伪？力量不足就会作伪，智慧不足就会欺诈，财物不足就会偷盗。盗窃成风，该责备谁呢？

治国者和百姓之间形成了一种恶性循环。治国者有为，百姓难以管理；于是，治国者越要有为，制定更多的法律，采取更多的手段对付百姓，于是，百姓更难以管理；于是……制定法律和执行的权力都在治国者手上。治国者永远不会认识到，法律首先是用来约束治国者的。只有治国者遵守法律，百姓才会遵守法律。百姓没有法律观念的根源在于治国者没有法律观念。

"民之轻死，以其求生之厚，是以轻死。"参照前两句，"以其求生之厚"似应补一"上"字。严灵峰说："'上'字原阙，傅奕本、杜道坚本具有'上'字，王注云：'言民之所以僻，治之所以乱，皆由上，不由其下也；民从上也。'依注并上二例句。当有此一'上'字；因据傅本并注文补正。"求生，避开危险，维持生命状态。句谓：百姓不怕死，是因为治国者为了养生，其日常生活过于优渥，所以不怕死。治国者因"有为"成为吸血鬼而大量征收税款供自己日常挥霍，"狭"百姓所"居"，"厌"百姓所"生"，百姓的生活毫无意义而且看不见希望，就会不怕死。人的日常生活无非就是为了健康自由。治国者为了自己的所谓健康自由，搞出了那么严重的社会矛盾，值得吗？这种健康是伪健康，这种自由是放纵。

"夫惟无以生为者，是贤于贵生。"无，不；以，把；生，养生；为，有为；贤，胜过；贵，珍惜。句谓：只有不把养生按照有为的原则去做的，才是胜过珍惜生命。生活上挥霍无度，并不能延长寿命，也不能提高生命质量。老子在第十二章中说"五味令人口爽"。真正爱惜生命，就要清静无为，不要瞎折腾。老子劝告治国者，解决治国者与百姓之间的矛盾，要从改变生活方式做起。日常生活的需求按照无为的方式来处理，就会节约大量开支，就能减税，国家治理就会简单。因此，治国者依道养生是在天下推行大道的开端。

～本章校定

　　民之饥，以其上食税之多，是以饥；民之难治，以其上之有为，是以难
治；民之轻死，以其上求生之厚，是以轻死。夫惟无以生为者，是贤于贵生。

～本章今译

　　百姓闹饥荒，是因为治国者征收的税太多，所以闹饥荒；百姓难以管理，是因
为治国者宁要违反自然而为的原则行事，所以百姓难以管理；百姓不怕死，是因为
治国者为了养生其日常生活过于优渥，所以不怕死。只有不把养生按照有为的原则
去做的，才是胜过珍惜生命。

人之生也柔弱，其死也坚强。万物草木之生也柔脆，其死也枯槁。故坚强者死之徒，柔弱者生之徒。是以兵强则灭，木强则折。强大处下，柔弱处上。

研　读

老子前面几章批判暴政，这一章明确提出了自己的治国理论，在中国古代习惯以"仁政"和"暴政"相对应，以仁政反对暴政。"仁政"是儒家的政治主张。老子反对暴政，但不是主张"仁政"。在老子看来"天地不仁，以万物为刍狗；圣人不仁，以百姓为刍狗"，因此，"仁政"不是老子的政治理想。老子明确提出万物都是对立统一的，在万物的对立统一中，对立的一方无不向另一方转化。在"柔弱"与"坚强"的对立统一中，"柔弱"是处于具有强大生命力的一方，坚强就是走向死亡之始。这在自然界中是不以人的主观意志为转移的客观规律。但是，人类向自然学习，不是机械地照搬自然界中的一切，以为人类社会的发展规律完全与自然界一样，在"柔弱"与"坚强"之间自然而然地进行无限循环。人类学习自然的目的，是要把握自然规律，使自己永远处于有利的一面，防止向不利的一面转化。万物都处于"柔弱"的一面才具有强大的生命力，因此，老子反复告诫人类要"守柔"，养生、处世、治国等凡人类所涉足的领域，都要"守柔"。老子常用养生和治国做比喻，是因为《老子》本为治国而著，而且，老子在第七十五章中提出依道养生就是为推行大道创造条件。总结老子的治国理想，可能用"柔政"比较合适。

"人之生也柔弱。"柔，柔软；弱，弱小，不是虚弱。句谓：人活着的时候身体是柔软的。

"其死也坚强。"坚强，坚硬、僵硬。句谓：死的时候就僵硬了。

"万物草木之生也柔脆，其死也枯槁。"柔脆，柔软；枯槁，干枯僵硬。句谓：万物如同草木一样，活着的时候柔软，死了的时候干枯僵硬。

"故坚强者死之徒，柔弱者生之徒。"徒，类型。句谓：所以，僵硬是已经死亡的一类的特征，柔软是活着的一类的特征。

"是以兵强则灭，木强则折。"强，在《老子》一书中有"壮大"和"强横"两种含义。老子在第三十三章中说"自胜者强"，即自己不断超越自己就能不断壮大；在第三十章中说"善有果而已，不以取强"，"强"，逞强、称霸之意。逞强、称霸就是强硬，因此，本句中的强，就是逞强、称霸之意。灭，灭亡；折，折断。句谓：因此，用兵逞强就会灭亡，木头强硬就会折断。老子在第三十章中说"物壮则老，是谓不道，不道早已"。事物都有其发展规律，进入强盛期就是死亡的开始。

"强大处下，柔弱处上。"处下，居于下位；处上，居于上位。句谓：强大了，就会居于下位；柔软了，就是居于上位。强大是死亡之始，柔软永远处于上升的通道。这是客观规律。对于治国而言，暴政就是走上了死亡之路，柔政就是永保柔软，就能繁荣昌盛，世世代代相传。

本章校定

> 人之生也柔弱，其死也坚强。万物草木之生也柔脆，其死也枯槁。故坚强者死之徒，柔弱者生之徒。是以兵强则灭，木强则折。强大处下，柔弱处上。

本章今译

人活着的时候身体是柔软的，死的时候就僵硬了。万物如同草木一样，活着的时候柔软，死了的时候干枯僵硬。所以，僵硬是已经死亡的一类的特征，柔软是活着的一类的特征。因此，用兵逞强就会灭亡，木头强硬就会折断。强大了，就会居于下位；柔软了，就是居于上位。

第七十七章

　　天之道，其犹张弓乎？高者抑之，下者举之；有余者损之，不足者补之。天之道，损有余而补不足；人之道则不然，损不足以奉有余。孰能有余以奉天下？惟有道者。是以圣人为而不恃，功成而不处，其不欲见贤。

研　读

　　柔政，就是推行大道。道的功能之一就是会进行自然调配。老子认为治国者要学习道的这一功能，对于社会物质财富要合理分配。

　　"天之道，其犹张弓乎？"张弓，拉弓射箭。句谓：天的运行规律，不就像拉弓射箭一样吗？老子知道自己讲的都是抽象的道理，读者不易理解，因此，千方百计用一些形象做比喻。

　　"高者抑之，下者举之。"抑，压低；举，抬高。句谓：举得太高了，就压低一点；举得太低了，就抬高一点。这是讲射箭时的瞄准动作。

　　"有余者损之，不足者补之。"有余，力气过大；损之，减少；不足，力气不够；补之，增加。句谓：用力过大，就减少一点；力气不够，就增加一点。这是讲射手在把箭射出前自己对应使用的力量的估算。把弓拉得太满，弓就可能被拉断；如果拉弓的力量不够，箭就不能到达靶子。

　　"天之道，损有余而补不足。"句谓：天的运行规律，减损多余的，增补不足的。天道自然变化，自然调节，如海拔高处雨水多，多余的水会流向下游，注入大海，又会大量蒸发成雨水重新分布，自行调节余缺。

"人之道则不然，损不足以奉有余。"人，社会；奉，奉献。句谓：社会的规则却不是这样，是减损不足的，奉献给有余的。老子在第七十五章中说"民之饥，以其上食税之多，是以饥"，现状是，百姓已经闹饥荒了，治国者还要无休止地征税。

"孰能有余以奉天下？惟有道者。"句谓：谁能够把有余的拿来奉献给天下不足的人？只有有道的人。推行大道是最理想的治国模式，圣人治国才是最佳选择。中外许多哲学家有哲学家治国情节。老子、孔子都主张哲学家治国，苏格拉底也主张哲学家治国。原因大约在于他们认为，只有哲学家才能够掌握普遍真理。后来，有许多治国者以哲学家自居。

"是以圣人为而不恃，功成而不处，其不欲见贤。"见，现，表现出。句谓：因此，圣人做出了贡献而不自恃己能，成就功业而不自居有功，他不想显示自己的贤能。圣人只是"处无为之事，行不言之教"，他认为他所取得的一切成就，本身就在自然之中，他只是顺应了自然，如同在有水的地方打出了水而已。圣人推行大道，百姓幸福和谐，圣人不会觉得自己有多伟大，只觉得一个国家自然会发展到这个程度。这全部是这个国家的百姓的功劳，他只是顺应百姓的要求而已。

本章校定

天之道，其犹张弓乎？高者抑之，下者举之；有余者损之，不足者补之。天之道，损有余而补不足；人之道则不然，损不足以奉有余。孰能有余以奉天下？惟有道者。是以圣人为而不恃，功成而不处，其不欲见贤。

本章今译

天的运行规律，不就像拉弓射箭一样吗？举得太高了，就压低一点；举得太低了，就抬高一点；用力过大，就减少一点；力气不够，就增加一点。天的运行规律，减损多余的，增补不足的。社会的规则却不是这样，是减损不足的，奉献给有余的。谁能够把有余的拿来奉献给天下不足的人？只有有道的人。因此，圣人做出了贡献而不自恃己能，成就功业而不自居有功，他不想显示自己的贤能。

第七十八章

天下莫柔弱于水，而攻坚强者莫之能胜。以其无以易之。柔之胜刚，弱之胜强，天下莫不知，莫能行。是以圣人云，受国之垢，是谓社稷主；受国不祥，是谓天下王。正言若反。

研　读

本章论述"守柔"在治国中如何运用。推行大道的圣人要成为国家所有问题和灾难的主动承担者，才能施行"柔政"。

"天下莫柔弱于水，而攻坚强者莫之能胜。"攻坚强者，攻克坚硬之物；胜，超越。句谓：天下没有比水更柔弱的东西了，但是，攻克坚硬之物的能力没有事物能够超越它。古人作战筑城墙防卫，进攻方长期攻打不能取胜时，就会想到水淹。水淹的方案一旦实施，则百战百胜。当然，这种战法使城中军民全部成为鱼鳖，非常残忍。

"以其无以易之。"其，水；易，替代。句谓：水的无坚不摧的能力是没有事物可以替代的。

"柔之胜刚，弱之胜强。"句谓：柔软胜过坚硬，弱小胜过强盛。树枝长在树上时柔软，不易折断，因其有生命力，掉在地上就坚硬易折断；树木在弱小的时期具有生长能力，一旦强盛了就走向死亡。这是宇宙间的基本规律，用来说明水无坚不摧的原因。

"天下莫不知，莫能行。"句谓：天下没人不懂得这个道理，但是，没有人能够做到。老子这话是针对治国者说的。治国者都懂得"柔之胜刚，弱之胜强"的道理，但在治国时都不愿意践行，反而喜欢搞暴政。

"是以圣人云，受国之垢，是谓社稷主。"垢，污垢；社稷，国家。句谓：所以圣人说，能够承受全国的污垢，才能成为国家的领导。即一个合格的治国者，应当是国家所有问题的承担者。

"受国不祥，是谓天下王。"不祥，灾祸。句谓：能够承受全国的灾祸，才能成为全天下的王者。老子在第六十六章中说"江海所以能为百谷王者，以其善下之，故能为百谷王"，与这两句的意思相近。

"正言若反。"正言，正道。句谓：这分明是正道，但听起来像反话。

老子在第十七章中说"功成事遂，百姓皆谓我自然"，因此，治国者应当把一切成绩归功于百姓，而把所有的缺点、问题、灾难都认为是自己的过失所造成的。庄子在《则阳》中说："古代的治国者，把功劳都算在百姓头上，把失误都算在自己头上；把正确都算在百姓身上，把过错都算在自己身上。所以，有一个人死了，就回去自责。"就是这个意思。

一个君王只有能够"受国之垢""受国不祥"，才能施行"柔政"，才能成为真正的天下王者。老子在第二十五章中说"故道大，天大，地大，王亦大。域中有四大"，治国者只有做到本章所述，才能成为"域中"四大之一。

〜本章校定

天下莫柔弱于水，而攻坚强者莫之能胜。以其无以易之。柔之胜刚，弱之胜强，天下莫不知，莫能行。是以圣人云，受国之垢，是谓社稷主；受国不祥，是谓天下王。正言若反。

〜本章今译

天下没有比水更柔弱的东西了，但是，攻克坚硬之物的能力没有事物能够超越它。水的无坚不摧的能力是没有事物可以替代的。柔软胜过坚硬，弱小胜过强盛。天下没人不懂得这个道理，但是，没有人能够做到。所以圣人说，能够承受全国的污垢，才能成为国家的领导者；能够承受全国的灾祸，才能成为全天下的王者。这分明是正道，但听起来像反话。

和大怨，必有余怨，安可以为善？是以圣人执左契而不责于人。故有德司契，无德司彻。天道无亲，常与善人。

研　读

本章论述施行"柔政"时如何处理国家和百姓的矛盾。

"和大怨，必有余怨，安可以为善？"第六十三章中出现的"以怨报德"应在本章，先由陈柱指出，后有严灵峰补正此句应作"和大怨，必有余怨。报怨以德，安可以为善"，当是。和，调和；怨，怨恨，指治国者和百姓的矛盾；德，恩惠，此"德"与"孔德之容"的"德"不同义。句谓：调和了大的矛盾，定然还有一些小的矛盾无法调和，以恩惠化解矛盾，怎么能算是个好办法呢？意思是，治国者就算能化解大矛盾，但是，依旧无法化解小矛盾，就希望依靠恩惠来化解。其实这不是好办法。真正的好办法就是治国者和百姓间不产生矛盾。

"是以圣人执左契而不责于人。"契，契约，也称"合同"；左契，古时刻木为契，剖分左右，各人存执一半，以求日后相合符信，左契是债务人订立交给债权人收执的凭证，就是现在说的借据；责，索取，求偿。句谓：所以，圣人拿着借款人出具的借据而不向债务人求偿。即圣人推行大道，不向百姓索取。老子在第三十四章中说"万物恃之以生而不辞，功成而不名有，衣养万物而不为主"，就是这个意思。只有这样，治国者和百姓才不会产生矛盾，也就不必调和，更不必施行恩惠。

"故有德司契，无德司彻。"德，不是恩惠，而是"孔德之容"之"德"；有德，推行大道；无德，不推行大道；彻，周朝的税法；司彻，掌管税收，即税务官。句谓：因此，依道治国的人对待百姓如同拿着借据不向债务人求偿的债权人，不依道治国的人对待百姓如同拿着税法向人征税的税务官。这里讲的就是"柔政"和"暴政"的区别。"柔政"只讲对百姓付出不求回报，"暴政"则不讲付出而不断向百姓索取。以前学者把"有德"和"无德"解释为"有德的人"和"无德的人"或者"有道德的人"和"无道德的人"，实属望文生义。"报怨以德，安可以为善？""有德的人"和"有道德的人"，能解决什么问题？只有推行大道才能解决问题。依靠道德能够解决的问题就不是问题。如果道德能够解决问题，老子就不必写《五千言》了。

"天道无亲，常与善人。"亲，偏爱；常，马王堆出土帛书《老子》甲本作"恒"，当是；善人，有道之人，也即圣人。句谓：自然规律是没有偏爱的，永远和有道之人在一起。善人也"无亲"，即对任何人没有偏爱，如老子在第五章中所说"天地不仁，以万物为刍狗；圣人不仁，以百姓为刍狗"。这句话倒过来说就是，只有像天道一样"无亲"，才能成为善人。只有善人在天下推行大道，圣人和百姓之间才没有矛盾。

本章校定

和大怨，必有余怨。报怨以德，安可以为善？是以圣人执左契而不责于人。故有德司契，无德司彻。天道无亲，恒与善人。

本章今译

调和了大的矛盾，定然还有一些小的矛盾无法调和，以恩惠化解矛盾，怎么能算是个好办法呢？所以，圣人拿着借款人出具的借据而不向债务人求偿。因此，推行大道的人对待百姓如同拿着借据不向债务人求偿的债权人，不推行大道的治国者对待百姓如同拿着税法向人征税的税务官。自然规律是没有偏爱的，永远和有道之人在一起。

小国寡民，使有什佰之器而不用。使民重死而不远徙。虽有舟舆，无所乘之；虽有甲兵，无所陈之。使民复结绳而用之。甘其食，美其服，安其居，乐其俗。邻国相望，鸡犬之声相闻，民至老死，不相往来。

研　读

老子在本章中提出了本书的核心思想："尊道贵德，反对暴政，建设自由幸福的和谐社会。"

前人对于本章的理解少有正确的。司马迁说：

老子所贵道，虚无，因应变化于无为，故著书辞称微妙难识……韩子引绳墨，切事情，明是非，其极惨礉少恩。皆原于道德之意，而老子深远矣。

韩非以曲解老子而建立起自己的思想体系，但是，韩非的思想体系的宗旨是治国进而争霸天下，因此，他认为老子学说是一种治国理论无疑是正确的。这一点恰是许多学者所忽视的。以往学者存在的最大的问题可能是没有明确地意识到《老子》是一部治国教科书。老子在第二章确立了圣人的标准，"是以圣人处无为之事，行不言之教"，在第三章又提出圣人的治国理想，"是以圣人之治，虚其心，实其腹，弱其志，强其骨，恒使民无知无欲，使夫智者不敢为也"。本章论述圣人治国可以达到的理想境界，也是第三章提出的天下建设理想的具体化。老子呼吁治国者停止战争，停止掠夺，专注各自"小国寡民"的诸侯国的内部建设，推行大道，建设百姓幸福自由、社会安定和谐的美好家园。老子处于自给自足的古代农业社会，其视角和提出的措施有局限性，但是，他的思想和精神，具有穿透历史的力量。老子，永远是历史的天空里最光彩夺目的巨星。

本章被误解的另一个原因是后人以后世词义解释老子的用词。"往来"，后世的意思是"来和去"；"不相往来"，按照后世的意思是自我与世隔绝，不来不去。老子的本意，"往来"应是迁徙之意。当时百姓迁徙之频繁，超出后人的想象。由于法家学说，后世行政制度、户籍制度之类被发明出来，百姓的迁徙被严格控制。在没有户籍制度的老子时代，迁徙如同后来的"来来往往"那么方便。

"小国寡民。"句谓：国土狭小，人民稀少。有人认为老子主张"小国寡民"就是落后，这是完全不理解老子所处的时代，也没弄清"国"的含义。老子时代的"国"是诸侯国，在马王堆出土帛书《老子》甲本中写作"小邦寡民"。当时的诸侯国受封于周天子。周天子主持工作的周王朝管辖的势力范围称"天下"，因此，当时的"天下"相当于我们现在所说的"国"。据史料记载，夏朝有一万多个诸侯国，商朝有七千七百七十三个诸侯国，周朝有一千八百多个诸侯国。各诸侯国领土狭小，人口稀少。诸侯国由原始部落经夏、商、周三朝的行政干预而建立。到了老子时代，诸侯国间经常爆发战争。"春秋无义战。"这些战争无非是为了掠夺人口、土地、财富。老子呼吁治国者停止战争，停止掠夺，反对以比"狠"的方式称霸天下，专注各自"领土狭小，人口稀少"的诸侯国的内部建设，推行大道，建设百姓幸福自由、社会安定和谐的美好家园。老子在第三章提出的治国理想中有一句"使夫智者不敢为也"，就有"即使一个治国者本领再大，也不敢挑起战争"之意。有的学者认为老子反对统一，更是缺乏常识。老子处于一个统一的中国，诸侯国间的战争才是破坏国家统一。老子主张依靠停止战争一心一意搞建设的思路维护国家统一。这比用战争的手段破坏国家统一，又用战争的手段重新统一中国的思维超前了两千年。欧洲历史上战乱不断，成立欧盟就是向统一欧洲的目标迈进，当然路程还非常遥远，但是，统一的方式并非战争一途则是无疑的。老子的"小国寡民"思想更是超越了周公旦的"天下为公"思想。周公旦只是一个实现天下大同的总设计师，没有制定操作指南，而老子则明确提出推行大道，把"小国"建成人间乐园，最终达到各"小国"各有各的不同的幸福、自由、和谐，且天下全部幸福、自由、和谐的"路线图"。

"使有什佰之器而不用。"使，即使；什佰，效率提高十倍百倍；器，工具。句谓：即使有能够提高十倍百倍效率的工具也不使用。庄子在《天地》中说：

> 子贡看到一位老人浇菜，先挖个隧道到井里，然后通过隧道用水罐把水抱出来，费力而收效甚微，就说："做一个桔槔抽水，省时又方便。"老人说："我师父说过，用机械的人一定有投机取巧的事，有投机取巧的事一定产生投机取巧的心。投机取巧的心存在胸中，纯净的素质就不全了；纯净的素质不全了，就会心神不宁；心神不宁的人就不能装载大道。我不是不知道你说的桔槔，而是觉得羞耻而不用它。"
>
> 子贡深感自己的认识水平与老人相去甚远，回到鲁国后就请教孔子。孔子说："那是个假修浑沌氏道术的人，只知其一，不知其二，只对内修炼自己的心性，而不修炼对外的随机应变。他如果真是个修浑沌氏道术的人，心地明净进入纯素，自然无为返归质朴，体悟真性抱守元神，随顺世俗而来往，你还会感到惊异吗？再说，浑沌氏的道术，我和你怎么又能够认得出来呢？"

这个老人挖隧道是制造了一个提高效率的工具，如同做桔槔也是为了提高效率，他为什么宁可挖隧道而不制作桔槔？是因为他认为桔槔是工具而隧道不是？他其实是在两个工具之间选择了一个效率低的而自以为在修炼浑沌氏的道术。老子并不是要求百姓不使用能够提高效率的工具，而是要求百姓不要为追求效率而制造工具，制造出来的工具的效率与人的劳动的要求相匹配就行。从本质而言，老子并不反对制造工具。要不"什佰之器"又从何而来？我们现在常说，因为发展速度太快，我们的灵魂跟不上步伐。老子说的是不是这个意思？

"使民重死而不远徙。"使，要让；重死，重视死亡；远徙，向远方迁徙，也即移民。句谓：要让百姓重视死亡而不移民。当时，移民已经成风。庄子在《胠箧》中说：

> 现在发展到让老百姓伸长脖子，踮起脚跟，说某个地方有个贤能的人，带着干粮就奔过去了。那么，家里扔下了双亲，家外扔下了对国君应尽的义务，足迹踏遍了各诸侯国的边境，车迹连到了千里以外。

因为远方有贤能，于是百姓就有了"诗与远方"，如果各国都推行大道，百姓自由幸福，那还需要奔向远方吗？

"虽有舟舆，无所乘之。"句谓：虽然有船和车，但是乘客不多。无所乘之，不是说没有乘客，是说乘客很少，如同没有。如果真的一个乘客都没有，造船造车干什么？各国都是推行大道，移民已经不再需要，而且，如果去外地看看，看到的都是一样的。庄子在《则阳》中说：

柏矩向老子学道，一天向老子请求："我想到天下去游历游历。"老子说："算了吧，天下和这里是一样的。"

如果各国都不推行大道，各国百姓的不幸都是一样的；如果各国都推行大道，各国百姓的幸福也都是一样的。

"虽有甲兵，无所陈之。"陈：通"阵"，阵地。句谓：虽然有武装部队，但是没有战场需要排兵布阵。老子反对战争，但主张积极的防御战略，因此，部队还是要建设的。但是，各国都推行大道了，战争不再发生，部队就备而不用。

"使民复结绳而用之。"结绳，文字产生之前的记事方法。古时，事少，打个结，就能把要办的事记清楚了。依道治国，治国者清静无为，不骚扰、不折腾百姓，百姓的事情自然就少，用绳子打个结，就把重要的事情记住了。句谓：让百姓恢复使用结绳记事的方法。

"甘其食，美其服，安其居，乐其俗。"句谓：百姓觉得饮食甘美，衣服美观，住所安适，习俗快乐。这是百姓幸福自由的生活的写照，与"使民重死而不远徙"相呼应，因此，"往来"意为"迁徙"无疑。陶渊明的《桃花源记》就是按这四句演绎而成。

"邻国相望，鸡犬之声相闻，民至老死，不相往来。"句谓：邻国之间相互能够看见，鸡鸣狗叫相互能够听到，百姓从出生到死亡，不会互相迁徙。按照庄子之说，"往来"应是"迁徙"之意。不相往来，不互相迁徙。庄子在《胠箧》中说：

子独不知至德之世乎？昔者容成氏、大庭氏、伯皇氏、中央氏、栗陆氏、骊畜氏、轩辕氏、赫胥氏、尊卢氏、祝融氏、伏羲氏、神农氏，当是时也，民结绳而用之，甘其食，美其服，乐其俗，安其居，邻国相望，鸡狗之声相闻，民至老死而不相往来。若此之时，则至治已。今遂至使民延颈举踵，曰某所有贤者，赢粮而趣之。则内弃其亲而外去其主之事，足迹接乎诸侯之境，车轨结乎千里之外，则是上好知之过也。

意思是：

你难道就不知道人的天性保存最完好的时代吗？过去容成氏、大庭氏、伯皇氏、中央氏、栗陆氏、骊畜氏、轩辕氏、赫胥氏、尊卢氏、祝融氏、伏羲氏、神农氏时代，百姓结绳记事，都认为自己吃的东西香甜，自己穿的衣服美丽，自己的风俗习惯快乐，自己住的房子舒服，邻国相望，鸡犬之声相闻，老百姓从出生到死亡不互相迁徙。像这样的时代，才算治理得最好的时代。现在发展到让老百姓伸长脖子，踮起脚跟，听说某个地方有个贤能的人，带着干粮就奔过去了。那么，家里抛下双亲，家外扔下对国君应尽的义务，足迹踏遍各诸侯国的边境，车迹连到了千里以外，这都是因为治国者喜欢以智治国的过错啊。

桃花源中的百姓也知道外面有更大的世界，但是主动与外界隔离。《桃花源记》分明就是"小国寡民"这一章的山寨版。为什么有些学者认为陶渊明描绘了人类理想社会而老子则是鼓吹与世隔绝的落后的小农思想的代表呢？桃花源中的百姓与外面的世界"老死不相往来"才是真正的相互间不来又不往，互相隔绝；因为外面的世界很大，但是很乱。老子说的"不相往来"是不相互迁徙，并不是互相隔绝。因为外面的世界很大，道行天下，很精彩；里面的世界虽然很小，但道行小国，也很精彩，不需"往来"。

∿ 本章校定

小国寡民。使有什佰之器而不用；使民重死而不远徙。虽有舟舆，无所乘之；虽有甲兵，无所陈之。使民复结绳而用之。甘其食，美其服，安其居，乐其俗。邻国相望，鸡犬之声相闻，民至老死，不相往来。

∿ 本章今译

国土狭小，人民稀少，即使有能够提高十倍百倍效率的工具也不使用；要让百姓重视死亡而不轻易移民。虽然有船和车，但是乘客不多；虽然有武装部队，但是没有战场需要排兵布阵。让百姓恢复使用结绳记事的方法。百姓觉得饮食甘美，衣服美观，住所安适，习俗快乐。邻国之间相互能够看见，鸡鸣狗叫相互能够听到，百姓从出生到死亡，不会互相迁徙。

第八十一章

信言不美，美言不信；善者不辩，辩者不善；知者不博，博者不知。圣人不积，既以为人，己愈有；既以与人，己愈多。天之道，利而不害；圣人之道，为而不争。

研 读

本章是全书的总结。《老子》五千言，从论道开始，内容涵盖治国、修身、国防、军争、外交、养生等各个方面，适用于人类所涉及的各个领域，其处理所有问题的唯一依据是"道"，处世方法就是"为而不争"。老子认为所有的真理都存在于自然之中。到自然中寻找真理，科学就会得到发展，社会就会不断进步。儒学认为真理只存在于运用他们的理论构建的社会体系之中。居于这个体系的顶端的治国者才具有真理的发明权和裁判权，因此，康熙皇帝宣布西方的科学技术是"奇技淫巧"，没有人敢否定，也没有人想到可以否定。老子认为，真理存在于自然之中，不需要发明，只需要发现。百姓才是真理的发现者和裁判。科学可以强国，先进的科学依靠先进的人文思想而生长发育。西方"文艺复兴"是正面的例子，中国古代科学的逐渐衰落是反面的例子。从中国的思想史、文化史、科技史的角度，从世界的思想史、文化史、科技史的角度，以面向未来，面向世界的精神，用人工智能时代的思维方式，重新认识老子，重新发掘《老子》所蕴含的思想意义，应成为当代学者的努力方向。

"信言不美，美言不信。"以往学者大多把此句解释为"真话不华丽，华丽的不是真话"，似不妥。把信言解释为"值得听者相信的话"，即真话，不妥。真话未必就是真理。虽然讲真话很重要，但是没有真理重要。哲学家的使命不仅仅是讲真话，更在于发现真理。老子写一部书，不会仅限于谈论讲真话的重要性，而是告诉读者如何区别真话和假话。信言，应是"依道而言"。老子在第二十一章中说"其精甚真，其中有信"。有信，有信验。道虽然微小，但确是真实的存在，这种存在是有信验的。依道言说，就是"有信"，因为"有信"，就不需要华丽的语言。美言，凡是不是依道言说的，全部是"美言"。"美言"不符合客观规律，其作用仅限于人际交流，不能传播真理，因此老子在第六十二章中说"美言可以市"。句谓：依道言说不需花言巧语，违道的花言巧语都不会有信验。这一句也可以看作老子对自己的著作的语言特色的总结。《老子》一书，语言朴实无华，几乎用当时的白话文写成。老子认为自己讲的全是真理，不需要华美的语言。真理不需要涂脂抹粉，乔装打扮，就是赤裸裸的。

"善者不辩，辩者不善。"善者，老子在第八章中说"上善若水"，在第十五中章说"古之善为士者"，因此，善者，就是得道之人，即圣人。圣人所说的观点全部存在于道中，不需要辩论。需要辩论的观点就不是客观存在，因此也就不会是圣人的观点。老子说这句话的意思是，自己讲的都是客观存在，不需要和任何人进行辩论，用当代流行的话就是"不接受反驳"。句谓：圣人提出的真理不需要与人辩论，需要与人辩论的观点都不是真理。老子认为，道是检验真理的唯一标准。这一句也可看作老子对自己写作方式的总结。老子只是正面阐述自己的观点，不与论敌辩论，但具有不可反驳的气势。老子对周公旦、管仲的治国理论全盘否定，但他并没有采用滔滔不绝的辩论方式，而是如同面对一缕青烟，轻轻一吹。其在第十八章中批评管仲的治国理论，就说"大道废，有仁义；智慧出，有大伪；六亲不和，有孝慈；国家昏乱，有忠臣"，在第三十八章中批评周公旦的治国理论，就说"故失道而后德，失德而后仁，失仁而后义，失义而后礼。夫礼者，忠信之薄，而乱之首也。前识者，道之华，而愚之始也"，根本没有要与谁辩论的意思。

"知者不博，博者不知。"知者，老子在第五十六章中说"知者不言，言者不知"，知者就是依道言说的人，其坚守"道"，坚持真理的唯一性，不会去研究"道"以外的所谓学问，因此，"不博"，也因此，老子在第二十章中说"绝学无忧"，在第四十八章中说"为学日益，为道日损"。句谓：依道言说的人不博学，博学的人不依道言说。有的学者说老子认为博学的人只是对各门学问略知皮毛而已，只有不博学的人才能对某种专业进行深入研究。这种观点不符合老子的本意。《老子》一书涵盖治国、修身、养生、国防、军争、外交、经济等学科的各个方面，涉及领域不可谓不广博，而且很多论断至今仍是金科玉律。《老子》一书是哲学巨著，也是文学巨著，能说老子"博而不精"？只有依道而言，才会有真正的"博"。这一句可看作老子对自己著作的核心观点的总结，即《老子》一书的思想体系是建立在"道"的基础上的，五千言，没有一章、一句话、一个字离开"道"。离开道，就算有很广博的各种学问的"为学"者，他的一切努力也都是徒劳，到头来什么都不知道；只要深入研究"道"，虽然看起来并不广博，但是，"为道"者就能无所不知。因为，一切都在"道"中。

"圣人不积，既以为人，己愈有。"不积，不积累，即不吝啬；既，尽量；为人，帮助人。句谓：圣人毫不吝啬，越是尽量帮助人，自己越富有。

"既以与人，己愈多。"句谓：越是尽量给予别人，自己得到的越多。

"天之道，利而不害。"句谓：自然规律，利于万物而不会损坏万物。

"圣人之道，为而不争。"为，做事，做贡献。句谓：圣人的处世准则是只奉献而不争名争利争权。

对于老子本人，后人所知甚少，只知道他曾担任周王室的图书管理员。孔子拜访老子后说：

鸟，吾知其能飞；鱼，吾知其能游；兽，吾知其能走。走者可以为罔，游者可以为纶，飞者可以为矰。至于龙，吾不能知其乘风云而上天。吾今日见老子，其犹龙邪！

意思是：

鸟，我知道它能飞；鱼，我知道它能游；野兽，我知道它会奔跑。会奔跑的，我可以用织网捕捉；会游的，我可以用丝线去垂钓；会飞的，我可以用箭去射它。对于龙，我没法知道它如何乘风云而上天。我今天见到老子，就像见到了龙。

对于老子的寿命，有的说他活了两百多岁。这个可能是夸张之说。认定老子是一个长寿的人，应该不会有偏差。老子一生"为道"，"为而不争"，懂得"深根固柢，长生久视之道"，当然长寿。

老子时代，所有的文章都是刀刻本，流传受到限制。天下知识分子都急于把文章献给周天子。周天子未必一一审读。老子在周王室图书管理员的岗位上，因工作便利，内心清静，读遍天下文章，阅尽人间世态炎凉。晚年决定离开故土，西出函谷关云游。途经函谷关时，守卫函谷关的长官尹喜久闻老子大名，希望留住老子，不得，恭请老子留下平生所学。于是，老子一刀一刀刻下了五千言。从此，老子杳无音讯。

《老子》一书，是老子一生学识、经历的总结。老子才学渊博，有治国之才而甘于在一个平凡的岗位度过一生，又把治国方略写成教科书飘然西去，是"为而不争"的典范。

老子出关时的心情无人知晓。他大约以为身后的这片土地已经如同一百年后的庄子所认定的"臭老鼠"。这片大好江山是被治国者糟蹋成"臭老鼠"的。治国者在糟蹋大好土地的同时，也在糟蹋自己的身心。谁能拯救这片土地？谁能拯救这片土地上的治国者？《老子》五千言能吗？也许能，也许不能。也许，这部《老子》从来就没有人觉得存在过；也许，没有人能读出真意；也许，更多的人通过《老子》更加误读误解老子……老子已老，挥挥手，不带走一片云彩，一路西去。

后世对于老子的误解甚多，有的认为老子主张清心寡欲、消极不作为。对此，庄子在《天下》中说，这是宋钘和尹文的观点：

不受俗务所牵累，不因外物而矫饰装扮，不对人提出苛刻的要求，不对众人逞强，希望天天得到安宁，百姓能够活命，他人和自己的给养能够满足就可以了，以此来表明自己的心愿。古代的道术形成这种学说，宋钘、尹文听到后很欣赏。制作了华山冠戴在头上，显示自己上下均平的主张；与万物的来往，以谅解不同意见为首；表明心中的宽容，称之为内心的修养；用柔顺态度取得皆大欢喜，来调和海内人际关系，希望将这样的人立为天下共主；受到欺侮也不以为耻辱，以解救人们之间的争斗；主张禁止攻伐，寝息兵祸，把人民从世间的战争中拯救出来；用这些主张周行天下，对上劝说君主，对下教化百姓，即使不被天下接受，还是不停地在耳边鹋噪不止；即使被上上下下讨厌，还是要固执地表达自己的观点。

虽然如此，他们还是为别人考虑得太多太多，为自己考虑得很少很少，说："我们只想让你给安排五升米的饭就够了。"先生恐也难吃饱，弟子们虽然饿着肚皮，还是不忘天下，日夜辛苦不休，说什么："我肯定能活下去！"真是高大救世的人物啊！又说："君子不去苛求别人，不借用外物替代自身。"他们认为对天下无益的说法，辨别明白不如到此为止。把禁止攻伐，寝息兵祸作为对外的要旨，把清心寡欲作为对内的要求。无论是从大的方面还是从小的方面看，无论是粗粗浏览一下还是深入研究，都只不过到此为止罢了。

有的后世学者认为老子主张愚民，庄子在《天下》中认为，这是彭蒙、田骈、慎到等人的观点：

公正不偏，平易无私，断然去掉主观意见，用统一标准随物而趋，不用思虑盘算，不用心智谋划，同等对待万物，随着万物而行。古代的道术形成的这种学说，彭蒙、田骈、慎到听到后很欣赏。他们以一视同仁为主要观点，说："天覆盖万物却不能承载，地能承载万物却不能覆盖，大道能包容万物却不能分辨。"因此认为万物都有它能的一面，有它不能的一面。所以说，一有挑选就不能全面，有所教育就会有教育不到的方面，而大道则是无所遗漏。

慎到主张抛弃智慧，排除己见，一切出于不得已，把随物而定作为道理，说："强求有所知，稍一有知，而后就几乎伤害了道理。"不约束自己，无以为能，反而耻笑天下人崇尚贤能；放纵不羁，无以为行，反而批评天下人信奉圣人；刑罚之轻重，随外物周旋；只有抛弃是非，才可免去世俗的患累；抛弃智慧，不瞻前顾后，巍然独立罢了；如旋风一样回旋，像鸟儿一样盘旋，像推磨一样环转，就会完美无缺，动静适度而无过失，未曾有罪。这是为什么呢？没有知觉的东西，就不会有标榜自己的祸患，也没有用智虑的牵累，动静就合乎自然之理，因此终身没有毁誉。所以说："达到像没有知觉一样的东西就可以了。用不着圣贤，土块才真正不离开道。"豪杰之士一起嘲笑他："慎到的道，不是活人行为，而是走向死人的道理，十足的怪论。"

田骈也是这样，向彭蒙学习，受到会心的传授。彭蒙的老师说："古时候得道的人，达到了无所谓是非的境界而已。犹如迅疾而过的风声不留一点踪迹，怎么可以加以言说？"他们总是违背人们的意愿，不能引起人们的关注，因而始终不能免于随物变化，他们所说的道不是真正的道，因而所说的正确也终不免于谬误。彭蒙、田骈与慎到均不真正懂得道。虽然如此，他们恐怕还是都听说过有关大道的概略。

对于老子，庄子在《天下》中说：

把主宰万物的道视为精髓，把各具外形的物类视为粗鄙，认为有所积蓄反生不易满足之贪欲，心境恬淡闲适，只跟神明为伍。古时候的道术确实包含上述方面的内容，关尹、老聃听闻这方面的遗风并形成了自己的观点。他们建立起"恒无""恒有"的概念，并把"对立统一"视为他们学说的核心，而且还以柔弱谦下的态度为外表，以空虚宁寂、不毁弃万物的心境为内质。

关尹说："不要自居有功于物，有形之物是自然本身形成的。"动如流水，静如明镜，对外界的反应如回响。恍恍惚惚仿佛什么也不存在，沉寂宁静如同虚空湛清。与万物混同取得和谐，有得必有失，从不曾抢在人先，而是常随人后。

老聃说："认识事物刚强的一面，却持守事物柔弱的一面，愿做天下的小溪；知道事物显著明亮的一面，却持守事物污浊晦暗的一面，愿做天下虚空的山谷。"人人都争先恐后，自己却偏偏留在后边，又说："是承受天下的污垢。"人人都求取实惠，自己却偏偏持守虚空，无心积蓄因而处处显得有余，是如矗立的大山般充实而有余。立身行事，从容闲适而不耗费精神，无所作为而又耻笑智巧。人人都在追求福禄，自己却偏偏委曲求全，说："只求避免灾祸。"以深邃奥妙的道为根本，以简约为纲纪，说："坚硬的容易毁坏，锐利的容易折损。"对物常常宽容，对人无所削夺，就可算是最高的思想境界了。

关尹和老聃，真是自古以来最为博大的真人啊！

庄子在《天下》中评论自己的学说：

虚空宁寂没有形迹，变化万千没有定规，无所谓死无所谓生啊，跟天地共存啊，跟神明交往啊！恍恍惚惚往什么地方而去，又惚惚恍恍从什么地方而来，万物全都囊括于内，却不足它的容纳。古代的道术形成这种观点，庄周听闻后很欣赏。他用虚空悠远的话语、广大夸张的谈论、没有边际的言辞，时时纵情发挥不受拘束，从不靠标榜异端来显示自己的观点。他认为天下人昏沉污浊，不能够跟他们端庄不苟地讨论问题，因而用随机而变的言辞随物婉转，用先辈圣哲的话语说明真理，用有所寄寓的文辞加以阐发。他独自跟天地精神来往却又不傲视万物，不拘泥于是非曲折，与世俗相处。他的著述虽然雄奇瑰丽却奇异幽默，引人入胜。他内心充实，行文奔放，上与大道结伴而游，下与置死生于度外、不分终始的得道之人交为朋友。他对于道的阐释，宏大而又通达，深广而又恣肆；他对于道的探讨，可以说是和谐适宜，完全符合大道。即使如此，在顺应事物的变化和分解事物的实情方面，他所阐述的道理无穷无尽，他所建立的学说宗于本原，脉络清楚，多么窈冥深邃啊，无穷无尽。

庄子认为，道家学派中，关尹、老子才是大道的正宗，庄子则是继承和发展了他们的学说，把道家学说发展到天人合一，融古贯今，取之不尽，用之不竭的境界。

老子曰："吾言甚易知，甚易行。天下莫能知，莫能行。"

司马迁说：

庄子者，蒙人也，名周。周尝为蒙漆园吏，与梁惠王、齐宣王同时。其学无所不窥，然其要本归于老子之言。故其著书十余万言，大抵率寓言也。作渔父、盗跖、胠箧，以诋訾孔子之徒，以明老子之术。畏累虚、亢桑子之属，皆空语无事实。然善属书离辞，指事类情，用剽剥儒、墨，虽当世宿学不能自解免也。其言洸洋自恣以适己，故自王公大人不能器之。

意思是：

庄子是蒙地人，叫周。他曾经担任过蒙地漆园的小吏，和梁惠王、齐宣王是同时代的人。他学识渊博，无所不研究，但其思想源于老子的学说。他撰写了十余万字的著作，大多是微言大义的寓言。他写的《渔父》《盗跖》《胠箧》以诋毁孔子之徒而阐述老子学说为目的。《畏累虚》《亢桑子》一类的，讲的都是空话而没有事实。可是庄子善于行文措辞，描摹事物的情状，用来攻击、驳斥儒家和墨家，即使是当时的博学之士，也难免受到他的攻击。他的语言汪洋浩漫，纵横恣肆，以适合自己的性情，所以从王公大人起，都无法任用他。

司马迁在《史记》中著有《孔子世家》《仲尼弟子列传》，而把老子、庄子与貌似相关实不相关的申不害、韩非列于不伦不类的《老子韩非列传》中。

《韩非子·主道》中说："道者，万物之始，是非之纪也。是以明君守始，以知万物之源，治纪以知善败之端。"老子说："圣人恒无心，以百姓心为心。"百姓具有天然的认识道的能力。韩非则认为，只有治国者才能认识道，而且，治国者具有天然的依道治国的能力，为专制统治提供了强大的理论基础。老子并不认为天下需要治理，天下需要的是推行大道——"天下有道"。

在司马迁看来，老子的历史地位可能只与孔子的门徒之流相当。庄子的姓名都不曾出现在《史记》的标题中，其历史地位比不上韩非。真不知司马迁读懂了"老庄"没有。

老子建立了自己的思想体系。这个体系的核心就是"道"，也即自然。我们讨论问题，逻辑起点在哪里？逻辑关系如何建立？老子认为，逻辑起点在于道，逻辑关系也在道中。逻辑起点不是人的立场，逻辑关系更不是自己的利害关系。它们都是客观的。老子就是在自然关系中找到逻辑起点和逻辑关系的典范。老子在第二十章中说："唯之与阿，相去几何？美之与恶，相去何若？"一切以道为标准。离开道，人类能讨论什么问题？

老子之后有庄子。庄子之后，再无老子，也再无庄子。

本章校定

信言不美，美言不信；善者不辩，辩者不善；知者不博，博者不知。圣人不积，既以为人，己愈有；既以与人，己愈多。天之道，利而不害；圣人之道，为而不争。

本章今译

依道言说不需花言巧语，违道的花言巧语都不会有信验；圣人提出的真理不需要与人辩论，需要与人辩论的观点都不是真理；依道言说的人不"博学"，"博学"的人不依道言说。圣人毫不吝啬，越是尽量帮助人，自己越富有；越是尽量给予别人，自己得到越多。自然规律，利于万物而不会损坏万物；圣人的处世准则，是只奉献而不争名争利争权。

2020 年 4 月 20 日初稿
2020 年 5 月 18 日二稿
2020 年 6 月 3 日三稿
2020 年 6 月 18 日又改于三无斋

附　录

《老子》记忆法

二弟胡小龙研究美国记忆力训练大师凯文·都迪的《魔术记忆》一书近二十年，收获颇丰。受他影响，我开始研读此书。数年前，我们讨论一个问题：什么样的记忆才是真正有用的？讨论的结论是，只有用于记忆世界上最先进的文化、技术、思想的记忆，才是真正有用的记忆。

《老子》是中国古典文化中的哲学巨著，因此，我要求我的学生对《老子》一书必须倒背如流。

背书，是人生中最重要的作业之一。但是如何背书，是一个值得研究的问题。老师常说："不要死记硬背，要理解地背。"问题是，一篇文章如何才算理解？而且，理解地背，难道不是死记硬背？

凡事都有规律。背书，就要按照记忆的规律。记忆，分为"记"与"忆"两个字，能够"忆"起来的信息才是已经"记"住的信息；而能够"忆"起来的信息是依靠"记"来储存的。这样，"记"与"忆"就成了一种互相循环的关系。那么，先有"记"还是先有"忆"，这是一个必须解决的问题。解决这个问题，我们可以首先考虑什么信息是人最容易"忆"起来的。因为，只有能够"忆"起来的信息，才是真正已经记住的信息。当然，人最容易"忆"起来的信息，是已经记住的信息。因此，把我们想要记忆的信息转化为已经记住的信息，是提高记忆能力的有效办法。我要求门生对《老子》一书倒背如流，就是按照这一原则教授方法的。具体做法是：

一、内容图像化。把要记忆的信息与某种已经记住的信息建立联系。建立这种联系时，尽量采用图像化的形式，并想象成一个故事。图像越生动、奇特、巨大，越好。如《老子》第一章，就想象成"一条道路"。当然，文章的段落是一个连续表达的过程，因此，应当采用动漫式的编辑方式。比如，"第一章"，一条道路。"道可道"，想象成那可是一条非常奇特的道路，为啥？"非恒道"，是一条不是永远不变的道路。有路必有名，以此引出下一句"名可名"，那可是一个非常奇特的名字，为啥？"非恒名"，道的名字不是永恒不变的……

二、大声朗读。要有感情地大声朗读，自己的眼睛能看到，耳朵能听到，心能感受到。

三、脑子要会打字。读的同时眼前出现读到的字，眼能看到，字能入脑。盖上书本回忆背过的内容时，脑子里能像打字一样一个字一个字跳出来。因为《老子》是一部哲学著作，有的地方很难图像化，就依靠"脑子打字"的方式强记。

背书时，口、眼、脑、心综合运用，一句一句练习。大声朗读每一句，脑子里要出现每一个字，然后出现每一句的图像。完成上述程序后，眼睛移开书本，在脑子里把这一句的每一个字一个个清晰地打出来。如某词某字不能打出来，回忆与这词这字对应的图像，依靠图像的启发找到没有记住的词或字。实在找不到，看书，查找原因：是图像和要记忆的信息的关联性不够还是训练不够。如果是前者，重新想象一张或一组图像；如果是后者，多训练几次。

全章每句训练结束后，整章按照上述办法检查一遍。如果有困难，不要马上看书，要尽量利用记忆的图像进行回忆。实在不行才看书，同时查找原因，是图像和要记忆的信息的关联性不够还是训练不够。如果是前者，重新想象一张或一组图像；如果是后者，多训练几次。

本书教授的背诵《老子》之法，不是把背书当作为背书而背书的孤立的行为，而是一种与记忆力训练有机结合的创新。背诵《老子》一书的方法，部分运用了美国记忆力训练大师凯文·都迪《魔术记忆》一书中提出的办法。"脑子打字"的方法，则由二弟胡小龙提出。我提出的一些方法，主要是：

一、灵活创造"桩子"。"桩子"是《魔术记忆》一书中的核心概念。"桩子"就是已经记住的信息，从"桩子"出发，联结要记住的信息，就是训练记忆力。凯文·都迪提出了许多创造"桩子"的办法。《老子》全书八十一章，采用八十一个"桩子"记忆是自然而然的。《魔术记忆》中有数字"1"至"100"的图像词语可作为"桩子"。但是，这些"桩子"全部用英语写成，如"1"是"tie"，"2"是"Noah"。"tie"是"领带"，"Noah"是"诺亚方舟"。我要求门生从小学二年级开始背诵《老子》，在背诵之前要先教会门生英语单词，徒增背诵难度，而且，即使教会了每个英语单词，这个英语单词如何与所要记忆的内容联结，也有不小的难度。因此，我采用"直接法"，即第一章，"一"，直接想象成"一条道路"，与"道可道"自然联结。

二、按照句子的特点，组成容易记忆的句子。如第二章、第二十八章、第三十八章、第三十九章、第四十六章中介绍的记忆方法。

三、在文章中提炼出几个问答题。如第五章中介绍的办法。

四、灵活运用时间。学生们课业繁重，因此，我提出不要把背《老子》当成一件一本正经的事，非得一本正经地认为：我要背书了，要安排半小时、一小时。不是的。要见缝插针，三五分钟，甚至一两分钟就可背一段或复习几段。

记忆分为记与忆两个方面。记与忆，要善于挤时间，把要记忆的信息或输入手机或抄在小本子上或制成卡片，随身携带，方便时就进行练习。可以练习"记"，也可练习"忆"。等人、候车时可以练习"记"；走路、乘车、躺在床上睡着前，都可以练习"忆"。"忆"不出来时，不要急于看书，要努力回忆当初"记"的过程，若还是"忆"不出来，则要先"记"住"忆"不出来的问题，再去书中寻找答案。

五、默写《老子》全本。默写是检验脑子是否会"打字"的重要手段，也是继续推进"脑子打字"方法的有效训练办法。今年三月上旬，我提出默写《老子》全本的要求，有三十多名学员参加默写：年龄最大的五十多岁，最小的不到十岁；学历最高的是硕士生，最低的小学二年级。现在，已有二十名学员默写完《老子》全本。今年暑假，一名四年级学生，用四天时间将全书默写了一遍；一名六年级学生，用六天时间把全书默写了一遍；有三名小学二年级学生默写完全本《老子》，其中一名二年级学生7月18日进入三无斋受训，8月21日已将全本默写一遍，用时三十五天，最后一天默写了六章。默写完全本年龄最大的是位五十多岁的学员。这位年龄最大的学员，是厦门某企业的员工，于2020年3月上旬进入三无斋受训，通过远程教育，于5月底默写完《老子》全本，只用时近三个月。

六、学以致用。要把背诵《老子》一书中学到的方法，用于背诵英语课程中的单词、句型，用于记忆各门功课中的知识点和错题。实践证明，凡是会在各门功课中运用背诵《老子》所学到的方法的，成绩都会进步，有的晋级为学霸。

记忆力是人类活动中最基础的能力，也是一种很重要的能力。没有记忆力，就没有人类的日常生活，当然，也不会有事业的兴旺发达。杰出人才无不博闻强识。记忆力训练是一种专注力、洞察力、想象力、推理力、意志力和转化力的综合训练。包括记忆力在内的这七种能力是一个人取得成功的基础。我提出"灵活运用时间"的做法，是希望培养出一种随时随地能够专注于某事的能力。专注力其实就是一种能够排除不必关注的无效信息而将注意力集中于有效信息的能力。如上课时，学生必须屏蔽对同学的做小动作、小声说话等信息的关注而专注于老师教课。

良好的洞察力是有效记忆的基础。洞察不准确，记忆力超群都没有用。看成"1+1=3"，记住之际，就是危害自己之始。并且，一个人的洞察力越敏锐，越能够见人之所未见，记忆的信息就更有内涵。默写，是检验洞察力是否准确的办法。

记忆必须依靠想象力。想象力是人类的翅膀。没有想象力，就没有创造力。创造往往源于想象。人类一直想象能够像鸟一样飞翔，才有了制造飞机的动力。

当进行"忆"的训练遇到困难时，要尽力回忆没有记住的信息所对应的图像，而且，要推导出图像和记忆信息的关联并进行确认。这个过程，其实就是一个推理的过程。

为自己确定一个记忆目标，一以贯之，坚韧不拔，最终实现这个目标，就是意志力的训练。

人类的许多创造发明其实来自于转化，如汽车转化为飞机。因此，我提出要把背诵《老子》的能力转化为学习各门课程的能力，其实这也是学习转化能力。

提升记忆力需要反复练习。任何一个学习记忆的人，都没有修炼过"吸星大法"，只要老师一发功就能马上吸收。记忆方法也不可能像灵丹妙药一样，吃一颗就心想事成，万事大吉。

近几年的教学，虽然积累了一些经验，但值得探索的领域一定多于已经取得的经验。记录记忆心得的目的，一是对两年来的经验进行初步总结，二是希望能与同道交流，互相取长补短。

2020年8月22日于三无斋

～ 第一章 ～

<ruby>道<rt>dào</rt></ruby> <ruby>可<rt>kě</rt></ruby> <ruby>道<rt>dào</rt></ruby>，<ruby>非<rt>fēi</rt></ruby> <ruby>恒<rt>héng</rt></ruby> <ruby>道<rt>dào</rt></ruby>；<ruby>名<rt>míng</rt></ruby> <ruby>可<rt>kě</rt></ruby> <ruby>名<rt>míng</rt></ruby>，<ruby>非<rt>fēi</rt></ruby> <ruby>恒<rt>héng</rt></ruby> <ruby>名<rt>míng</rt></ruby>。<ruby>无<rt>wú</rt></ruby>，<ruby>名<rt>míng</rt></ruby> <ruby>天<rt>tiān</rt></ruby> <ruby>地<rt>dì</rt></ruby> <ruby>之<rt>zhī</rt></ruby> <ruby>始<rt>shǐ</rt></ruby>；<ruby>有<rt>yǒu</rt></ruby>，<ruby>名<rt>míng</rt></ruby> <ruby>万<rt>wàn</rt></ruby> <ruby>物<rt>wù</rt></ruby> <ruby>之<rt>zhī</rt></ruby> <ruby>母<rt>mǔ</rt></ruby>。<ruby>故<rt>gù</rt></ruby> <ruby>恒<rt>héng</rt></ruby> <ruby>无<rt>wú</rt></ruby>，<ruby>欲<rt>yù</rt></ruby> <ruby>以<rt>yǐ</rt></ruby> <ruby>观<rt>guān</rt></ruby> <ruby>其<rt>qí</rt></ruby> <ruby>妙<rt>miào</rt></ruby>；<ruby>恒<rt>héng</rt></ruby> <ruby>有<rt>yǒu</rt></ruby>，<ruby>欲<rt>yù</rt></ruby> <ruby>以<rt>yǐ</rt></ruby> <ruby>观<rt>guān</rt></ruby> <ruby>其<rt>qí</rt></ruby> <ruby>徼<rt>jiào</rt></ruby>。<ruby>此<rt>cǐ</rt></ruby> <ruby>两<rt>liǎng</rt></ruby> <ruby>者<rt>zhě</rt></ruby> <ruby>同<rt>tóng</rt></ruby> <ruby>出<rt>chū</rt></ruby> <ruby>而<rt>ér</rt></ruby> <ruby>异<rt>yì</rt></ruby> <ruby>名<rt>míng</rt></ruby>，<ruby>同<rt>tóng</rt></ruby> <ruby>谓<rt>wèi</rt></ruby> <ruby>之<rt>zhī</rt></ruby> <ruby>玄<rt>xuán</rt></ruby>。<ruby>玄<rt>xuán</rt></ruby> <ruby>之<rt>zhī</rt></ruby> <ruby>又<rt>yòu</rt></ruby> <ruby>玄<rt>xuán</rt></ruby>，<ruby>众<rt>zhòng</rt></ruby> <ruby>妙<rt>miào</rt></ruby> <ruby>之<rt>zhī</rt></ruby> <ruby>门<rt>mén</rt></ruby>。

◎本章记忆法：一条道路

这条道路可真是一条特别的道路（道可道），但不是一条永恒的道路（非恒道）。有路必有名，这名可真是特别的名字（名可名），但也不是永恒的名字（非恒名）。路从无名开始，宇宙也从无名开始（无，名天地之始）。路开通了，就有路名了（有名），路上就有人车之类的万物，有名字的路就成为万物之母（万物之母）。世上的事都是一个从无到有的过程，如果永远处于无的状态，想起来也是非常奇妙的（故恒无，欲以观其妙）；但是，任何事物发展到"有"之后，是不是永远"有"呢（恒有）？每条道路都有尽头（徼），一个人走在路上也经常想这条路的尽头（徼）在何处（欲以观其徼）。原来，道路从无到有，都是同一个母亲生出来的兄弟，名字不同（两者同出而异名），但都很奇妙（同谓之玄）。道路弯弯曲曲，在弯弯曲曲的道路的尽头，有一扇门，门上写着很多"妙"字（玄之又玄，众妙之门）。

◎备注

1. 徼：道路尽头。

2. 玄：可以想象成"一条弯弯曲曲的道路"。

❧ 第二章 ❧

<ruby>天<rt>tiān</rt></ruby> <ruby>下<rt>xià</rt></ruby> <ruby>皆<rt>jiē</rt></ruby> <ruby>知<rt>zhī</rt></ruby> <ruby>美<rt>měi</rt></ruby> <ruby>之<rt>zhī</rt></ruby> <ruby>为<rt>wéi</rt></ruby> <ruby>美<rt>měi</rt></ruby>，<ruby>斯<rt>sī</rt></ruby> <ruby>恶<rt>è</rt></ruby> <ruby>已<rt>yǐ</rt></ruby>；<ruby>皆<rt>jiē</rt></ruby> <ruby>知<rt>zhī</rt></ruby> <ruby>善<rt>shàn</rt></ruby> <ruby>之<rt>zhī</rt></ruby> <ruby>为<rt>wéi</rt></ruby> <ruby>善<rt>shàn</rt></ruby>，<ruby>斯<rt>sī</rt></ruby> <ruby>不<rt>bù</rt></ruby> <ruby>善<rt>shàn</rt></ruby> <ruby>已<rt>yǐ</rt></ruby>。

天下皆知美之为美，斯恶已；皆知善之为善，斯不善已。有无相生，难易相成，长短相形，高下相倾，音声相和，前后相随。是以圣人处无为之事，行不言之教，万物作焉而不辞，生而不有，为而不恃，功成而弗居。夫惟弗居，是以不去。

◎ **本章记忆法：两人吵架**

天由"二"和"人"组成，因此，天下有两个人。当一个被认定为美女时，另一个就是丑八怪（天下皆知美之为美，斯恶已）；当一个被认定为善人时，另一个就是坏蛋（皆知善之为善，斯不善已）。两人经常吵架，吵什么？争吵有没有作业（有无相生）。结果是有作业。作业容易还是难（难易相成）？为啥有的作业难有的容易？因为十根手指不一样长（长短相形）。长与短无限放大，就是高低两座山（高下相倾），从一个山头向另一个山头喊话就产生回音（音声相和），人声与回音一前一后（前后相随）。两人虽然天天吵架，但不会动手打起来，因此，也算和谐。山脚下坐着个老头子处理着不需干的事（是以圣人处无为之事），说着不需说的话（行不言之教），任凭万物吵成一团也不说一个词（万物作焉而不辞）。天下万物都是这个老头生的，但他认为不归他所有（生而不有），都是他养大的但不自恃有功（为而不恃），这些孩子功成名就他也不居功自傲（功成而弗居）。因为他不居功自傲，所以万物就都不愿离他而去（夫惟弗居，是以不去）。

◎备注

1."有无相生，难易相成，长短相形，高下相倾，音声相和，前后相随"六句的最后一个字相连可以想象为："生""成"了一个"形"状"倾"斜但"和"谐不会倒塌的物体，因为快倒塌时会"随"之有东西顶上来。这种记忆方法是在相联系的句子中找到规律。这个记忆法在《魔术记忆》一书中是没有的。这可能是因为各国的语言习惯不同或是不同文本的语言风格不同，在凯文·都迪所读过的书中没有见到过类似句型，因此不会出现这种记忆方式。这也说明，记忆方法并无定规，只要按照"用已经记住的信息去记忆想要记住的信息，想怎么记就怎么记"的方式来都是正确的。

2.在记忆"有无相生"六句前，先记住同类句子有六句。这个训练很重要，如学英语，先记住一篇课文有几个单词，记忆练习结束后进行用"脑子打字"的方式复习时，要自己数一下"打"过的数目和记忆的数目是否一致，如果不一致，就要查找漏掉了第几号，进行补习。

3.圣人，可以想象成老头子。一般来说，老头子才能成为圣人。

～ 第三章 ～

bù shàng xián　　shǐ mín bù zhēng　bù guì nán dé zhī huò　shǐ mín bù wéi dào　bù jiàn kě
不尚贤，使民不争；不贵难得之货，使民不为盗；不见可
yù　　shǐ mín xīn bù luàn　shì yǐ shèng rén zhī zhì　xū qí xīn　shí qí fù　ruò qí zhì
欲，使民心不乱。是以圣人之治，虚其心，实其腹，弱其志，
qiáng qí gǔ　héng shǐ mín wú zhī wú yù　shǐ fú zhì zhě bù gǎn wéi yě　wéi wú wéi　zé wú
强其骨，恒使民无知无欲，使夫智者不敢为也。为无为，则无
bù wéi
不为。

◎本章记忆法：推翻三座大山

dì yī zuò shān shàng quán shì xián cài　quán rēng le　rén mín jiù méi shá kě zhēng qiǎng de　bù
第一座山上全是咸菜，全扔了，人民就没啥可争抢的（不
shàng xián　shǐ mín bù zhēng　dì èr zuò shān shàng quán shì zhū bǎo　rēng le　rén mín jiù bù huì qù
尚贤，使民不争）；第二座山上全是珠宝，扔了，人民就不会去
dāng qiáng dào le　bù guì nán dé zhī huò　shǐ mín bù wéi dào　dì sān zuò shān yǐ bèi chǎn píng　xiǎng
当强盗了（不贵难得之货，使民不为盗）；第三座山已被铲平，想
yào de dōng xi yī jiàn dōu méi yǒu　rén mín yě jiù bù huì hú sī luàn xiǎng le　bù jiàn kě yù　shǐ mín
要的东西一件都没有，人民也就不会胡思乱想了（不见可欲，使民
xīn bù luàn　shān jiǎo xià zuò le gè lǎo tóu zi zì chēng huì zhì lǐ guó jiā　shì yǐ shèng rén zhī zhì
心不乱）。山脚下坐了个老头子自称会治理国家（是以圣人之治），
tā ràng rén mín xīn lǐ kōng kōng de　xū qí xīn　dù zi gǔ gǔ de　shí qí fù　méi yǒu dòu zhì
他让人民心里空空的（虚其心），肚子鼓鼓的（实其腹），没有斗志
ruò qí zhì　sì zhī fā dá　qiáng qí gǔ　zhè ge lì hai de lǎo tóu zi shǐ rén mín yǒng yuǎn wú
（弱其志），四肢发达（强其骨），这个厉害的老头子使人民永远无
zhī wú yù chéng le shǎ zi　héng shǐ mín wú zhī wú yù　jiù suàn shī fu hěn cōng míng yě bù gǎn dǎo
知无欲成了傻子（恒使民无知无欲），就算师父很聪明也不敢捣
luàn　shǐ fú zhì zhě bù gǎn wéi yě　shī fu bù gǎn zuò wéi　lǎo tóu zi jiù xiǎng gàn shá jiù gàn shá le
乱（使夫智者不敢为也）。师父不敢作为，老头子就想干啥就干啥了
wéi wú wéi　zé wú bù wéi
（为无为，则无不为）。

◎备注

xián　xiǎng xiàng chéng xián cài　xié yīn fǎ
1. 贤：想象成咸菜，谐音法。
shǐ fú　xiǎng xiàng chéng　shī fu
2. 使夫：想象成"师父"。

第四章

道，冲而用之或不盈。渊兮，似万物之宗。挫其锐，解其纷，和其光，同其尘。湛兮，似或存。吾不知谁之子，象帝之先。

◎**本章记忆法：寺庙**

寺庙里应住和尚，但冲出了一个道士（道冲）。这个道士很有钱，用不完，就把寺庙占了（而用之或不盈）。和尚们大叫冤啊，他像万物的祖宗（渊兮，似万物之宗），而且打架特别厉害，能马上挫败敌人的锐气（挫其锐），解决所有的纷争（解其纷），把日光和月光混在一起（和其光），搅得天地间尘土飞扬（同其尘）。脏啊（湛兮）。眼前那个孩子好像能看清楚（似或存），但认不出是谁的儿子（吾不知谁之子），好像比上帝早出生（象帝之先）。

◎**备注**

脏：与"湛"音近，借用。

第五章

天地不仁，以万物为刍狗；圣人不仁，以百姓为刍狗。天地之间，其犹橐籥乎？虚而不屈，动而愈出。多言数穷，不如守中。

◎本章记忆法：孙悟空大闹天宫

　　sūn wù kōng wèi hé dà nào tiān gōng　　tiān dì bù rén　shèng rén yě bù rén　tiān dì bǎ wàn wù
孙悟空为何大闹天宫？天地不仁，圣人也不仁。天地把万物
dàng zuò cǎo biān gǒu　shèng rén bǎ lǎo bǎi xìng dàng zuò cǎo biān gǒu　tiān dì bù rén　　yǐ wàn wù wéi chú
当作草编狗，圣人把老百姓当作草编狗（天地不仁，以万物为刍
gǒu　shèng rén bù rén　yǐ bǎi xìng wéi chú gǒu　　yòng shén me bàn fǎ dà nào tiān gōng　tiān dì zhī jiān
狗；圣人不仁，以百姓为刍狗）。用什么办法大闹天宫？天地之间
bù shì yǒu gè dà fēng xiāng ma　　lā fēng xiāng tiān dì zhī jiān　　qí yóu tuó yuè hū　　　fēng xiāng kàn
不是有个大风箱吗？拉风箱（天地之间，其犹橐籥乎）。风箱看
zhe shì kōng de　　dàn shén me dōu bù quē　　xū ér bù qū　　chū lái de dōng xi yuè duō
着是空的，但什么都不缺（虚而不屈），越拉，出来的东西越多
dòng ér yù chū　　dà nào de jié guǒ zěn yàng　　nà me dà de fēng xiāng lǐ lā chū lái de fēng zhì shǎo
（动而愈出）。大闹的结果怎样？那么大的风箱里拉出来的风至少
shí qī jí　kǒng bù　shuō de yuè duō zhāo lái de má fán yuè duō　　duō yán shuò qióng　　bù rú zhàn zhe
十七级，恐怖。说得越多招来的麻烦越多（多言数穷），不如站着
bù shuō　bǎo chí zhōng lì　bù rú shǒu zhōng
不说，保持中立（不如守中）。

◎备注

　　běn zhāng jì zhù sān gè wèn tí　　yī shì sūn wù kōng wèi shén me dà nào tiān gōng　èr shì rú
1.本章记住三个问题，一是孙悟空为什么大闹天宫？二是如
hé nào　sān shì shén me jié guǒ　zhè shì zì jǐ bǎ yào jì yì de nèi róng jiàn lì le yī gè xīn de luó
何闹？三是什么结果？这是自己把要记忆的内容建立了一个新的逻
jí guān xì
辑关系。
chú gǒu　　cǎo biān gǒu
2.刍狗：草编狗。
tuó yuè　fēng xiāng
3.橐籥：风箱。

❧ 第六章 ❧

gǔ shén bù sǐ　shì wèi xuán pìn　xuán pìn zhī mén　shì wèi tiān dì gēn　mián mián ruò
谷神不死，是谓玄牝。玄牝之门，是谓天地根，绵绵若
cún　yòng zhī bù qín
存，用之不勤。

◎本章记忆法：六神花露水

chī dào gǔ de shén bù huì sǐ　　gǔ shén bù sǐ　　ér qiě shì yī gè shēnyuǎn de chǎn dào　shì
吃稻谷的神不会死（谷神不死），而且是一个深远的产道（是

wèi xuán pìn　　chǎn dào de dà mén　xuán pìn zhī mén　　jiù shì tiān dì de gēn　shì wèi tiān dì gēn
谓玄牝）。产道的大门（玄牝之门），就是天地的根（是谓天地根）。

chǎn dào de chǎn chū miánmián bù jué xiàngyǒu hěnduō cún huò　miánmián ruò cún　　yòng tā jiù bù xū yào
产道的产出绵绵不绝像有很多存货（绵绵若存），用它就不需要

qín láogōngzuò le　　yòngzhī bù qín
勤劳工作了（用之不勤）。

第七章

tiān cháng dì jiǔ　　tiān dì suǒ yǐ néngcháng qiě jiǔ zhě　　yǐ qí bù zì shēng　gù néngcháng
天长地久。天地所以能长且久者，以其不自生，故能长

shēng　shì yǐ shèng rén hòu qí shēn ér shēnxiān　　wài qí shēn ér shēn cún　　fēi yǐ qí wú sī
生。是以圣人后其身而身先，外其身而身存。非以其无私

yé　　gù néngchéng qí sī
邪？故能成其私。

◎本章记忆法：七仙女和一个老头

qī xiān nǚ hé tiān dì yī yàngyǒuliǎng gè tè diǎn chángshēng bù lǎo　tiāncháng dì jiǔ　hé bù
七仙女和天地一样有两个特点：长生不老（天长地久）和不

huì shēng yù　　tiān dì chángshēng bù lǎo de yuán yīn shì bù huì shēng yù　　tiān dì suǒ yǐ néngcháng qiě
会生育。天地长生不老的原因是不会生育（天地所以能长且

jiǔ zhě　　yǐ qí bù zì shēng　gù néngchángshēng　　qī xiān nǚ yě bù huì shēngxiǎoxiān nǚ　　nà ge
久者，以其不自生，故能长生），七仙女也不会生小仙女。那个

lǎo tóu zi xiǎngdāng yé ye　　jiànxiān nǚ bù huì shēngxiǎobǎobao　mángde hěn　míngmíngpǎo zài hòu
老头子想当爷爷，见仙女不会生小宝宝，忙得很，明明跑在后

miànquè yòupǎo dào le qiánmiàn　　shì yǐ shèng rén hòu qí shēn ér shēnxiān　míngmíngshēn tǐ bù zài shì
面却又跑到了前面（是以圣人后其身而身先），明明身体不在视

xiàn nèi quèyòu zài shì xiàn zhī nèi　　wài qí shēn ér shēn cún　　bù shì yīn wèi tā méiyǒu sī xīn　fēi
线内却又在视线之内（外其身而身存）。不是因为他没有私心（非

yǐ qí wú sī yé　　qí shí zhǐ shì kàn qǐ lái méiyǒu sī xīn　suǒ yǐ chéng jiù le tā dāng yé ye de
以其无私邪）？其实只是看起来没有私心，所以成就了他当爷爷的

sī xīn　　gù néngchéng qí sī
私心（故能成其私）。

❧ 第八章 ❧

shàng shàn ruò shuǐ　　shuǐ shàn　　lì wàn wù ér bù zhēng　chǔ zhòng rén suǒ wù　gù jī yú
上 善 若 水。水 善，利 万 物 而 不 争，处 众 人 所 恶，故 几 于

dào　　jū shàn dì　xīn shàn yuān　yǔ shàn tiān　zhèng shàn zhì　shì shàn néng　dòng shàn shí
道。居 善 地，心 善 渊，予 善 天，正 善 治，事 善 能，动 善 时。

fú wéi bù zhēng　gù wú yóu
夫 惟 不 争，故 无 尤。

◎本章记忆法：发财

zuì hǎo de dōng xi xiàng shuǐ　shàng shàn ruò shuǐ　　shuǐ shì hǎo dōng xi　shuǐ shàn　duì wàn wù
最 好 的 东 西 像 水（上 善 若 水）。水 是 好 东 西（水 善），对 万 物

dōu yǒu lì ér bù zhēng qǔ huí bào　lì wàn wù ér bù zhēng　rén wǎng gāo chù zǒu　shuǐ què nìng yuàn
都 有 利 而 不 争 取 回 报（利 万 物 而 不 争），人 往 高 处 走，水 却 宁 愿

jū yú dà jiā suǒ yàn wù de dì fang　chǔ zhòng rén suǒ wù　suǒ yǐ zuì jiē jìn dào　gù jī yú dào
居 于 大 家 所 厌 恶 的 地 方（处 众 人 所 恶），所 以 最 接 近 道（故 几 于 道）。

shuǐ nà me hǎo　wǒ men jiù yào hé tā jiāo péng you　jiāo péng you jiù yào zhī dào tā zhù zài shén me hǎo
水 那 么 好，我 们 就 要 和 它 交 朋 友。交 朋 友 就 要 知 道 它 住 在 什 么 好

dì fang　jū shàn dì　xīn dì shàn liáng　xīn shàn yuān　guò jié shén me de sòng diǎn hǎo dōng xi gěi
地 方（居 善 地），心 地 善 良（心 善 渊），过 节 什 么 的 送 点 好 东 西 给

tā　yǔ shàn tiān　lǐ pǐn gāng hǎo bèi zhěng zhì de zhěng qí　zhèng shàn zhì　shì qíng jiù huì hěn
它（予 善 天），礼 品 刚 好 被 整 治 得 整 齐（正 善 治），事 情 就 会 很

shùn dang　shì shàn néng　duì le　bù yào wàng jì dòng zuò jǔ zhǐ yào shì hé shí yí　dòng shàn shí
顺 当（事 善 能），对 了，不 要 忘 记 动 作 举 止 要 适 合 时 宜（动 善 时）。

yīn wèi zhǐ gěi bié rén hǎo chù bù qiú huí bào　jiù bù bì qù zhēng qǔ shén me　fú wéi bù zhēng　suǒ
因 为 只 给 别 人 好 处 不 求 回 报，就 不 必 去 争 取 什 么（夫 惟 不 争），所

yǐ rén jiā bù huì yuàn hèn nǐ　gù wú yóu
以 人 家 不 会 怨 恨 你（故 无 尤）。

◎备注

mǒu xiē dì fang fāng yán　bā　yǔ　fā　xié yīn　yòu yǐ shuǐ wéi cái
1.某 些 地 方 方 言 "八" 与 "发" 谐 音，又 以 水 为 财。

yóu　yuàn hèn
2.尤：怨 恨。

第九章

chí ér yíng zhī　　bù rú qí yǐ　　zhuī ér ruì zhī　　bù kě cháng bǎo　　jīn yù mǎn táng
持而盈之，不如其已。揣而锐之，不可长保。金玉满堂，
mò zhī néng shǒu　　fù guì ér jiāo　　zì yí qí jiù　　gōng suì shēn tuì　　tiān zhī dào yě
莫之能守；富贵而骄，自遗其咎。功遂身退，天之道也。

◎本章记忆法：醉酒

yí gè rén hē zuì le cháng shí jiān duān zhe jiǔ bēi bù rú fàng xià　　chí ér yíng zhī　　bù rú qí
一个人喝醉了长时间端着酒杯不如放下（持而盈之，不如其
yǐ　　hē zuì le kǒu dài lǐ zhuāng le ruì qì　　bù kě néng cháng qī bǎo zhèng ān quán　　zhuī ér ruì zhī，
已）；喝醉了口袋里装了锐器，不可能长期保证安全（揣而锐之，
bù kě cháng bǎo　　tiān tiān zuì xūn xūn　　jīn yù mǎn táng yě yào chī guāng de　　jīn yù mǎn táng　　mò zhī
不可长保）。天天醉醺醺，金玉满堂也要吃光的（金玉满堂，莫之
néng shǒu　　fù guì rén jiā jiāo ào kàn bù qǐ rén　　fù guì ér jiāo　　zì jǐ huì zhāo lái zāi huò　　zì yí
能守）。富贵人家骄傲看不起人（富贵而骄），自己会招来灾祸（自遗
qí jiù　　gōng chéng shēn tuì　　shì tiān zhì dìng de guī zé　　gōng suì shēn tuì　　tiān zhī dào yě
其咎）。功成身退，是天制定的规则（功遂身退，天之道也）。

◎备注

zhuī　　běn zhāng zhōng yīng dú　　jì yì shí dāng　　yòng　　zhè shì duō yīn zì de
揣：本章中应读"zhuī"，记忆时当"chuāi"用。这是多音字的
jiè yòng
借用。

第十章

zǎi yíng pò bào yī　　néng wú lí hū　　zhuān qì zhì róu　　néng rú yīng ér hū　　dí chú xuán
载营魄抱一，能无离乎？专气致柔，能如婴儿乎？涤除玄
lǎn　　néng wú cī hū　　ài mín zhì guó　　néng wú wéi hū　　tiān mén kāi hé　　néng wéi cí hū
览，能无疵乎？爱民治国，能无为乎？天门开阖，能为雌乎？
míng bái sì dá　　néng wú zhī hū　　shēng zhī xù zhī　　shēng ér bù yǒu　　wéi ér bù shì　　zhǎng
明白四达，能无知乎？生之畜之，生而不有，为而不恃，长
ér bù zǎi　　shì wèi xuán dé
而不宰，是谓玄德。

◎本章记忆法：1和0抱牢就能共同增值

营，在本章中就是魂。魂魄和形体，一个是"1"，一个是"0"，能分离吗？当然不能，分离了不是死人就是鬼魂（载魂魄抱一，能无离乎）。把气装进气球变得柔和，能像婴儿吗（专气致柔，能如婴儿乎）？婴儿脑子里空空的，没有一点记忆（涤除玄览，能无疵乎），让他爱民治国，一定无能为力（爱民治国，能无为乎），看见别人拉开关上天门进进出出，只能趴着不动（天门开阖，能为雌乎），脑子很清楚，其实什么都不知道（明白四达，能无知乎），其实，这个婴儿是刘备假扮的，天下万物都是他生的、养育的（生之畜之），生了不占有（生而不有），养育不恃功（为而不恃），使他们生长但又不成为他们的主宰（长而不宰），原来这个圣人就是刘备（是谓玄德）。

◎备注

刘备，字玄德。刘备是诸葛亮的领导，但听诸葛亮的，虽然是领导，从不自己说了算，就是"长而不宰"。

◦ 第十一章 ◦

三十辐共一毂，当其无，有车之用。埏埴以为器，当其无，有器之用。凿户牖以为室，当其无，有室之用。故有之以为利，无之以为用。

◎**本章记忆法：11月30日变魔术，共三个**

　　三十个福字叠成一个鼓（三十辐共一毂），"当"一下，全没了（当其无），变出个车子（有车之用）。在山上植树造器具（埏埴以为器），"当"一下，全没了（当其无），变出一个盘子（有器之用）。凿门和窗造房子（凿户牖以为室），"当"一下，全没了（当其无），变出一间房子（有室之用）。所以，有用和没用的关系就像一个盘子，边沿部分很锋利（故有之以为利），中间空无的部分才有用，可以装东西（无之以为用）。

◎**备注：**

　　1. 埏埴：想象成在山上种树。

　　2. 凿户牖以为室：可以想象成古人挖山洞造房子。户，门；牖，窗。凿出门和窗，山洞才能称得上是房子。

第十二章

　　五色令人目盲，五音令人耳聋，五味令人口爽，驰骋田猎令人心发狂，难得之货令人行妨。是以圣人为腹不为目，故去彼取此。

◎**本章记忆法：12月5日过生日**

　　第十二章开头第一个字是"五"，而且要干五件事。要干的事：看电视，五彩斑斓眼睛快看瞎了（五色令人目盲）；听音乐，五音嘈

zá ěr duo kuài tīng lóng le   wǔ yīn lìng rén ěr lóng   chī mǎn hàn quán xí   chī le hái xiǎng chī
杂，耳朵快听聋了（五音令人耳聋）；吃满汉全席，吃了还想吃

wǔ wèi lìng rén kǒu shuǎng   chū qù dōu fēng   chē sù tài kuài xià de xīn kuáng tiào   chí chěng tián liè lìng
（五味令人口爽）；出去兜风，车速太快吓得心狂跳（驰骋田猎令

rén xīn fā kuáng   chuān le shēn míng pái yī fu xíng dòng bù fāng biàn   nán dé zhī huò lìng rén xíng fāng
人心发狂）；穿了身名牌衣服行动不方便（难得之货令人行妨）。

suǒ yǐ lǎo tóu zi guò shēng rì shì wéi le fù qīn bù shì wèi le mǔ qīn   shì yǐ shèng rén wéi fù bù wéi
所以老头子过生日是为了父亲不是为了母亲（是以圣人为腹不为

mù   suǒ yǐ   zhè shì bǎ nà ge   mǔ qīn   rēng diào le   zhǐ bǎ zhè ge   fù qīn   qǔ huí lái
目），所以，这是把那个"母亲"扔掉了，只把这个"父亲"取回来

le   gù qù bǐ qǔ cǐ
了（故去彼取此）。

◎备注

mù   yǔ   mǔ   tóng yīn bù tóng diào   jiè yòng
目：与"母"同音不同调，借用。

᠀ 第十三章 ᠀

chǒng rǔ ruò jīng   guì dà huàn ruò shēn   hé wèi chǒng rǔ ruò jīng   chǒng wéi shàng   rǔ wéi
宠辱若惊，贵大患若身。何谓宠辱若惊？宠为上，辱为

xià   dé zhī ruò jīng   shī zhī ruò jīng   shì wèi chǒng rǔ ruò jīng   hé wèi guì dà huàn ruò shēn
下，得之若惊，失之若惊，是谓宠辱若惊。何谓贵大患若身？

wú suǒ yǐ yǒu dà huàn zhě   wéi wú yǒu shēn   jí wú wú shēn   wú yǒu hé huàn   gù guì yǐ shēn
吾所以有大患者，为吾有身。及吾无身，吾有何患？故贵以身

wéi tiān xià   zé kě jì yú tiān xià   ài yǐ shēn wéi tiān xià   nǎi kě tuō yú tiān xià
为天下，则可寄于天下；爱以身为天下，乃可托于天下。

◎本章记忆法："十三点"

rén jiā shuō tā hǎo   tā bù ān   shuō tā bù hǎo   yě bù ān   chǒng rǔ ruò jīng   zhěng tiān dān
人家说他好，他不安；说他不好，也不安（宠辱若惊），整天担

xīn shēn shàng huàn yǒu dà bìng   guì dà huàn ruò shēn   shén me shì chǒng rǔ ruò jīng   hé wèi chǒng rǔ
心身上患有大病（贵大患若身）。什么是宠辱若惊（何谓宠辱

ruò jīng   chǒng hǎo rǔ huài   chǒng wéi shàng   rǔ wéi xià   dé dào le bù ān xīn   dé zhī ruò jīng
若惊）？宠好辱坏（宠为上，辱为下），得到了不安心（得之若惊），

shī qù le yě bù ān xīn   shī zhī ruò jīng   jiù shì chǒng rǔ ruò jīng   shì wèi chǒng rǔ ruò jīng
失去了也不安心（失之若惊），就是宠辱若惊（是谓宠辱若惊）。

shén me shì hài pà dà bìng zài shēn   hé wèi guì dà huàn ruò shēn   wǒ zhī suǒ yǐ pà shēng bìng   wú
什么是害怕大病在身（何谓贵大患若身）？我之所以怕生病（吾

suǒ yǐ yǒu dà huàn zhě　　shì yīn wéi wǒ yǒu shēn tǐ　wéi wú yǒu shēn　　wǒ rú guǒ méi yǒu shēn tǐ
所以有大患者），是因为我有身体（为吾有身）。我如果没有身体

jí wú wú shēn　　wǒ pà shén me　wú yǒu hé huàn　　suǒ yǐ　rèn wéi shēn tǐ bǐ tiān xià bǎo guì
（及吾无身），我怕什么（吾有何患）？所以，认为身体比天下宝贵

de rén zé kě bǎ tiān xià jì tuō gěi tā　　gù guì yǐ shēn wéi tiān xià　zé kě jì yú tiān xià　　rèn wéi
的人则可把天下寄托给他（故贵以身为天下，则可寄于天下），认为

zhēn ài zì jǐ de shēn tǐ shèng yú zhēn ài tiān xià de rén nǎi kě bǎ tiān xià tuō fù gěi tā　　ài yǐ shēn
珍爱自己的身体胜于珍爱天下的人乃可把天下托付给他（爱以身

wéi tiān xià　　nǎi kě tuō yú tiān xià
为天下，乃可托于天下）。

◎备注

zài mǒu xiē fāng yán zhōng　　shí sān diǎn　　shì bǐ jiào yú bèn de rén de dài yòng yǔ
1.在某些方言中，"十三点"是比较愚笨的人的代用语。

zuì hòu liǎng jù jù shì yī yàng　yīng tè bié zhù yì　　qián guì hòu ài　　qián zé hòu nǎi　　qián
2.最后两句句式一样，应特别注意：前贵后爱，前则后乃，前

jì hòu tuō
寄后托。

❧ 第十四章 ❧

shì zhī bù jiàn míng yuē yí　　tīng zhī bù wén míng yuē xī　　bó zhī bù dé míng yuē wēi　　cǐ sān
视之不见名曰夷，听之不闻名曰希，搏之不得名曰微。此三

zhě bù kě zhì jié　　gù hùn ér wéi yī　　yī zhě　qí shàng bù jiǎo　qí xià bù mèi shéng shéng
者不可致诘，故混而为一。一者，其上不皦，其下不昧，绳绳

xī bù kě míng　　fù guī yú wú wù　　shì wèi wú zhuàng zhī zhuàng　wú wù zhī xiàng　shì wèi hū
兮不可名，复归于无物。是谓无状之状，无物之象，是谓惚

huǎng　yíng zhī bù jiàn qí shǒu　suí zhī bù jiàn qí hòu　　zhí gǔ zhī dào　yǐ yù jīn zhī yǒu　néng
恍。迎之不见其首，随之不见其后。执古之道，以御今之有。能

zhī gǔ shǐ　　shì wèi dào jì
知古始，是谓道纪。

◎本章记忆法：石狮

shí shī kàn bù jiàn　　tīng bù dào　　mō bù zháo　yí　xī　　wēi sān zì kě jì zuò ā yí chī xī
石狮看不见，听不到，摸不着。夷、希、微三字可记作阿姨吃稀

fàn　　zhǐ chī le yī diǎn diǎn　　shì zhī bù jiàn míng yuē yí　　tīng zhī bù wén míng yuē xī　　bó zhī bù dé
饭，只吃了一点点（视之不见名曰夷，听之不闻名曰希，搏之不得

míng yuē wēi　　kàn bù jiàn　tīng bù dào　mō bù zháo sān zhě bù fēn kāi　cái shì yī gè hé gé de
名曰微）。看不见、听不到、摸不着三者不分开，才是一个合格的

石狮（此三者不可致诘，故混而为一）。这一个石狮巨大无比，看看
上面不明亮，看看下面不灰暗（一者，其上不曒，其下不昧），
像条绳子不用取名字，也算不上什么东西，和没东西一个样
（绳绳兮不可名，复归于无物），像一个没有形状的形状，又像
一头没有背东西的大象（是谓无状之状，无物之象），这是啥？把
人搞迷糊了（是谓惚恍）。前面迎上去，看不见头，后面追上去
看不见尾巴（迎之不见其首，随之不见其后），结果，尾巴没抓住，
抓到了一把古代的稻谷（执古之道），用来喂现在的马，以此驾御马
匹（以御今之有）。马车上坐着一个能知道古代从什么时候开始
的人（能知古始），他就是济公和尚（是谓道纪）。

◎备注

1.《老子》一书中，有的规律相同的语言在不同的章节中出
现，如第十二章"五色""五音"的次序，本章和第三十五章中
"听之""视之"的次序，说明老子的用语习惯是先说"看"，再说
"听"。掌握这个规律，方便记忆。

2.无物之象：可以想象成一头没有背东西的大象。

3.道纪：与"道济"谐音。济公和尚，法号道济。

✤ 第十五章 ✤

古之善为士者，微妙玄通，深不可识。夫惟不可识，故强
为之容：豫兮，若冬涉川；犹兮，若畏四邻；俨兮，其若客；

huàn xī　　　ruò bīng zhī jiāng shì　　　dūn xī　　　qí ruò pǔ　　　kuàng xī　　　qí ruò gǔ　　hún xī　　　qí

涣兮，若冰之将释；敦兮，其若朴；旷兮，其若谷；浑兮，其

ruò zhuó　　shú néngzhuó yǐ zhǐ　　jìng zhī xú qīng　　shú néng ān yǐ jiǔ　　dòng zhī xú shēng　　bǎo

若浊。孰能浊以止，静之徐清？孰能安以久，动之徐生？保

cǐ dào zhě bù yù yíng　　fú wéi bù yíng　　gù néng bì ér xīn chéng

此道者不欲盈，夫惟不盈，故能敝而新成。

◎本章记忆法：师父

gǔ dài néngchéng wéi hǎo de shī fu de rén　　gǔ zhī shàn wéi shì zhě　　jiù xiàng yī gè hěn shēn

古代能成为好的师父的人（古之善为士者），就像一个很深、

hěn guǎng dà néng chǎn shēng wú qióng bǎo zàng de jǐng　　wēi miào xuán tōng　　shēn chén bù kě rèn qīng zhēn

很广大能产生无穷宝藏的井（微妙玄通），深沉不可认清真

shí miàn mào　　shēn bù kě shí　　zhǐ yīn bù kě rèn qīng miàn mào　　fú wéi bù kě shí　　suǒ yǐ zhǐ

实面貌（深不可识）。只因不可认清面貌（夫惟不可识），所以只

néng miǎn qiǎng xíng róng yī xià　　gù qiáng wéi zhī róng　　yù hé yóu shì liǎng zhǒng dòng wù　　yù kě

能勉强形容一下（故强为之容）：豫和犹是两种动物，豫可

yǐ xiǎng xiàng chéng yī tóu dà xiàng　　xiān chū xiàn　　xiàng dōng tiān guò bīng chuān yī yàng pà diào jìn shuǐ lǐ

以想象成一头大象，先出现，像冬天过冰川一样怕掉进水里

yù xī　　ruò dōng shè chuān　　rán hòu dǎn xiǎo de yóu chū lái　　xiàng hài pà bèi zuǒ lín yòu shè shuō xián

（豫兮，若冬涉川），然后胆小的犹出来，像害怕被左邻右舍说闲

huà yī yàngxiǎo xīn yì yì　　yóu xī　　ruò wèi sì lín　　wèi shén me huì zhè yàng　　yīn wèi tā men yào

话一样小心翼翼（犹兮，若畏四邻），为什么会这样？因为它们要

qù zuò kè　　yǎn xī　　qí ruò kè　　zuò kè wán jiù fàngsōng le　　xiàng bīng yào róng huà yī yàng　huàn

去做客（俨兮，其若客）。做客完就放松了，像冰要融化一样（涣

xī　　ruò bīng zhī jiāng shì　　zài huí jiā de lù shàng　dūn zài dì shàngxiàng pū dǎo yī yàng sì chù kàn

兮，若冰之将释）；在回家的路上，蹲在地上像扑倒一样四处看

kàn　　dūn xī　　qí ruò pǔ　　lù miàn hěn guǎng kuò　　xiàng yī gè dà shān gǔ　　kuàng xī　　qí ruò

看（敦兮，其若朴）；路面很广阔，像一个大山谷（旷兮，其若

gǔ　　dàn shuǐ hěn hún　　yǐ jīng dào le zhuó de chéng dù　　hún xī　　qí ruò zhuó　　shuǐ néng ràng

谷）；但水很浑，已经到了浊的程度（浑兮，其若浊）。谁能让

zhuó shuǐ bù zài hún zhuó xià qù　　ān jìng de děng dài biàn qīng　　shú néng zhuó yǐ zhǐ　　jìng zhī xú qīng

浊水不再浑浊下去，安静地等待变清（孰能浊以止，静之徐清）？

shuí néng ān jìng de cháng jiǔ dāi zài lù shàng děng dài kě yǐ kàn qīng shuǐ zhōng de dòng wù màn màn shēng

谁能安静地长久待在路上，等待可以看清水中的动物慢慢 升

shàng shuǐ miàn　　shú néng ān yǐ jiǔ　　dòng zhī xú shēng　　zhè shì bào zhù zhè tiáo dào lù bù zǒu le

上 水面（孰能安以久，动之徐生）？这是抱住这条道路不走了，

gèng bù xiǎng yíng bié rén le　　bǎo cǐ dào zhě bù yù yíng　　zhǐ yǒu bù xiǎng yíng de rén　　fú wéi bù

更不想赢别人了（保此道者不欲盈）。只有不想赢的人（夫惟不

yíng　　suǒ yǐ yě jiù zhǐ néngchuān jiù yī fu ér bù zuò xīn yī fu　　gù néng bì ér bù xīn chéng

盈），所以也就只能 穿旧衣服而不做新衣服（故能敝而不新成）。

◎备注

1.春秋时无读书人、儒生之类的称呼，读书人称士，唯有士才可当师父。

2.玄：深远，很深很广大的意思。

3.朴：与"扑"同音不同调，借用。

4.生：与"升"同音，借用。

5.保：与"抱"同音不同调，借用。

～ 第十六章 ～

致虚极，守静笃。万物并作，吾以观其复。夫物芸芸，各复归其根。归根曰静，静曰复命，复命曰常，知常曰明。不知常，妄；妄作凶。知常容，容乃公，公乃王，王乃天，天乃道，道乃久，没身不殆。

◎本章记忆法：石榴

石榴树长在极高的虚空的地方（致虚极），非常安静（守静笃）。忽然狂风刮来，几万个石榴互相碰撞（万物并作），互相碰撞就要掉下来，我要看看它们回到何处（吾以观其复）。原来天下所有的物之类说来说去（夫物芸芸），都各自回到自己的根部（各复归其根）。归根就静下来了（归根曰静），静下来就会重新生长（静曰复命），重新生长是常识（复命曰常），知道常识才是

cōng míng rén　　zhī cháng yuē míng　　bù　zhī dào cháng shí　　jiù　shì kuáng wàng zhī　tú　　bù zhī cháng
聪 明 人（知 常 曰 明），不 知 道 常 识，就 是 狂 妄 之 徒（不 知 常，

wàng　　kuáng wàng zhī　tú　jiù　huì zhāo lái xiōng xiǎn　　wàng zuò xiōng　　zhī dào cháng shí cái néng róng nà wàn
妄），狂 妄 之 徒 就 会 招 来 凶 险（妄 作 凶）。知 道 常 识 才 能 容 纳 万

wù　　zhī cháng róng　　róng nà wàn wù cái néng zuò shì gōng píng　　róng nǎi gōng　　gōng píng cái néng dāng
物（知 常 容），容 纳 万 物 才 能 做 事 公 平（容 乃 公），公 平 才 能 当

guó wáng gōng nǎi wáng　　guó wáng jiù shì tiān zǐ　wáng nǎi tiān　　tiān zǐ jiù néng dé dào　　tiān nǎi dào
国 王（公 乃 王），国 王 就 是 天 子（王 乃 天），天 子 就 能 得 道（天 乃 道），

dé dào cái néng yǒng jiǔ　　dào nǎi jiǔ　　dé dào de rén zhōng shēn bù huì shī bài　　mò shēn bù dài
得 道 才 能 永 久（道 乃 久），得 道 的 人 终 身 不 会 失 败（没 身 不 殆）。

第十七章

tài shàng　　xià zhī yǒu zhī　　qí cì　　qīn ér yù zhī　　qí cì　　wèi zhī　　qí cì
太 上，下 知 有 之；其 次，亲 而 誉 之；其 次，畏 之；其 次，

wǔ zhī　　xìn bù zú　　yǒu bù xìn　　yóu xī qí guì yán　　gōng chéng shì suì　　bǎi xìng jiē wèi
侮 之。信 不 足，有 不 信。犹 兮 其 贵 言。功 成 事 遂，百 姓 皆 谓

wǒ zì rán
我 自 然。

◎本章记忆法：石器时代

shí qì shí dài　　tài zǎo le　　hòu rén zhǐ zhī dào gè tài shàng lǎo jūn　　tài shàng　　xià zhī yǒu zhī
石 器 时 代，太 早 了，后 人 只 知 道 个 太 上 老 君（太 上，下 知 有 之）

rán hòu　　dào le mǔ xì shè huì　　mǔ qīn dāng jiā　　dà jiā dāng rán rè ài tā zàn yáng tā　　qí cì
然 后，到 了 母 系 社 会，母 亲 当 家，大 家 当 然 热 爱 她 赞 扬 她（其 次，

qīn ér yù zhī　　rán hòu　　dào le nú lì shè huì　　nú lì kě yǐ mǎi mài　　dà jiā hài pà le　　qí
亲 而 誉 之）；然 后，到 了 奴 隶 社 会，奴 隶 可 以 买 卖，大 家 害 怕 了（其

cì　　wèi zhī　　rán hòu　　yòu dào le qín shǐ huáng de zhuān zhì shè huì　　fén shū kēng rú　　dà
次，畏 之）；然 后，又 到 了 秦 始 皇 的 专 制 社 会，"焚 书 坑 儒"，大

jiā dà mà le　　qí cì　　wǔ zhī　　yī gè shí dài bǐ yī gè shí dài chà　　shì yīn wèi tǒng zhì zhě shuō
家 大 骂 了（其 次，侮 之）。一 个 时 代 比 一 个 时 代 差，是 因 为 统 治 者 说

le hěn duō hǎo tīng de huà què yòu zuò bù dào　　ràng rén mín quē fá xìn rèn gǎn　　zuì zhōng shī qù le rén mín
了 很 多 好 听 的 话 却 又 做 不 到，让 人 民 缺 乏 信 任 感，最 终 失 去 了 人 民

de xìn rèn　　xìn bù zú　　yǒu bù xìn　　tǒng zhì zhě a　　nǐ yào xiàng gè dǎn xiǎo de yóu a　　yào
的 信 任（信 不 足，有 不 信）。统 治 者 啊，你 要 像 个 胆 小 的 犹 啊，要

shǎo shuō wéi guì　　yóu xī qí guì yán　　shì qíng bàn chéng le　　lǎo bǎi xìng dōu shuō　　zhè shì wǒ men
少 说 为 贵（犹 兮 其 贵 言）。事 情 办 成 了，老 百 姓 都 说"这 是 我 们

zì jǐ bàn chéng de　　gōng chéng shì suì　　bǎi xìng jiē wèi wǒ zì rán
自 己 办 成 的（功 成 事 遂，百 姓 皆 谓 我 自 然）。"

◎备注

犹：曾出现在第十五章，是一种胆小的动物。

第十八章

大道废，有仁义；智慧出，有大伪；六亲不和，有孝慈；国家昏乱，有忠臣。

◎本章记忆法：十八岁

十八岁长大成人要去推行大道，结果发现大道已被废，社会上盛行仁义（大道废，有仁义）。这些推行仁义的人看起来很有智慧，其实都是假的（智慧出，有大伪）。假到什么程度？家里六亲不认，还假装子孝父慈（六亲不和，有孝慈）；国家大乱，还自称靠他们这帮忠臣治理得很好（国家昏乱，有忠臣）。

第十九章

绝圣弃智，民利百倍；绝仁弃义，民复孝慈；绝巧弃利，盗贼无有。此三者以为文不足，故令之有所属：见素抱朴，少私寡欲。

◎**本章记忆法：十九岁**

<ruby>通<rt>tōng</rt></ruby><ruby>过<rt>guò</rt></ruby><ruby>十<rt>shí</rt></ruby><ruby>八<rt>bā</rt></ruby><ruby>岁<rt>suì</rt></ruby><ruby>时<rt>shí</rt></ruby><ruby>观<rt>guān</rt></ruby><ruby>察<rt>chá</rt></ruby><ruby>社<rt>shè</rt></ruby><ruby>会<rt>huì</rt></ruby><ruby>一<rt>yī</rt></ruby><ruby>年<rt>nián</rt></ruby>，<ruby>十<rt>shí</rt></ruby><ruby>九<rt>jiǔ</rt></ruby><ruby>岁<rt>suì</rt></ruby><ruby>做<rt>zuò</rt></ruby><ruby>出<rt>chū</rt></ruby><ruby>决<rt>jué</rt></ruby><ruby>定<rt>dìng</rt></ruby>，<ruby>改<rt>gǎi</rt></ruby><ruby>变<rt>biàn</rt></ruby><ruby>社<rt>shè</rt></ruby><ruby>会<rt>huì</rt></ruby>，<ruby>要<rt>yào</rt></ruby><ruby>依<rt>yī</rt></ruby><ruby>靠<rt>kào</rt></ruby>"<ruby>三<rt>sān</rt></ruby><ruby>绝<rt>jué</rt></ruby><ruby>三<rt>sān</rt></ruby><ruby>弃<rt>qì</rt></ruby>"：<ruby>杜<rt>dù</rt></ruby><ruby>绝<rt>jué</rt></ruby><ruby>圣<rt>shèng</rt></ruby><ruby>人<rt>rén</rt></ruby><ruby>抛<rt>pāo</rt></ruby><ruby>弃<rt>qì</rt></ruby><ruby>智<rt>zhì</rt></ruby><ruby>慧<rt>huì</rt></ruby>，<ruby>人<rt>rén</rt></ruby><ruby>民<rt>mín</rt></ruby><ruby>可<rt>kě</rt></ruby><ruby>以<rt>yǐ</rt></ruby><ruby>获<rt>huò</rt></ruby><ruby>利<rt>lì</rt></ruby><ruby>百<rt>bǎi</rt></ruby><ruby>倍<rt>bèi</rt></ruby>（<ruby>绝<rt>jué</rt></ruby><ruby>圣<rt>shèng</rt></ruby><ruby>弃<rt>qì</rt></ruby><ruby>智<rt>zhì</rt></ruby>，<ruby>民<rt>mín</rt></ruby><ruby>利<rt>lì</rt></ruby><ruby>百<rt>bǎi</rt></ruby><ruby>倍<rt>bèi</rt></ruby>）；<ruby>杜<rt>dù</rt></ruby><ruby>绝<rt>jué</rt></ruby><ruby>仁<rt>rén</rt></ruby><ruby>抛<rt>pāo</rt></ruby><ruby>弃<rt>qì</rt></ruby><ruby>正<rt>zhèng</rt></ruby><ruby>义<rt>yì</rt></ruby>，<ruby>人<rt>rén</rt></ruby><ruby>民<rt>mín</rt></ruby><ruby>就<rt>jiù</rt></ruby><ruby>会<rt>huì</rt></ruby><ruby>恢<rt>huī</rt></ruby><ruby>复<rt>fù</rt></ruby><ruby>子<rt>zǐ</rt></ruby><ruby>孝<rt>xiào</rt></ruby><ruby>父<rt>fù</rt></ruby><ruby>慈<rt>cí</rt></ruby><ruby>的<rt>de</rt></ruby><ruby>家<rt>jiā</rt></ruby><ruby>庭<rt>tíng</rt></ruby><ruby>生<rt>shēng</rt></ruby><ruby>活<rt>huó</rt></ruby>（<ruby>绝<rt>jué</rt></ruby><ruby>仁<rt>rén</rt></ruby><ruby>弃<rt>qì</rt></ruby><ruby>义<rt>yì</rt></ruby>，<ruby>民<rt>mín</rt></ruby><ruby>复<rt>fù</rt></ruby><ruby>孝<rt>xiào</rt></ruby><ruby>慈<rt>cí</rt></ruby>）；<ruby>杜<rt>dù</rt></ruby><ruby>绝<rt>jué</rt></ruby><ruby>机<rt>jī</rt></ruby><ruby>巧<rt>qiǎo</rt></ruby><ruby>抛<rt>pāo</rt></ruby><ruby>弃<rt>qì</rt></ruby><ruby>利<rt>lì</rt></ruby><ruby>益<rt>yì</rt></ruby>，<ruby>社<rt>shè</rt></ruby><ruby>会<rt>huì</rt></ruby><ruby>上<rt>shàng</rt></ruby><ruby>就<rt>jiù</rt></ruby><ruby>没<rt>méi</rt></ruby><ruby>有<rt>yǒu</rt></ruby><ruby>强<rt>qiáng</rt></ruby><ruby>盗<rt>dào</rt></ruby>（<ruby>绝<rt>jué</rt></ruby><ruby>巧<rt>qiǎo</rt></ruby><ruby>弃<rt>qì</rt></ruby><ruby>利<rt>lì</rt></ruby>，<ruby>盗<rt>dào</rt></ruby><ruby>贼<rt>zéi</rt></ruby><ruby>无<rt>wú</rt></ruby><ruby>有<rt>yǒu</rt></ruby>）。<ruby>圣<rt>shèng</rt></ruby><ruby>智<rt>zhì</rt></ruby>、<ruby>仁<rt>rén</rt></ruby><ruby>义<rt>yì</rt></ruby>、<ruby>巧<rt>qiǎo</rt></ruby><ruby>利<rt>lì</rt></ruby><ruby>三<rt>sān</rt></ruby><ruby>者<rt>zhě</rt></ruby><ruby>一<rt>yī</rt></ruby><ruby>文<rt>wén</rt></ruby><ruby>不<rt>bù</rt></ruby><ruby>值<rt>zhí</rt></ruby>（<ruby>此<rt>cǐ</rt></ruby><ruby>三<rt>sān</rt></ruby><ruby>者<rt>zhě</rt></ruby><ruby>以<rt>yǐ</rt></ruby><ruby>为<rt>wéi</rt></ruby><ruby>文<rt>wén</rt></ruby><ruby>不<rt>bù</rt></ruby><ruby>足<rt>zú</rt></ruby>），<ruby>让<rt>ràng</rt></ruby><ruby>它<rt>tā</rt></ruby><ruby>们<rt>men</rt></ruby><ruby>该<rt>gāi</rt></ruby><ruby>去<rt>qù</rt></ruby><ruby>哪<rt>nǎr</rt></ruby><ruby>儿<rt></rt></ruby><ruby>就<rt>jiù</rt></ruby><ruby>去<rt>qù</rt></ruby><ruby>哪<rt>nǎr</rt></ruby><ruby>儿<rt></rt></ruby>，<ruby>寻<rt>xún</rt></ruby><ruby>找<rt>zhǎo</rt></ruby><ruby>归<rt>guī</rt></ruby><ruby>属<rt>shǔ</rt></ruby>（<ruby>故<rt>gù</rt></ruby><ruby>令<rt>lìng</rt></ruby><ruby>之<rt>zhī</rt></ruby><ruby>有<rt>yǒu</rt></ruby><ruby>所<rt>suǒ</rt></ruby><ruby>属<rt>shǔ</rt></ruby>）。<ruby>你<rt>nǐ</rt></ruby><ruby>要<rt>yào</rt></ruby><ruby>做<rt>zuò</rt></ruby><ruby>的<rt>de</rt></ruby><ruby>就<rt>jiù</rt></ruby><ruby>是<rt>shì</rt></ruby><ruby>看<rt>kàn</rt></ruby><ruby>见<rt>jiàn</rt></ruby><ruby>树<rt>shù</rt></ruby><ruby>就<rt>jiù</rt></ruby><ruby>抱<rt>bào</rt></ruby><ruby>住<rt>zhù</rt></ruby>，<ruby>要<rt>yào</rt></ruby><ruby>抱<rt>bào</rt></ruby><ruby>得<rt>de</rt></ruby><ruby>紧<rt>jǐn</rt></ruby>，<ruby>像<rt>xiàng</rt></ruby><ruby>扑<rt>pū</rt></ruby><ruby>在<rt>zài</rt></ruby><ruby>树<rt>shù</rt></ruby><ruby>上<rt>shàng</rt></ruby><ruby>一<rt>yī</rt></ruby><ruby>样<rt>yàng</rt></ruby>（<ruby>见<rt>xiàn</rt></ruby><ruby>素<rt>sù</rt></ruby><ruby>抱<rt>bào</rt></ruby><ruby>朴<rt>pǔ</rt></ruby>），<ruby>不<rt>bù</rt></ruby><ruby>要<rt>yào</rt></ruby><ruby>思<rt>sī</rt></ruby><ruby>考<rt>kǎo</rt></ruby>，<ruby>也<rt>yě</rt></ruby><ruby>不<rt>bù</rt></ruby><ruby>要<rt>yào</rt></ruby><ruby>有<rt>yǒu</rt></ruby><ruby>欲<rt>yù</rt></ruby><ruby>望<rt>wàng</rt></ruby>（<ruby>少<rt>shǎo</rt></ruby><ruby>私<rt>sī</rt></ruby><ruby>寡<rt>guǎ</rt></ruby><ruby>欲<rt>yù</rt></ruby>），<ruby>这<rt>zhè</rt></ruby><ruby>样<rt>yàng</rt></ruby>，<ruby>你<rt>nǐ</rt></ruby><ruby>就<rt>jiù</rt></ruby><ruby>会<rt>huì</rt></ruby><ruby>觉<rt>jiào</rt></ruby><ruby>得<rt>de</rt></ruby><ruby>自<rt>zì</rt></ruby><ruby>己<rt>jǐ</rt></ruby><ruby>很<rt>hěn</rt></ruby><ruby>幸<rt>xìng</rt></ruby><ruby>福<rt>fú</rt></ruby>。

◎**备注**

1.<ruby>见<rt>xiàn</rt></ruby>：<ruby>多<rt>duō</rt></ruby><ruby>音<rt>yīn</rt></ruby><ruby>字<rt>zì</rt></ruby>，<ruby>借<rt>jiè</rt></ruby><ruby>用<rt>yòng</rt></ruby><ruby>读<rt>dú</rt></ruby>"jiàn"<ruby>音<rt>yīn</rt></ruby><ruby>时<rt>shí</rt></ruby><ruby>的<rt>de</rt></ruby><ruby>意<rt>yì</rt></ruby><ruby>思<rt>sī</rt></ruby><ruby>进<rt>jìn</rt></ruby><ruby>行<rt>xíng</rt></ruby><ruby>记<rt>jì</rt></ruby><ruby>忆<rt>yì</rt></ruby>。

2.<ruby>素<rt>sù</rt></ruby>：<ruby>与<rt>yǔ</rt></ruby>"<ruby>树<rt>shù</rt></ruby>"<ruby>音<rt>yīn</rt></ruby><ruby>近<rt>jìn</rt></ruby>，<ruby>借<rt>jiè</rt></ruby><ruby>用<rt>yòng</rt></ruby>。

第二十章

<ruby>绝<rt>jué</rt></ruby><ruby>学<rt>xué</rt></ruby><ruby>无<rt>wú</rt></ruby><ruby>忧<rt>yōu</rt></ruby>。<ruby>唯<rt>wéi</rt></ruby><ruby>之<rt>zhī</rt></ruby><ruby>与<rt>yǔ</rt></ruby><ruby>阿<rt>ē</rt></ruby>，<ruby>相<rt>xiāng</rt></ruby><ruby>去<rt>qù</rt></ruby><ruby>几<rt>jǐ</rt></ruby><ruby>何<rt>hé</rt></ruby>？<ruby>美<rt>měi</rt></ruby><ruby>之<rt>zhī</rt></ruby><ruby>与<rt>yǔ</rt></ruby><ruby>恶<rt>è</rt></ruby>，<ruby>相<rt>xiāng</rt></ruby><ruby>去<rt>qù</rt></ruby><ruby>何<rt>hé</rt></ruby><ruby>若<rt>ruò</rt></ruby>？<ruby>人<rt>rén</rt></ruby><ruby>之<rt>zhī</rt></ruby><ruby>所<rt>suǒ</rt></ruby><ruby>畏<rt>wèi</rt></ruby>，<ruby>不<rt>bù</rt></ruby><ruby>可<rt>kě</rt></ruby><ruby>不<rt>bù</rt></ruby><ruby>畏<rt>wèi</rt></ruby>，<ruby>荒<rt>huāng</rt></ruby><ruby>兮<rt>xī</rt></ruby><ruby>其<rt>qí</rt></ruby><ruby>未<rt>wèi</rt></ruby><ruby>央<rt>yāng</rt></ruby><ruby>哉<rt>zāi</rt></ruby>。<ruby>众<rt>zhòng</rt></ruby><ruby>人<rt>rén</rt></ruby><ruby>熙<rt>xī</rt></ruby><ruby>熙<rt>xī</rt></ruby>，<ruby>如<rt>rú</rt></ruby><ruby>享<rt>xiǎng</rt></ruby><ruby>太<rt>tài</rt></ruby><ruby>牢<rt>láo</rt></ruby>，<ruby>如<rt>rú</rt></ruby><ruby>春<rt>chūn</rt></ruby><ruby>登<rt>dēng</rt></ruby><ruby>台<rt>tái</rt></ruby>。<ruby>我<rt>wǒ</rt></ruby><ruby>独<rt>dú</rt></ruby><ruby>泊<rt>bó</rt></ruby><ruby>兮<rt>xī</rt></ruby><ruby>其<rt>qí</rt></ruby><ruby>未<rt>wèi</rt></ruby><ruby>兆<rt>zhào</rt></ruby>，<ruby>沌<rt>dùn</rt></ruby><ruby>沌<rt>dùn</rt></ruby><ruby>兮<rt>xī</rt></ruby>，<ruby>如<rt>rú</rt></ruby><ruby>婴<rt>yīng</rt></ruby><ruby>儿<rt>ér</rt></ruby><ruby>之<rt>zhī</rt></ruby><ruby>未<rt>wèi</rt></ruby><ruby>孩<rt>hái</rt></ruby>；<ruby>傫<rt>lěi</rt></ruby><ruby>傫<rt>lěi</rt></ruby><ruby>兮<rt>xī</rt></ruby>，<ruby>若<rt>ruò</rt></ruby><ruby>无<rt>wú</rt></ruby><ruby>所<rt>suǒ</rt></ruby><ruby>归<rt>guī</rt></ruby>。<ruby>众<rt>zhòng</rt></ruby><ruby>人<rt>rén</rt></ruby><ruby>皆<rt>jiē</rt></ruby><ruby>有<rt>yǒu</rt></ruby><ruby>余<rt>yú</rt></ruby>，<ruby>而<rt>ér</rt></ruby><ruby>我<rt>wǒ</rt></ruby><ruby>独<rt>dú</rt></ruby><ruby>若<rt>ruò</rt></ruby><ruby>遗<rt>yí</rt></ruby>。<ruby>我<rt>wǒ</rt></ruby><ruby>愚<rt>yú</rt></ruby><ruby>人<rt>rén</rt></ruby><ruby>之<rt>zhī</rt></ruby><ruby>心<rt>xīn</rt></ruby><ruby>也<rt>yě</rt></ruby><ruby>哉<rt>zāi</rt></ruby>！<ruby>俗<rt>sú</rt></ruby><ruby>人<rt>rén</rt></ruby><ruby>昭<rt>zhāo</rt></ruby><ruby>昭<rt>zhāo</rt></ruby>，<ruby>我<rt>wǒ</rt></ruby><ruby>独<rt>dú</rt></ruby><ruby>昏<rt>hūn</rt></ruby><ruby>昏<rt>hūn</rt></ruby>；<ruby>俗<rt>sú</rt></ruby><ruby>人<rt>rén</rt></ruby><ruby>察<rt>chá</rt></ruby><ruby>察<rt>chá</rt></ruby>，<ruby>我<rt>wǒ</rt></ruby><ruby>独<rt>dú</rt></ruby><ruby>闷<rt>mèn</rt></ruby><ruby>闷<rt>mèn</rt></ruby>；<ruby>忽<rt>hū</rt></ruby><ruby>兮<rt>xī</rt></ruby><ruby>其<rt>qí</rt></ruby><ruby>若<rt>ruò</rt></ruby><ruby>海<rt>hǎi</rt></ruby>，<ruby>飘<rt>piāo</rt></ruby><ruby>兮<rt>xī</rt></ruby><ruby>其<rt>qí</rt></ruby><ruby>若<rt>ruò</rt></ruby><ruby>无<rt>wú</rt></ruby><ruby>所<rt>suǒ</rt></ruby><ruby>止<rt>zhǐ</rt></ruby>。<ruby>众<rt>zhòng</rt></ruby><ruby>人<rt>rén</rt></ruby><ruby>皆<rt>jiē</rt></ruby><ruby>有<rt>yǒu</rt></ruby><ruby>以<rt>yǐ</rt></ruby>，<ruby>而<rt>ér</rt></ruby><ruby>我<rt>wǒ</rt></ruby><ruby>独<rt>dú</rt></ruby><ruby>顽<rt>wán</rt></ruby><ruby>且<rt>qiě</rt></ruby><ruby>鄙<rt>bǐ</rt></ruby>。<ruby>我<rt>wǒ</rt></ruby><ruby>独<rt>dú</rt></ruby><ruby>异<rt>yì</rt></ruby><ruby>于<rt>yú</rt></ruby><ruby>人<rt>rén</rt></ruby>，<ruby>而<rt>ér</rt></ruby>

guì shí mǔ
贵食母。

◎本章记忆法：一包香烟二十支

bù xué chōu yān jiù bù yòng yōu lù zì jǐ huì shēng bìng jué xué wú yōu dàn shì yǒu rén
不学抽烟就不用忧虑自己会生病（绝学无忧）。但是，有人

chōu yān yě hěn cháng shòu duì yǔ cuò xiāng chā duō shǎo wéi zhī yǔ ē xiāng qù jǐ hé měi yǔ
抽烟也很长寿，对与错相差多少（唯之与阿，相去几何）？美与

chǒu è zhēn de chā bié hěn dà ma měi zhī yǔ è xiāng qù hé ruò rén jiā pà de shì wǒ bì xū
丑恶真的差别很大吗（美之与恶，相去何若）？人家怕的事我必须

yào pà xiǎng xiǎng dōu xīn huāng nǎ hái pà de wán rén zhī suǒ wèi bù kě bù wèi huāng xī qí wèi
要怕，想想都心慌，哪还怕得完（人之所畏，不可不畏，荒兮其未

yāng zāi nà xiē hěn zhòng de pàng zi xī xī rǎng rǎng máng yú chī mǎn hàn quán xí zhòng rén xī
央哉）。那些很重的胖子熙熙攘攘，忙于吃满汉全席（众人熙

xī rú xiǎng tài láo rú chūn tiān yóu wán dēng gāo rú chūn dēng tái hòu miàn jǐ jù kě yǐ
熙，如享太牢），如春天游玩登高（如春登台）。后面几句可以

xiān jì zhù yī tiáo chuán chuán shàng yǒu yī gè yīng ér yīng ér bàng biān yǒu yī tiáo gǒu wǒ xiàng yī
先记住一条船，船上有一个婴儿，婴儿旁边有一条狗。我像一

tiáo chuán bó zài shuǐ lǐ yī dòng bù dòng wǒ dú bó xī qí wèi zhào xiàng yī gè yīng ér hùn hùn dùn
条船泊在水里一动不动（我独泊兮其未兆），像一个婴儿混混沌

dùn hái bù huì xiào dùn dùn xī rú yīng ér zhī wèi hái lèi a lèi de xiàng yī tiáo sàng jiā quǎn
沌还不会笑（沌沌兮，如婴儿之未孩）；累啊，累得像一条丧家犬

wú suǒ guī lěi lěi xī ruò wú suǒ guī hěn zhòng de pàng zi men fù yù de hěn duō dōng xi dōu
无所归（傫傫兮，若无所归）。很重的胖子们富裕得很多东西都

shì duō yú de ér wǒ què qióng de tiān tiān xiàng yí shī le bǎo bèi zhòng rén jiē yǒu yú ér wǒ dú
是多余的，而我却穷得天天像遗失了宝贝（众人皆有余，而我独

ruò yí wǒ de xīn xiàng shǎ zi yī yàng wǒ yú rén zhī xīn yě zāi shú rén dōu nǎo dòng dà kāi
若遗）。我的心像傻子一样（我愚人之心也哉）！熟人都脑洞大开，

zhǐ yǒu wǒ hūn hūn chén chén sú rén zhāo zhāo wǒ dú hūn hūn shú rén dōu huān tiān xǐ dì bèng chā
只有我昏昏沉沉（俗人昭昭，我独昏昏）；熟人都欢天喜地，蹦嚓

chā tiào wǔ zhǐ yǒu wǒ mèn mèn bù lè sú rén chá chá wǒ dú mèn mèn hū rán xiàng dào le hǎi
嚓跳舞，只有我闷闷不乐（俗人察察，我独闷闷）。忽然像到了海

lǐ piāo lái piāo qù méi yǒu zhǐ jìng shàng bù liǎo àn hū xī qí ruò hǎi piāo xī qí ruò wú suǒ zhǐ
里，漂来漂去没有止境，上不了岸（忽兮其若海，飘兮其若无所止）。

hěn zhòng de pàng zi men dōu yǐ wéi zì jǐ shì chéng gōng rén shì ér wǒ dú dú wán gù ér qiě cū bǐ
很重的胖子们都以为自己是成功人士，而我独独顽固而且粗鄙

zhòng rén jiē yǒu yǐ ér wǒ dú wán qiě bǐ wǒ hé rén jiā bù yī yàng zhuān yè kěn lǎo wǒ dú
（众人皆有以，而我独顽且鄙）。我和人家不一样，专业啃老（我独

yì yú rén ér guì shí mǔ
异于人，而贵食母）。

◎**备注**

1. 众人^{zhòng rén}：想象^{xiǎng xiàng}成^{chéng}很重^{hěn zhòng}的胖子^{de pàng zi}。

1.众人：想象成很重的胖子。

2.泊：引用"门泊东吴万里船"，在本章中想象为"船"。

3.未孩：不会笑，婴儿刚出生时只会哭。

4.儽儽兮：有"累累如丧家之犬"之说，在本章中想象成一条丧家犬，一条很累的狗，无家可归。

5.俗人：与"熟人"音相近，借用。

第二十一章

孔德之容，惟道是从。道之为物，惟恍惟惚。惚兮恍兮，其中有象；恍兮惚兮，其中有物；窈兮冥兮，其中有精。其精甚真，其中有信。自古及今，其名不去，以阅众甫。吾何以知众甫之状哉？以此。

◎**本章记忆法：不管三七二十一**

世上什么最大？谁也说不清。所以，不管三七二十一，我就说德最大（孔德）。这个最大的德长啥样（孔德之容）？原来它是个跟在道后面的马屁精（惟道是从）。道是个什么东西（道之为物）？只有个恍恍惚惚的样子（惟恍惟惚）。我忽然晃了一下看到一头大象（惚兮恍兮，其中有象）；我又晃了一下，忽然间看到大象驮着东西（恍兮惚兮，其中有物）。原来大象背的是个瓶子，我摇一下抿一口（窈兮冥兮），里面真有精华（其中有精）。

jīng huá quán shì zhēn de　　nǐ wán quán kě yǐ xiāng xìn　　qí jīng shèn zhēn　　qí zhōng yǒu xìn　　rén
精华全是真的，你完全可以相信（其精甚真，其中有信）。人

jiā zhè pǐn pái　　cóng gǔ zhì jīn méi yǒu gǎi guò míng zì　　zì gǔ jí jīn　　qí míng bù qù　　jiù shì
家这品牌，从古至今没有改过名字（自古及今，其名不去），就是

yòng tā lái guàn chá suǒ yǒu qún zhòng gāng dé zhī zhè ge pǐn pái shí de fǎn yìng　　yǐ yuè zhòng fǔ　　wǒ
用它来观察所有群众刚得知这个品牌时的反应（以阅众甫）。我

zěn me zhī dào dà jiā kāi shǐ shí de fǎn yìng shì shén me yàng zi　　jiù shì yòng zhè ge bàn fǎ　　wú hé
怎么知道大家开始时的反应是什么样子？就是用这个办法（吾何

yǐ zhī zhòng fǔ zhī zhuàng zāi　　yǐ cǐ
以知众甫之状哉？以此）。

◎备注

kǒng　　dà de yì si
1.孔：大的意思。

fǔ　　gāng kāi shǐ de shí hou
2.甫：刚开始的时候。

～ 第二十二章 ～

qū zé quán　　wǎng zé zhí　　wā zé yíng　　bì zé xīn　　shǎo zé dé　　duō zé huò　　shì
曲则全，枉则直，洼则盈，敝则新，少则得，多则惑，是

yǐ shèng rén bào yī wéi tiān xià shì　　bù zì xiàn　　gù míng　　bù zì shì　　gù zhāng　　bù zì
以圣人抱一为天下式。不自见，故明；不自是，故彰；不自

fá　　gù yǒu gōng　　bù zì jīn　　gù zhǎng　　fú wéi bù zhēng　　gù tiān xià mò néng yǔ zhī zhēng
伐，故有功；不自矜，故长。夫惟不争，故天下莫能与之争。

gǔ zhī suǒ wèi　　qū zé quán　　zhě　　qǐ xū yán zāi　　chéng quán ér guī zhī
古之所谓"曲则全"者，岂虚言哉？诚全而归之。

◎本章记忆法：两只鹅

é bó zi wān qū cái shì huó de　　qū zé quán　　tā men huí jiā de lù shì qū zhé de　　wǎng
鹅脖子弯曲才是活的（曲则全），它们回家的路是曲折的（枉

zé zhí　　dàn tā men rèn dìng shì zhí de　　jiù diào jìn le shuǐ kēng lǐ　　shuǐ hěn mǎn　　wā zé yíng
则直），但它们认定是直的，就掉进了水坑里，水很满（洼则盈），

xīn dōng xi cóng shuǐ lǐ lāo chū lái hòu jiù biàn jiù le　　bì zé xīn　　cóng shuǐ zhōng lāo chū de dōng xi
新东西从水里捞出来后就变旧了（敝则新），从水中捞出的东西

bǐ diào jìn qù de shǎo shì zhèng cháng de　　shǎo zé dé　　duō le jiù yǒu yí huò　　duō zé huò　　suǒ
比掉进去的少是正常的（少则得），多了就有疑惑（多则惑），所

yǐ lǎo tóu zi rèn wéi zhǐ yào néng cóng shuǐ lǐ lāo chū yí gè　　jiù shì tiān xià de guī dìng mó shì　　shì yǐ
以老头子认为只要能从水里捞出一个就是天下的规定模式（是以

shèng rén bào yī wéi tiān xià shì　　　 yīn wèi bù zì wǒ biǎo xiàn　　　 suǒ yǐ shì cōng míng de　　　 bù zì xiàn
圣 人 抱 一 为 天 下 式）。因为 不 自我 表现，所以 是 聪明 的（不 自 见，

gù míng　　　 yīn wèi bù zì yǐ wéi shì　　　 suǒ yǐ shòu dào le biǎo zhāng　　　 bù zì shì　　　 gù zhāng　　　 yīn wèi
故 明）；因为 不 自以为 是，所以 受到 了 表彰（不 自是，故 彰）；因为

bù zì jǐ hú luàn kǎn fá　　　 suǒ yǐ néng chéng gōng　　　 bù zì fá　　　 gù yǒu gōng　　　 yīn wèi bù zì jǐ jīn
不 自己 胡乱 砍伐，所以 能 成功（不 自伐，故 有功）；因为 不 自己 斤

jīn jì jiào　　　 suǒ yǐ néng dāng shàng zhǎng guān　　　 bù zì jīn　　　 gù zhǎng　　　 zhǐ yào bù hé bié rén qù zhēng
斤 计较，所以 能 当上 长 官（不 自矜，故 长）。只要 不 和 别人 去 争，

tiān xià jiù méi rén néng yǔ nǐ zhēng　　　 fú wéi bù zhēng　　　 gù tiān xià mò néng yǔ zhī zhēng　　　 gǔ rén suǒ shuō
天 下 就 没 人 能 与 你 争（夫 惟 不 争，故 天 下 莫 能 与 之 争）。古人 所 说

de　　　 wān qū de cái shì huó de　　　 nán dào shì kōng huà　　　 gǔ zhī suǒ wèi　　　 qū zé quán zhě　　　 qǐ xū
的 "弯曲 的 才 是 活 的" 难道 是 空话（古 之 所谓 "曲 则 全" 者，岂 虚

yán zāi　　　 què shí quán bù rú cǐ　　　 chéng quán ér guī zhī
言 哉）？确实 全部 如此（诚 全 而 归 之）。

◎备注

kě yǐ xiǎng xiàng chéng liǎng zhī é
1.22：可以 想 象 成 两 只 鹅。

qū zé quán　　　 yì si shì wān qū cái néng huó　　　 suǒ yǒu de huó wù dōu shì wān qū de　　　 rú shù
2.曲 则 全：意思 是 弯曲 才 能 活。所有 的 活 物 都 是 弯曲 的，如 树

mù　　　 rén tǐ　　　 sǐ wù cái huì yǒu zhí de　　　 rú diàn xiàn gān　　　 zhuō miàn
木、人体，死 物 才 会 有 直 的，如 电线 杆、桌面。

jīn　　　 yǔ　　　 jīn　　　 tóng yīn　　　 jiè yòng
3.矜：与 "斤" 同音，借用。

⌘ 第二十三章 ⌘

xī yán zì rán　　　 piāo fēng bù zhōng zhāo　　　 zhòu yǔ bù zhōng rì　　　 shú wéi cǐ zhě　　　 tiān dì
希 言 自 然。飘 风 不 终 朝，骤 雨 不 终 日。孰 为 此 者？天 地。

tiān dì shàng bù néng jiǔ　　　 ér kuàng yú rén hū　　　 gù cóng shì yú dào zhě　　　 dào zhě tóng yú dào
天 地 尚 不 能 久，而 况 于 人 乎？故 从 事 于 道 者，道 者 同 于 道，

dé zhě tóng yú dé　　　 shī zhě tóng yú shī　　　 tóng yú dào zhě　　　 dào yì lè dé zhī　　　 tóng yú dé zhě
德 者 同 于 德，失 者 同 于 失。同 于 道 者，道 亦 乐 得 之；同 于 德 者，

dé yì lè dé zhī　　　 tóng yú shī zhě　　　 shī yì lè dé zhī　　　 xìn bù zú yān　　　 yǒu bù xìn yān
德 亦 乐 得 之，同 于 失 者，失 亦 乐 得 之。信 不 足 焉，有 不 信 焉。

◎本章记忆法：饿傻

è shǎ shì bù qí guài de　　　 duì yú tiān tiān chī xī fàn de rén lái shuō shì hěn zì rán de　　　 xī yán
饿 傻 是 不 奇怪 的，对于 天天 吃 稀饭 的 人 来 说 是 很 自然 的（希 言

zì rán   tiān tiān chī xī fàn   bào fēng guā bù liǎo yī gè shàng wǔ   piāo fēng bù zhōng zhāo   zhòu yǔ
自然）。天天吃稀饭，暴风刮不了一个上午（飘风不终朝），骤雨

xià bù liǎo yī tiān   zhòu yǔ bù zhōng rì   shuí néng zhè yàng   shú wéi cǐ zhě   tiān dì bei tiān
下不了一天（骤雨不终日）。谁能这样（孰为此者）？天地呗（天

dì   tiān dì tiān tiān chī xī fàn shàng qiě bù néng cháng jiǔ gàn huó   hé kuàng yú rén   tiān dì shàng
地）。天地天天吃稀饭尚且不能长久干活，何况于人（天地尚

bù néng jiǔ   ér kuàng yú rén hū   suǒ yǐ cóng shì xiū dào de rén   gù cóng shì yú dào zhě
不能久，而况于人乎）？所以从事修道的人（故从事于道者），

zuì pà   dào dé shī   dào dé shī   fēn bié shì hòu miàn jǐ jù de dì yī gè zì   jì zhù
最怕"道德失"。"道、德、失"，分别是后面几句的第一个字，记住

dì yī gè zì   jiù róng yì xiǎng qǐ zhěng jù   dào zhě tóng yú dào   dé zhě tóng yú dé   shī zhě tóng
第一个字，就容易想起整句（道者同于道，德者同于德，失者同

yú shī tóng yú dào zhě   dào yì lè dé zhī   tóng yú dé zhě   dé yì lè dé zhī   tóng yú shī zhě
于失。同于道者，道亦乐得之；同于德者，德亦乐得之；同于失者，

shī yì lè dé zhī   xìn bù zú yān   yǒu bù xìn yān   zhè yī jù   bǐ dì shí qī zhāng zhōng de
失亦乐得之）。"信不足焉，有不信焉"这一句，比第十七章中的

xìn bù zú yǒu bù xìn   duō liǎng gè   yān
"信不足有不信"多两个"焉"。

❧ 第二十四章 ❧

qǐ zhě bù lì   kuà zhě bù xíng   zì xiàn zhě bù míng   zì shì zhě bù zhāng   zì fá zhě
企者不立，跨者不行。自见者不明，自是者不彰，自伐者

wú gōng   zì jīn zhě bù zhǎng   qí zài dào yě   yuē yú shí zhuì xíng   wù huò wù zhī   gù yǒu
无功，自矜者不长。其在道也，曰余食赘行。物或恶之，故有

dào zhě bù chǔ
道者不处。

◎本章记忆法：企鹅饿死了

qǐ é kuài è sǐ le zhàn bù zhù   qǐ zhě bù lì   gèng bù huì kuà bù xíng zǒu   kuà zhě bù
企鹅快饿死了站不住（企者不立），更不会跨步行走（跨者不

xíng   jiē zhe sì jù yǔ dì èr shí èr zhāng sì jù duì yìng   yì yì xiāng fǎn   zì wǒ biǎo xiàn de rén
行）。接着四句与第二十二章四句对应，意义相反：自我表现的人

bù cōng míng   zì yǐ wéi shì de rén bù huì shòu dào biǎo zhāng   zì jǐ dōng kǎn xī fá de rén bù huì yǒu
不聪明，自以为是的人不会受到表彰，自己东砍西伐的人不会有

gōng láo   zì jǐ jīn jīn jì jiào de rén dāng bù liǎo zhǎng guān   zì xiàn zhě bù míng   zì shì zhě bù zhāng
功劳，自己斤斤计较的人当不了长官（自见者不明，自是者不彰，

zì fá zhě wú gōng   zì jīn zhě bù zhǎng   zhè sì zhǒng xíng wéi fā shēng zài lù shàng   qí zài dào yě
自伐者无功，自矜者不长）。这四种行为发生在路上（其在道也），

chēng wéi duō yú de shí wù   léi zhuì de xíng wéi   yuē yú shí zhuì xíng   wàn wù kě néng tǎo yàn tā men
称为多余的食物、累赘的行为（曰余食赘行）。万物可能讨厌它们

wù huò wù zhī　　　yīn cǐ　　xiū dào de rén bù huì hé tā menxiāngchǔ　　gù yǒu dào zhě bù chǔ
（物或恶之），因此，修道的人不会和它们相处（故有道者不处）。

～ 第二十五章 ～

yǒu wù hùn chéng　　xiān tiān dì shēng　　jì xī liáo xī　　dú lì ér bù gǎi　　zhōuxíng ér bù
有物混成，先天地生，寂兮寥兮，独立而不改，周行而不
dài　　kě yǐ wéi tiān xià mǔ　　wú bù zhī qí míng　　zì zhī yuē dào　　qiáng wéi zhī míng yuē dà
殆，可以为天下母。吾不知其名，字之曰道，强为之名曰大。
dà yuē shì　　shì yuē yuǎn　　yuǎn yuē fǎn　　gù dào dà　　tiān dà　　dì dà　　wáng yì dà　　yù
大曰逝，逝曰远，远曰反。故道大，天大，地大，王亦大。域
zhōng yǒu sì dà　　ér wáng jū qí yī yān　　rén fǎ dì　　dì fǎ tiān　　tiān fǎ dào　　dào fǎ
中有四大，而王居其一焉。人法地，地法天，天法道，道法
zì rán
自然。

◎本章记忆法：两把壶

liǎng bǎ hú hùn chéng yī gè dōng xi　　yǒu wù hùn chéng　　tiān dì shēng chéng qián jiù yǒu le
两把壶混成一个东西（有物混成），天地生成前就有了
xiān tiān dì shēng　　yǔ zhòu jiān dú cǐ yī wù dāng rán gǎn dào jì mò　　jì xī liáo xī　　dàn tā dú
（先天地生），宇宙间独此一物当然感到寂寞（寂兮寥兮），但它独
zì bǎo chí zhàn lì de zī shì bù gǎi biàn　　dú lì ér bù gǎi　　yī quān yòu yī quān pǎo bù ér bù xiè
自保持站立的姿势不改变（独立而不改），一圈又一圈跑步而不懈
dài　　zhōuxíng ér bù dài　　kě yǐ dāng tiān xià zhī mǔ　　kě yǐ wéi tiān xià mǔ　　wǒ bù zhī dào tā
怠（周行而不殆），可以当天下之母（可以为天下母）。我不知道它
jiào shén me míng zì　　zūn chēng tā de zì wéi dào　　wú bù zhī qí míng　　zì zhī yuē dào　　yě kě
叫什么名字，尊称它的字为道（吾不知其名，字之曰道），也可
miǎnqiǎng qǔ gè míng jiào dà　　qiáng wéi zhī míng yuē dà　　dà jiù yào shì qù　　dà yuē shì　　shì qù
勉强取个名叫大（强为之名曰大）。大就要逝去（大曰逝），逝去
jiù shì yuè lái yuè yuǎn　　shì yuē yuǎn　　yuǎn dào yī dìng de chéng dù jiù yào fǎn huí　　yuǎn yuē fǎn　　hòu
就是越来越远（逝曰远），远到一定的程度就要返回（远曰反）。后
miàn de sì gè　　dà　　jiā huo　　yī gè bǐ yī gè xiǎo pái liè　　dào　　tiān　　dì　　wáng　　gù dào
面的四个"大"家伙，一个比一个小排列，道、天、地、王（故道
dà　　tiān dà　　dì dà　　wáng yì dà　　yǔ zhòu lǐ yǒu sì gè dà jiā huo　　yù zhōng yǒu sì dà
大，天大，地大，王亦大）。宇宙里有四个大家伙（域中有四大），
wáng zhǐ néng suàn de shàng yī gè　　ér wáng jū qí yī yān　　hòu miàn sì jù　　shì xiǎo de xiào fǎ
王只能算得上一个（而王居其一焉）。后面四句，是小的效法
dà de　　tái jiē shì shàngshēng　　rén fǎ dì　　dì fǎ tiān　　tiān fǎ dào　　dào fǎ zì rán
大的，台阶式上升（人法地，地法天，天法道，道法自然）。

◎备注

　　字：孩子出生后父母所取，一般用于自称，含有自谦的意思；
名，长大成人后自己所取，对方用于尊称。

第二十六章

　　重为轻根，静为躁君。是以君子终日行不离辎重，虽有荣观，燕处超然。奈何万乘之主，而以身轻天下？轻则失本，躁则失君。

本章记忆法：把重、静两个留下

　　头重脚轻站不稳，重是轻的根（重为轻根），打仗时比较安静的人指挥别人冲锋陷阵（静为躁君）。所以，君子终日巡视各地都不离开防弹专车（是以君子终日行不离辎重），虽然有很美的景观（虽有荣观），但也像燕子只瞄一眼就飞走一样超然物外（燕处超然）。怎么大国之主把自己的身体看得比天下轻呢（奈何万乘之主，而以身轻天下）？轻就会失去根本（轻则失本），跑来跑去躁动，就像士兵一样冲来冲去，也就会失去做领导的资格（躁则失君）。

◎备注

1.躁：躁动。记忆时想象成跑来跑去。
2.辎重：运送粮草的车辆，记忆时想象成防弹车。

第二十七章

shàn xíng wú zhé jì　shàn yán wú xiá zhé　shàn shù bù yòng chóu cè　shàn bì wú guān jiàn ér
善行无辙迹，善言无瑕谪，善数不用筹策，善闭无关楗而

bù kě kāi　shàn jié wú shéng yuē ér bù kě jiě　shì yǐ shèng rén héng shàn jiù rén　gù rén wú
不可开，善结无绳约而不可解。是以圣人恒善救人，故人无

qì rén　héng shàn jiù wù　gù wù wú qì wù　shì wèi xí míng　gù shàn rén bù shàn rén zhī
弃人；恒善救物，故物无弃物，是谓袭明。故善人不善人之

shī　bù shàn rén shàn rén zhī zī　bù guì qí shī　bù ài qí zī　suī zhì dà mí　shì wèi
师，不善人善人之资。不贵其师，不爱其资，虽智大迷，是谓

yào miào
要妙。

◎本章记忆法：两架飞机

liǎng jià fēi jī shàng quán shì　sì hǎo xué shēng　tǐ yù hǎo　shàn cháng pǎo bù　jiǎo bù diǎn
两架飞机上全是"四好学生"：体育好，擅长跑步，脚不点

dì　suǒ yǐ méi yǒu hén jì　shàn xíng wú zhé jì　yǔ wén hǎo　shàn cháng yǔ rén biàn lùn　méi
地，所以没有痕迹（善行无辙迹）；语文好，擅长与人辩论，没

yǒu xiá cī　shàn yán wú xiá zhé　shù xué hǎo　shàn cháng jì suàn bù xū yòng jì suàn qì　shàn shù
有瑕疵（善言无瑕谪）；数学好，擅长计算不需用计算器（善数

bù yòng chóu cè　shǒu gōng hǎo　shàn cháng zuò mén　guān zhù hòu bù yòng mén shuān bié rén dǎ bù kāi
不用筹策）；手工好，擅长做门，关住后不用门栓别人打不开

shàn bì wú guān jiàn ér bù kě kāi　shàn cháng dǎ jié　bù yòng shéng zi kǔn zā bié rén jiě bù kāi
（善闭无关楗而不可开）；擅长打结，不用绳子捆扎别人解不开

shàn jié wú shéng yuē ér bù kě jiě　suǒ yǐ lǎo tóu zi yǒng yuǎn shàn yú jiù jì bié rén　suǒ yǐ méi
（善结无绳约而不可解）。所以老头子永远善于救济别人，所以没

yǒu rén huì yí qì rén　shì yǐ shèng rén héng shàn jiù rén　gù rén wú qì rén　yǒng yuǎn shàn yú jiù
有人会遗弃人（是以圣人恒善救人，故人无弃人）；永远善于救

zhù dòng wù　suǒ yǐ dòng wù zhōng yě méi yǒu bèi yí qì de dòng wù　héng shàn jiù wù　gù wù wú qì
助动物，所以动物中也没有被遗弃的动物（恒善救物，故物无弃

wù　zhè qí shí bù suàn shén me　zhǐ shì chāo xí le yī xià bié rén de xiǎo cōng ming ér yǐ　shì
物）。这其实不算什么，只是抄袭了一下别人的小聪明而已（是

wèi xí míng　suǒ yǐ　hǎo rén shì huài rén de shī fu　huài rén shì hǎo rén de jìng zi　gù shàn rén bù
谓袭明）。所以，好人是坏人的师父，坏人是好人的镜子（故善人不

shàn rén zhī shī　bù shàn rén shàn rén zhī zī　bù zhēn xī lǎo shī　bù ài xī jìng zi　bù guì qí
善人之师；不善人善人之资）。不珍惜老师，不爱惜镜子（不贵其

shī　bù ài qí zī　suī rán kàn qǐ lái hěn cōng ming　qí shí shì gè hú tu dàn　suī zhì dà mí
师，不爱其资），虽然看起来很聪明，其实是个糊涂蛋（虽智大迷），

zhè shì hěn zhòng yào de ào miào　shì wèi yào miào
这是很重要的奥妙（是谓要妙）。

◎**备注**

1.筹策：老子时代的计算工具，记忆时想象成计算器。

2.资：借鉴，记忆时想象成照镜子。

第二十八章

知其雄，守其雌，为天下溪。为天下溪，恒德不离，复归于婴儿。知其荣，守其辱，为天下谷。为天下谷，恒德乃足，复归于朴。知其白，守其黑，为天下式。为天下式，恒德不忒，复归于无极。朴散则为器，圣人用之则为官长。故大制无割。

◎**本章记忆法：二八十六**

十六岁的少男少女，知男女有别，男生为雄，女生为雌。

本章皆是重复句型，可以分为三组，每组第一短句为"三知三守"（知其雄，守其雌；知其荣，守其辱；知其白，守其黑）。这一句可以这样记：先是男生排在前面，女生排在后面；后来，改变队形，光荣受表扬的在前面，失败了受到屈辱的在后面；最后，皮肤白的女生排到前面，皮肤黑的男生在后面。第二句可记作天下的溪流和山谷的形式是一样的（为天下溪，为天下谷，为天下式）。该句重复一遍为第三短句。第四句记作永恒的德不会离 充足特别远（恒德不离，恒德乃足，恒德不忒）。第五短句记作回到婴儿时代扑着睡，因为尿不急（复归于婴儿，复归于朴，复归于无极）。

dà mù tou gē liè chéng yī kuài kuài xiǎo mù tou jiù néng zuò chéng qì jù pǔ sàn zé wéi qì lǎo tóu
大木头割裂成一块块小木头就能做成器具（朴散则为器），老头

zi shǐ yòng tā jiù chéng le guǎn lǐ tā men de guān zhǎng shèng rén yòng zhī zé wéi guān zhǎng suǒ yǐ
子使用它就成了管理它们的官长（圣人用之则为官长）。所以，

dà zhì zuò bù fēn gē dà mù tou gù dà zhì wú gē
大制作不分割大木头（故大制无割）。

◎备注

fù guī yú pǔ pǔ yǔ pū tóng yīn bù tóng diào jiè yòng
1．复归于朴："朴"与"扑"同音不同调，借用。

pǔ sàn zé wéi qì pǔ shì yuán cái liào kě yǐ xiǎng xiàng chéng dà mù tou
2．朴散则为器："朴"是原材料，可以想象成大木头。

〜 第二十九章 〜

jiāng yù qǔ tiān xià ér wéi zhī wú jiàn qí bù dé yǐ tiān xià shén qì bù kě wéi
将欲取天下而为之，吾见其不得已。天下神器，不可为

yě wéi zhě bài zhī zhí zhě shī zhī gù wù huò xíng huò suí huò xǔ huò chuī huò qiáng huò
也。为者败之，执者失之。故物或行或随，或呴或吹，或强或

léi huò zài huò huī shì yǐ shèng rén qù shèn qù shē qù tài
羸，或载或隳。是以圣人去甚，去奢，去泰。

◎本章记忆法：爱酒

lǎo tóu zi ài hē jiǔ bù xiǎng zhì guó rèn wéi yào ná tiān xià lái zhì lǐ yī xià yù jiàn dào
老头子爱喝酒，不想治国，认为要拿天下来治理一下，预见到

shì bù kě néng de jiāng yù qǔ tiān xià ér wéi zhī wú jiàn qí bù dé yǐ tiān xià shì gè hěn dà de
是不可能的（将欲取天下而为之，吾见其不得已）。天下是个很大的

shén qì méi fǎ zhì lǐ tiān xià shén qì bù kě wéi yě zhì lǐ guó jiā de bì jiāng shī bài
神器，没法治理（天下神器，不可为也）。治理国家的必将失败，

zhuā zhù guó jiā zhè ge shén qì de bì dìng shī qù wéi zhě bài zhī zhí zhě shī zhī suǒ yǐ wàn wù
抓住国家这个神器的必定失去（为者败之，执者失之）。所以万物

dōu shì zì yóu fā zhǎn de hòu miàn sì jù kě yǐ xiǎng xiàng chéng yī gè rén qí zài dà xiàng shàng
都是自由发展的，后面四句，可以想象成一个人骑在大象上，

hòu miàn gēn zhe fǎn yì cí dà xiàng zǒu lù yǒu yǐng zi xiāng suí gù wù huò xíng huò suí yǒu de
后面跟着反义词：大象走路有影子相随（故物或行或随）；有的

xǐ huān rè rú dà xiàng yǒu de xǐ huān lěng rú qǐ é huò xǔ huò chuī yǒu de xiàng dà xiàng yī
喜欢热如大象，有的喜欢冷如企鹅（或呴或吹）；有的像大象一

yàng qiáng zhuàng yǒu de xiàng mǎ yǐ yī yàng róu ruò huò qiáng huò léi yǒu de xiàng qí zài dà xiàng
样强壮，有的像蚂蚁一样柔弱（或强或羸）；有的像骑在大象

shàng zài gāo chù　　yǒu de xiàng qiū yǐn zài dī chù　　huò zài huò huī　　dà jiā dōu yí rán zì dé　　suǒ
上 在高处，有的像蚯蚓在低处（或载或隳）。大家都怡然自得，所

yǐ lǎo tóu zi gèng bù xiǎng guǎn shì le　　juān diào yí gè shèn　mài guāng shē chǐ pǐn　　qù tài guó lǚ yóu
以老头子更不想管事了，捐掉一个肾，卖光奢侈品，去泰国旅游

shì yǐ shèng rén qù shèn　　qù shē　　qù tài
（是以圣人去甚，去奢，去泰）。

◎备注

xǔ　　hū qì　　hū chū de qì shì rè de　　xiǎng xiàng chéng xǐ huān rè de　　jí dà xiàng
1.呴：呼气，呼出的气是热的，想象 成喜欢热的，即大象；

chuī　　chuī lái de fēng shì lěng de　　xiǎng xiàng chéng xǐ huān hán lěng de qǐ é
吹，吹来的风是冷的，想象 成喜欢寒冷的企鹅。

zài　　zhuāng zài chē shàng xiǎng xiàng chéng qí zài dà xiàng shēn shàng　　huī　　huī huài　　jiù shì dǎo
2.载：装在车上，想象 成骑在大象身上；隳，毁坏，就是倒

tā zài dì shàng xiǎng xiàng chéng qiū yǐn
塌在地上，想象 成 蚯蚓。

〜 第三十章 〜

yǐ dào zuǒ rén zhǔ zhě　　bù yǐ bīng qiáng tiān xià　　qí shì hǎo huán　　shī zhī suǒ chǔ　　jīng
以道佐人主者，不以兵强天下。其事好还。师之所处，荆

jí shēng yān　　shàn yǒu guǒ ér yǐ　　bù yǐ qǔ qiáng　　guǒ ér wù jīn　　guǒ ér wù fá　　guǒ
棘生焉。善有果而已，不以取强。果而勿矜，果而勿伐，果

ér wù jiāo　　guǒ ér bù dé yǐ　　guǒ ér wù qiáng　　wù zhuàng zé lǎo　　shì wèi bù dào　　bù
而勿骄，果而不得已，果而勿强。物 壮 则老，是谓不道，不

dào zǎo yǐ
道早已。

◎本章记忆法：三十而立

sān shí suì de nián qīng rén yào jiàn gōng lì yè　　jiù yào zuò yī gè yòng dào xié zhù yī guó zhī zhǔ zhì
三十岁的年轻人要建功立业，就要做一个用道协助一国之主治

guó de rén　　yǐ dào zuǒ rén zhǔ zhě　　bù yǐ wǔ lì chēng bà tiān xià　　bù yǐ bīng qiáng tiān xià
国的人（以道佐人主者），不以武力称霸天下（不以兵强天下）。

chū lái hún zǒng shì yào huán de　　　yīn cǐ　　yǐ wǔ lì chēng bà tiān xià de hòu guǒ rén jiā chí zǎo huì huán
出来混总是要还的，因此，以武力称霸天下的后果人家迟早会还

huí lái de　　qí shì hǎo huán　　shī bù de zhù zhā dì　　jīng jí cóng shēng　shī zhī suǒ chǔ　　jīng jí
回来的（其事好还）。师部的驻扎地，荆棘丛生（师之所处，荆棘

shēng yān　　shàn yú jiàn shè bù duì de rén　　tā zhǐ yào dá dào néng dǎ shèng zhàng de jié guǒ ér yǐ
生 焉）。善于建设部队的人，他只要达到能打胜 仗的结果而已，

bù huì yǐ cǐ chěng qiáng ér chēng bà tiān xià　shàn yǒu guǒ ér yǐ　bù yǐ qǔ qiáng　yīn cǐ　yǒu
不会以此逞 强 而称 霸天下（善有果而已，不以取强）。因此，有

le chéng guǒ bù yào jīn jīn jì jiào　guǒ ér wù jīn　yǒu chéng guǒ bù yào hú luàn kǎn fá　guǒ ér wù
了成 果不要斤斤计较（果而勿矜），有成 果不要胡乱砍伐（果而勿

fá　yǒu chéng guǒ bù yào jiāo ào　guǒ ér wù jiāo　chéng guǒ bù dé yǐ kòng zhì bù zhù　chū hū
伐），有成 果不要骄傲（果而勿骄）。成 果不得已控制不住，出乎

yì liào de qiáng dà　bù yào dào chù chěng qiáng　guǒ ér bù dé yǐ　guǒ ér wù qiáng　wàn wù qiáng
意料的强大，不要到处逞 强（果而不得已，果而勿强）。万 物 强

zhuàng zhī hòu jiù kāi shǐ shuāi lǎo le　wù zhuàng zé lǎo　jiù bù hé dào le　shì wèi bù dào
壮 之后就开始衰老了（物 壮 则老），就不合道了（是谓不道），

bù hé dào jiù huì zǎo zǎo mièwáng　bù dào zǎo yǐ
不合道就会早早灭亡（不道早已）。

第三十一章

fú jiā bīng zhě　bù xiáng zhī qì　wù huò wù zhī　gù yǒu dào zhě bù chǔ　jūn zǐ jū
夫佳兵者，不祥之器。物或恶之，故有道者不处。君子居

zé guì zuǒ　yòng bīng zé guì yòu　bīng zhě bù xiáng zhī qì　fēi jūn zǐ zhī qì　bù dé yǐ
则贵左，用兵则贵右。兵者不祥之器，非君子之器，不得已

ér yòng zhī　tián dàn wéi shàng shèng ér bù měi　ér měi zhī zhě shì lè shā rén　fú lè shā rén
而用之，恬淡为上。胜而不美，而美之者是乐杀人。夫乐杀人

zhě　zé bù kě yǐ dé zhì yú tiān xià yǐ　jí shì shàng zuǒ　xiōng shì shàng yòu　piān jiāng jūn
者，则不可以得志于天下矣。吉事尚左，凶事尚右。偏将军

jū zuǒ　shàng jiāng jūn jū yòu　yán yǐ sāng lǐ chǔ zhī　shā rén zhī zhòng　yǐ bēi āi lì zhī
居左，上将军居右，言以丧礼处之。杀人之众，以悲哀莅之，

zhàn shèng yǐ sāng lǐ chǔ zhī
战胜以丧礼处之。

◎**本章记忆法：杀一人**

zhàng fu suī shì zuì hǎo de shì bīng　dàn shì gè bù jí xiáng de qì jù　fú jiā bīng zhě　bù
丈 夫虽是最好的士兵，但是个不吉祥的器具（夫佳兵者，不

xiáng zhī qì　wàn wù kě néng dōu tǎo yàn tā　xiū dào de rén bù huì hé tā xiāng chǔ　wù huò wù
祥之器）。万物可能都讨厌他，修道的人不会和他相处（物或恶

zhī　gù yǒu dào zhě bù chǔ　zhèng rén jūn zǐ rì cháng jū jiā yǐ zuǒ wéi zūn guì　chū mén zhǐ huī zuò
之，故有道者不处）。正人君子日常居家以左为尊贵，出门指挥作

zhàn cái yǐ yòu wéi zūn guì　jūn zǐ jū zé guì zuǒ　yòng bīng zé guì yòu　zhàng fu dāng le bīng　jiù
战才以右为尊贵（君子居则贵左，用兵则贵右）。丈夫当了兵，就

shì bù jí xiáng de qì jù　bīng zhě bù xiáng zhī qì　bù shì jūn zǐ xǐ huān yòng de qì jù　méi bàn
是不吉祥的器具（兵者不祥之器），不是君子喜欢用的器具，没办

fǎ shí cái yòng yī xià　fēi jūn zǐ zhī qì　bù dé yǐ ér yòng zhī　ná tā zhuāng diǎn tián de dàn
法时才用一下（非君子之器，不得已而用之），拿它 装 点甜的淡

de dōng xi suàn shì shàng hǎo de　　tián dàn wéi shàng　　dǎ zhàng shì bù dé yǐ de shì　　dǎ le shèng
的 东 西 算 是 上 好 的（恬 淡 为 上）。打 仗 是 不 得 已 的 事，打 了 胜

zhàng xīn lǐ bù yào měi zī zī de　　xīn lǐ měi zī zī de rén jiù shì xǐ huān shā rén　　shèng ér bù měi
仗，心 里 不 要 美 滋 滋 的，心 里 美 滋 滋 的 人 就 是 喜 欢 杀 人（胜 而 不 美

ér měi zhī zhě shì lè shā rén　　zhàng fu rú guǒ shì gè xǐ huān shā rén de rén　　zé bù kě yǐ ràng tā
而 美 之 者 是 乐 杀 人）。丈 夫 如 果 是 个 喜 欢 杀 人 的 人，则 不 可 以 让 他

tǒng zhì tiān xià　　fú lè shā rén zhě　　zé bù kě yǐ dé zhì yú tiān xià yǐ　　bàn jí lì shì yǐ zuǒ wéi
统 治 天 下（夫 乐 杀 人 者，则 不 可 以 得 志 于 天 下 矣）。办 吉 利 事 以 左 为

zūn　　bàn xiōng xiǎn shì yǐ yòu wéi zūn　　jí shì shàng zuǒ　xiōng shì shàng yòu　　fù jiāng jūn zhàn zài zuǒ
尊，办 凶 险 事 以 右 为 尊（吉 事 尚 左，凶 事 尚 右）。副 将 军 站 在 左

biān　　zhǔ jiāng jūn zhàn zài yòu biān　　piān jiāng jūn jū zuǒ　shàng jiāng jūn jū yòu　　zhè shì shuō bù duì
边，主 将 军 站 在 右 边（偏 将 军 居 左，上 将 军 居 右），这 是 说 部 队

de lǐ yí rú tóng bàn sāng lǐ yī yàng　　yán yǐ sāng lǐ chǔ zhī　　shā le hěn duō dí rén　　yǐ bēi āi
的 礼 仪 如 同 办 丧 礼 一 样（言 以 丧 礼 处 之）。杀 了 很 多 敌 人，以 悲 哀

de xīn qíng dào dá zhàn chǎng guān kàn zhàn guǒ　　shā rén zhī zhòng　yǐ bēi āi lì zhī　　zhè jiù shì shuō
的 心 情 到 达 战 场 观 看 战 果（杀 人 之 众，以 悲 哀 莅 之），这 就 是 说，

qìng zhù shèng lì yào xiàng bàn sāng shì yī yàng　　zhàn shèng yǐ sāng lǐ chǔ zhī
庆 祝 胜 利 要 像 办 丧 事 一 样（战 胜 以 丧 礼 处 之）。

❦ 第三十二章 ❦

dào héng wú míng　　pǔ　suī xiǎo　tiān xià mò néng chén　hóu wáng ruò néng shǒu zhī　　wàn
道 恒 无 名。朴，虽 小，天 下 莫 能 臣。侯 王 若 能 守 之，万

wù jiāng zì bīn　tiān dì xiāng hé　　yǐ jiàng gān lù　　mín mò zhī lìng ér zì jūn　　shǐ zhì yǒu
物 将 自 宾。天 地 相 合，以 降 甘 露，民 莫 之 令 而 自 均。始 制 有

míng　míng yì jì yǒu　fú yì jiāng zhī zhǐ　　zhī zhǐ kě yǐ bù dài　　pì dào zhī zài tiān xià，
名，名 亦 既 有，夫 亦 将 知 止。知 止 可 以 不 殆。譬 道 之 在 天 下，

yóu chuān gǔ zhī yǔ jiāng hǎi
犹 川 谷 之 与 江 海。

◎本章记忆法：傻儿

shǎ ér zi cái huì shuō dào yǒng yuǎn méi yǒu míng qì　　dào héng wú míng　　nà shì yīn wèi tā lǎo shì
傻 儿 子 才 会 说 道 永 远 没 有 名 气（道 恒 无 名）。那 是 因 为 它 老 是

pū zài nàr　　pǔ　　ér qiě hěn xiǎo　suī xiǎo　　tiān xià méi yǒu huáng dì néng ràng tā qù dāng chén
扑 在 那 儿（朴），而 且 很 小（虽 小），天 下 没 有 皇 帝 能 让 他 去 当 臣

zǐ　tiān xià mò néng chén　　fǎn guò lái　　hóu wáng rú néng tiān tiān shǒu zài tā de jiā lǐ pāi mǎ pì
子（天 下 莫 能 臣）。反 过 来，侯 王 如 能 天 天 守 在 他 的 家 里 拍 马 屁，

wàn wù jiù huì zì jué chéng wéi bīn kè lái bài jiàn　　hóu wáng ruò néng shǒu zhī　　wàn wù jiāng zì bīn
万 物 就 会 自 觉 成 为 宾 客 来 拜 见（侯 王 若 能 守 之，万 物 将 自 宾）。

tiān dì xiāng pèi hé cái huì jiàng xià gān lù　　rén mín bù xū fā bù mìng lìng tā zì jǐ huì jiàng de hěn jūn
天 地 相 配 合 才 会 降 下 甘 露，人 民 不 需 发 布 命 令 它 自 己 会 降 得 很 均

yún tiān dì xiāng hé yǐ jiàng gān lù mín mò zhī lìng ér zì jūn dào zhè me lì hai shì bù
匀（天地相合，以降甘露，民莫之令而自均）。道这么厉害，是不

shì yīng gāi hěn yǒu míng qì dào què shí kāi shǐ zhì zào chū yī diǎn míng qì le shǐ zhì yǒu míng yǒu
是应该很有名气？道确实开始制造出一点名气了（始制有名），有

le míng qì zhī hòu jiù yào zhī dào zhù yì zì jǐ de jǔ zhǐ míng yì jì yǒu fú yì jiāng zhī zhǐ
了名气之后，就要知道注意自己的举止（名亦既有，夫亦将知止）。

zhī dào zhù yì zì jǐ de jǔ zhǐ kě yǐ bù shī bài zhī zhǐ kě yǐ bù dài zhè yàng de chéng gōng zhī
知道注意自己的举止可以不失败（知止可以不殆）。这样的成功之

lù jiù xiàng kāi pì le yī tiáo dào lù zài tiān xià pì dào zhī zài tiān xià bǎ shān chuān shuǐ gǔ yǔ
路就像开辟了一条道路在天下（譬道之在天下），把山川水谷与

jiāng hǎi lián jiē qǐ lái mián mián bù jué yóu chuān gǔ zhī yú jiāng hǎi
江海连接起来，绵绵不绝（犹川谷之于江海）。

第三十三章

zhī rén zhě zhì zì zhī zhě míng shèng rén zhě yǒu lì zì shèng zhě qiáng zhī zú zhě
知人者智，自知者明。胜人者有力，自胜者强。知足者

fù qiáng xíng zhě yǒu zhì bù shī qí suǒ zhě jiǔ sǐ ér bù wáng zhě shòu
富。强行者有志。不失其所者久。死而不亡者寿。

◎本章记忆法：两座山

yī zuò shān shàng shì zì jǐ yī zuò shān shàng shì dí rén zhī dào dí rén xiǎng gàn shén me shì
一座山上是自己，一座山上是敌人。知道敌人想干什么是

yǒu zhì huì de zhī rén zhě zhì zhī dào zì jǐ gāi gàn shén me cái shì míng bái rén yě jiù shì xiǎng
有智慧的（知人者智），知道自己该干什么才是明白人，也就是 想

dào le rú hé duì fu dí rén zì zhī zhě míng néng gòu zhàn shèng dí rén biǎo shì yǒu lì liàng shèng rén
到了如何对付敌人（自知者明）。能够战胜敌人表示有力量（胜人

zhě yǒu lì bù duàn chāo yuè zì jǐ cái chēng de shàng zhēn zhèng qiáng dà zì shèng zhě qiáng zhī
者有力），不断超越自己才称得上真正强大（自胜者强）。知

zú de rén jué de zì jǐ fù yǒu zhī zú zhě fù qiáng xíng zhēng qiǎng dí rén shān tóu de rén yǒu zhì qì
足的人觉得自己富有（知足者富），强行争抢敌人山头的人有志气

qiáng xíng zhě yǒu zhì bù zhǔ dòng diū qì zì jǐ de shān tóu kě yǐ cháng jiǔ dāi zhe bù shī qí suǒ
（强行者有志）；不主动丢弃自己的山头可以长久待着（不失其所

zhě jiǔ sǐ le hái bù miè wáng cái suàn cháng shòu sǐ ér bù wáng zhě shòu
者久），死了还不灭亡才算长寿（死而不亡者寿）。

第三十四章

dà dào fàn xī qí kě zuǒ yòu wàn wù shì zhī yǐ shēng ér bù cí gōng chéng ér bù
大道泛兮，其可左右。万物恃之以生而不辞，功成而不
yǒu yī yǎng wàn wù ér bù wéi zhǔ héng wú yù kě míng yú xiǎo wàn wù guī yān ér bù wéi
有，衣养万物而不为主。恒无欲，可名于小；万物归焉而不为
zhǔ kě míng wéi dà yǐ qí zhōng bù zì wéi dà gù néng chéng qí dà
主，可名为大。以其终不自为大，故能成其大。

◎本章记忆法：山死了

shān sǐ le hóng shuǐ chōng le chū lái dà dào shàng hóng shuǐ fàn làn dà dào fàn xī tā
山死了，洪水冲了出来，大道上洪水泛滥（大道泛兮），它
kě wǎng zuǒ yě kě wǎng yòu qí kě zuǒ yòu wàn wù yī kào hóng shuǐ ér shēng cún tā yě bù
可往左，也可往右（其可左右）。万物依靠洪水而生存，它也不
tuī cí wàn wù shì zhī yǐ shēng ér bù cí wàn wù zhǎng dà zhī hòu bù zài míng yì shàng zhàn
推辞（万物恃之以生而不辞），万物长大之后，不在名义上占
wéi jǐ yǒu gōng chéng ér bù míng yǒu gěi wàn wù yī fu chuānyǎng dà tā men ér bù zuò tā men de
为己有（功成而不名有）。给万物衣服穿养大它们而不做它们的
lǎo dà yī yǎng wàn wù ér bù wéi zhǔ yǒngyuǎn méi yǒu yù wàng kě yǐ qǔ míng wéi xiǎo héng wú
老大（衣养万物而不为主），永远没有欲望，可以取名为小（恒无
yù kě míng yú xiǎo wàn wù guī fù ér tuī jǔ tā dāng lǎo dà hái shi bù dāng wàn wù guī yān ér
欲，可名于小），万物归附而推举它当老大还是不当（万物归焉而
bù wéi zhǔ yuán lái tā de zhì xiàng tài yuǎn dà le kě yǐ qǔ míng wéi dà kě míng wéi dà
不为主），原来它的志向太远大了，可以取名为大（可名为大）。
yīn wèi tā zǒng shì bù zì yǐ wéi shì lǎo dà suǒ yǐ néng chéng jiù tā de wěi dà yǐ qí zhōng bù zì
因为它总是不自以为是老大，所以能成就它的伟大（以其终不自
wéi dà gù néng chéng qí dà
为大，故能成其大）。

◎备注

yī yǎng wàn wù ér bù wéi zhǔ hé wàn wù guī yān ér bù wéi zhǔ yǒu xiāng sì chù yě
"衣养万物而不为主"和"万物归焉而不为主"有相似处，也
yǒu qū bié qū bié zài yú qián yī jù shì shuō bù zhǔ dòng dāng lǎo dà hòu yī jù shì shuō yě bù bèi
有区别。区别在于前一句是说不主动当老大；后一句是说也不被
dòng dāng lǎo dà jí shǐ dà jiā dōu tuī jǔ tā dāng lǎo dà yě bù dāng
动当老大，即使大家都推举它当老大，也不当。

～ 第三十五章 ～

zhí dà xiàng   tiān xià wǎng   wǎng ér bù hài   ān píng tài   yuè yǔ ěr   guò kè zhǐ   dào
执大象，天下往。往而不害，安平泰。乐与饵，过客止。道
zhī chū kǒu   dàn hū qí wú wèi   shì zhī bù zú jiàn tīng zhī bù zú wén   yòng zhī bù zú jì
之出口，淡乎其无味，视之不足见，听之不足闻，用之不足既。

◎**本章记忆法：山中有头大象**

shǒu zhí dà xiàng de bí zi   wǎng tiān xià xíng zǒu   zhí dà xiàng tiān xià wǎng   dà xiàng bù lùn
手执大象的鼻子，往天下行走（执大象，天下往）。大象不论
qiánwǎng hé chù dōu shì wú hài de wǎng ér bù hài   zài ān quán píng ān de tài guó zuì shòuhuān yíng
前往何处都是无害的（往而不害），在安全、平安的泰国最受欢迎
ān píng tài   nà lǐ dào chù shì yīn yuè hé yòu ěr yī yàng de měi shí   bǎ guòwǎng de kè rén xī
（安平泰）。那里到处是音乐和诱饵一样的美食，把过往的客人吸
yǐn zhù le   yuè yǔ ěr   guò kè zhǐ   dà jiā chī chī hē hē tīngtīng yīn yuè   yī dào dào cài shuō
引住了（乐与饵，过客止）。大家吃吃喝喝，听听音乐。一道道菜说
chū kǒu lái jiù shì dàn de méi yǒu wèi   dào zhī chū kǒu   dàn hū qí wú wèi   zhè xiē cài   kàn yòu kàn
出口来就是淡得没有味（道之出口，淡乎其无味）。这些菜，看又看
bù jiàn   tīng yòu tīng bù jiàn   chī qǐ lái dào shì chī bù wán   shì zhī bù zú jiàn tīng zhī bù zú wén
不见，听又听不见，吃起来倒是吃不完（视之不足见，听之不足闻，
yòng zhī bù zú jì
用之不足既）。

◎**备注**

xiǎngxiàngchéngxiàng bí
5：想象成象鼻。

～ 第三十六章 ～

jiāng yù xī zhī   bì gù zhāng zhī   jiāng yù ruò zhī   bì gù qiáng zhī   jiāng yù fèi zhī
将欲歙之，必固张之；将欲弱之，必固强之；将欲废之，
bì gù xīng zhī   jiāng yù qǔ zhī   bì gù yǔ zhī   shì wèi wēi míng   róu ruò shèng gāngqiáng
必固兴之；将欲取之，必固与之。是谓微明。柔弱胜刚强。
yú bù kě tuō yú yuān   guó zhī lì qì bù kě yǐ shì rén
鱼不可脱于渊。国之利器不可以示人。

◎本章记忆法：三十六计

　　三十六计中有一计是"欲擒故纵"，本章前四句都是这样的句型。记忆本章时，可以先记住本章有花、树苗、鱼和原子弹四样东西。前四句全与花有关。花儿在收束成一团前必定是开放的（将欲歙之，必固张之）；花儿在衰弱之始必定是强盛的（将欲弱之，必固强之）；花儿在凋谢前必定是兴旺的（将欲废之，必固兴之）；从别人手中取得鲜花之前必须要付钱（将欲取之，必固与之）。这就是一点小聪明（是谓微明）。柔弱的小树苗比参天大树有生命力，因为万物强盛之后就走向死亡（柔弱胜刚强）。鱼儿不可脱离水（鱼不可脱于渊）。国家最厉害的武器原子弹不可以出示给人看（国之利器不可以示人）。

◎备注

　　歙：闭。

❧ 第三十七章 ❧

　　道恒无为而无不为。侯王若能守之，万物将自化。化而欲作，吾将镇之以无名之朴。无名之朴，夫将不欲。不欲以静，天下将自正。

◎本章记忆法：三七是一种药

　　三七这种药像道，看起来永远没啥作用，实际上可以包治

百病（道恒无为而无不为）。猴王孙悟空若能守在它的家里拍马
屁（侯王若能守之），万物都会变化，哪里只会七十二变（万物
将自化）。孙悟空学会变化之后就会捣乱（化而欲作），我就压上
一棵无名的大树（吾将镇之以无名之朴）。无名的大树一压上
去，猴王就不会有什么欲望了（无名之朴，夫将不欲）。猴王没
有欲望就不会想捣乱了，也就安静了（不欲以静），天下就自然而
然正常了（天下将自正）。

◎备注

朴：想象成一棵大树。

第三十八章

上德不德，是以有德；下德不失德，是以无德。上德无为
而无以为，下德为之而有以为。上仁为之而无以为。上义为之
而有以为。上礼为之而莫之应，则攘臂而扔之。故失道而后
德，失德而后仁，失仁而后义，失义而后礼。夫礼者，忠信之
薄，而乱之首也。前识者，道之华，而愚之始也。是以大丈
夫处其厚不居其薄，处其实不居其华。故去彼取此。

◎本章记忆法：三八妇女节

本章首先要记住道德仁义礼的顺序。但本章开始时无"道"
字，从"德"开始。"德"分"上德"和"下德"，而且重复一次。

古人有言"女子无才便是德"，与本章的桩子定为三八妇女节有关，但是反其意而用之。提到第三十八章，先想到"三八妇女节"，然后想到"女子无才便是德"，然后想到女子之所以无德，是不在别人面前显示自己有德，其实是真正有德（上德不德，是以有德）。具有"下德"的人老向别人显示没有失德行为，才是真正无德（下德不失德，是以无德）。上德之人，啥都不用干，而且也没人以为要干事（上德无为而无以为）；下德之人有事干，而且有很多可干的事（下德为之而有以为）。上仁之人干的事是无人以为要干的事（上仁为之而无以为）；上义之人干的事才是有人以为要干的事（上义为之而有以为）；上礼之人干的事没有人响应就拉住别人的胳膊硬要扔给他（上礼为之而莫之应，则攘臂而扔之）。紧接着几句，都是失去什么而后什么的句型，应用开头提示的顺序记忆（故失道而后德，失德而后仁，失仁而后义，失义而后礼）。要送礼品才能办事，一定是忠义、信用观念淡薄，而且腐败成风，是天下大乱的开始（夫礼者，忠信之薄，而乱之首也）。向前看只认识道路上的花的人，已经开始变愚蠢了（前识者，道之华，而愚之始也）。所以大丈夫很重，要矗立在厚实的地方，不居住在薄的地方，如果居住在冰块那么薄的地方，就会掉下去了（是以大丈夫处其厚不居其薄），大丈夫很能吃，要矗立在有果实的地方，不居住在花下，居住在花下没果实吃，就会饿死（处其实不居其华）。故意扔掉那个取回这个（故去彼取此）。

◎备注

"故"和"是以"都是所以之意。《老子》中后面紧跟人物时一般用"是以"。"是以圣人""是以大丈夫"。后面不是人物时，一般用"故"。但"圣人云"，有时用"故"，有时用"是以"。

第三十九章

昔之得一者：天得一以清，地得一以宁，神得一以灵，谷得一以盈，万物得一以生，侯王得一为天下正。其致之也：天无以清将恐裂，地无以宁将恐发，神无以灵将恐歇，谷无以盈将恐竭，万物无以生将恐灭，侯王无以正而贵高将恐蹶。故贵以贱为本，高以下为基。是以侯王自谓孤、寡、不谷。此非贵以贱为本邪？非乎？故致数舆无舆。不欲碌碌如玉，珞珞如石。

◎本章记忆法：山一样永久

过去得到一的人，是一个非常重要的人（昔之得一者），然后，先记一个顺序："天""地"之间有一个"神"，神住在山"谷"里，山"谷"里"万物"生长，"万物"都属"侯王"孙悟空所有。再记得"一"后的对应关系："天"清"静"、"地"安"宁"、"神"显"灵"、山"谷"充"盈"、"万物"生长、"侯王"是个真的孙悟空（天得一以清，地得一以宁，神得一以灵，谷得一以盈，万物得一以生，侯王得一为天下正）。反之没有了一（其致之也），再记一个顺序："天""裂"开、"地"蒸"发"、"神""歇"菜、山"谷"干"竭"、"万物""灭"亡、孙悟空不是"正"的而处于高贵的高处恐怕要摔下来（天无以清将恐裂，地无以宁将恐发，神无以灵将恐歇，谷无以盈将恐竭，万物无以生将恐灭，侯王无以正而贵高将恐蹶）。所以，高贵以低贱为根本（故贵以贱为本），高处依靠下面的根基（高以下为基）。所以，孙悟空（侯王）自称孤家寡人，不吃稻谷做的东西（是以侯王自谓孤、寡、不谷）。这不是高贵以低贱为根本吗（此非贵以贱为本邪）？不是吗（非乎）？所以，你细致地去数车就有无数的车，根本数不完（故致数舆无舆）。不要想做骨碌碌会滚的宝玉（不欲琭琭如玉），要做粗糙的普通石头（珞珞如石）。

◎备注

"贵以贱为本，高以下为基"两句，可以想象成一座高楼大厦，下面的低贱处是上面高贵处的基础和根本。

第四十章

反者道之动，弱者道之用。天下万物生于有，有生于无。

◎本章记忆法：四十不惑

不惑，就是啥都懂。天下事没啥不懂的。反过来是道在动（反

zhě dào zhī dòng　　róu ruò de dōng xi dào xǐ huān yòng　　ruò zhě dào zhī yòng　　tiān xià wàn wù dōu shì
者道之动），柔弱的东西道喜欢用（弱者道之用）。天下万物都是

cóng yǒu zhōng shēng chū lái de　　tiān xià wàn wù shēng yú yǒu　　yǒu dōu shì cóng wú zhōng shēng chū lái
从 有 中 生 出来的（天下万物生于有）。有都是从无中 生 出来

de　　yǒu shēng yú wú　　kàn lái　　wú zhōng shēng yǒu hái shi duì de
的（有生于无）。看来，无中 生 有还是对的。

❧ 第四十一章 ❧

shàng shì wén dào　　qín ér xíng zhī　　zhōng shì wén dào　　ruò cún ruò wáng　　xià shì wén dào
上 士闻道，勤而行之；中士闻道，若存若亡；下士闻道，

dà xiào zhī　　bù xiào bù zú yǐ wéi dào　　gù jiàn yán yǒu zhī　　míng dào ruò mèi　　jìn dào ruò
大笑之，不笑不足以为道。故建言有之：明道若昧，进道若

tuì　　yí dào ruò lèi　　shàng dé ruò gǔ　　dà bái ruò rǔ　　guǎng dé ruò bù zú　　jiàn dé ruò
退，夷道若纇，上德若谷，大白若辱，广德若不足，建德若

tōu　　zhì zhēn ruò yú　　dà fāng wú yú　　dà yīn xī shēng　　dà xiàng wú xíng　　dào yǐn wú míng
偷，质真若渝，大方无隅，大音希声，大象无形，道隐无名。

fú wéi dào　　shàn dài qiě chéng
夫惟道，善贷且成。

◎本章记忆法：四十一岁的感悟

yuán yǐ wéi sì shí bù huò　　sì shí yī suì cái míng bai　　xǔ duō rén nián guò sì shí yī jiù shì hú
原以为四十不惑，四十一岁才明白，许多人年过四十依旧是糊

tu dàn　　jiù shuō zhī shí fèn zǐ　　shì　　kě fēn wéi sān lèi　　zhǐ yǒu shàng shì cái bù huò　　shàng shì tīng
涂蛋，就说知识分子"士"可分为三类：只有上 士才不惑，上士听

shuō le dào　　jiù qín miǎn xíng dào　　shàng shì wén dào　　qín ér xíng zhī　　zhōng shì tīng shuō dào　　jiāng
说了道，就勤勉行道（上士闻道，勤而行之）；中士听说道，将

xìn jiāng yí　　zhōng shì wén dào　　ruò cún ruò wáng　　xià shì tīng shuō dào　　hā hā dà xiào　　xià shì wén
信将疑（中士闻道，若存若亡）；下士听说道，哈哈大笑（下士闻

dào　　dà xiào zhī　　bù xiào　　dào yě jiù bù néng chēng wéi dào　　bù xiào bù zú yǐ wéi dào　　suǒ
道，大笑之），不笑，道也就不能 称 为道（不笑不足以为道）。所

yǐ　　jiàn shè yín háng　　yǒu jù huà shuō　　gù jiàn yán yǒu zhī　　míng　　bai rén zài sān tiáo dào lù
以，"建设银行"有句话说（故建言有之）："明"白人在三条道路

shàng cái néng kàn　　jiàn　　ā　　yí　　sān tiáo dào shàng quán shì fǎn yì cí　　míng mèi
上 才能看"（见）"阿"（姨）"。三条道上 全是反义词：明—昧，

jìn tuì　　yí　　lèi　　míng dào ruò mèi　　jìn dào ruò tuì　　yí dào ruò lèi　　sān tiáo dào lù de jiāo
进—退，夷—纇（明道若昧，进道若退，夷道若纇）。三条道路的交

chā lù kǒu zhàn zhe yī gè jiā huo　　shàng dà ǎi　　shàng miàn de kàn qǐ lái xiàng shān gǔ　　shàng dé ruò
叉路口站着一个家伙——上大矮：上面的看起来像山谷（上德若

gǔ　　dà bái jiù xiàng yǒu wū diǎn　　dà bái ruò rǔ　　tài guǎng dà le jiù xiǎn de ǎi　　yòu xiàng kōng
谷），大白就 像有污点（大白若辱），太 广大了就显得矮，又像 空

xū yī yàng bù zú guǎng dé ruò bù zú   shàng dà ǎi yào jiàn yī zuò fáng zi   jiàn fáng zi yòng de cái
虚一样不足（广德若不足）。上大矮要建一座房子，建房子用的材

liào xiàng tōu lái de   jiàn dé ruò tōu   kàn zhì liàng zhēn xiàng huì xià yǔ lòu shuǐ   zhì zhēn ruò yú
料像偷来的（建德若偷），看质量真像会下雨漏水（质真若渝）。

zhè fáng zi yǒu sān dà tè diǎn   shì yī gè hěn dà de fāngxíng   kàn qǐ lái méi yǒu jiǎo luò   dà fāng wú
这房子有三大特点：是一个很大的方形，看起来没有角落（大方无

yú   zài lǐ miàn hǎn hěn dà de shēng yīn   tīng qǐ lái xī xī lā lā   dà yīn xī shēng   lā zhǐ dà
隅）；在里面喊很大的声音，听起来稀稀拉拉（大音希声）；拉只大

xiàng jìn qù wú fǎ kàn qīng tā de xíngzhuàng dà xiàng wú xíng   zhè ge fáng zi bǎ lù pái dǎng zhù le
象 进去无法看清它的形状（大象无形）。这个房子把路牌挡住了，

rén jiā yǐ wéi méi yǒu lù míng   dào yǐn wú míng   qí shí   zhǐ yǒu lù cái shì zuì zhòng yào de   zhǐ
人家以为没有路名（道隐无名）。其实，只有路才是最重要的，只

yǒu bǎ lù jiè gěi bié rén   bié rén cái néng chéng gōng jìn rù zhè jiān fáng zi   fú wéi dào   shàn dài qiě
有把路借给别人，别人才能 成 功进入这间房子（夫惟道，善贷且

chéng
成）。

◎备注

yú   dòngyáo   fáng zi huì dòngyáo   zhì liàng bù xíng   lòu shuǐ
渝：动摇，房子会动摇，质量不行，漏水。

第四十二章

dào shēng yī   yī shēng èr   èr shēng sān   sān shēng wàn wù   wàn wù fù yīn ér bào
道 生 一，一 生 二，二 生 三，三 生 万物。万物负阴而抱

yáng chòng qì yǐ wéi hé   rén zhī suǒ wù   wéi gū guǎ bù gǔ   ér wáng gōng yǐ wéi
阳，冲气以为和。人之所恶，惟孤、寡、不谷，而王公以为

chēng gù wù huò sǔn zhī ér yì   huò yì zhī ér sǔn   rén zhī suǒ jiào   wǒ yì jiào zhī
称。故物或损之而益，或益之而损。人之所教，我亦教之：

qiángliáng zhě bù dé qí sǐ   wú jiāng yǐ wéi jiào fù
"强 梁者不得其死。"吾将以为教父。

◎本章记忆法：是儿子一串

zhè xiē ér zi de zǔ zong shì dào   dào shēng chū yī zhī hòu   yī shēng chū èr   yuè shēng yuè duō
这些儿子的祖宗是道，道生出一之后，一 生出二，越生越多

dào shēng yī   yī shēng èr   èr shēng sān   sān shēng wàn wù   suǒ yǒu de ér zi dōu shì bēi fù
（道 生 一，一 生 二，二 生 三，三 生 万物）。所有的儿子都是背负

yīn qì ér yōng bào yáng qì   wàn wù fù yīn ér bào yáng   yīn qì yáng qì hùn chōng zài yī qǐ jiù
阴气而拥抱阳气（万物负阴而抱阳），阴气、阳气混充在一起就

shì yī tuán hé qì   chòng qì yǐ wéi hé   rén suǒ yàn wù de zhǐ yǒu gū jiā guǎ rén   bù chī gǔ lèi de
是一团和气（冲气以为和）。人所厌恶的只有孤家寡人、不吃谷类的

dòng wù   rén zhī suǒ wù   wéi gū   guǎ   bù gǔ   wáng zǐ hé gōng gong yǐ zhè xiē lái chēng hū
动物（人之所恶，惟孤、寡、不谷），王子和公公以这些来称呼

zì jǐ   ér wáng gōng yǐ wéi chēng   zūn guì de rén yòng dī jiàn de chēng hu shì xī wàng huò dé dī jiàn
自己（而王公以为称）。尊贵的人用低贱的称呼是希望获得低贱

de rén de hǎo gǎn   yīn cǐ   wàn wù huò zhě kě néng yīn shòu sǔn ér dé yì   jiù shì shuō   chī kuī shì
的人的好感，因此，万物或者可能因受损而得益，就是说"吃亏是

fú   gù wù huò sǔn zhī ér yì   huò zhě kě néng yīn shòu yì ér zāo shòu sǔn shī   yě jiù shì shuō
福"（故物或损之而益），或者可能因受益而遭受损失，也就是说

tān xiǎo pián yí chī dà kuī   huò yì zhī ér sǔn   zhè shì bié rén duì wǒ de jiào huì   wǒ yě ná lái
"贪小便宜吃大亏"（或益之而损）。这是别人对我的教诲，我也拿来

jiào dǎo bié rén   rén zhī suǒ jiāo   wǒ yì jiāo rén   qiáng dào shàng le liáng shān jiù bù dé hǎo sǐ
教导别人（人之所教，我亦教人）。"强盗上了梁山就不得好死"

qiáng liáng zhě bù dé qí sǐ   wǒ yào jiāng zhè huà jiāo gěi wǒ fù qīn   wú jiāng yǐ wéi jiào fù
（"强梁者不得其死"）。我要将这话教给我父亲（吾将以为教父）。

❧ 第四十三章 ❧

tiān xià zhī zhì róu   chí chěng tiān xià zhī zhì jiān   wú yǒu rù yú wú jiān   wú shì yǐ zhī
天下之至柔，驰骋天下之至坚。无有入于无间。吾是以知

wú wéi zhī yǒu yì   bù yán zhī jiào   wú wéi zhī yì   tiān xià xī jí zhī
无为之有益。不言之教，无为之益，天下希及之。

◎ **本章记忆法：四面散开**

tiān xià zuì róu ruò de dōng xi   bēn pǎo zài tiān xià zuì jiān yìng de dì fang   tiān xià zhī zhì róu
天下最柔弱的东西，奔跑在天下最坚硬的地方（天下之至柔，

chí chěng tiān xià zhī zhì jiān   kàn bù jiàn de dōng xi jìn rù le méi yǒu jiàn xì de dì fang   wú yǒu rù
驰骋天下之至坚）。看不见的东西进入了没有间隙的地方（无有入

yú wú jiān   wǒ yīn cǐ zhī dào shén me dōu bù gàn de yì chù   wú shì yǐ zhī wú wéi zhī yǒu yì
于无间）。我因此知道什么都不干的益处（吾是以知无为之有益）。

bù shuō huà de jiào yù   bù yán zhī jiào   shén me dōu bù gàn de yì chù   wú wéi zhī yì   tiān xià
不说话的教育（不言之教）、什么都不干的益处（无为之益），天下

jí shǎo néng bǐ de shàng tiān xià xī jí zhī
极少能比得上（天下希及之）。

第四十四章

míng yǔ shēn shú qīn　shēn yǔ huò shú duō　dé yǔ wáng shú bìng　shèn ài bì dà fèi　duō
名与身孰亲？身与货孰多？得与亡孰病？甚爱必大费，多

cáng bì hòu wáng　gù zhī zú bù rǔ　zhī zhǐ bù dài　kě yǐ cháng jiǔ
藏必厚亡。故知足不辱，知止不殆，可以长久。

◎本章记忆法：似是而非

sān zǔ bǐ jiào yǒu dì jìn guān xi　míng yǔ shēn　shēn yǔ huò　dé yǔ wáng míng qì yǔ shēn tǐ
三组比较有递进关系：名与身，身与货，得与亡。名气与身体

nǎ ge hé rén gèng jǐn mì　míng yǔ shēn shú qīn　shēn tǐ yǔ cái fù nǎ ge gèng guì zhòng shēn yǔ
哪个和人更紧密（名与身孰亲）？身体与财富哪个更贵重（身与

huò shú duō　dé dào cái fù hé shī qù cái fù nǎ ge suàn yǒu bìng　dé yǔ wáng shú bìng　fēi
货孰多）？得到财富和失去财富哪个算有病（得与亡孰病）？非

cháng ài shē chǐ pǐn jiù huì dà dà làng fèi　shèn ài bì dà fèi　jiā lǐ cáng de dōng xi yuè duō bèi
常爱奢侈品就会大大浪费（甚爱必大费），家里藏的东西越多被

tōu zǒu de jiù yuè duō　duō cáng bì hòu wáng　suǒ yǐ zhī dào mǎn zú bù huì shòu dào wǔ rǔ　gù zhī
偷走的就越多（多藏必厚亡）。所以知道满足不会受到侮辱（故知

zú bù rǔ　zhī dào shén me shí hou gāi tíng zhǐ bù huì shī bài　zhī zhǐ bù dài　jiù kě yǐ bǎo chí
足不辱），知道什么时候该停止不会失败（知止不殆），就可以保持

cháng jiǔ　kě yǐ cháng jiǔ
长久（可以长久）。

第四十五章

dà chéng ruò quē　qí yòng bù bì　dà yíng ruò chōng　qí yòng bù qióng　dà zhí ruò qū
大成若缺，其用不敝；大盈若冲，其用不穷；大直若屈，

dà qiǎo ruò zhuō　dà biàn ruò nè　zào shèng hán　jìng shèng rè　qīng jìng wéi tiān xià zhèng
大巧若拙；大辩若讷。躁胜寒，静胜热。清静为天下正。

◎本章记忆法：世上无十全十美之事

wǔ gè dà de dōng xi dōu yǒu quē xiàn　dà de chéng gōng hǎo xiàng yǒu quē shī　dà chéng ruò
五个大的东西都有缺陷：大的成功好像有缺失（大成若

quē　dàn yòng qǐ lái bù xiàng pò jiù de　qí yòng bù bì　zhuāng de fēi cháng yíng mǎn xiàng kōng
缺），但用起来不像破旧的（其用不敝）；装得非常盈满像空

xū　dà yíng ruò chōng　dàn yòng qǐ lái xiàng wú qióng　qí yòng bù qióng　zuì zhí de dōng xi hǎo
虚（大盈若冲），但用起来像无穷（其用不穷）；最直的东西好

像 弯曲的（大直若屈）；最大的技巧好像笨拙的（大巧若拙）；最会辩论的人好像很少说话的（大辩若讷）。五句"大"起首的句子，可以把第二字连接起来："成"功者就是"盈"家，"直"得夸耀，嘴巴很"巧"妙，"辩"论能力很强。后两句是互相制衡的意思：运动后自然就热了（躁胜寒），心静自然凉（静胜热）。清清静静，天下就正常了（清静为天下正）。

◎备注

1.敝：破旧。

2.冲：虚空。

3.讷：少说。

4.躁：运动。

第四十六章

天下有道，却走马以粪。天下无道，戎马生于郊。罪莫大于可欲，咎莫大于欲得，祸莫大于不知足。故知足之足，恒足矣。

◎本章记忆法：拉四匹马出来遛遛

想拉四匹马出来遛遛，结果不行。天下有道时，马去拉粪了（天下有道，却走马以粪）；天下无道时，战马忙得穿着戎装在战场上生小马（天下无道，戎马生于郊）。后三句首字连接：

"罪""咎"是"祸"。然后，最后几字相连：原因在于想得到的欲望很多，得到了还想得，得到了还不知足（罪莫大于可欲，咎莫大于欲得，祸莫大于不知足）。所以，懂得满足之后的满足感，就会有永远的满足感（故知足之足，恒足矣）。

◎备注

1. 郊：战场。

2. 咎：与"就"同音。

第四十七章

不出户，知天下；不窥牖，见天道。其出弥远，其知弥少。是以圣人不行而知，不见而明，不为而成。

◎本章记忆法：司机

司机在驾驶室开车，当然不能出门（不出户），他不用出门就知道全天下在什么方向（知天下）；不用看窗外，凭脑子记忆就能看见全天下的道路怎么走（见天道）。他开车越远（其出弥远），他对道路状况就知道得越少（其知弥少）。所以老头子不出行就知天下事（是以圣人不行而知），不用看就明白（不见而明），啥也不作为就能成功（不为而成）。

第四十八章

wéi xué rì yì　wéi dào rì sǔn　sǔn zhī yòu sǔn　yǐ zhì yú wú wéi　wú wéi ér wú
为学日益，为道日损。损之又损，以至于无为。无为而无
bù wéi　qǔ tiān xià héng yǐ wú shì　jí qí yǒu shì　bù zú yǐ qǔ tiān xià
不为。取天下恒以无事，及其有事，不足以取天下。

◎**本章记忆法：学习是发财之路**

hǎo hǎo xué xí jiù huì yī tiān tiān fā dá　wéi xué rì yì　qù xué dào jiù huì rì rì zāo shòu sǔn
好好学习就会一天天发达（为学日益），去学道就会日日遭受损
shī　wéi dào rì sǔn　sǔn shī zhī hòu jiē lián sǔn shī　jiù shá dōu bié gàn le　sǔn zhī yòu sǔn　yǐ
失（为道日损）。损失之后接连损失，就啥都别干了（损之又损，以
zhì yú wú wéi　shá dōu méi gàn děng yú shá dōu gàn le　wú wéi ér wú bù wéi　qǔ tiān xià lái wán
至于无为）。啥都没干等于啥都干了（无为而无不为）。取天下来玩
wán yǒng yuǎn shì yīn wèi méi shá shì kě gàn　qǔ tiān xià héng yǐ wú shì　děng dào yǒu shì gàn le　jiù
玩永远是因为没啥事可干（取天下恒以无事）。等到有事干了，就
bù huì qù ná tiān xià lái wán le　jí qí yǒu shì　bù zú yǐ qǔ tiān xià
不会去拿天下来玩了（及其有事，不足以取天下）。

◎**备注**

yì　zēng jiā　jì yì shí xiǎng xiàng wéi　fā dá
益：增加，记忆时想象为"发达"。

第四十九章

shèng rén héng wú xīn　yǐ bǎi xìng xīn wéi xīn　shàn zhě wú shàn zhī　bù shàn zhě wú yì
圣人恒无心，以百姓心为心。善者吾善之，不善者吾亦
shàn zhī　dé shàn　xìn zhě wú xìn zhī　bù xìn zhě wú yì xìn zhī　dé xìn　shèng rén zài tiān
善之，德善；信者吾信之，不信者吾亦信之，德信。圣人在天
xià　xī xī yān　wéi tiān xià hún qí xīn　bǎi xìng jiē zhù qí ěr mù　shèng rén jiē hái zhī
下，歙歙焉，为天下浑其心，百姓皆注其耳目，圣人皆孩之。

◎**本章记忆法：嗜酒成性**

lǎo tóu zi zhǐ ài hē jiǔ　hē de xīn zàng yǒng yuǎn bù zhèng cháng le　shèng rén héng wú xīn
老头子只爱喝酒，喝得心脏永远不正常了（圣人恒无心），

zhǐ hǎo bǎ lǎo bǎi xìng de xīn zàng yí zhí guò lái zuò wéi zì jǐ de xīn zàng   yǐ bǎi xìng xīn wéi xīn
只好把老百姓的心脏移植过来作为自己的心脏（以百姓心为心）。

lǎo tóu zi huàn le bié rén de xīn zàng hòu   shǎ le   duì shàn liáng de rén   wǒ shàn liáng duì dài   shàn
老头子换了别人的心脏后，傻了。对善良的人，我善良对待（善

zhě wú shàn zhī   duì bù shàn liáng de rén   wǒ yě shàn liáng duì dài   bù shàn zhě wú yì shàn zhī
者吾善之）；对不善良的人，我也善良对待（不善者吾亦善之）：

zhè shì wéi le dé dào bié rén rèn wéi zì jǐ shàn liáng de píng jià   dé shàn   duì jiǎng xìn yòng de rén
这是为了得到别人认为自己善良的评价（德善）。对讲信用的人，

wǒ jiǎng xìn yòng   xìn zhě wú xìn zhī   duì bù jiǎng xìn yòng de rén   wǒ yě jiǎng xìn yòng   bù xìn zhě
我讲信用（信者吾信之）；对不讲信用的人，我也讲信用（不信者

wú yì xìn zhī   zhè shì wéi le dé dào bié rén rèn wéi zì jǐ jiǎng xìn yòng de píng jià   dé xìn   lǎo
吾亦信之）：这是为了得到别人认为自己讲信用的评价（德信）。老

tóu zi zài tiān xià   bì zhe zuǐ ba   wèi tiān xià rén mín huái zhe hún hún è è yì kē xīn   shèng rén zài
头子在天下，闭着嘴巴，为天下人民怀着浑浑噩噩一颗心（圣人在

tiān xià   xī xī yān wéi tiān xià hún qí xīn   lǎo bǎi xìng dōu pá jìn tā de ěr duo hé shuāng mù lǐ
天下，歙歙焉为天下浑其心），老百姓都爬进他的耳朵和 双 目里，

tā hái dōu bǎ tā men dāng hái zi kàn dài   bǎi xìng jiē zhù qí ěr mù   shèng rén jiē hái zhī
他还都把他们当孩子看待（百姓皆注其耳目，圣人皆孩之）。

◎备注

xī   bì
歙：闭。

❦ 第五十章 ❦

chū shēng rù sǐ   shēng zhī tú shí yǒu sān   sǐ zhī tú shí yǒu sān   rén zhī shēng shēng
出生入死。生之徒十有三，死之徒十有三，人之生生，

dòng zhī sǐ dì yì shí yǒu sān   fú hé gù   yǐ qí shēng shēng zhī hòu   gài wén shàn shè shēng
动之死地亦十有三。夫何故？以其生生之厚。盖闻善摄生

zhě   lù xíng bù yù sì hǔ   rù jūn bù bèi jiǎ bīng   sì wú suǒ tóu qí jiǎo   hǔ wú suǒ cuò
者，陆行不遇兕虎，入军不被甲兵；兕无所投其角，虎无所措

qí zhǎo   bīng wú suǒ róng qí rèn   fú hé gù   yǐ qí wú sǐ dì
其爪，兵无所容其刃。夫何故？以其无死地。

◎本章记忆法：将军五十岁

wǔ shí suì de jiāng jūn dǎ le dà bàn bèi zi zhàng   chū shēng rù sǐ   tā de bù duì   huó xià
五十岁的将军打了大半辈子仗（出生入死）。他的部队，活下

lái de yǒu shí fēn zhī sān   shēng zhī tú shí yǒu sān   sǐ le shí fēn zhī sān   sǐ zhī tú shí yǒu sān
来的有十分之三（生之徒十有三），死了十分之三（死之徒十有三），

yǒu de rén tān shēng pà sǐ　　hěn xiǎng qiú shēng　jiù shì dǎ zhàng shí táo mìng　zì jǐ yí dòng dào sǐ dì
有的人贪生怕死，很想求生，就是打仗时逃命，自己移动到死地

shàng bèi qiāng bì de yě yǒu shí fēn zhī sān　rén zhī shēng shēng dòng zhī sǐ dì yì shí yǒu sān　zhè
上 被枪毙的也有十分之三（人之生生，动之死地亦十有三）。这

shì shén me yuán yīn　fú hé gù　　yīn wèi tài xiǎng huó　dǎ zhàng shí táo mìng qiú shēng de bàn fǎ
是什么原因（夫何故）？因为太想活，打仗时逃命求生的办法

tài duō　bèi bì le　yǐ qí shēng shēng zhī hòu　　tīng shuō shàn yú shēng cún de rén　gài wén shàn
太多，被毙了（以其生 生之厚）。听说善于生存的人（盖闻善

shè shēng zhě　　zǒu zài lù dì shàng bù huì yù dào xī niú hé lǎo hǔ　lù xíng bù yù sì hǔ　jìn
摄 生者），走在陆地上不会遇到犀牛和老虎（陆行不遇兕虎），进

rù jūn duì bù huì bèi wǔ zhuāng de dí fāng shì bīng suǒ shāng hài　rù jūn bù bèi jiǎ bīng　jiù suàn yù
入军队不会被武 装 的敌方士兵所伤害（入军不被甲兵），就算遇

dào xī niú hé lǎo hǔ　xī niú wú fǎ yòng jiǎo dǐng tā　sì wú suǒ tóu qí jiǎo　lǎo hǔ wú fǎ yòng
到犀牛和老虎，犀牛无法用角顶他（兕无所投其角），老虎无法用

zhǎo zi zhuā tā　hǔ wú suǒ cuò qí zhǎo　bīng qì wú fǎ jiāng dāo rèn kǎn jìn tā de shēn tǐ　bīng
爪子抓他（虎无所措其爪），兵器无法将刀刃砍进他的身体（兵

wú suǒ róng qí rèn　zhè shì wéi shén me　fú hé gù　　yīn wèi méi yǒu dì fang kě yǐ nòng sǐ tā
无所容其刃）。这是为什么（夫何故）？因为没有地方可以弄死他

yǐ qí wú sǐ dì
（以其无死地）。

◎备注

sì　　xī niú
兕：犀牛。

第五十一章

dào shēng zhī　　dé xù zhī　　wù xíng zhī　　qì chéng zhī　　shì yǐ wàn wù mò bù zūn dào
道生之，德畜之，物形之，器成之。是以万物莫不尊道

ér guì dé　dào zhī zūn　dé zhī guì　fú mò zhī mìng ér héng zì rán　gù dào shēng zhī
而贵德。道之尊，德之贵，夫莫之命而恒自然。故道生之，

dé xù zhī　zhǎng zhī yù zhī　tíng zhī dú zhī　yǎng zhī fù zhī　shēng ér bù yǒu　wéi ér bù
德畜之，长之育之，亭之毒之，养之覆之。生而不有，为而不

shì　zhǎng ér bù zǎi　shì wèi xuán dé
恃，长而不宰，是谓玄德。

◎本章记忆法：五一劳动节又遇到刘备

láo dòng zuì guāng róng　　láo dòng hěn zhòng yào　dàn shì　　yào àn zhào dào de guī dìng láo dòng
劳动最光荣，劳动很重要，但是，要按照道的规定劳动，

万物才会出生，比如，什么季节种什么农作物都是有规定的（道生之），按照道的规定，劳动就是"德"，在规定的季节种规定的农作物才能生育万物（德畜之）。万物的形状形成了（物形之），就变成了器具（器成之）。所以万物没有不尊重道而贵重德的（是以万物莫不尊道而贵德）。道的至尊地位（道之尊），德的珍贵地位（德之贵），不需要下命令永远自然地就能得到（夫莫之命而恒自然）。所以，道生下它（故道生之），德养育它（德畜之），让它成长就要教育它（长之育之），中途停下来是有害的（亭之毒之），培养它就要全程覆盖（养之覆之）。"生而不有，为而不恃，长而不宰，是谓玄德"。这几句和第十章结尾一样，又遇到"玄德"了，不重复。

第五十二章

天下有始，以为天下母。既得其母，以知其子。既知其子，复守其母，没身不殆。塞其兑，闭其门，终身不勤；开其兑，济其事，终身不救。见小曰明，守柔曰强。用其光，复归其明，无遗身殃，是谓袭常。

◎**本章记忆法：无儿**

谁说没有儿子？不对。有母就有子。天下有开始的时候，可以作为天下的母亲出现的时候（天下有始，以为天下母）。既然得以知道母亲的存在，也就知道了儿子的存在（既得其母，以知其子）。既

rán zhī dào le ér zi de cún zài　　　jiù ràng tā shǒu hù mǔ qīn　　　jí shǐ méi le shēn zi yě bù huì shī bài
然知道了儿子的存在，就让他守护母亲，即使没了身子也不会失败

jì zhī qí zǐ　　fù shǒu qí mǔ　　mò shēn bù dài　　sāi zhù gè zì róng qì de chū kǒu bù ràng tā
（既知其子，复守其母，没身不殆）。塞住各自容器的出口不让它

men hù xiāng duì huàn　　　yīn wèi hún shuǐ hé qīng shuǐ xiāng hùn hé　　　jiù bù néng hē　guān bì dà mén，
们互相兑换——因为浑水和清水相混合，就不能喝；关闭大门，

féi shuǐ bù liú wài rén tián　zhōng shēn bù qín láo yě néng guò rì zi　　sāi qí duì　　bì qí mén　zhōng
肥水不流外人田，终身不勤劳也能过日子（塞其兑，闭其门，终

shēn bù qín　　　dǎ kāi róng qì ràng tā men hù xiāng duì huàn　　hún shuǐ hé qīng shuǐ xiāng hùn hé　　méi
身不勤）；打开容器让它们互相兑换，浑水和清水相混合，没

fǎ hē　　hái yǐ wéi kě yǐ jiē jì bié rén ér chéng diǎn shì　　qí shí zhōng shēn bù néng jiù zhì　　kāi qí
法喝，还以为可以接济别人而成点事，其实终身不能救治（开其

duì　　jì qí shì　zhōng shēn bù jiù　　néng kàn jiàn xiǎo dōng xi cái kě chēng wéi yǎn jing míng liàng　jiàn
兑，济其事，终身不救）。能看见小东西才可称为眼睛明亮（见

xiǎo yuē míng　　　jiān shǒu róu ruǎn yī fāng cái chēng de shàng gāng qiáng　shǒu róu yuē qiáng　　bǎ róng qì lǐ
小曰明），坚守柔软一方才称得上刚强（守柔曰强）。把容器里

de dōng xi quán yòng guāng　tā jiù huī fù tòu míng　　bù huì yí liú xià shēn hòu de zāi yāng　　qí shí zhè
的东西全用光，它就恢复透明，不会遗留下身后的灾殃，其实这

bù shì shén me dà néng nài　　zhǐ shì chāo xí bié rén de cháng shí ér yǐ　　yòng qí guāng　fù guī qí míng，
不是什么大能耐，只是抄袭别人的常识而已（用其光，复归其明，

wú yí shēn yāng　shì wèi xí cháng
无遗身殃，是谓袭常）。

～ 第五十三章 ～

shǐ wǒ jiè rán yǒu zhī，　xíng yú dà dào，　wéi yǐ shì wèi。　dà dào shèn yí，　ér mín hào
　　使我介然有知，行于大道，惟施是畏。大道甚夷，而民好

jìng。　cháo shèn chú，　tián shèn wú，　cāng shèn xū，　fú wén cǎi，　dài lì jiàn，　yàn yǐn shí，
径。朝甚除，田甚芜，仓甚虚，服文采，带利剑，厌饮食，

cái huò yǒu yú，　shì wèi dào kuā　fēi dào yě zāi
财货有余，是谓盗夸。非道也哉！

◎ **本章记忆法：吾傻**

wǒ shì gè shǎ zi　　jiǎ shǐ wǒ xiàng jiě jie yī yàng yǒu zhī shí　　shǐ wǒ jiè rán yǒu zhī　　zǒu
　　我是个傻子，假使我像姐姐一样有知识（使我介然有知），走

zài dà dào shàng　xíng yú dà dào　　　yù dào shī fu hái shi gǎn dào hài pà　　wéi yǐ shì wèi　　dà dào
在大道上（行于大道），遇到师父还是感到害怕（惟施是畏）。大道

fēi cháng píng zhěng　dà dào shèn yí　　　ér rén mín dōu xǐ huan zǒu jié jìng　ér mín hào jìng　　zǎo
非常平整（大道甚夷），而人民都喜欢走捷径（而民好径）。早

shàng qǐ lái gǎo gè dà sǎo chú hòu shá shì yě bù gàn le　cháo shèn chú　　　yīn wèi bù gàn nóng huó　tián
上起来搞个大扫除后啥事也不干了（朝甚除），因为不干农活，田

dì fēi cháng huāng wú   tián shèn wú   tián dì huāng wú le   cāng kù jiù fēi cháng kōng xū   cāng shèn
地非常荒芜（田甚芜），田地荒芜了，仓库就非常空虚（仓甚

xū   dàn tā men què piān piān chuān zhe yǒu wén cǎi de piào liang yī fu   fú wén cǎi   pèi dài lì jiàn
虚），但他们却偏偏穿着有纹彩的漂亮衣服（服文采），佩带利剑

dài lì jiàn   chī fàn hái yán zhòng tiāo shí   yàn yǐn shí   cái fù hé huò wù què hěn duō   zhè shì
（带利剑），吃饭还严重挑食（厌饮食），财富和货物却很多，这是

qiáng dào kuā hǎi kǒu   cái huò yǒu yú   shì wèi dào kuā   bù fú hé dào a   fēi dào yě zāi
强盗夸海口（财货有余，是谓盗夸）。不符合道啊（非道也哉！）。

tā men jué de zì jǐ hěn zhèng cháng dàn wǒ kàn bù dǒng   wǒ zhǐ néng rèn wéi zì jǐ shì gè shǎ zi
他们觉得自己很正常，但我看不懂。我只能认为自己是个傻子。

◎备注

yǐ   duō yīn zì   jì yì shí jiè yòng   yīn xiǎng xiàng chéng shī fu
施：多音字，记忆时借用"shi"音想象成师父。

cháo duō yīn zì   jì yì shí jiè yòng dú   yīn shí de hán yì   yì zhǐ zǎo chén
朝：多音字，记忆时借用读"zhāo"音时的含义，意指早晨。

第五十四章

shàn jiàn zhě bù bá   shàn bào zhě bù tuō   zǐ sūn yǐ jì sì bù chuò   xiū zhī yú shēn
善建者不拔，善抱者不脱，子孙以祭祀不辍。修之于身，

qí dé nǎi zhēn   xiū zhī yú jiā   qí dé nǎi yú   xiū zhī yú xiāng   qí dé nǎi cháng   xiū zhī
其德乃真；修之于家，其德乃余；修之于乡，其德乃长；修之

yú guó   qí dé nǎi fēng xiū zhī yú tiān xià   qí dé nǎi pǔ   gù yǐ shēn guān shēn   yǐ jiā
于国，其德乃丰；修之于天下，其德乃普。故以身观身，以家

guān jiā   yǐ xiāng guān xiāng   yǐ guó guān guó   yǐ tiān xià guān tiān xià   wú hé yǐ zhī tiān xià
观家，以乡观乡，以国观国，以天下观天下。吾何以知天下

rán zāi   yǐ cǐ
然哉？以此。

◎本章记忆法：五四运动

wǔ sì yùn dòng shì ài guó yùn dòng   mù dì jiù shì jiàn lì yī gè měi hǎo de guó jiā   shàn yú jiàn
五四运动是爱国运动，目的就是建立一个美好的国家。善于建

shè guó jiā de rén jiān rèn bù bá   shàn jiàn zhě bù bá   shàn yú bào dìng mù biāo de rén bù huì tuō lí
设国家的人坚韧不拔（善建者不拔），善于抱定目标的人不会脱离

mù biāo   shàn bào zhě bù tuō   zǐ sūn hòu dài jì sì tā men bù huì tíng zhǐ   zǐ sūn yǐ jì sì bù
目标（善抱者不脱），子孙后代祭祀他们不会停止（子孙以祭祀不

chuò   jì sì   kě yǐ xiǎng xiàng chéng sǎo mù   hòu miàn wǔ jù xiān zhǎo dào jù shǒu de guī lǜ
辍）。祭祀，可以想象成扫墓。后面五句先找到句首的规律：

shēn jiā xiāng guó tiān xià　yī gè bǐ yī gè dà　rán hòu bǎ　dé xiǎng xiàng chéng zhǒng
身、家、乡、国、天下，一个比一个大。然后把"德"想象成"种

zi　zhǒng zi zhēn　yǒu duō yú　jiù zhòng xià qù　zhòng xià qù jiù huì zhǎng chū lái
子"，种子"真"有多"余"就种下去，种下去就会"长"出来，

shēng zhǎng cái huì　fēng shōu　fēng shōu cái huì　pǔ jí　xiū zhī yú shēn　qí dé nǎi zhēn
生 长才会"丰"收，丰收才会"普"及（修之于身，其德乃真；

xiū zhī yú jiā　qí dé nǎi yú　xiū zhī yú xiāng　qí dé nǎi zhǎng　xiū zhī yú guó　qí dé nǎi fēng
修之于家，其德乃余；修之于乡，其德乃长；修之于国，其德乃丰；

xiū zhī yú tiān xià　qí dé nǎi pǔ　jiē zhe　yǐ guān　cóng xiǎo dào dà lái yī biàn　gù yǐ
修之于天下，其德乃普）。接着，以＊观＊，从小到大来一遍（故以

shēn guān shēn　yǐ jiā guān jiā　yǐ xiāng guān xiāng　yǐ guó guān guó　yǐ tiān xià guān tiān xià
身观身，以家观家，以乡观乡，以国观国，以天下观天下）。

wǒ zěn me zhī dào tiān xià jiàn shè chéng shén me yàng le　jiù yòng zhè ge bàn fǎ　wú hé yǐ zhī tiān xià
我怎么知道天下建设成什么样了？就用这个办法（吾何以知天下

rán zāi　yǐ cǐ
然哉？以此）。

第五十五章

hán dé zhī hòu　bǐ yú chì zǐ　fēng chài huǐ shé bù zhē　jué niǎo měng shòu bù bó　gǔ
含德之厚，比于赤子，蜂虿虺蛇不螫，攫鸟猛兽不搏。骨

ruò jīn róu ér wò gù　wèi zhī pìn mǔ zhī hé ér zuī zuò　jīng zhī zhì yě　zhōng rì háo ér bù
弱筋柔而握固，未知牝牡之合而朘作，精之至也；终日号而不

shà　hé zhī zhì yě　zhī hé yuē cháng　zhī cháng yuē míng　yì shēng yuē xiáng　xīn shǐ qì yuē
嗄，和之至也。知和曰常。知常曰明。益生曰祥。心使气曰

qiáng　wù zhuàng zé lǎo　wèi zhī bù dào　bù dào zǎo yǐ
强。物 壮 则老，谓之不道，不道早已。

◎本章记忆法：呜呜大哭

chū shēng de yīng ér wū wū dà kū　zuǐ lǐ hán de dōng xi hěn hòu　hán dé zhī hòu　bǐ de
初 生 的婴儿呜呜大哭。嘴里含的东西很厚（含德之厚），比得

shàng chū shēng de yīng ér　bǐ yú chì zǐ　fēng cǎi zhù huǐ sè de shé ér bù dīng yǎo　fēng chài huǐ
上 初 生 的婴儿（比于赤子）。蜂踩住灰色的蛇而不叮咬（蜂虿虺

shé bù zhē　qiǎng duó dōng xi de niǎo hé měng shòu bù bó dòu　jué niǎo měng shòu bù bó　yīng ér
蛇不螫），抢夺东西的鸟和 猛 兽不搏斗（攫鸟猛兽不搏）。婴儿

gǔ tou cuì ruò　jīn gǔ róu ruǎn dàn wò de fēi cháng jiān gù　gǔ ruò jīn róu ér wò gù　bù zhī dào
骨头脆弱、筋骨柔软但握得非常坚固（骨弱筋柔而握固）。不知道

nǚ duì hé nán duì shì fǒu yǐ huì hé　jiù yǒu zhuī bīng zhuī lái zuò luàn le　wèi zhī pìn mǔ zhī hé ér zuī
女队和男队是否已会合，就有追兵追来作乱了（未知牝牡之合而朘

zuò　zhè xiē dǎo luàn fèn zǐ jīng lì guò shèng dào dǐng le　jīng zhī zhì yě　yīng ér kàn jiàn yǒu rén
作），这些捣乱分子精力过 盛 到顶了（精之至也）。婴儿看见有人

zuò luàn jiù zhōng rì dà kū ér hóu lóng bù huì shā yǎ zhōng rì háo ér bù shà zuò luàn de rén hé
作乱就 终 日大哭而喉咙不会沙哑（终日号而不嗄），作乱的人和

kū de hái zi gè bù xiāng gān hé xié de zuì gāo jìng jiè hé zhī zhì yě zhī dào shén me shì hé
哭的孩子各不相干，和谐的最高境界（和之至也）。知道什么是和

xié jiù shì dǒng cháng shí le zhī hé yuē cháng zhī dào cháng shí jiù shì cōng ming rén zhī cháng yuē
谐就是懂 常 识了（知和曰常）。知道常识就是聪明人（知常曰

míng yǒu yì yú shēng mìng de jiù shì jí xiáng de yì shēng yuē xiáng xīn mìng lìng qì de xíng wéi
明）。有益于 生 命的就是吉祥的（益生曰祥）。心命令气的行为

jiù shì chěng qiáng xīn shǐ qì yuē qiáng hòu sān jù yǔ dì sān shí zhāng dà tóng xiǎo yì yì chù qián
就是逞 强（心使气曰强）。后三句与第三十章大同小异，异处前

wéi shì wèi cǐ chù wèi zhī wù zhuàng zé lǎo wèi zhī bù dào bù dào zǎo yǐ
为 "是谓"，此处 "谓之"（物 壮 则老，谓之不道，不道早已）。

◎备注

huǐ shé xiǎngxiàngchéng huī sè de shé
1. 虺蛇：想象成 "灰色的蛇"。

chài xiǎngxiàngchéng cǎi xié yīn fǎ chài shì dì sì shēng jiè yòng
2. 虿：想象成 "踩"，谐音法，"虿" 是第四声，借用。

pìn mǔ cí xióng yǐn shēn wéi nǚ duì hé nán duì
3. 牝牡：雌雄，引申为女队和男队。

zuī bù qiào shé jiè yòng zhuī
4. 朘：不翘舌，借用 "追"。

🍂 第五十六章 🍂

zhī zhě bù yán yán zhě bù zhī sāi qí duì bì qí mén cuò qí ruì jiě qí fēn
知者不言，言者不知。塞其兑，闭其门，挫其锐，解其纷，

hé qí guāng tóng qí chén shì wèi xuántóng gù bù kě dé ér qīn bù kě dé ér shū bù kě
和其光，同其尘，是谓玄同。故不可得而亲，不可得而疏；不可

dé ér lì bù kě dé ér hài bù kě dé ér guì bù kě dé ér jiàn gù wéi tiān xià guì
得而利，不可得而害；不可得而贵，不可得而贱。故为天下贵。

◎本章记忆法：吾溜了

qù kāi huì zhī dào de rén bù shuō huà zhī zhě bù yán shuō huà de rén shá yě bù zhī dào
去开会，知道的人不说话（知者不言），说话的人啥也不知道

yán zhě bù zhī shuō lái shuō qù jiù shì qián miàn shuō guo de nà jǐ jù sāi qí duì bì qí mén
（言者不知）。说来说去就是前面说过的那几句 "塞其兑，闭其门，

cuò qí ruì jiě qí fēn hé qí guāng tóng qí chén hái shuō hěn zhòng yào shì yī zhǒng xuán miào
挫其锐，解其纷，和其光，同其尘"，还说很重要，是一种玄 妙

de dà tóng shì wèi xuántóng wǒ jiù liū le pǎo dào yī gè qīn qi jiā wǒ zhè ge qīn qi
的大同（是谓玄同）。我就溜了。跑到一个亲戚家。我这个"亲"戚

hěn lì hai yě hěn zūn guì fán shì yǔ tā duì lì de dōu zhǐ hǎo yòng fǎn yì cí gù bù kě
很"利"害也很尊"贵"。凡是与他对立的都只好用反义词（故不可

dé ér qīn bù kě dé ér shū bù kě dé ér lì bù kě dé ér hài bù kě dé ér guì bù kě
得而亲，不可得而疏；不可得而利，不可得而害；不可得而贵，不可

dé ér jiàn suǒ yǐ nǐ zhī dào tā bèi tiān xià rén zhēn guì de yuán yīn le ba gù wéi tiān xià guì
得而贱）。所以，你知道他被天下人珍贵的原因了吧（故为天下贵）。

◎备注

sāi qí duì bì qí mén céng chū xiàn zài dì wǔ shí èr zhāng
1. 塞其兑，闭其门：曾出现在第五十二章。

cuò qí ruì jiě qí fēn hé qí guāng tóng qí chén céng chū xiàn zài dì sì zhāng
2. 挫其锐，解其纷，和其光，同其尘：曾出现在第四章。

～ 第五十七章 ～

yǐ zhèng zhì guó yǐ qí yòng bīng yǐ wú shì qǔ tiān xià wú hé yǐ zhī qí rán zāi
以正治国，以奇用兵，以无事取天下。吾何以知其然哉？

yǐ cǐ tiān xià duō jì huì ér mín mí pín mín duō lì qì guó jiā zī hūn rén duō jì qiǎo
以此：天下多忌讳而民弥贫；民多利器，国家滋昏；人多伎巧，

qí wù zī qǐ fǎ lìng zī zhāng dào zéi duō yǒu gù shèng rén yún wǒ wú wéi ér mín zì huà
奇物滋起；法令滋彰，盗贼多有。故圣人云：我无为而民自化，

wǒ hào jìng ér mín zì zhèng wǒ wú shì ér mín zì fù wǒ wú yù ér mín zì pǔ
我好静而民自正，我无事而民自富，我无欲而民自朴。

◎本章记忆法：天下无奇事

tiān xià méi yǒu qí guài de shì jiù sān jiàn shì yǐ zhèng ér bā jīng de tài dù zhì lǐ guó jiā
天下没有奇怪的事，就三件事，以正儿八经的态度治理国家

yǐ zhèng zhì guó yǐ qí zhāo yùn yòng bīng lì zhàn shèng dí rén yǐ qí yòng bīng yǐ wú suǒ
（以正治国），以奇招运用兵力战胜敌人（以奇用兵），以无所

shì shì de tài dù qǔ tiān xià wánwan yǐ wú shì qǔ tiān xià wǒ zěn me zhī dào huì zhè yàng zi wú
事事的态度取天下玩玩（以无事取天下）。我怎么知道会这样子（吾

hé yǐ zhī qí rán zāi yòng hòu miàn zhè ge bàn fǎ guān chá yǐ cǐ tiān xià zhè yě bù néng
何以知其然哉）？用后面这个办法观察（以此）：天下这也不能

gàn nà yě bù néng gàn jì huì de shì qíng duō ér rén mín jiù yuè qióng tiān xià duō jì huì ér mín mí
干那也不能干，忌讳的事情多，而人民就越穷（天下多忌讳而民弥

pín rén mín shǒushàng de gè zhǒng lì hai de wǔ qì yuè duō guó jiā jiù huì gèng jiā hùn luàn mín
贫）；人民手上的各种厉害的武器越多，国家就会更加混乱（民

duō lì qì guó jiā zī hūn rén mín shǒu shàng de gè zhǒng jì qiǎo yuè duō xī qí gǔ guài de dōng
多利器，国家滋昏）；人民手上的各种技巧越多，稀奇古怪的东

xī jiù huì fā míng chū lái yuè duō rén duō jì qiǎo qí wù zī qǐ guó jiā de fǎ lǜ tiáo wén yuè
西就会发明出来越多（人多伎巧，奇物滋起）；国家的法律条文越

míng què dào zéi jiù yuè duō fǎ lìng zī zhāng dào zéi duō yǒu suǒ yǐ lǎo tóu zi shuō gù
明确，盗贼就越多（法令滋彰，盗贼多有）。所以，老头子说（故

shèng rén yún wǒ shá dōu bù zuò wéi rén mín huì zì wǒ jiào huà wǒ wú wéi ér mín zì huà wǒ
圣人云）：我啥都不作为，人民会自我教化（我无为而民自化），我

xǐ huan ān jìng rén mín jiù huì zì jǐ duān zhèng zuò hǎo wǒ hào jìng ér mín zì zhèng wǒ shá shì
喜欢安静，人民就会自己端正坐好（我好静而民自正），我啥事

yě méi yǒu lián shuì dōu bù shōu rén mín zì rán fù yù wǒ wú shì ér mín zì fù wǒ méi yǒu yù
也没有，连税都不收，人民自然富裕（我无事而民自富），我没有欲

wàng rén mín zì rán pǔ sù wǒ wú yù ér mín zì pǔ
望，人民自然朴素（我无欲而民自朴）。

◎备注

yī bān de shèng rén zhī qián yòng shì yǐ dàn rú guǒ shèng rén yào yún le yǒu shí
一般地，圣人之前用"是以"，但如果圣人要"云"了，有时

qián miàn yòng gù
前面用"故"。

第五十八章

qí zhèng mēn mēn qí mín chún chún qí zhèng chá chá qí mín quē quē huò xī fú
其政闷闷，其民淳淳；其政察察，其民缺缺。祸兮，福

zhī suǒ yǐ fú xī huò zhī suǒ fú shú zhī qí jí qí wú zhèng yé zhèng fù wéi qí
之所倚；福兮，祸之所伏。孰知其极？其无正邪？正复为奇，

shàn fù wéi yāo rén zhī mí qí rì gù jiǔ shì yǐ shèng rén fāng ér bù gē lián ér bù
善复为妖。人之迷，其日固久。是以圣人方而不割，廉而不

guì zhí ér bù sì guāng ér bù yào
刿，直而不肆，光而不耀。

◎本章记忆法：吾扒开看看

zhèng shì nà ge hěn mēn de dì fang wǒ bā kāi yī kàn yuán lái shì yī huǒ píng mín chǔn chǔn
正是那个很闷的地方，我扒开一看，原来是一伙平民，蠢蠢

de qí zhèng mēn mēn qí mín chún chún lìng yī gè dì fang zhèng chuán lái chā chā shēng kǎn
的（其政闷闷，其民淳淳）；另一个地方正传来"嚓嚓"声，砍

rén ne píng mín dōu bèi kǎn de zuǒ quē yī kuài yòu quē yī kuài le qí zhèng chá chá qí mín quē
人呐，平民都被砍得左缺一块，右缺一块了（其政察察，其民缺

quē zāi huò a yě bié pà qí shí shì fú qì de yī kào huò xī fú zhī suǒ yǐ fú qì
缺）。灾祸啊，也别怕，其实是福气的依靠（祸兮，福之所倚）；福气

a huò shuǐ jiù mái fú zài lǐ miàn fú xī huò zhī suǒ fú huò fú bù duàn hù xiāng zhuǎn huà
啊，祸水就埋伏在里面（福兮，祸之所伏）。祸福不断互相 转化，

shuí néng zhī dào tā men de zhōng diǎn shú zhī qí jí nán dào jiù wú zhèng què de dá àn le qí
谁能知道它们的 终点（孰知其极）？难道就无 正确的答案了（其

wú zhèng yé zhèng cháng de dōng xi huì biàn wéi qí guài de dōng xi zhèng fù wéi qí shàn liáng
无正邪）？ 正 常 的东西会变为奇怪的东西（正复为奇），善 良

de rén huì biàn chéng yāo guài shàn fù wéi yāo duì zhè ge wèn tí rén rén gǎn dào mí huò rén zhī
的人会变 成 妖怪（善复为妖）。对这个问题，人人感到迷惑（人之

mí zhè zhǒng rì zi yǐ fēi cháng cháng jiǔ le qí rì gù jiǔ suǒ yǐ lǎo tóu zi xiàng gè
迷），这种 日子已非常 长 久了（其日固久）。所以，老头子像个

zhèng fāng tǐ yǒu léng jiǎo dàn bù huì gē shāng rén shì yǐ shèng rén fāng ér bù gē jiù suàn shǒu
正 方体，有棱角但不会割 伤 人（是以圣人方而不割），就算手

shàng ná zhe lián dāo yě bù gē shāng bié rén lián ér bù guì zhèng zhí ér bù fàng sì zhí ér bù
上 拿着镰刀也不割 伤 别人（廉而不刿），正直而不放肆（直而不

sì yǒu guāng máng ér bù yào yǎn guāng ér bù yào
肆），有光 芒 而不耀眼（光而不耀）。

◎备注

lián yǔ lián tóng yīn jiè yòng
1.廉：与 "镰" 同音，借用。

guì gē shāng
2.刿：割伤。

⁓ 第五十九章 ⁓

zhì rén shì tiān mò ruò sè fú wéi sè shì wèi zǎo fú zǎo fú wèi zhī chóng jī dé
治人事天莫若啬。夫惟啬，是谓早服；早服谓之 重积德；

chóng jī dé zé wú bù kè wú bù kè zé mò zhī qí jí mò zhī qí jí kě yǐ yǒu guó
重 积德则无不克；无不克则莫知其极；莫知其极，可以有国；

yǒu guó zhī mǔ kě yǐ cháng jiǔ shì wèi shēn gēn gù dǐ cháng shēng jiǔ shì zhī dào
有国之母，可以长久。是谓深根固柢、长生久视之道。

◎本章记忆法：五十九岁等退休

wǔ shí jiǔ suì míng nián yào tuì xiū le suǒ yǐ yào shěng diǎn lì bù lùn guǎn lǐ rén hái shi
五十九岁，明年要退休了，所以要 省 点力。不论管理人还是

jì tiān dōu bù rú néng shěng lì jiù shěng lì zhì rén shì tiān mò ruò sè zhàng fū wéi le shěng
祭天，都不如能 省 力就 省 力（治人事天莫若啬）。丈夫为了 省

力，所以要坚持吃早饭（夫惟啬，是谓早服）；吃早饭就是重视身
体，为自己积德少生病（早服谓之重积德）；重视积德不生病就
没有不可克服的困难（重积德则无不克）；没有不可克服的困难就不
知道终点在哪（无不克则莫知其极）；不知终点在哪，就可以拥
有国家（莫知其极，可以有国）；拥有国家的母亲那就是皇后，千
岁啊，一定长寿（有国之母，可以长久）。这就是很深的根、很
牢固的基础，长生不老永久看电视的道理（是谓深根固柢、长
生久视之道）。

◎备注

1.啬：节俭。

2.重：多音字，记忆时借用读"zhòng"音时的含义，意指重
视。

🍂 第六十章 🍂

治大国若烹小鲜。以道莅天下，其鬼不神；非其鬼不神，
其神不伤人；非其神不伤人，圣人亦不伤人。夫两不相伤，
故德交归焉。

◎本章记忆法：六十岁退休当厨师

领导从岗位上退下来后，发现治理大国就如同煎小鱼一样
（治大国若烹小鲜）。派道士莅临天下，鬼就不敢装神弄鬼了

yǐ dào lì tiān xià　　 qí guǐ bù shén　　　 bù shì guǐ bù gǎn zhuāng shén nòng guǐ　　 ér shì zhuāng shén

（以道莅天下，其鬼不神）；不是鬼不敢　装　神弄鬼，而是　装　神

nòng guǐ yě bù shāng hài rén　　 fēi qí guǐ bù shén　　qí shén bù shāng rén　　　 bù shì zhuāng shén nòng

弄鬼也不伤害人（非其鬼不神，其神不伤人）；不是　装　神弄

guǐ bù shāng hài rén　　 lǎo tóu zi yě bù shāng hài rén　　 fēi qí shén bù shāng rén　　shèng rén yì bù shāng

鬼不伤害人，老头子也不伤害人（非其神不伤人，圣人亦不　伤

rén　　　 guǐ hé lǎo tóu liǎng bù hù xiāng shāng hài　　 suǒ yǐ dé jiù quán bù jiāo gěi tā men　　 guī tā men

人）。鬼和老头两不互相　伤害，所以德就全部交给他们，归他们

suǒ yǒu le　　　 fú liǎng bù xiāng shāng　　 gù dé jiāo guī yān

所有了（夫两不相伤，故德交归焉）。

🌀 第六十一章 🌀

dà guó zhě xià liú　　 tiān xià zhī jiāo　　 tiān xià zhī pìn　　 pìn héng yǐ jìng shèng mǔ　　　 yǐ

大国者下流，天下之交。天下之牝，牝恒以静胜牡。以

jìng wéi xià　　　 gù dà guó yǐ xià xiǎo guó　　 zé qǔ xiǎo guó　　 xiǎo guó yǐ xià dà guó　　 zé qǔ dà

静为下。故大国以下小国，则取小国；小国以下大国，则取大

guó　　　 gù huò xià yǐ qǔ　　 huò xià ér qǔ　　 dà guó bù guò yù jiān xù rén　　 xiǎo guó bù guò yù

国。故或下以取，或下而取。大国不过欲兼畜人，小国不过欲

rù shì rén　　　 fú liǎng zhě gè dé qí suǒ yù　　 dà zhě yí wéi xià

入事人。夫两者各得其所欲，大者宜为下。

◎本章记忆法：水流向一个低处

dà guó yī dìng chǔ zài xià yóu　　 rú tóng dà hǎi chǔ yú dī wèi cái néng róng nà bǎi chuān　 tiān xià cái

大国一定处在下游，如同大海处于低位才能容纳百川，天下才

huì zài cǐ chù jiāo huì　　 dà guó zhě xià liú　　 tiān xià zhī jiāo　　 quán tiān xià de cí xìng dōu yǐ jìng shèng

会在此处交汇（大国者下流，天下之交）。全天下的雌性都以静　胜

xióng xìng　　 tiān xià zhī pìn　　 pìn héng yǐ jìng shèng mǔ　　 wǒ yǐ wéi ān jìng děng yú chǔ yú jiāng hé de

雄　性（天下之牝，牝恒以静胜牡）。我以为安静等于处于江河的

xià yóu　　 yǐ jìng wéi xià　　　 suǒ yǐ　　 dà guó chǔ yú xiǎo guó de xià yóu jiù huì qǔ dé xiǎo guó de xìn rèn

下游（以静为下）。所以，大国处于小国的下游就会取得小国的信任

gù dà guó yǐ xià xiǎo guó　　 zé qǔ xiǎo guó　　 xiǎo guó chǔ yú dà guó de xià yóu jiù huì qǔ dé dà guó

（故大国以下小国，则取小国）；小国处于大国的下游就会取得大国

de xìn rèn　　 xiǎo guó yǐ xià dà guó　　 zé qǔ dà guó　　　 suǒ yǐ　　 huò zhě zài xià yóu yǐ qǔ dé xiǎo guó

的信任（小国以下大国，则取大国）。所以，或者在下游以取得小国

de xìn rèn　　 huò zhě zài xià yóu ér qǔ dé dà guó de xìn rèn　　 gù huò xià yǐ qǔ　　 huò xià ér qǔ

的信任，或者在下游而取得大国的信任（故或下以取，或下而取）。

dà guó bù guò xiǎng xiǎo guó tuán jié zài zì jǐ zhōu wéi　　 xiǎo guó bù guò xiǎng dāng gè dà guó de gēn bān

大国不过　想　小国团结在自己周围，小国不过　想　当个大国的跟班

dà guó bù guò yù jiān xù rén　　 xiǎo guó bù guò yù rù shì rén　　 dà guó　 xiǎo guó liǎng zhě yào gè zì

（大国不过欲兼畜人，小国不过欲入事人），大国、小国两者要各自

mǎn zú zì jǐ de yù wàng　fú liǎng zhě gè dé qí suǒ yù　　nà jiù dà guó shì yí chǔ yú xià yóu　dà
满足自己的欲望（夫两者各得其所欲），那就大国适宜处于下游（大

zhě yí wéi xià
者宜为下）。

❧ 第六十二章 ❧

dào zhě　　　wàn wù zhī ào　　shàn rén zhī bǎo　　bù shàn rén zhī suǒ bǎo　　měi yán kě yǐ shì
道者，万物之奥。善人之宝，不善人之所保。美言可以市，

zūn xíng kě yǐ jiā rén　　rén zhī bù shàn　　hé qì zhī yǒu　　gù lì tiān zǐ　　zhì sān gōng　suī
尊行可以加人。人之不善，何弃之有？故立天子，置三公，虽

yǒu gǒng bì　　yǐ xiān sì mǎ　　bù rú zuò jìn cǐ dào　　gǔ zhī suǒ yǐ guì cǐ dào zhě hé　bù
有拱璧，以先驷马，不如坐进此道。古之所以贵此道者何？不

yuē　　qiú yǐ dé　　yǒu zuì yǐ miǎn yé　　gù wéi tiān xià guì
曰：求以得，有罪以免邪！故为天下贵。

◎本章记忆法：留个儿子当宝贝

dào zhè ge dōng xi　xiàng ér zi yī yàng bǎo guì　　wàn wù de ào miào　tā dōu zhī dào　　dào
道这个东西，像儿子一样宝贵，万物的奥妙，它都知道（道

zhě　wàn wù zhī ào　　dāng rán shì shàn rén de bǎo bèi　shàn rén zhī bǎo　　huài rén kě yǐ yòng lái bǎo
者，万物之奥）。当然是善人的宝贝（善人之宝），坏人可以用来保

mìng　bù shàn rén zhī suǒ bǎo　　měi hǎo de yǔ yán kě yǐ zài shì chǎng shàng jiāo liú mǎi mài　měi yán kě
命（不善人之所保）。美好的语言可以在市场上交流买卖（美言可

yǐ shì　　shòu rén zūn zhòng de xíng wéi kě yǐ gāo rén yī děng　zūn xíng kě yǐ jiā rén　rén zhōng de
以市），受人尊重的行为可以高人一等（尊行可以加人）。人中的

huài rén　wèi hé fàng qì　yǒu shá lǐ yóu　rén zhī bù shàn　hé qì zhī yǒu　　suǒ yǐ　rén jiā
坏人，为何放弃，有啥理由（人之不善，何弃之有）？所以，人家

bǎ nǐ lì wéi tiān zǐ　　gù lì tiān zǐ　　bǎ nǐ fàng zài sān gōng de wèi zi shàng　zhì sān gōng　suī
把你立为天子（故立天子），把你放在三公的位子上（置三公），虽

rán gǒng shǒu sòng shàng bì yù　suī yǒu gǒng bì　　hái xiān ràng sì pǐ mǎ lā zhe　　yǐ xiān sì mǎ
然拱手送上璧玉（虽有拱璧），还先让四匹马拉着（以先驷马），

bù rú zuò zài nà lǐ jìn xiàn　dào　zhè ge bǎo bèi　bù rú zuò jìn cǐ dào　　gǔ dài rén zhī suǒ yǐ
不如坐在那里进献"道"这个宝贝（不如坐进此道）。古代人之所以

zhēn guì dào zhè dōng xi shì wèi le shén me ne　　gǔ zhī suǒ yǐ guì cǐ dào zhě hé　　bù shì shuō xī
珍贵道这东西是为了什么呢（古之所以贵此道者何）？不是说希

wàng yǒu qiú bì yìng　　bù yuē　qiú yǐ dé　　yǒu zuì kě yǐ miǎn chú ma　　suǒ yǐ wéi tiān xià suǒ zhēn
望有求必应（不曰：求以得），有罪可以免除吗？所以为天下所珍

guì　　yǒu zuì yǐ miǎn yé　　gù wéi tiān xià guì
贵（有罪以免邪！故为天下贵）。

第六十三章

^{wéi wú wéi} ^{shì wú shì} ^{wèi wú wèi} ^{dà xiǎo duō shǎo} ^{tú nán yú qí yì} ^{wéi dà}
为无为，事无事，味无味。大小多少。图难于其易，为大
^{yú qí xì} ^{tiān xià nán shì bì zuò yú yì} ^{tiān xià dà shì bì zuò yú xì} ^{shì yǐ shèng rén}
于其细。天下难事必作于易，天下大事必作于细。是以圣人
^{zhōng bù wéi dà} ^{gù néng chéng qí dà} ^{fú qīng nuò bì guǎ xìn} ^{duō yì bì duō nán} ^{shì yǐ}
终不为大，故能成其大。夫轻诺必寡信，多易必多难。是以
^{shèng rén yóu nán zhī} ^{gù zhōng wú nán yǐ}
圣人犹难之，故终无难矣。

◎本章记忆法：遛弯

^{wān lù} ^{liù wān} ^{mǒu xiē fāng yán zhōng zhǐ} ^{sàn bù} ^{xiǎng gàn shá} ^{méi shá kě}
3：弯路。63：遛弯，某些方言中指"散步"。想干啥？没啥可
^{gàn} ^{wéi wú wéi} ^{yǒu shì ma} ^{wú shì} ^{shì wú shì} ^{yǒu wèi ma} ^{wú wèi} ^{wèi wú wèi}
干（为无为）。有事吗？无事（事无事）。有味吗？无味（味无味）。
^{nà jiù liù wān qù bei} ^{liù wān shí xiǎng dào} ^{dà yǔ xiǎo} ^{duō yǔ shǎo dōu shì xiāng hù zhuǎn huà de}
那就遛弯去呗。遛弯时想到，大与小、多与少都是相互转化的
^{dà xiǎo duō shǎo} ^{shì tú zuò nán de shì yào xiān cóng róng yì chù zhuó shǒu} ^{tú nán yú qí yì} ^{gàn}
（大小多少）。试图做难的事要先从容易处着手（图难于其易），干
^{dà shì de rén yào xiān cóng xì xiǎo chù zhuó shǒu} ^{wéi dà yú qí xì} ^{tiān xià nán shì bì dìng cóng yì shì}
大事的人要先从细小处着手（为大于其细）。天下难事必定从易事
^{fā zhǎn qǐ lái} ^{tiān xià nán shì bì zuò yú yì} ^{tiān xià dà shì bì cóng xiǎo shì fā zhǎn qǐ lái} ^{tiān}
发展起来（天下难事必作于易），天下大事必从小事发展起来（天
^{xià dà shì bì zuò yú xì} ^{suǒ yǐ} ^{lǎo tóu zi zǒng bù rèn wéi zì jǐ nián jì dà} ^{yīn cǐ néng chéng}
下大事必作于细）。所以，老头子总不认为自己年纪大，因此能 成
^{wéi lǎo dà} ^{shì yǐ shèng rén zhōng bù wéi dà} ^{gù néng chéng qí dà} ^{qīng yì chéng nuò de rén bì}
为老大（是以圣人终不为大，故能成其大）。轻易承诺的人必
^{dìng shǎo yǒu zhí dé xìn rèn de} ^{fú qīng nuò bì guǎ xìn} ^{bǎ shì qíng kàn de tài róng yì bì dìng huì}
定少有值得信任的（夫轻诺必寡信），把事情看得太容易必定会
^{zāo yù gèng duō de kùn nan} ^{duō yì bì duō nán} ^{suǒ yǐ lǎo tóu zi zǒng shì jué de yǒu xǔ duō kùn nan}
遭遇更多的困难（多易必多难）。所以老头子总是觉得有许多困难，
^{yīn cǐ zuì zhōng méi yǒu kùn nan} ^{shì yǐ shèng rén yóu nán zhī} ^{gù zhōng wú nán yǐ}
因此最终没有困难（是以圣人犹难之，故终无难矣）。

第六十四章

其安易持，其未兆易谋，其脆易泮，其微易散。为之于未
有，治之于未乱。合抱之木，生于毫末；九层之台，起于累
土；千里之行，始于足下。为者败之，执者失之。是以圣人
无为，故无败；无执，故无失。民之从事，恒于几成而败之。
慎终如始，则无败事。是以圣人欲不欲，不贵难得之货；学
不学，复众人之所过。以辅万物之自然，而不敢为。

◎本章记忆法：又滑溜又细的东西

又滑溜又细的东西有四样："安"放在桌子上的玻璃杯、还没
有发芽征"兆"的种子、干"脆"易断的面条、"微"小的细菌。
所以，又滑溜又细的东西放在安全的地方容易持牢（其安易持），
事情还没出现苗头容易谋划（其未兆易谋），脆弱的东西容易消
解（其脆易泮），微少的东西容易让它们散开（其微易散）。处理
问题要从问题没有发生的时候动手（为之于未有），治理国家从
还未动乱的时候开始（治之于未乱）。后面三句的记忆方法是，一
棵树，一座楼，一个人：一人可以抱住的大树，出生时是细小的
树苗（合抱之木，生于毫末）；九层高的大楼，开始时的工作是把
泥土累积起来（九层之台，起于累土）；高楼造成后，一个人看风
景，看见另一个人要出发到千里之外（千里之行，始于足下）。这个
人要走，就让他走吧。去打他，要失败的（为者败之），抓他，他要
逃脱的（执者失之）。所以，聪明的老头子不会去打他，也就不会失

败（是以圣人无为，故无败）；不去抓他，也就不会让他逃脱（无
执，故无失）。人民办事总在接近胜利时失败（民之从事，恒于几
成而败之）。一直到终点都慎重如同开始的时候，就不会有失
败的事（慎终如始，则无败事）。所以，老头子只想得到别人不想
得到的东西，不看重难以得到的珠宝之类的货物（是以圣人欲不
欲，不贵难得之货）。学别人不想学的东西，以用来修复别人的过
错（学不学，复众人之所过），以辅助万物自然变化，而不敢为所
欲为（以辅万物之自然，而不敢为）。

第六十五章

古之善为道者，非以明民，将以愚之。民之难治，以其智
多。故以智治国，国之贼；不以智治国，国之福。知此两者亦
稽式。恒知稽式，是谓玄德。玄德深矣，远矣，与物反矣，然
后乃至大顺。

◎本章记忆法：修道五十年后开始治国

第十五章开头"古之善为士者"可记作十五岁，第六十五章
为六十五岁，从十五岁"为士"开始当知识分子一直到六十五岁出
来治国，等于修道五十年。

古代善于推行大道治国的人（古之善为道者），不是使人民变
聪明（非以明民），而是让他们变愚蠢（将以愚之）。人民难治，因

wéi zhì huì tài duō   mín zhī nán zhì   yǐ qí zhì duō   suǒ yǐ   yǐ zhì huì zhì guó de rén   shì hài
为 智 慧 太 多（民 之 难 治，以 其 智 多）。所 以，以 智 慧 治 国 的 人，是 害

guó zéi   gù yǐ zhì zhì guó   guó zhī zéi   bù yǐ zhì huì zhì guó   shì guó jiā de fú fèn   bù yǐ
国 贼（故 以 智 治 国，国 之 贼）；不 以 智 慧 治 国，是 国 家 的 福 分（不 以

zhì zhì guó   guó zhī fú   zhī dào zhè liǎng gè yě jiù hǎo xiàng jì zhù le huá jī de gōng shì   zhī cǐ
智 治 国，国 之 福）。知 道 这 两 个 也 就 好 像 记 住 了 滑 稽 的 公 式（知 此

liǎng zhě yì jī shì   yǒng yuǎn jì de zhè ge huá jī de gōng shì de rén jiù shì liú bèi   héng zhī jī shì
两 者 亦 稽 式）。永 远 记 得 这 个 滑 稽 的 公 式 的 人 就 是 刘 备（恒 知 稽 式，

shì wèi xuán dé   liú bèi gāo shēn a   xuán dé shēn a   yòu pǎo yuǎn le   yuǎn yǐ   yǔ wàn wù
是 谓 玄 德）。刘 备 高 深 啊（玄 德 深 矣），又 跑 远 了（远 矣），与 万 物

de fāng xiàng xiāng fǎn a   yǔ wù fǎn yǐ   rán hòu tā què yuè pǎo yuè shùn liu le   rán hòu nǎi zhì dà
的 方 向 相 反 啊（与 物 反 矣），然 后 他 却 越 跑 越 顺 溜 了（然 后 乃 至 大

shùn
顺）。

第六十六章

jiāng hǎi suǒ yǐ néng wéi bǎi gǔ wáng zhě   yǐ qí shàn xià zhī   gù néng wéi bǎi gǔ wáng
江 海 所 以 能 为 百 谷 王 者，以 其 善 下 之，故 能 为 百 谷 王。

shì yǐ yù shàng mín   bì yǐ yán xià zhī   yù xiān mín   bì yǐ shēn hòu zhī   shì yǐ shèng rén
是 以 欲 上 民，必 以 言 下 之；欲 先 民，必 以 身 后 之。是 以 圣 人

chǔ shàng ér mín bù zhòng   chǔ qián ér mín bù hài   shì yǐ tiān xià lè tuī ér bù yàn   yǐ qí
处 上 而 民 不 重，处 前 而 民 不 害。是 以 天 下 乐 推 而 不 厌。以 其

bù zhēng   gù tiān xià mò néng yǔ zhī zhēng
不 争，故 天 下 莫 能 与 之 争。

◎ **本章记忆法：水流流向江海**

jiāng hǎi zhī suǒ yǐ chéng wéi bǎi gǔ zhī wáng   jiāng hǎi suǒ yǐ néng wéi bǎi gǔ wáng zhě   shì yīn
江 海 之 所 以 成 为 百 谷 之 王（江 海 所 以 能 为 百 谷 王 者），是 因

tā shàn yú zài shuǐ de xià yóu   yǐ qí shàn xià zhī   suǒ yǐ chéng wéi bǎi gǔ zhī wáng   gù néng wéi
它 善 于 在 水 的 下 游（以 其 善 下 之），所 以 成 为 百 谷 之 王（故 能 为

bǎi gǔ wáng   suǒ yǐ   xiǎng zhàn zài rén mín zhī shàng   bì xū shuō huà qiān xià   shì yǐ yù shàng mín
百 谷 王）。所 以，想 站 在 人 民 之 上，必 须 说 话 谦 下（是 以 欲 上 民，

bì yǐ yán xià zhī   xiǎng zài rén mín qián miàn yǐn dǎo   bì xū zhì shēn yú rén mín de hòu miàn   yù xiān
必 以 言 下 之）；想 在 人 民 前 面 引 导，必 须 置 身 于 人 民 的 后 面（欲 先

mín   bì yǐ shēn hòu zhī   suǒ yǐ shèng rén zhàn zài rén mín shàng miàn ér rén mín bù jué de yǒu zhòng
民，必 以 身 后 之）。所 以 圣 人 站 在 人 民 上 面 而 人 民 不 觉 得 有 重

liàng   chǔ zài rén mín qián miàn ér rén mín jué de méi yǒu wēi hài   shì yǐ shèng rén chǔ shàng ér mín bù
量，处 在 人 民 前 面 而 人 民 觉 得 没 有 危 害（是 以 圣 人 处 上 而 民 不

zhòng   chǔ qián ér mín bù hài   suǒ yǐ tiān xià rén lè yú tuī jǔ tā ér bù tǎo yàn tā   shì yǐ tiān xià
重，处 前 而 民 不 害）。所 以 天 下 人 乐 于 推 举 他 而 不 讨 厌 他（是 以 天 下

lè tuī ér bù yàn　　　yīn wéi bù yǔ bié rén zhēng dòu　　suǒ yǐ tiān xià méi yǒu néng yǔ tā xiāng zhēng de
乐推而不厌）。因为不与别人争斗，所以天下没有能与他相争的
duì shǒu　yǐ qí bù zhēng　gù tiān xià mò néng yǔ zhī zhēng
对手（以其不争，故天下莫能与之争）。

❧ 第六十七章 ❧

tiān xià jiē wèi wǒ dào dà　　sì bù xiào　fú wéi dà　　gù sì bù xiào　ruò xiào　jiǔ
天下皆谓我道大，似不肖。夫惟大，故似不肖。若肖，久
yǐ qí xì yě fú　　wǒ yǒu sān bǎo　chí ér bǎo zhī　yī yuē cí　　èr yuē jiǎn　sān yuē bù
矣其细也夫！我有三宝，持而保之。一曰慈，二曰俭，三曰不
gǎn wéi tiān xià xiān　cí　　gù néng yǒng　jiǎn　　gù néng guǎng　bù gǎn wéi tiān xià xiān　gù
敢为天下先。慈，故能勇；俭，故能广；不敢为天下先，故
zhǎng　jīn shě cí qiě yǒng　shě jiǎn qiě guǎng　shě hòu qiě xiān　sǐ yǐ　fú cí　yǐ zhàn zé
长。今舍慈且勇，舍俭且广，舍后且先，死矣。夫慈，以战则
shèng　yǐ shǒu zé gù　tiān jiāng jiù zhī　yǐ cí wèi zhī
胜，以守则固。天将救之，以慈卫之。

◎本章记忆法：留级

tiān xià rén dōu shuō wǒ de dào dà de lí pǔ　　tiān xià jiē wèi wǒ dào dà　　hǎo xiàng shén me dōu
天下人都说我的道大得离谱（天下皆谓我道大），好像什么都
bù xiàng　sì bù xiào　tā men yǐ wéi wǒ zhǐ huì chuī niú　jiù ràng wǒ liú jí　qí shí　zhǐ shì yīn
不像（似不肖）。他们以为我只会吹牛，就让我留级。其实，只是因
wèi dà　cái hǎo xiàng shén me dōu bù xiàng　fú wéi dà　gù sì bù xiào　rú guǒ xiàng gè shá　zǎo
为大，才好像什么都不像（夫惟大，故似不肖）。如果像个啥，早
jiù biàn de hěn xì xiǎo le　ruò xiào　jiǔ yǐ qí xì yě fú　hǎo ba　wǒ yǒu sān jiàn xiǎo bǎo bèi
就变得很细小了（若肖，久矣其细也夫）！好吧，我有三件小宝贝
dào shì hěn xiǎo　xiàn zài ná chū lái nǐ ná hǎo　bǎo hù hǎo　wǒ yǒu sān bǎo　chí ér bǎo zhī　dì
倒是很小，现在拿出来你拿好，保护好（我有三宝，持而保之）：第
yī jiàn shì cí　yī yuē cí　dì èr jiàn shì jié jiǎn　èr yuē jiǎn　dì sān jiàn shì bù yào chū tóu
一件是慈（一曰慈），第二件是节俭（二曰俭），第三件是不要出头，
qiāng dǎ chū tóu niǎo　sān yuē bù gǎn wéi tiān xià xiān　yīn wèi nǐ cí　suǒ yǐ shǒu xià rén jiù huì yǒng
枪打出头鸟（三曰不敢为天下先）。因为你慈，所以手下人就会勇
gǎn　cí　gù néng yǒng　nǐ jié jiǎn　suǒ yǐ jiù néng tuán jié guǎng dà rén mín qún zhòng　jiǎn
敢（慈，故能勇）；你节俭，所以就能团结广大人民群众（俭，
gù néng guǎng　nǐ bù chū tóu　lǎo zài hòu miàn　suǒ yǐ jiù chéng le zài hòu miàn zhǐ huī shì bīng chōng
故能广）；你不出头，老在后面，所以就成了在后面指挥士兵冲
fēng de zhǎng guān　bù gǎn wéi tiān xià xiān　gù zhǎng　dàn xiàn zài　nǐ bù cí què yào bié rén yǒng gǎn
锋的长官（不敢为天下先，故长）。但现在，你不慈却要别人勇敢
jīn shě cí qiě yǒng　nǐ bù jié jiǎn què yào guǎng dà rén mín qún zhòng tuán jié zài nǐ zhōu wéi　shě
（今舍慈且勇），你不节俭却要广大人民群众团结在你周围（舍

俭却要广大人民群众团结在你周围（舍

jiǎn qiě guǎng　　nǐ zì jǐ bù zài hòu miàn zhǐ huī què chōng zài qián miàn　　shě hòu qiě xiān　　zhǎo sǐ a
俭且广），你自己不在后面指挥却冲在前面（舍后且先），找死啊

　　sǐ yǐ　　rén cí zuì zhòng yào　　fú cí　　yòng yú zhàn zhēng bì néng qǔ shèng　yǐ zhàn zé shèng
（死矣）。仁慈最重要（夫慈），用于战争必能取胜（以战则胜），

yòng yú shǒu wèi yī dìng jiān gù　　yǐ shǒu zé gù　　　lǎo tiān yào jiù nǐ　　jiù yòng cí lái bǎo wèi nǐ
用于守卫一定坚固（以守则固）。老天要救你，就用慈来保卫你

　　tiān jiāng jiù zhī　　yǐ cí wèi zhī
（天将救之，以慈卫之）。

第六十八章

shàn wéi shì zhě　　bù wǔ　shàn zhàn zhě　　bù nù　shàn shèng dí zhě　　bù yǔ　shàn
善为士者，不武；善战者，不怒；善胜敌者，不与；善

yòng rén zhě　　wéi zhī xià　shì wèi bù zhēng zhī dé　shì wèi yòng rén zhī lì　shì wèi pèi tiān
用人者，为之下。是谓不争之德，是谓用人之力，是谓配天、

gǔ zhī jí
古之极。

◎本章记忆法：溜吧

　　yī gè yōu xiù de zhī shí fèn zǐ bù huì hé bié rén dòng wǔ　　shàn wéi shì zhě　　bù wǔ　　yī tīng
一个优秀的知识分子不会和别人动武（善为士者，不武）。一听

shuō dòng wǔ　　jiù liū ba　　liū bù diào　　jiù zhǐ hǎo kāi zhàn le　　zhī shí fèn zǐ yǐ zhì huì qǔ shèng
说动武，就溜吧。溜不掉，就只好开战了。知识分子以智慧取胜，

ér qiě xiū yǎng hǎo　　jí shǐ kāi zhàn yě bù fā pí qì　　shàn zhàn zhě　　bù nù　　yī kāi zhàn jiù shàn
而且修养好，即使开战也不发脾气（善战者，不怒），一开战就善

yú qǔ dé shèng lì　　sī háo bù gěi duì shǒu jī huì　　shàn shèng dí zhě　　bù yǔ　　shàn yú yòng rén
于取得胜利，丝毫不给对手机会（善胜敌者，不与）；善于用人

de rén　　yán cí qiān xià　　shàn yòng rén zhě　　wéi zhī xià　　zhè jiù shì suǒ wèi bù yǔ bié rén zhēng dòu
的人，言辞谦下（善用人者，为之下）。这就是所谓不与别人争斗

de hǎo pǐn dé　　shì wèi bù zhēng zhī dé　　jiù shì suǒ wèi néng yùn yòng bié rén de lì liàng　　shì wèi
的好品德（是谓不争之德），就是所谓能运用别人的力量（是谓

yòng rén zhī lì　　jiù shì suǒ wèi néng pèi de shàng tiān dì　　gǔ rén jí hǎo de bàn fǎ le　　shì wèi pèi
用人之力），就是所谓能配得上天帝、古人极好的办法了（是谓配

tiān　gǔ zhī jí
天、古之极）。

第六十九章

yòng bīng yǒu yán　　wú bù gǎn wéi zhǔ ér wéi kè　　bù gǎn jìn cùn ér tuì chǐ　　shì wèi
用兵有言："吾不敢为主而为客，不敢进寸而退尺。"是谓

xíng wú háng　rǎng wú bì　rēng wú dí　zhí wú bīng　huò mò dà yú qīng dí　qīng dí jī sàng
行无行，攘无臂，扔无敌，执无兵。祸莫大于轻敌，轻敌几丧

wú bǎo　　gù kàng bīng xiāng jiā　　āi zhě shèng yǐ
吾宝。故抗兵相加，哀者胜矣。

◎本章记忆法：能溜就溜

dǎ zhàng le　　bù liū děng sǐ　yòng bīng dǎ zhàng yǒu jù gǔ huà　yòng bīng yǒu yán　　wǒ bù
打仗了，不溜等死。用兵打仗有句古话（用兵有言）："我不

gǎn dāng zhǔ rén ér zhǐ zuò wéi kè rén　　wú bù gǎn wéi zhǔ ér wéi kè　　bù gǎn qián jìn yī cùn ér zhǐ
敢当主人而只作为客人（吾不敢为主而为客），不敢前进一寸而只

huì táo pǎo yī chǐ　　bù gǎn jìn cùn ér tuì chǐ　　jiù shì shuō　xiǎng bǎ bù duì pái chéng háng liè yòu
会逃跑一尺（不敢进寸而退尺）。"就是说，想把部队排成行列又

pái bù chéng háng liè　　shì wèi xíng wú háng　　xiǎng rēng shǒu liú dàn què méi yǒu shǒu bì　rǎng wú bì
排不成行列（是谓行无行），想扔手榴弹却没有手臂（攘无臂），

xīn lǐ réng rán yǐ wéi tiān xià wú dí le　　rēng wú dí　　xiǎng zhuā gè shì bīng què yòu méi yǒu shì bīng kě
心里仍然以为天下无敌了（扔无敌），想抓个士兵却又没有士兵可

zhuā　　zhí wú bīng　　què shí　huò hài zhī dà mò yú qīng dí　huò mò dà yú qīng dí　　qīng dí jī
抓（执无兵）。确实，祸害之大莫于轻敌（祸莫大于轻敌），轻敌几

hū sàng shī le wǒ de xìng mìng　qīng dí jī sàng wú bǎo　　xìng hǎo xué huì néng liū jiù liū　suǒ yǐ
乎丧失了我的性命（轻敌几丧吾宝）。幸好学会能溜就溜。所以，

rú guǒ xiāng hù duì kàng de bīng lì chā bu duō　　gù kàng bīng xiāng jiā　　nǐ yī dìng yào xué huì āi jiào
如果相互对抗的兵力差不多（故抗兵相加），你一定要学会哀叫

jiù mìng　　zhè yàng nǐ jiù néng shèng lì le　　āi zhě shèng yǐ
救命，这样你就能胜利了（哀者胜矣）。

第七十章

wú yán shèn yì zhī　shèn yì xíng　tiān xià mò néng zhī　　mò néng xíng　yán yǒu zōng　shì
吾言甚易知，甚易行。天下莫能知，莫能行。言有宗，事

yǒu jūn　fú wéi wú zhī　shì yǐ bù wǒ zhī　zhī wǒ zhě xī　zé wǒ zhě guì　shì yǐ
有君。夫惟无知，是以不我知。知我者希，则我者贵。是以

shèng rén pī hè huái yù
圣人被褐怀玉。

◎本章记忆法：古稀老人的感慨

_{rén huó qī shí gǔ lái xī} _{wǒ de huà yǐ jiǎng le qī shí nián} _{hěn róng yì dǒng} _{wú yán shèn yì}
人活七十古来稀。我的话已讲了七十年，很容易懂（吾言甚易

_{zhī} _{hěn róng yì shí xíng} _{shèn yì xíng} _{kě shì} _{tiān xià méi rén néng dǒng} _{tiān xià mò néng zhī}
知），很容易实行（甚易行），可是，天下没人能懂（天下莫能知），

_{méi rén néng shí xíng} _{mò néng xíng} _{wǒ shuō de huà} _{dōu shì yǒu zhǔ tí de} _{yán yǒu zōng} _{zuò}
没人能实行（莫能行）。我说的话，都是有主题的（言有宗），做

_{de shì yě shì yǒu zhòng diǎn de} _{shì yǒu jūn} _{zhè zhǐ shì yīn wèi tiān xià rén wú zhī} _{fú wéi wú zhī}
的事也是有重点的（事有君）。这只是因为天下人无知（夫惟无知），

_{rú cǐ wú zhī de yuán yīn bù shì wǒ suǒ néng zhī dào de} _{shì yǐ bù wǒ zhī} _{zhī dào wǒ de rén hěn}
如此无知的原因不是我所能知道的（是以不我知）。知道我的人很

_{xī shǎo} _{zhī wǒ zhě xī} _{xué wǒ de rén hěn zhēn guì} _{zé wǒ zhě guì} _{suǒ yǐ shèng rén pī zhe cū}
稀少（知我者希），学我的人很珍贵（则我者贵）。所以圣人披着粗

_{má yī fu} _{kàn qǐ lái hěn xún cháng ér huái zhe bì yù} _{shì yǐ shèng rén pī hè huái yù}
麻衣服，看起来很寻常而怀着璧玉（是以圣人被褐怀玉）。

～ 第七十一章 ～

_{zhī bù zhī} _{shàng} _{bù zhī zhī} _{bìng} _{fú wéi bìng bìng} _{shì yǐ bù bìng} _{shèng rén bù}
知不知，上；不知知，病；夫惟病病，是以不病。圣人不

_{bìng} _{yǐ qí bìng bìng} _{shì yǐ bù bìng}
病，以其病病，是以不病。

◎本章记忆法：七十一岁病多

_{qī shí yī suì} _{gǔ xī zhī nián yòu duō yī suì} _{bìng gèng duō le} _{wén zhōng yǒu hěn duō bìng}
七十一岁，古稀之年又多一岁，病更多了。文中有很多病。

_{zhī dào zì jǐ shén me bù zhī dào} _{shàng děng rén} _{méi máo bìng} _{zhī bù zhī} _{shàng} _{bù zhī dào zì}
知道自己什么不知道，上等人，没毛病（知不知，上）；不知道自

_{jǐ yǒu bù zhī dào de dì fang} _{yǒu máo bìng le} _{bù zhī zhī} _{bìng} _{zhǐ yǒu bǎ máo bìng dàng zuò máo}
己有不知道的地方，有毛病了（不知知，病）；只有把毛病当作毛

_{bìng zhì liáo} _{suǒ yǐ méi máo bìng} _{fú wéi bìng bìng} _{shì yǐ bù bìng} _{shèng rén méi máo bìng} _{shèng rén}
病治疗，所以没毛病（夫惟病病，是以不病）。圣人没毛病（圣人

_{bù bìng} _{yīn wèi tā bǎ máo bìng dàng zuò máo bìng zhì liáo} _{yǐ qí bìng bìng} _{suǒ yǐ méi yǒu máo bìng}
不病），因为他把毛病当作毛病治疗（以其病病），所以没有毛病

_{shì yǐ bù bìng}
（是以不病）。

第七十二章

mín bù wèi wēi　　zé dà wēi zhì　　wú xiá qí suǒ jū　　wú yàn qí suǒ shēng　　fú wéi bù yàn
民不畏威，则大威至；无狭其所居，无厌其所生。夫惟不厌，
shì yǐ bù yàn　　shì yǐ shèng rén zì zhī bù zì xiàn　　zì ài bù zì guì　　gù qù bǐ qǔ cǐ
是以不厌。是以圣人自知不自见，自爱不自贵。故去彼取此。

◎**本章记忆法：记住两件事**

jì zhù liǎng gè fāng miàn de liǎng gè wèn tí　　yī shì liǎng gè wēi　　èr shì rén mín de zhù fáng hé
记住两个方面的两个问题，一是两个威，二是人民的住房和
shēng huó zhuàng kuàng　rú guǒ rén mín bù pà wēi xié　　nǐ de gèng dà de wēi xié jiù dào le　　mín bù wèi
生活状况。如果人民不怕威胁，你的更大的威胁就到了（民不畏
wēi　　zé dà wēi zhì　　bù yào ràng rén mín zhù fáng hěn xiá zhǎi　　wú xiá qí suǒ jū　　yě bù yào yā
威，则大威至）；不要让人民住房很狭窄（无狭其所居），也不要压
zhà rén mín shǐ tā men bù xiǎng huó　　wú yàn qí suǒ shēng　　zhǐ yǒu tā men méi yǒu bù xiǎng huó de xiǎng
榨人民使他们不想活（无厌其所生）。只有他们没有不想活的想
fǎ　　fú wéi bù yàn　　cái bù huì yàn wù nǐ　　shì yǐ bù yàn　　suǒ yǐ lǎo tóu zi yǒu zì zhī zhī
法（夫惟不厌），才不会厌恶你（是以不厌）。所以老头子有自知之
míng ér bù zì wǒ biǎo xiàn　　shì yǐ shèng rén zì zhī bù zì xiàn　　zì jǐ ài xī zì jǐ ér bù xiǎn de
明而不自我表现（是以圣人自知不自见），自己爱惜自己而不显得
gāo guì　　zì ài bù zì guì　　suǒ yǐ rēng diào nà ge qǔ huí zhè ge　　gù qù bǐ qǔ cǐ
高贵（自爱不自贵）。所以扔掉那个取回这个（故去彼取此）。

第七十三章

yǒng yú gǎn zé shā　　yǒng yú bù gǎn zé huó　　cǐ liǎng zhě　　huò lì huò hài　　tiān zhī suǒ
勇于敢则杀，勇于不敢则活。此两者，或利或害。天之所
wù　　shú zhī qí gù　　tiān zhī dào　　bù zhēng ér shàn shèng　　bù yán ér shàn yìng　　bù zhào ér
恶，孰知其故？天之道，不争而善胜，不言而善应，不召而
zì lái　　chǎn rán ér shàn móu　　tiān wǎng huī huī　　shū ér bù shī
自来，繟然而善谋。天网恢恢，疏而不失。

◎**本章记忆法：鸡散开**

jī sàn kāi　　kuài pǎo　　yǒng gǎn bù pǎo jiù huì bèi shā　　yǒng yú gǎn zé shā　　bù yǒng gǎn táo pǎo
鸡散开，快跑。勇敢不跑就会被杀（勇于敢则杀），不勇敢逃跑
cái néng huó mìng　yǒng yú bù gǎn zé huó　　pǎo hái shi bù pǎo　　zhè liǎng gè wèn tí　　cǐ liǎng zhě
才能活命（勇于不敢则活）。跑还是不跑，这两个问题（此两者），

yǒu de dé lì　　yǒu de shòu hài　　huò lì　huò hài　　tiān suǒ tǎo yàn de dōng xi　shuí zhī dào yuán yīn
有的得利，有的受害（或利或害）。天所讨厌的东西，谁知道原因

tiān zhī suǒ wù　　shú zhī qí gù　　　tiān de dào lǐ　tiān zhī dào　　bù yǔ bié rén jìng zhēng ér shàn
（天之所恶，孰知其故）？天的道理（天之道），不与别人竞争而善

yú shèng lì　　bù zhēng ér shàn shèng　　bù shuō huà ér shàn yú yìng dá bié rén de wèn tí　　bù yán ér
于胜利（不争而善胜），不说话而善于应答别人的问题（不言而

shàn yìng　　bù xū yào zhào huàn zì jǐ huì dào lái　bù zhào ér zì lái　　qīng qīng sōng sōng ér shàn
善应），不需要召唤自己会到来（不召而自来），轻轻松松而善

yú móu huà　　chǎn rán ér shàn móu　　　tiān wǎng hóng dà méi yǒu biān jì　　yī zhí kě yǐ kàn dào huī sè de
于谋划（繟然而善谋）。天网宏大没有边际，一直可以看到灰色的

tiān biān　　suī rán kàn qǐ lái kě néng yǒu shū hū　　dàn bù huì cuò shī wǎng zhù rèn hé dōng xi de jī huì
天边，虽然看起来可能有疏忽，但不会错失网住任何东西的机会

tiān wǎng huī huī　　shū ér bù shī
（天网恢恢，疏而不失）。

◎备注

chǎn rán　　　qīng sōng
繟然：轻松。

第七十四章

mín bù wèi sǐ　　nài hé yǐ sǐ jù zhī　　ruò shǐ mín héng wèi sǐ　　ér wéi qí zhě　　wú
民不畏死，奈何以死惧之？若使民恒畏死，而为奇者，吾

dé zhí ér shā zhī　　shú gǎn　　héng yǒu sī shā zhě shā　　fú dài sī shā zhě shā　　shì dài dà jiàng
得执而杀之，孰敢？恒有司杀者杀。夫代司杀者杀，是代大匠

zhuó　　fú dài dà jiàng zhuó zhě　　xī yǒu bù shāng qí shǒu yǐ
斲。夫代大匠斲者，希有不伤其手矣。

◎本章记忆法：气死

xiǎng bǎ rén mín qì sǐ　　bù kě néng　　rú guǒ rén mín bù pà sǐ　　yòng sǐ wáng wēi xié tā men yòu
想把人民气死，不可能。如果人民不怕死，用死亡威胁他们又

néng nài hé　　mín bù wèi sǐ　　nài hé yǐ sǐ jù zhī　　rú guǒ shǐ rén mín yǒng yuǎn pà sǐ　　jiù shì
能奈何（民不畏死，奈何以死惧之）？如果使人民永远怕死，就是

yī gè qí pā　　wǒ děi zhuā zhù tā bǎ tā shā le　　shuí gǎn zài gàn zhè shì　　ruò shǐ mín héng wèi sǐ
一个奇葩，我得抓住他把他杀了，谁敢再干这事（若使民恒畏死，

ér wéi qí zhě　　wú dé zhí ér shā zhī　　shú gǎn　　　yǒng yuǎn shì yǒu zhuān mén fù zé shā rén de jī
而为奇者，吾得执而杀之，孰敢）？永远是有专门负责杀人的机

gòu shā rén　　héng yǒu sī shā zhě shā　　rú guǒ dài tì zhuān mén fù zé shā rén de jī gòu shā rén　　fú
构杀人（恒有司杀者杀）。如果代替专门负责杀人的机构杀人（夫

dài sī shā zhě shā　　jiù xiàng dài tì mù jiàng kǎn mù tou　　shì dài dà jiàng zhuó　　dài tì mù jiàng kǎn

代司杀者杀），就像代替木匠砍木头（是代大匠斲）。代替木匠砍

mù tou de rén　　fú dài dà jiàng zhuó zhě　　hěn shǎo yǒu tā zì jǐ de shǒu bù fù shāng de qíng kuàng

木头的人（夫代大匠斲者），很少有他自己的手不负伤的情　况

xī yǒu bù shāng qí shǒu yǐ

（希有不伤其手矣）。

～ 第七十五章 ～

mín zhī jī　　yǐ qí shàng shí shuì zhī duō　　shì yǐ jī　　mín zhī nán zhì　　yǐ qí shàng

民之饥，以其上食税之多，是以饥；民之难治，以其上

zhī yǒu wéi　　shì yǐ nán zhì　　mín zhī qīng sǐ　　yǐ qí shàng qiú shēng zhī hòu　　shì yǐ qīng

之有为，是以难治；民之轻死，以其上求生之厚，是以轻

sǐ　　fú wéi wú yǐ shēng wéi zhě　　shì xián yú guì shēng

死。夫惟无以生为者，是贤于贵生。

◎本章记忆法：妻无

shuì tài duō　　è dù zi　　zěn me jié hūn　　rén mín è dù zi de yuán yīn　　shì shàng miàn de

税太多，饿肚子，怎么结婚？人民饿肚子的原因，是上面的

guǎn lǐ zhě chī diào shuì kuǎn tài duō　　suǒ yǐ è dù zi　　mín zhī jī　　yǐ qí shàng shí shuì zhī duō

管理者吃掉税款太多，所以饿肚子（民之饥，以其上食税之多，

shì yǐ jī　　rén mín nán yǐ zhì lǐ　　shì yīn wèi shàng miàn de guǎn lǐ zhě tài yǒu wéi　　suǒ yǐ nán yǐ

是以饥）；人民难以治理，是因为上面的管理者太有为，所以难以

zhì lǐ　　mín zhī nán zhì　　yǐ qí shàng zhī yǒu wéi　　shì yǐ nán zhì　　rén mín bù pà sǐ　　shì yīn

治理（民之难治，以其上之有为，是以难治）；人民不怕死，是因

wèi shàng miàn de zhì guó zhě wèi qiú cháng shēng dài yù tài hǎo　　suǒ yǐ rén mín bù pà sǐ　　mín zhī qīng

为上面的治国者为求长生待遇太好，所以人民不怕死（民之轻

sǐ　　yǐ qí shàng qiú shēng zhī hòu　　shì yǐ qīng sǐ　　wéi yī de bàn fǎ shì bù yào yǐ zhuī qiú cháng

死，以其上求生之厚，是以轻死）。唯一的办法是不要以追求　长

shēng wéi mù biāo　　zhè bǐ lǎo shì zhuī qiú cháng shēng cōng ming　　fú wéi wú yǐ shēng wéi zhě　　shì xián yú

生为目标，这比老是追求长　生　聪明（夫惟无以生为者，是贤于

guì shēng

贵生）。

❧ 第七十六章 ❧

人之生也柔弱，其死也坚强。万物草木之生也柔脆，其死也枯槁。故坚强者死之徒，柔弱者生之徒。是以兵强则灭，木强则折。强大处下，柔弱处上。

◎ **本章记忆法：极其柔弱**

人活着时是柔顺而软弱的，死时是僵硬的（人之生也柔弱，其死也坚强）。天下万物草木也一样，活的样子是柔弱而清脆的（万物草木之生也柔脆），死的样子是枯槁的（其死也枯槁）。所以，僵硬是死的样子（故坚强者死之徒），柔弱是活的样子（柔弱者生之徒）。所以，军队逞强就会灭亡（是以兵强则灭），树木僵硬就会折断（木强则折）。强大的树干处于下面（强大处下），柔弱的树枝处于上面（柔弱处上）。

◎ **备注**

折：折断。

❧ 第七十七章 ❧

天之道，其犹张弓乎？高者抑之，下者举之；有余者损之，不足者补之。天之道，损有余而补不足。人之道则不然，损不足以奉有余。孰能有余以奉天下，惟有道者。是以圣人

wéi ér bù shì　　gōngchéng ér bù chǔ　　qí bù yù xiàn xián
为而不恃，功成而不处，其不欲见贤。

◎本章记忆法：机器

tiān zhī dào　　jiù xiàng lā gōng de jǐ qì ma　　tiān zhī dào　　qí yóu zhāng gōng hū　　　　tài gāo
天之道，就像拉弓的机器吗（天之道，其犹张弓乎）？太高

le　　zì dòng yā dī yī diǎn　　gāo zhě yì zhī　　　　tài dī le　　zì dòng jǔ gāo yī diǎn　　xià zhě jǔ
了，自动压低一点（高者抑之）；太低了，自动举高一点（下者举

zhī　　　　duō yú de zì dòng gē diào yī diǎn　　yǒu yú zhě sǔn zhī　　　　bù gòu de zì dòng bǔ zú　　bù
之）；多余的自动割掉一点（有余者损之）；不够的自动补足（不

zú zhě bǔ zhī　　　　shàng tiān de dào lǐ　　gē xià duō yú de bǔ chōng bù zú de　　tiān zhī dào　　sǔn yǒu
足者补之）。上天的道理，割下多余的补充不足的（天之道，损有

yú ér bǔ bù zú　　　　rén de dào lǐ bù shì zhè yàng　　shì gē yuán běn bù zú de fèngxiàn gěi yǒu yú de
余而补不足）。人的道理不是这样，是割原本不足的奉献给有余的

rén zhī dào zé bù rán　　sǔn bù zú yǐ fèng yǒu yú　　shuí néng bǎ duō yú de dōng xi fèngxiàn gěi tiān
（人之道则不然，损不足以奉有余）。谁能把多余的东西奉献给天

xià　　shú néng yǒu yú yǐ fèng tiān xià　　　　zhǐ yǒu xiū dào de rén　　wéi yǒu dào zhě　　　　suǒ yǐ　　lǎo
下（孰能有余以奉天下）？只有修道的人（惟有道者）。所以，老

tóu zi yǒu zuò wéi ér bù zì shì yǒu gōng　　shì yǐ shèng rén wéi ér bù shì　　chénggōng le ér bù yǐ
头子有作为而不自恃有功（是以圣人为而不恃），成功了而不以

chénggōng zhě zì jū　　gōngchéng ér bù chǔ　　　　shì yīn wèi bù xiǎng zài bié rén miàn qián biǎoxiàn chū xián
成功者自居（功成而不处），是因为不想在别人面前表现出贤

néng　　qí bù yù xiànxián
能（其不欲见贤）。

～ 第七十八章 ～

tiān xià mò róu ruò yú shuǐ　　　　ér gōng jiān qiáng zhě mò zhī néngshèng　　yǐ qí wú yǐ yì zhī
天下莫柔弱于水，而攻坚强者莫之能胜。以其无以易之。

róu zhī shènggāng　　ruò zhī shèngqiáng　　tiān xià mò bù zhī　　mò néng xíng　　shì yǐ shèng rén yún
柔之胜刚，弱之胜强，天下莫不知，莫能行。是以圣人云，

shòu guó zhī gòu　　shì wèi shè jì zhǔ　　shòu guó bù xiáng　　shì wèi tiān xià wáng　　zhèng yán ruò fǎn
受国之垢，是谓社稷主；受国不祥，是谓天下王。正言若反。

◎本章记忆法：让水流成一条溪吧

tiān xià zuì róu ruò de dōng xi mò guò yú shuǐ　　tiān xià mò róu ruò yú shuǐ　　　　ér jìn gōng jiān yìng
天下最柔弱的东西莫过于水（天下莫柔弱于水），而进攻坚硬、

qiángyìng de dōng xi méi yǒu shèng guò tā de　　　　ér gōng jiān qiáng zhě mò zhī néngshèng　　méi yǒu dōng xi
强硬的东西没有胜过它的（而攻坚强者莫之能胜），没有东西

可以代替它（以其无以易之）。以柔胜刚（柔之胜刚），以弱胜强（弱之胜强），天下没有不知道这个道理的（天下莫不知），但是没有人能执行（莫能行）。所以老头子说（是以圣人云），承受全国的污垢，才称得上国君（受国之垢，是谓社稷主）；承受全国的晦气，才称得上天下王者（受国不祥，是谓天下王）。我说的是正经话，但听起来像反话（正言若反）。

◎备注

圣人云前一般用"故"。此处用"是以"。

第七十九章

和大怨，必有余怨。报怨以德，安可以为善？是以圣人执左契而不责于人。故有德司契，无德司彻。天道无亲，恒与善人。

◎本章记忆法：契约是永久的

像个和事佬处理大怨恨，必定留下怨恨（和大怨，必有余怨），依靠抱怨得到东西，怎么称得上是善举（报怨以德，安可以为善）？所以老头子拿着契约的左边而不向对方讨债（是以圣人执左契而不责于人）。所以，有德的人像持有左契但从不向别人讨债（故有德司契），没德的人就像手上拿着税法向别人要钱，觉得别人欠自己天经地义（无德司彻）。天道没有亲与不亲的概念，永远给善人好处（天道无亲，恒与善人）。

◎**备注**

1. 古代合同 称为契，因没有复写技术，就一式两份分别写在
左右两边，写成后裂开，债权人持左契。

2. 彻：税法。

第八十章

小国寡民。使有什佰之器而不用；使民重死而不远徙。虽
有舟舆，无所乘之；虽有甲兵，无所陈之。使民复结绳而用
之。甘其食，美其服，安其居，乐其俗。邻国相望，鸡犬之
声相闻，民至老死，不相往来。

◎**本章记忆法：巴林是个小国**

巴林，小国，人民也少（小国寡民），即使有能提高十倍百倍
工作效率的器具也不用（使有什佰之器而不用）。使人民看重死
亡而不迁徙到远处（使民重死而不远徙）。虽然有船、车，但没
有乘客（虽有舟舆，无所乘之）；虽然有武器、部队，但没有地
方布置阵地（虽有甲兵，无所陈之）。使人民恢复结绳的方式记
事（使民复结绳而用之）。后面四句依照吃穿住玩的顺序记忆：
觉得吃啥啥美味（甘其食），穿啥啥美观（美其服），安乐居住家 中
（安其居），快乐地表演民俗（乐其俗）。邻国一眼能看见（邻国 相
望），鸡鸣狗叫的声音能听到（鸡犬之 声 相 闻），人民之间至老
死也不相往来（民至老死，不相往来）。

◎备注

chén tōng zhèn zhèn dì
陈：通"阵"，阵地。

～ 第八十一章 ～

xìn yán bù měi měi yán bù xìn shàn zhě bù biàn biàn zhě bù shàn zhī zhě bù bó
信言不美，美言不信；善者不辩，辩者不善；知者不博，
bó zhě bù zhī shèng rén bù jī jì yǐ wéi rén jǐ yù yǒu jì yǐ yǔ rén jǐ yù
博者不知。圣人不积，既以为人，己愈有；既以与人，己愈
duō tiān zhī dào lì ér bù hài shèng rén zhī dào wéi ér bù zhēng
多。天之道，利而不害；圣人之道，为而不争。

◎本章记忆法：九九归一

xiān jì zhù xìn shàn zhī sān zì jiǔ jiǔ guī yī yīng dāng xiāng xìn shàn
先记住"信""善""知"三字，九九归一，应当相"信""善"
liáng de zhī shí fèn zǐ kě yǐ xiāng xìn de huà yī dìng bù shì měi rén yú shuō de xìn yán bù
良的"知"识分子。可以相信的话一定不是美人鱼说的（信言不
měi měi rén yú shuō huà bù kě xìn měi yán bù xìn shàn liáng de rén bù huì biàn xīn shàn zhě bù
美），美人鱼说话不可信（美言不信）；善良的人不会变心（善者不
biàn biàn xīn de rén bù shàn liáng biàn zhě bù shàn zhī dào zhēn xiàng de bù shì zì yǐ wéi bó xué
辩），变心的人不善良（辩者不善）；知道真相的不是自以为博学
de rén zhī zhě bù bó zì yǐ wéi bó xué de rén bù zhī dào zhēn xiàng bó zhě bù zhī shèng rén
的人（知者不博），自以为博学的人不知道真相（博者不知）。圣人
bù jī lěi cái fù shèng rén bù jī jí shǐ wèi bié rén zuò de shì yuè duō yě rèn wéi zì jǐ yuè fù
不积累财富（圣人不积），即使为别人做的事越多，也认为自己越富
yǒu jì yǐ wéi rén jǐ yù yǒu jí shǐ dōu jǐ yǔ bié rén yě rèn wéi zì jǐ yù duō jì yǐ
有（既以为人，己愈有），即使都给予别人，也认为自己愈多（既以
yǔ rén jǐ yù duō tiān de dào lǐ yǒu lì wú hài tiān zhī dào lì ér bù hài lǎo tóu zi
与人，己愈多）。天的道理，有利无害（天之道，利而不害）。老头子
de dào lǐ yǒu zuò wéi ér bù yǔ bié rén jìng zhēng shèng rén zhī dào wéi ér bù zhēng
的道理，有作为而不与别人竞争（圣人之道，为而不争）。

2019年5月11日初稿

2020年4月22日二稿于西子湖畔

2020年6月10日三稿

图书在版编目（CIP）数据

道非道——《老子》研读 / 骆飚著. — 杭州：
浙江大学出版社，2022.1（2022.10重印）
ISBN 978-7-308-22052-1

Ⅰ. ①道… Ⅱ. ①骆… Ⅲ. ①道家②《道德经》—
研究 Ⅳ. ①B223.15

中国版本图书馆CIP数据核字（2021）第254744号

道非道——《老子》研读

骆 飚 著

责任编辑	赵 静
责任校对	胡 畔
装帧设计	林智广告
出版发行	浙江大学出版社
	（杭州市天目山路148号　　邮政编码　310007）
	（网址：http://www.zjupress.com）
排　　版	杭州林智广告有限公司
印　　刷	广东虎彩云印刷有限公司绍兴分公司
开　　本	710mm×1000mm　1/16
印　　张	24
字　　数	488千
版 印 次	2022年1月第1版　2022年10月第2次印刷
书　　号	ISBN 978-7-308-22052-1
定　　价	68.00元

版权所有　翻印必究　　印装差错　负责调换

浙江大学出版社市场运营中心联系方式：0571-88925591；http://zjdxcbs.tmall.com